제3개정판

민사소송법입문

역사, 사례와 함께

| 이시윤 지음 |

박영사

권리 있는 곳에 구제 있다.

— ubi jus ibi remedium —

제 3 개정판 머리말

민사소송법입문의 제 2 개정판이 나온 지 어언 5년이 흘렀다. 격변하는 세태 속에서 제 3 판으로의 업데이트가 절실하였다. paper시대가 digital시대로 서서히 바뀌어 나가고 대면시대에서 비대면^{untact} 시대로 transform이 되어가고 있으며, covid-19라는 범세계적 전염병 pandemic이 창궐하면서 사회 구조개편을 가속하고 있다. 이러한 변화의 현실을 되도록 반영코자 하였다.

민사소송의 사례와 역사에 대하여 그동안 수집해 놓은 새 자료를 더 보충하는 것이 좋겠다고 생각하였다. 특히 모 유력 일간지의 논설위원이 이 책을 「소송야사」로 인용한 것이 사례를 추가한 동기이기도 하다. 먼저 대법원과 헌법재판소 사이에 사죄광고판결을 놓고 붙붙었다가 이제 settle down이 된 사례를 추가하였다. 아울러 헌법재판소의 출범 시에 청사문제 때문에 사건검증이 아닌 건물검증을 한 희안한 사례도 추가하였다. 이웃인 일본과의 소송전은 점입가경이며, 양국 간의 냉전을 방불케 하는 사례도 더 추가하였다. 처세 면에서 젊은 법관의 롤모델이 될 만한 윤관 대법원장의 이야기도 추가하였다. 여기에 부록을 추가하여 사법권 독립을 위하여 희생적인 투쟁을 한 인사임에도 세상에 비교적 덜 알려진 인물도 새로이 소개하여 그 공로를 높이 평가하고자 하였다.

인터넷의 발달과 untact시대가 열리면서 소장이나 소송서류를 어느때나 어디에서나 접수할 수 있는 anytime, anywhere이 실감나게 되어

가고, 집단분쟁이 소송세계에서 크게 자리잡고, 지구가 한 촌락이 되어가 다국적 거대기업이 풍미하면서 엄청난 규모의 국제분쟁이 국제소송화되어 각광을 받는 등 민사소송제도의 외연이 국내외적으로 확대되어 어떠한 사항이든지 소송화 하는 소송만능시대로 접어들고[anything], 외국[미승인국가]주권면제론이 흔들리고 국가원수나 대통령이 소송당사자에서 예외가 될 수 없는 시대로 발전하고 있다[anyone].

시간을 놓칠세라 법원창구로 직접 찾아가 개인 간의 사소한 가정싸움이나 소박한 재산문제로 다투던 시대에 소송법 공부에 착수했던 필자가 위와 같이 anytime, anywhere, anything, anyone의 발전하는 소송현실에 고무되어 더 공부하며 쓸 의욕이 생겨났다.

새 판을 내면서 특기할 것은, 지난 제 2 개정판을 출간할 때 특별히 부탁한 바도 없었음에도 초판의 오류를 정성스럽고 정확하게 찾아 시정하여 주어 고맙고 감격한 바 있어 그의 발전을 진심으로 축원한 바 있었던 조재연 변호사가 필자의 바람대로 대법관에 법원행정처장으로 도약하였음이 한없이 기쁘다는 사실이다.

새 판을 개정하는 데 도움을 준 분이 적지 않은데, 최선의 성의를 다하여 조잡했던 원고를 정연하게 살펴준 박영사의 이승현 과장에게 깊은 고마움을 표하며, 고려대학교 대학원 박사과정의 장형식 군의 성의를 다한 교정에 고마움을 표시한다. 그리고 애독자인 건국대학교 법학전문대학원 이동률 교수에게도 사의를 표한다. 나아가 박수두 씨 형제의 옛 자료제공도 도움이 되었음을 밝힌다.

2021. 12.

저자 씀

제 2 개정판 머리말

나는 외길인 민사소송에 전념하여 민사소송법과 민사집행법 체계서를 저술한 바 있지만, 금년 초에는 민사소송법 입문서를 내어 놓았다. 지루하고 난해한 민사소송법에 쉽게 접근할 수 있도록 민사소송의 대중화, 민주화를 목표로 하였다.

분쟁을 "뜰에서 주먹과 붉은 띠", 다중의 성난 집회, 선동성의 언론보도 등 힘으로 해결하는 풍토는 비문명이고 지양해야 할 폐습으로 이를 시정하고, 소송을 통한 제도권의 해결을 장려하는 의미에서도 민사소송에 더 가깝고 friendly한 책이 필요하다 생각하였다. 그러한 취지의 저서에 뜻밖에도 독자들의 호응에 힘입어 출간 6개월 만에 재판에 돌입하게 되었다는 것은 망외(望外)의 기쁨이 아닐 수 없다. 이에 몇 개 사례를 더 추가하여 보완, 발전시키고자 했다.

부연할 것은 이 책을 시종일관 완독하면서 인내력 있게 오류를 지적하여 직접 정오표까지 작성하여 준 조재연 변호사가 있었다. 그는 사법시험 제22회 수석합격자로서, 두 차례에 걸쳐 대법관 후보로 지목되었던 분이다. 이렇게 유능하고 청결한 변호사가 법무법인 대륙아주 대표변호사의 한 사람으로 재직하고 있다는 것은 법인의 자랑이 아닐 수 없다. 그의 앞날에 영광을 빈다. 그리고 초판에서 법률신문에 간결하게 과분한 서평을 하여 준 한국민사소송법학회 강용현 회장(법무법인 태평양 대표변호사)과 대한변협신문에 정독한 내용을 소상하게 소개 보도한 경향신문의 이범준 법조출입기자의 고마움도 잊을 수 없다. 법조사에 깊은 관심을 가지고 있는 외우畏友 이상혁 변호사와 이종일 박사의 도움도 있었다.

　책의 간행에 항상 적극적인 격려와 보살핌을 아끼지 않은 박영사 안종만 회장과 조성호 이사, 휴일도 반납한 채 항상 교정에 온 성의를 다하는 동사 이승현 대리에게 충심으로 고마움을 표한다. 궂은 일에도 기꺼이 수용하여 도움을 주는 법무법인 대륙아주의 문보영 비서의 노고도 잊지 않고 있다.

2016. 8. 25. 무더운 여름날
저자 씀

머 리 말

　민사소송법 강의의 처음 시작은 1960년 9월이었다. 이때부터 학문으로서의 민사소송법을 본격적으로 공부하기 시작하여 2015년인 지금에 이르고 있다. 지난 55년간을 돌이켜보면 1964년까지 사법관시보와 서울지법판사로 재판실무를 익히며 종사하다가 전직하여 서울법대 조교수 겸 사법대학원 교무·학생과장으로 재직, 1970년 말까지 민사소송법의 강단 강의와 연구에 전념하였다. 1970년에 사법대학원이 서울대학교에서 폐지되고 대법원 산하 사법연수원으로의 신설개편이 전기가 되어 다시 법관직으로 복원되어 1988년 9월까지 18년간 재판실무에 종사하였다. 이 동안에는 행운인지 주로 전공분야인 민사재판실무에 종사할 수 있었다. 그 뒤에 헌법재판소가 신설되어 1993년까지 초대 재판관으로 봉직하게 되었는데 실체법관계는 헌법이지만, 헌법소송절차는 절차법의 기본법인 민사소송법을 준용하는 관계로 여기에서도 민사소송법을 손놓을 수 없었다. 이어서 1993년부터는 반 행정, 반 사법의 감사원을 책임맡게 되었는데, 여기의 민사나 행정 등의 송사 관련 일은 직접 챙기기를 서슴지 않았다. 1997년 공직에서 은퇴를 하고 그 이후 오늘에 이르기 20년 가까이 본격적으로 법학계의 강단법학자로 뛰어들며 변호사는 side job으로 유지하고 있다.

　이제 이러한 나의 소송법학자 겸 실무가의 인생역정을 총결산하는 의미에서 그 동안 내외국에서 보고, 듣고, 배우고 읽고 경험한 바를 기억을 더듬어 사적史的인 사례로 남길 때라고 생각하였다. 구체적인 이유는 다음과 같다.

첫째로, 세월이 흘러 소송법의 산 역사가 된 처지에서 그냥 두면 파묻혀 버릴 재판 비사秘史를 포함하여 소송법 역사의 산 증언을 하고 싶었기 때문이다. 소송은 어디에서 왔고 어디로 흘러가는지, 과거와 현재를 알면 이를 통해 미래상을 짚는 데 도움이 되리라 생각하였다.

둘째로, 목가적인 농업사회에서 고도산업사회로, 권위주의사회에서 민주화사회로 패러다임이 바뀌는 격동기이기도 한 1900년 이후의 100여 년 사이의 민사재판운영을 조명하는 사료수집의 시도로서 '민사소송의 작은 근현대사'로서의 의미도 있을 것이다. 특히 소액사건심판법·민사소송규칙의 제정, 집행법을 포함하여 민사소송법의 개정 등 여러 차례 입법참여자로서 입법경위와 behind story를 밝혀 남겨둘 기회로 본 것이다.

셋째로, 지금까지 형사재판에서의 법창야화法窓夜話는 많이 출간되었지만, 재미없고 복잡하기만 하며 뒷전에 밀려 있는 민사소송의 사례를 규합하여 엮은 예는 거의 없었기 때문에 이 저서가 민사재판의 사적 연구의 단초를 새로이 연다는 의미도 있을 것이다.

다만 모여진 사적 사례를 시간적 순서로 단순하게 나열하여 소개하기 보다는 최신의 판례중심으로 구성한 민사소송법 이론의 기본 내용의 소개와 함께 그 관련사항에 연결시킨다면, 어려운 민사소송법을 흥미있게 이해하고 알기 쉬운 민사소송법 입문서로서의 프리미엄도 붙을 것이라 생각하였다. 때는 바야흐로 저성장·저소비의 기조이지만 민사소송은 유독 고도성장으로 세상만사를 소송으로 해결하려는 소송천국이 되었는가 하면 소송이 business의 일부인 시대에 접어들어 민사소송법을 역사, 사례와 함께 익히는 것이야말로 현장감 있는 입체적 이해가 될 것이다. 그것이 case study를 통한 민사소송법 이론의 대중화가 아니겠는가. 부록에서 대표적인 소송서식을 소개한 것도 그 까닭이며 이는 입문서에 걸맞는 일일 것이다.

그리고 표지의 그림을 설명한다. 국내 법령해석의 통일의 상징인 대법원 전원합의체의 대법정, 이 시대에 소송법의 헌법화를 선도하는 헌법재판소, 소송의 IT화인 presentation 변론의 사실심법정, 구 시대의 민사법정 그리고 소송의 국제화가 시대상이라는 뜻의 지구를 책의 앞표지에 배열한 것은 이 입문서의 내용압축이라 할 수 있다.

민사재판의 야사野史를 겸한 민사소송법 입문본으로서 최초의 시도로 역시 시작이 어려워 탈고한 지 1년 가까이 6교 교정까지 진행하면서 많은 분의 도움을 받았으며 동시에 괴로움도 끼쳤다. 면담, 자료의 수집과 확인 등 작업에서 도움을 준 사람이 매거할 수 없을 만큼 많았다. 특히 일찍이 서울가정법원장을 지내고 학계로 진출한 연세대 법전원의 이호원 교수, 헌법재판소 배보윤 부장연구관의 호의를 잊을 수 없다. 원고정리·자료수집·색인작업 등에 헌신적 도움을 준 고려대학교 장형식 법학석사, 박영사의 김선민 부장과 이승현 대리의 노고에 깊이 감사한다. 이분들과 공저라고 하여도 지나친 과장은 아닐 것이다.

이 새 style의 입문서의 간행에는 박영사 안종만 회장과 조성호 이사의 적극적인 격려가 있었으며, 법무법인 대륙아주의 지영은 씨의 도움도 컸다. 뒤 표지의 그림「소리」는 필자 경험의 사례를 포함하여 128개의 사례가 널리 소리처럼 퍼져나가라는 뜻에서 그려준 畏友 하영식 화백의 작품으로 필자와의 오랜 우정의 확인이다.

2015. 11. 20.

이시윤 씀

차 례

제 1 편 총 론

제 2 편 소송의 주체

제 3 편　제 1 심의 소송절차

제 4 편 소송의 종료

제 1 장 총 설 · 293

제 2 장 당사자의 행위에 의한 소송종료 · 293

제 5 편   병합소송

제 6 편 상소심절차

제 7 편 재심절차

제 8 편 간이소송절차

제
1
편

총 론

제 1 장 민 사 소 송
제 2 장 민사소송법

제 1 장 민사소송

제 1 절 민사소송의 목적과 과제

(1) 권리침해시 자력구제에서 국가구제로의 발전이 민사소송

• 자력구제(범죄피해시 복수와 같은 것)는 다음의 문제점이 있다.

 ① 약자에게 현실성 없음

 ② 힘과 힘의 대결로 발전(➡ 만인 대 만인의 투쟁장化)

 ③ 집단적 권리 침해시에 힘에 의한 해결(➡ 사회혼란, 법치와 문명파괴)

• 긴급한 경우(민 209조)를 제외하고는 자력구제를 금지하고 국가구제(Staatshilfe, 국가에 의한 권리보호, Rechtsschutz)로 → 민사소송이 생김(➡ 분쟁은 법으로 해결하는 法治主義의 구현)

• 민사소송의 연혁에 비추어 권리보호가 우선 목적

• 공익소송·징벌적 배상의 점진적 발달은 사회정화와 악의 응징 기능

(2) 권리보호의 과제(방식)

1) 권리확정(있다·없다) → 판결절차

2) 확정권리의 실현 → 강제집행절차(도산절차 제외)

3) 권리실현 대비의 보전 → 가압류·가처분 절차

• 시간적으로는 ① 가압류·가처분 절차, ② 판결절차, ③ 강제집행절차의 순이나 가장 신중을 기할 절차는 판결절차 — 구술공개변론, 쌍방·직접심리 나아가 변론주의·처분권주의 등에 의한 심리

• 사회관행으로는 내용증명 → 가압류(금전채권자)·가처분(다른 채권자) → 소제기(본안소송절차) → 강제집행의 순

• 독일의 금전채권자는 채무불이행시 바로 독촉절차(무증거·무심문)인 지급명령신청(mahnen) → 소송절차(klagen) → 강제집행절차(vollstrecken)로 나아감

제 2 절 민사소송의 이상과 信義則 [事例 1-1]

> 제 1 조(민사소송의 이상과 신의성실의 원칙) ① 법원은 소송절차가 공정하고 신속하며 경제적으로 진행되도록 노력하여야 한다.
> ② 당사자와 소송관계인은 신의에 따라 성실하게 소송을 수행하여야 한다.

I. 민사소송의 이상 — 실천철학

1. 적   정

• 진실선언[事例 1], 오판방지 → 법관의 자격제한, 독립(헌 103조)·중립(제척, 기피, 회피)의 법관, 삼심·재심제도로 뒷받침

① 진실은 절대적으로 보편타당한 것이기보다 당사자 간 타당한 상대적인 것으로 만족 → 당사자가 좋다면 허위라도 청구의 인낙·자백 등 받아준다. 그 때문에 기판력은 당사자효뿐이고 대세효가 없다.

② 진실은 유한한 시공제약을 받는 것이다. 인간은 유한의 존재이므로 유한한 시간 안에서 진실을 찾는 것이다. 그 때문에 시효제도, 실효제도와 일사부재리의 법리가 있다. 재판을 통해 무한하게 과거사의 진실을 찾아 규명할 수 없는 것이 지상재판의 한계(이는 천상(天上)의 정의를 맡은 신의 몫이고, 흐르는 시간 속에 뒤의 역사가 심판할 사항임).

2. 공   평

• 한쪽 말만 듣고 상대방의 말은 무시하는 재판을 해서는 안 된다. 양쪽 말을 듣는 것이 재판의 요체

• 丁茶山(정약용, 1762~1836)의 '聽訟之本 在於誠意' → 소송에서 성의를 다해서 듣는 것이 기본이라고 설파

• 미국 수정헌법 제 5 조·제14조(➔ 적법절차인 due process)

• 독일기본법 제103조의 법률적 심문청구권 등을 토대로 한 절차적 기본권은 공평의 이념을 지향 — 대법원·헌법재판소에서도 절차적 기본권은 공인된 권리

3. 신 속

- 현행 민사소송법 제199조의 신속규정(→ 1·2·3심 각 5개월) → 단 훈시규정
- 독일 민법 제839조 → 오판은 고의 아니면 국가배상책임 사유가 아니지만, 소송지연은 국가배상책임 사유가 된다.
- 유럽인권재판소의 판결에 따라 소송지연에 대해 개정 독일 법원조직법 제198조 제정 → 지연책문권 + 비재산상의 손해는 지연하는 해마다 1,200유로(€) 비율의 국가보상제의 실시하고 있다. 항공기연착도 보상이 본격화되는 시대라면 소송지연에 무대책인 것은 문제이다. 헌법 제27조 제3항의 신속한 재판을 받을 권리를 무시하는 작태를 우리 헌법재판소가 왜 무시·외면하는가.

4. 경 제

- 문제는 "송사 3년에 기둥뿌리 빠진다."이다.
- 대리인은 맡은 심급만의 심급대리의 원칙 → 3심까지 가면 변호사 3번 선임·각 보수 지급
- 사건이 크면 인지대를 무시할 수 없다(예 : 삼성家 상속소송(이맹희 *v.* 이건희), 1심 127억, 2심 44억, 변호사비 각 100억).
- 고엽제 피해 베트남전 참전군인 5조원 청구, 소송구조 제도의 이용으로 180억원 인지대의 납부유예(대법 2006다17539)
- 대책으로 소송구조제도 + 대한법률구조공단의 무료법률구조제도의 활용 및 소송보험제도 활성화가 필요(→ 독일은 세대 43%, 영국은 2세대 중 1세대 비율로 가입). 변호사가 일체의 비용부담하에 승소하면 확정액의 일정비율을 변호사에게 지급하는 성공보수금(contingent fee) 제도를 백안시할 것은 아니다(단, 형사소송에서는 금지).
- 소송에서는 최소의 비용으로 최대의 효과를 얻는 '경제의 원칙'을 고려하여야 한다. → 효율적인 권리보호

[事例 1] 법관은 정책 아닌 진실을 말한다

1973년 필자가 한환진 대법원 판사의 전속 재판연구관이었던 때의 일이다. 기록을 주시며 연구보고하라 하신 상표권사건으로 제 1 심 특허심판원, 제 2 심 항고심판원을 거쳐 대법원에 상고된 사건이다.

내용인즉 청구인이 자기네 상표인 호랑이표가 이미 출원등록되었는데 피청구인이 이를 그대로 복사^{copycat}하여 출원등록을 하였으니 상표권 침해로 그 취소를 구하는 소였다. 그러나 제 1 심은 청구인의 등록상표와 유사하지 않다고 하여 청구기각, 항고심^{당시에 항소심 아닌 항고심이라 했다}은 무려 3년 반에 걸쳐 끌다가 아무래도 유사하지 않다고 항고^{항소}기각을 하였다^{항고심판원은 한 차례의 법관에 의한 사실심리조차 빼앗는 제도라고 하여 뒤에 헌법재판소의 위헌결정으로 폐지되고 특허법원으로 이관}.

청구인의 호랑이상표와 피청구인의 그것과 과연 유사한 것인지가 쟁점인데, 양자를 비교하니 호랑이의 모양, 크기, 색깔과 바탕도 꼭 같고, 단지 다른 점이라면 청구인의 것은 'Tiger'라고 영문인 데 반하여, 피청구인의 것은 '호랑이'로 한글화 한 것뿐이다.

어느 모로 보나 양자는 유사상표임에 분명하므로 더 이상 길게 검토할 것도 없어, 기록을 필자에게 건넨 지 30분 정도 지나서 보고서 없이 대법관실로 갔다. 대법관께서는 바로 전의 사건 때문에 찾은 것을 생각지 않고 무슨 다른 볼일이 있는가 묻는 것이었다. 다른 일이 아니고 아까 주신 사건보고 때문이라고 하니, 무슨 보고가 그렇게도 빠른가 반문하는 것이었다. 필자는 더 볼 것도 연구할 것도 없는 것으로 유사함이 너무 명백하며 삼척동자가 보아도 다르다고 하지 않을 '짝퉁'임이 분명하므로, 더 이상 보고할 것 없고 끝이라고 하였다.

대법관께서 듣다가, 심판청구인이요 상고인은 외국법인이고, 피청구인이요 피상고인은 내국법인인데, 내국법인보다 외국법인을 더 보호하면, 우리 기업은 무엇을 먹고 사느냐고 하였다. 그러나 필자는 좀 당돌하게도 내국기업의 보호문제는 행정부의 정책적 해결과제이고 사법부의 소관은 아닐 것이라고 답변하면서, 사법부는 누구에게나 '흑은 흑이요, 백은 백이다'라고 선언하는 것이 그 임무가 아니냐고 했다. 사법부는 'policy'가 아니라 'truth'라는 취지였다.

그 말을 듣고 한참을 생각하던 대법관께서 침묵을 깨고 자네 생각도 옳은 것 같으니, 잘못된 항고심 심판을 파훼^{파기}하고 환송하라는 취지의 판결을 쓰라고 해서 신명나게 판결서를 작성한 일이 있었다. 대법관이 애국적 견지에서 필자의 의견을 묵살할 수도 있는데, 이를 받아주었다. 한 대법관에 대하여는 세간에 다른 평가도 있었지만, 곡학아세曲學阿世하지 않는 법관의 참모습을 보이셨다. 이는 내외국인의 법 앞에 평등의 실천이기도 하다. 그 외국법인에 대하여 차별하는 민족주의에 완전 경도된 나라는 아니라는 인상을 주었을 것이다. 지금은 '짝퉁' 때문에 외국인이 우리 법원에 쫓아와서 하는 소송도 있지만, 우리나라 사람이 외국법원에 쫓아가 하는 소송, 론스타 사건과 같이 제 3 국^{미국, 네덜란드}에서 재판·중재하는 소송의 시대로 발전하고 있으므로 민족주의·배타주의가 아닌 global한 보편적 감각을 가져야 할 때이다.

최근에 퇴직한 최재형 감사원장이 국·과장 조례회의에서 감사의 본질은 '흑은 흑이고, 백은 백이다'라고 강조한 신문기사를 보았는데, 감사도 예외가 아님을 밝혀 좋은 인상을 받은 바 있다.

[事例 1-1] 민사소송법 제 1 조의 제정과 관련하여

'민사소송의 이상과 신의성실의 원칙'이라는 우리 민사소송법전의 첫머리 규정은 당초에 1983. 7. 9. 대법원규칙 제848호로 공포, 시행된 민사소송규칙 제21조에서 비롯되었다. 처음 민사소송규칙의 기초에 관여한 필자가 민사소송법 개정위원으로 참여하며 그것을 1990. 1. 13. 민사소송법 대개정 시 본법전 제 1 조에 반영시켜 크게 각광을 받게 되었다. 그 뒤 일본 평성 8년^{1996년}에 공포되어 동 10년^{1998년}에 시행된 일본 신민사소송법에서 거의 그대로 우리의 것을 번역적으로 수입하였다. 당시 일본 신법의 기초자들의 말을 빌리자면 입법 당시 미국, 독일, 프랑스, 오스트리아 그리고 한국의 5개국 법전을 옆에 놓고 입법작업을 하면서 그 기초자들이 한국의 이 규정을 따랐음을 솔직히 인정하고 있다. 뒤에 일본 학자들이 캄보디아 민사소송법 제정에 관여하면서 이 규정을 동국법 첫머리에 '벤치마킹'하였다고 하는데, 결국 우리법이 일본을 거쳐 캄보디아로 수출·확산된 결과인 것으로 자랑스러운 우리 입법이라 할 수 있겠다. 최근에는 중국 민사소송법에서까지 이를 받아들이는 등 확산이 되고 있다.

　'계약분쟁 해결_{Enforcing Contracts}' 사법제도 평가에서 우리나라가 룩셈부르크에 이어 2위로 평가_{세계은행 Doing Business 2014 3년 연속}된 데 고무되어 우리나라의 민사소송제도를 동남아로 수출까지 모색하고 있다. 그러나 민사소송법 전문가의 안목에서 전체적으로는 우리의 법제는 아직 자랑스러운 수준에는 미치지 못하므로 앞으로도 개선을 위한 부단한 노력이 필요할 것이다_{최근 OECD 보고서에 의하면 사법제도에 대한 한국 국민 신뢰는 불과 27%, 42개국 중 밑에서 4번째}.

Ⅱ. 신 의 칙

1. 총　설
　• 법의 보편적 가치로서 소송윤리의 확립
　• 법의 형식적 적용으로 인한 사회통념에 반하는 결과의 조정·보충기능

2. 발현형태 — 신의칙 위반의 예

(1) 소송상태의 부당형성

- 억지로 자기 마음에 드는 법원에 관할 만들기(재판적의 도취. 대법 2011마62)
- 억지로 당사자를 제 3 자인 증인으로 만들기(대법 82다카1919)
- 억지로 공시송달의 피고만들기 등(공시송달의 남용. BGH NJW 71, 2226)
- 억지로 경매절차에서 유치권 만들기(대법 2011다84298)

(2) 선행행위와 모순되는 거동(소송상의 금반언)

- 부제소 합의·소취하 합의를 해놓고 소제기·소송유지(대법 2011다80449)
- 오늘의 말과 내일의 말이 다른 경우(예: 공정거래위원회에서는 담합자백, 법원에 와서는 담합없다며 담합 과징금 부과처분 취소소송 제기 같은 것)

(3) 소권의 실효

- 시효기간 없는 소권에 대하여 장기간 불행사＋불행사의 정당한 기대가 성립되었을 때에 제한적 인정, 해고처분 후에 오랫동안 말없이 조용하다가 제기하는 해고무효확인청구[事例 2]

(4) 소권의 남용[事例 3]

1) 소 아닌 간편한 방법으로 목적달성이 가능한 경우
- 무죄판결을 받은 자의 억울한 옥살이는 형사보상법에 정한 형사보상 절차에 의할 것이고 민사배상소송은 부적절(대법 2013다201844)

2) 법의 목적에 반하는 소권의 행사

3) 무익한 소권의 행사

4) 소송지연책, 사법기능의 마비·혼란을 조성하는 소권의 행사(대법 96재다226)
- 돈을 뜯거나 화해용·여론몰이용의 기획소송. champerty rule(100달러짜리 고장 난 자동차를 사서 10,000달러를 물어내라는 식의 소제기)

5) 기판력의 주관적 범위의 남용
- 판결받은 당사자와 실질이 다르지 않은 사람(배후자)이 제 3 자임을 주장하여 기판력을 배제코자 하는 경우

6) 집행권의 남용

• 이미 채권의 만족을 얻은 자가 다른 연대채무자에 대한 집행권원 있음을 기화로 재집행 시도(대법 84다카572 등)

[事例 2] 소권의 실효(失效) 이야기

독일 연방노동재판소 전경

독일에는 'top court'라 하는 연방헌법재판소* 외에도 5개의 전문 최고법원이 존재한다. 연방통상재판소^{BGH}, 연방행정재판소, 연방금융재판소, 연방사회재판소 그 밖에 노동사건 전문 최고법원인 독일 연방노동재판소^{Bundesarbeitsgericht}가 그것이다. 여기에서는 다음과 같은 사례가 문제되었다.

피고의 피용자였던 원고는 1944년 나치 집권 당시에 한 유대계 화가를 찾아내어 사무실용 장거리 전화를 이용하여 유대인의 소재를 고발하고 포상금을 탔는데, 전쟁이 끝난 1946년 피고에 의하여 사무실용 전화를 자신의 포상금을 받는 데 사용하였다는 이유로 해고되었다. 독일 같은 선진국에서는 피용자가 사용私用으로 사무실 전화 등을 이용하는 것은 허용되지 않기 때문이다. 그럼에도 원고는 1947년 뒤셀도르프 ^{Düsseldorf} 노동재판소에 해고무효확인의 소를 제기하였지만, 1947년 원고와 피고 사이에 원만한 타협이 이루어져 소를 취하하였다. 그런데 원고는 10년이 넘게 지난 1960년 4월 2일에 이르러 또다시 동일한 해고처

---

* 소장이 사법부를 대표하고, 8인의 재판관이 재판부를 구성한다. Eagle의 국장 아래 국기를 재판부석에 세워놓는다. 다른 연방법원은 그러한 것이 없고, 5인의 법관으로 구성한다. 기본법에는 상위법원이란 표현이 없으나 그 판결·결정이 모든 법원을 비롯하여 관청 및 연방과 주(州)의 헌법기관에 기속력이 있다. 이 점이 연방의 다른 법원보다 우월한 지위에 있음을 의미한다.

분무효확인의 소를 제기하기에 이르렀다. 이 사안에서 독일 연방노동재판소는 본건 소권은 이미 실효되었으며, 따라서 소각하 판결을 하여야 한다고 판시했다. 즉 소 가능성Klagemöglichkeit이 실효될 수 있다는 것이 당 재판부의 견해였는데, 소권은 일정한 기간의 경과 외에도 상대방이 소를 제기하지 않을 것이라 신뢰할 특수한 사정이 있고, 이러한 상대방을 위한 신뢰보호의 요청이 권리자가 주장하는 청구의 본안심리의 이익을 물리칠 만큼 큰 것일 때이면 실효Verwirkung된다는 취지였다. 일본에서도 원고가 35년 동안 아무런 소송진행의 조치를 취한 바 없는 경우 신의칙에 근거하여 부적법각하日 最高裁 昭和 63(1988) 4. 14 判決 하였으며, 이는 실효이론과 맥을 같이 하는 판례로 평가되고 있다.* 최근에는 토지양도의 약정 이행 후 잠잠하다가 15년이 지난 시점에 이르러 그 약정무효의 주장에 대하여 실효이론을 적용한 판례가 나오기도 하였다대법 2013다88829.

[事例 3] 사건복잡화와 소권 남용 이야기 — 시간을 끌어 원금을 갚는 일 · 임기를 채우는 일 등

과거 은행 정기예금 이자가 20~30%이던 고高인플레이션시대에는 조세부과처분을 받은 자가 소를 제기하여 마냥 시간을 끌면 나중에 패소하더라도 체납 세금의 저축이자만으로 체납된 세금을 갚고도 남았던 때가 있었다. 특히 당시에는 조세부과처분에 대하여 당사자가 쟁송 중이면 가산세 등이 면제되어 이를 악용할 수 있었기 때문이다지금은 세법이 개정되어 쟁송에서 이로울 것이 없다. 특히 사용하지 않는 토지에 부과한 공한지세空閑地稅의 경우도 그러했는데, 공한지세 부과처분 취소소송을 제기한 원고 측의 소송대리인이 오히려 외국에 갈 일이 있으니 좀 여유 있게 재판기일을 잡아달라고 하는 등 재판부에 기일연기만을 간청하는 경우도 있었다.

* 해고무효확인청구에서 실효이론을 따랐다고 할 것에는 대법 90다카25512 등 참조.

이 사례는 現 GS칼텍스의 전신인 호남정유의 사주 서 모 씨가 죽고 유족들이 제기한 20억 원의 상속세 부과처분 취소소송에 관한 이야기이다. 유족들은 이 부과처분에 대하여 일단 소제기를 해놓고는 행정소송의 제1심이 고등법원이었던 시절이었기에 서울고등법원에서 계속 연기작전을 펴나갔다. 그 방법으로 해당 과세처분이 위법부당하다 하여 취소하여야 할 이유로 무려 100여 가지의 공격방법을 내세우는 등 사안을 무제한으로 복잡다단하게 만드는 것이었다. 보통 이러한 경우 장황한 공격방법 중 어느 하나라도 빠뜨리고 판단하면 「판단누락」의 위법으로 상고이유 내지는 재심사유가 되기 때문에 담당법관은 그에 관하여 모조리 판단해야 하는 부담에 직면하게 된다. 당시는 법관 인사이동도 자주 있던 때라 이에 질린 판사들이 사건을 다음 재판부로 연달아 넘기면서 결국 20여 년간을 끈 유명한 장기미제사건이 되었다. 세금을 내지 않고 은행 정기예금의 이자만으로 세금원금을 갚고도 남는 가장 큰 이득을 본 사례가 되었던 것이다. 피고인 국세청 측이 원고들과 소송대리인을 상대로 소송지연책으로 인한 손해배상소송도 냄직한 일이었지만 독일민법 제839조 제2항, 그 분야의 법리도 발달하지 않았던 시대라 그대로 넘어갈 수밖에 없었다. 이렇게 세월을 보내다가 다행스러운 것은 이제는 고인故人이 되었지만 소명의식이 강했던 당시 서울고법 재판장 이영모 판사훗날 헌법재판소에 진출하여 좋은 소수의견을 낸 재판관가 사건을 담당하며 과감하게 원고로 하여금 중요쟁점을 몇 가지로 요약정리하게 하고 나머지 주장은 모

이영모 재판관

두 철회시키는 쾌도난마快刀亂麻식의 소송지휘를 하여 결국 장기미제사건을 마무리한 것이다. 공격방법이나 방어방법을 지나치게 복잡한 경합상태로 만드는 것은 소권남용이 될 소지가 있다. 피고의 잡다한 방어방법의 제출, 즉 대여금 청구에서 변제, 면제, 시효, 상계 등의 잇따른 항변, 건물명도

청구에서 원고의 소유권 부인, 점유면적 부인, 입주건물에 들인 비용을 피담보채권으로 하는 유치권 항변, 반소의 제기나 그 일부만의 인지대 납부로 보정명령이 나오게 하여 시간을 질질 끄는 것도 그런 사례가 될 수 있다. 국책사업중지가처분신청을 내어 기각결정이 나온 경우에 승복하지 않고 항고, 재항고로 대법원까지 끌고 가며 그 사업의 추진을 지연시키는 사례도 있다. 증권관련 집단소송에서도 소제기허가 결정에 집행정지의 효력이 있는 즉시항고로 소제기허가 결정의 확정을 지연시켜 집단소송의 본안재판의 지연작전을 쓰는 것이 현실이다.

최근에는 화성시장 당선무효의 재판을 끌며 뭉개다가 시장 재직 중에는 무효 판결이 나지 않다가 급기야 그가 간발의 차이로 재선에 성공한 뒤에야 무효판결이 난 사례도 있었다. 그리하여 실질적으로는 재선시장이 되었음에도 재선 뒤에 이처럼 초선시장의 당선무효 판결이 났기 때문에 법적으로는 초선시장과 마찬가지가 되는 해프닝도 있었다.[*] 사건복잡화 때문이었을까. 결국 법원이 비리혐의로 기소된 시장의 임기를 끝까지 완전 보장해준 결과가 되었다_{한명숙상고사건에서 국회의원 임기 48개월 중 40개월을 채워준 사례}.

제 3 절   소송에 갈음하는 분쟁해결제도(ADR)[事例 4]

이를 대체적인 분쟁해결제도(Alternative Dispute Resolution)라고도 한다.

여기에는 주로 화해, 조정, 중재가 해당되는데, 최근에 와서는 널리 혼합형 대체적 분쟁해결제도도 포함된다. 배심재판생략(summary jury trial), 조기 중립적 감정평가(early neutral evaluation), mini-trial, 합의 도출(negotiated building), 합의로 rule 만들기(negotiated rule) 등이 있다.

이러한 ADR은 세계적으로 확산되어 가고 있다. 우리나라에서는 이 가

---

* 조선일보 2014. 8. 28.자 A35면 참조.

운데 조정(調停)이 가장 활발하다. 조정에는 법원조정, 행정조정, 민간조정 등이 있다. 요즘에는 국제조정으로까지 확대되고 있다.

[事例 4] 우리나라에서의 ADR의 역사와 발전

우리나라에서는 1980년대까지만 하더라도 '판사는 판결문만으로 말한다'고 하여 민사분쟁의 해결책으로 판결을 유일한 수단으로 생각했다. 민사소송법에는 판사의 화해권고 규정이 있었지만, 휴면화되었던 것이다. 지금은 많이 간소해졌지만, 당시에는 민사판결문 작성이 매우 어려워 담당법관에게 큰 부담이 되었기 때문에 화해 등 자주적인 분쟁해결로 유도하는 경우도 있어 화해가 법관의 판결문작성 노고의 도피책으로 오해되던 시대이기도 하였다.

일제강점기에는 어느 지방부호가 자신의 큰 아들을 판사로 만들기 위하여 호랑이 가죽을 총독부 일본고위관리에게 뇌물로 바쳐 뜻을 이룬 사례가 있었다. 이 사람이 판사가 된 뒤 판결문 작성의 능력부족으로 다른 동료법관에게 향응을 베풀어가며 자기 주심사건의 판결문 작성을 부탁하다가 그것도 여의치 아니하자, 결국 소송당사자에게 무리하게 화해만을 강권하였다는 것이다^{뒤 [事例 92] 참조}.

물론 그는 일제강점기가 끝난 뒤 판사직에서 물러났지만 그 소문이 남아 있어서, 판결이 아닌 화해를 선호하는 판사에게는 불명예의 '호피^{虎皮} 판사'라는 별명이 붙게 되었고 무능한 판사의 대명사로 매도되었다.

이 때문에 화해 등 자주적 분쟁해결을 기피하는 경향이 굳어져, 'litigation first'도 아닌 'litigation only'로 나아가게 되었다. 그러다가 1980년 후반기에 김용철 대법원장이 취임하면서 이러한 경향에 제동을 걸고 민사사법 선진화의 일환으로 변론 판결만이 능사가 아니라 조정이라는 선택도 있다는 것을 강조하면서 민사조정이 활성화되기 시작하였다2015년 9월 법원의 날에 국민훈장 무궁화장 수훈.

이때 필자는 춘천지방법원장으로 있었는데, 우리 법원 관할구역에서는 조정제도의 활성화 방안에 적극 호응하여, 민사분쟁의 해결은 판결이 유일수단이라는 기존의 고정관념을 깨뜨리는 인식전환이 필요하다고 생각하였다. 다만, 민사조정제

김용철 전 대법원장

도에 대한 경험이 없는 상태이므로, 우선은 매스컴, 법원 내의 상담실 설치, 조정전담판사 임명 등을 통해 제도의 이해를 위한 홍보에 주력하였다.

조정제도의 장점으로 시간과 비용의 절감, 분쟁의 평화적 해결, 소송혐오자에 대한 이용편의, 의료·건설사고 등 증명이 곤란한 복잡한 분쟁의 해결, 법률의 요건사실만이 아닌 분쟁의 배경 설명에 좋다고 홍보를 하였다. 소송물 이외에도, 당사자 이외의 제3자도 포함시키는 포괄적인 분쟁해결방안으로 오판의 폐해를 둔화시킬 수 있다고도 하였다. 게다가 판결에 의한 일도양단적 해결, 즉 'all or nothing'의 해결보다는 약간씩 양보한다는 점에서 당사자 간의 첨예한 감정대립을 중화시키고 나아가 판결에 의할 때에는 채무자의 재산도피로 강제집행이 어려워 '승소가 상처뿐인 영광'일 수 있으며, 법관의 증원에 의한 판결로 모든 분쟁의 해결에 한계가 있음도 강조하였다. 더불어 선진국에서는 ADR이 분쟁해결방법으로 판결만큼의 중요한 비중을 차지하고 있다는 점도 홍보하였다.

'최상의 판결보다 최악의 화해가 낫다'는 말이 있고, 공자께서도 '부모를 살해한 원수가 아니면 화해에 의하여 적대관계를 풀어야 한다'고 했듯이 춘천지방법원 내에서 1986년까지 '전무'였던 화해조정률이 1987년부터는 전 민사분쟁 가운데 18.5%가 민사조정에 의하여 해결되는 성과를 보였으며, 이 성과는 전국 11개 지방법원의 화해조정률 상승에 견인을 했다고 해도 과언이 아니다.

그 뒤에 조정에 대한 일반 시민과 법원의 인식 성숙으로, 1990년에 이르러는 민사조정법이라는 통일조정법전이 생겨났고, 변호사 중에서 위촉하는 상임조정위원제도, 미국법원을 모델로 한 조기조정제도의 시행 등으로 오늘에 이르고 있다. 한편 법원 아닌 행정부 소속의 행정조정위원회가 우리나라에만 무려 70여 개에 이르고 있으며, 무료No cost, 무형식No form, 무변호사No lawyer 등 '3 No'의 보호를 하고 있다. 영상시대가 새로 전개되면서 법정대면이 아닌 비대면untact의 원격영상재판이 열리면서 무거리no distance로까지 나아가 이제는 '4 No'로 발전하고 있다. 여기에 더하여 법원과 연계된 민간조정annexed mediation도 많이 활성화되고 있는 실정이다.

우리나라에서 중재제도는 국내 중재재판보다는 국제 중재제도가 더 주목받고 있다. 대외무역 규모가 1조 달러 이상이 되고 국민 GDP에서 대외의존도가 높은 것이 원인일 수 있는데, 국제상공회의소ICC 산하의 국재중재법원ICA에 2006~2011년까지 한국 관련 국제중재사건이 일본보다 많고 중국과 비슷한 161건에 이르고 있다1998~2010년까지 중재 case가 한국 342건으로 일본·중국보다 많다.

한편 투자국가의 정책으로 투자손해를 보았을 때 제기하는 투자자국가소송제도*인 ISD는 투자자와 투자국 간의 국제분쟁해결의 가장 합리적인 ADR임에도 불구하고, 우리 사회의 인식부족으로 과거 우리 정부는 엄청난 정치적 시련을 경험하였다. 특히 한미 FTA의 ISD의 경우 마치 이것이 사법주권의 포기인 양 일부 세력이 선전·선동하고 이를 독소조항으로 오인하여 FTA의 최종타결에 엄청난 진통과 많은 시간의 소모가 있었다. 다만 한국과 벨기에의 투자보장협정에 의하여 론스타

---

* ISD도 성행하지만 외국국가·주권면제론을 부정하며 외국상대의 통상소송이 자주 나타난다. 북한국 상대의 웜비어 고문치사사건을 그 유족들이 미국법원에 제기한 case에서 승소판결을 받아, 북한 소유의 선박에 강제집행을 위해 미국에 있는 북한 재산에 대하여 추심을 시도하고 있다.

론스타-한국정부 ISD 개요

신청인 (대리인)	LSF−KEB홀딩스, 스타홀딩스 등 론스타의 벨기에·룩셈부르크 자회사 8곳(법무법인 세종, 시들리 오스틴)
피신청인 (대리인)	한국정부(법무법인 태평양, 아널드&포터)
중재기관	국제투자분쟁해결센터(ICSID)(미 워싱턴 소재)
중재 재판부	조너 비더(재판장, 영국인, 한국−론스타 양측 합의 선정), 뒤에 경질 찰스 브라우어(미국인, 론스타 선정) 브리짓 스턴(프랑스인, 한국 선정)
소가	약 5조 1,000억원(46억 7,900만 달러)
관련 협정	한−벨기에 투자보장 협정
쟁점	① 본안전 ─ 론스타는 투자자 신청자격 없는 페이퍼 컴퍼니 ② 론스타의 HSBC에 외환은행 매각에 대한 승인 지연 ③ 투자협정위반의 법인세 8,000억원 부과
심리집행	① Washington과 Hague 공개심리, 2018. 11. 18. 절차 종결 ② 재판장 2020. 3.에 사임, 2020. 6.에 캐나다 윌리암 버니 새 선임 ③ 2020. 6. 초에 론스타 측이 5억 7,000만 불 지급 등 화해 제의, 한국정부의 거절

Lone Star계열 벨기에 회사가 우리 정부를 상대로 50억 달러 규모의 투자 손해중재재판을 ICSID국제투자분쟁해결센터에 제기하여, 이해 5월부터 크게 2 차례에 걸쳐 비공개로 뉴욕에서 심리가 열렸고,[*] 2016년 1월에는 네 덜란드 헤이그에서 변론이 이어졌다. 2012년에 제기한 지 9년이 지난 2020년이 되었는데도 끝나지 않고 있다. 이어 이란게 기업 엔텍합다야니 도 입찰보증금 578억 원의 한·이란 투자협정 위반을 이유로 한 ISD를 제기하여 우리나라가 패소했다. 이처럼 ISD는 투자협정이나 자유무역 협정에 거의 일반화되어 있는 'global standard'임이 인식되기 시작하 였다. 엑슨 모빌Exxon Mobil이 베네수엘라Venezuela에 투자한 유전을 2007년

* 이상은 선데이중앙 2015. 5. 17.자 참조.

차베스 정권이 국유화 조치하면서 입은 피해에 대하여 2014년 10월 ICSID에서 16억 달러의 배상판정이 난 것을 뒤늦게 알고서, 우리나라 현대아산이 진행한 금강산 개발시설을 북한이 국유화한 데 대하여 북한과의 투자협정을 하면서 ISD를 포함시키지 않은 것을 후회하는 형편이다. 이제 인식이 바뀌어 중국에 투자한 우리 기업도 ISD를 공격에 활용하여, 최근에 중국에 골프장 공사를 한 우리나라 건설회사가 투자약정 위반을 이유로 시진핑을 대표로 하는 중국정부를 상대로 1,380만 달러의 손해배상조정신청을 ICSID에 낸 바 있다.

스웨덴의 에너지 기업인 Vattenfall이 원자력 폐기법에 의한 피해에 대하여 독일 정부를 상대로 ICSID에 37억 유로의 손해배상청구소송을 제기하면서 원자력 폐기법의 위헌성을 문제삼아 독일 연방헌법재판소에도 헌법소원을 제기하였다. 헌법소원까지도 파생해내는 것이 ISD라면 우리 소송법학자들의 관심 밖에 두는 것은 개탄스러운 일이라 할 것이다.[*] 그러다 보니 우리나라가 78개국과 투자보장협정BIT을 맺으면서 페이퍼 컴퍼니에 대하여 혜택을 부인하는 조항을 누락해온 사실을 뒤늦게 알게 되었다. 국세청은 외국투자기업에 법인세를 함부로 부과하는 것은 ISD를 유발함을 깨닫고 ISD전문변호사를 공모한다. 국제분쟁의 ADR인 ISD의 활용과 더불어, 국제무역분쟁으로 세계무역기구WTO에 제소하거나미국 상무부의 삼성·LG전자에 대한 규제에 우리 정부 제소, 제소당하는 예일본 수산물 수입규제에 대한 일본 정부의 제소도 나타난다.

이처럼 ADR은 국내외적으로 확산되고 있지만, 화해·조정이 아직 선진화되지 아니한 우리나라에서는 '좋은 것이 좋다'는 식의 적당주의가 법치주의를 제압하여 법치주의의 안착에 부정적인 영향을 줄 수도 있을 것이다. 또 이것이 좋다 하여 법관이 강권하며 판결을 통한 해결

[*] Kiyomi v. Frankenberg. "Rechtsstaaten vor privatem Schiedsgericht?", Deutsche Richterzeitung 07-08/2014.

을 피하는 것은 법관의 직무유기의 평가가 나올 수 있다. 그리고 중재제도 특히 투자자국가소송제도ISD는 소송물가액이 엄청난 규모임에도 단심으로 끝나 상소불복이 허용되지 않고 비공개재판이기 때문에 재판 감시기능이 취약해진다는 지적이 있다.*

---

* 이상은 필자가 2014. 11. 17. UNCITRAL(UN 국제무역법위원회)과 법무부가 주최한 제 3 차 아태지구 ADR회의에서 행한 기조연설(Key Note Speech)을 재구성한 것이다.

제 2 장 민사소송법

제 1 절 민사소송법의 의의

(1) 민사소송법의 연혁

1960년 법률 제547호로 우리나라 민사소송법이 제정되기까지는 일본 민사소송법을 의용(依用)하는 형편이었다. 1948년 정부 수립 후에 법전편 찬위원회(위원장 김병로)가 우리의 새 민사소송법을 기초하여 1953년 국회 에 제출하였으나, 요사이처럼 국회에서 영일 없는 소모적 정쟁으로 지체 하다가 상정 7년 만에 겨우 통과되어, 당시 민사소송법 국회개정소위원 장인 정존수 의원이 지연에 대한 공식사과를 할 정도였다(소송사건 자체도 소송법개폐도 지연하는 것이 민사소송제도의 속성인가!).

그 뒤 여러 차례 간단한 개정이 있었고, 1990년의 대개정 시에 신의칙, 지적의무, 피고의 경정과 필수적 공동소송인의 추가, 변호사 보수의 소 송비용의 산입, 독촉절차의 간소화 등 주목할 만한 개정이 있었다.

2002년에는 한글화의 전면개정된 신민사소송법이 제정되었고, 독일 법보다 미국법의 영향 하에 창의적인 예비적·선택적 공동소송 제도 등이 신설된 것은 특기할 만한 일이다.

(2) 통일법전의 필요 [事例 5]

(3) 민사소송법학사 [事例 6]

[事例 5] 대(大)오판 사건 — 특례법 남발의 폐해

민사소송법의 특례법률인 민사소송 등 인지법, 증권관련 집단소송법, 가사소송법, 소액사건심판법, 소송촉진 등에 관한 특례법, 상고심절차 에 관한 특례법, 원격영상재판에 관한 특례법, 민사소송 등에서의 전자 문서 이용 등에 관한 법률, 중재법 등은 민사소송법전에 흡수·통합시켜도 될 사항임에도 단행법률로 각기 독립되어 있다. 'one stop system'으로 통합하지 아니하고 여러 개의 단행법률로 병립시키는 입법체제는 선진국일본·독일·미국 등에도 그 예가 없으며, 체계적인 이해를 어렵게 하고 법적용에 혼선을 빚기 쉬운 사분오열의 양상이다. 집중시대에 걸맞지 않게 집중을 외면한 입법기술의 미숙이요, Smart Phone이 상징한다고 할 이「통섭과 융합」시대의 역행이다. 일본 신민사소송법의 경우 민사소송 등 인지법도 본법전에 흡수하여 도표로 간결하게 규정하고 있다. 비록 형사사건이긴 하지만 통일법전Unified Code을 만들지 않고 특례 단행법률인 특정범죄 가중처벌 등에 관한 법률특가법이 조세범 처벌법과 병립되어 법관의 본의 아닌 오판으로 물의를 빚은 일이 있었는데, 이를 소개한다.

조세범 처벌법상 검사는 세무서장의 고발이 있어야 공소를 제기할 수 있는데, 특가법에는 일정액 이상의 조세포탈에 대해서는 세무서장의 고발이 필요 없다는 예외조항이 있다. 1970년대 특가법 위반사건 하나가 대법원에 상고되었는데, 당시 주심 대법원 판사는 예외규정을 망각하고는 세무서장의 고발이 없는 기소를 하였기 때문에 소송조건에 흠이 있음에도 실형선고를 하였으므로 중대한 위법이 있다 하여 원심판결을 파기하고 사건을 고등법원으로 환송하였다. 기소한 검찰 측은 처음에는 이를 자기네의 큰 실수로 생각하고 크게 당황하였다는데 이후 특가법 사건에서는 예외규정이 있음을 발견하고 쾌재를 부르며 이를 언론에 알려, 언론에서 이를 대법원 판사의 일대 오판으로 대서특필한 일이 있었다.[*] 민사소송법에서도 통일법전이 아닌 특례법을 남발하면 위와 같은 문제가 생길 수 있는 것이므로, 남의 일이 아닌 것이다. 얼마 전 한 신문기사에서는 특별법의 남발은 일반법을 무의미하게 하고 더 나아가 다음과 같은 문제가 생긴다는 실례를 들기도 하였다.

---

[*] 특가법을 간과한 유사 오판 사건은 조선일보 2013. 6. 18.자 A10면.

2008년 12월 경기도 안산시 단원구에서 8세 김나영 양이 성폭행을 당하는 사건이 발생했다. 범인 조두순은 김 양에게 평생 씻을 수 없는 치명상(대장파열로 배에 장류까지 다는 상처)을 남겼다. 그러나 조 씨 형량은 고작 12년. 사회에 던져준 충격이나 통념보다 법은 조두순에게 관대했다. 류여해 사법교육원 교수는 "해당 검사가 특별법에 있는 조문을 모르고 일반법으로 범인을 기소했는데 이는 상식을 벗어난 일"이라며 "특별법이 너무 많아짐에 따라 검사도 일일이 해당 법률을 찾지 못해 벌어진 일"이라고 설명했다.*

스마트폰이 여러 기기를 한 군데로 집중시킴으로써 정보통신기술ICT의 융합으로 촉발된 제4차 산업혁명의 시대상황에서 본 법전에 추가시키지 않고 특별법을 남발함으로써 법적용의 혼선을 빚는 후진성을 마냥 방치할 수 없는 일이다.

[事例 6] 우리나라 민사소송법학사

1. 제 1 세대와 제 2 세대 학자

19세기 말 청일전쟁이 끝나고 패전한 청淸이 조선에서 종주권을 포기한 것을 계기로 대한제국을 수립하면서, 재판소법이 새로 제정되고 근대적인 민사소송제도가 시행되며 법관양성소1895-1909년 현재 Law school의 원조가 생겨나게 되었다. 여기의 교과목의 하나로 민사소송법이 포함되었는데 그 담당교관은 홍재기洪在祺 선생**이었다. 그가 교재로 저술한 민사소

---

* 매일신문 2013. 6. 18.자 기사 인용.
** 훗날 대한제국 대심원판사, 한국변호사 등록 제 1 호, 해방 후 전주지법 정읍지원장을 지냈다. 6·25사변 때 북한군에 의해 납치인사에 포함되어 사망하셨다. 저자의 처외조부님이시다. 최근에 북한정부의 미국인 웜비어 고문치사사건에서 미국 법원에 북한국 상대로 그 유족들의 손해배상사건에서 5억 불 배상판결을 받아, 강제집행까지 이른 사례에 고무되어, 홍재기 선생의 후손들이 위당 정인보 선생, 손기정 일장기 삭제의 주인공인 이길용 선생의 후손들 등과 함께 남북피해를 원인으로 북한 정부와 김정은 국무위원장을 상대로 서울중앙지방법원에 손해

송법 교재가 바로 우리 나라 민사소송법 체계서 제 1 호이며 그는 보성전 문학교現 고려대학교 강사로도 출강하여 이를 교재로도 삼았다고 한다. 지금의 서울법대의 전신이라 할 수 있는 일제 식민지 시 대의 경성제국대학 법학

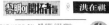

홍재기 선생 관련 신문기사(경향신문 1984. 11. 10.자 5면)

부에는 당시 조선고등법원의 일본인 판사가 출강하였는데, 개강하며 민사소송법은 졸리는 과목이라 하여 '민소'民訴 대신 수면 면자를 써 '면 소'眠訴, 수면제라고 하였다는 일화가 있다.

해방 후에는 처음으로 대법관과 내무장관을 지낸 백한성白漢成 선생의 「민사소송법석의」 上 · 下가 1952 · 53년에 출간되었으며 뒤이어 1960 년에는 이영섭李英燮 선생의 「신민사소송법」, 방순원方順元 선생의 「민사소 송법강의」가 각기 출간되었고, 1962년에는 동국대학교 교수였던 박상 일 선생의 「신민사소송법 상권」이 나왔다. 위 네 분은 1950~60년대 전반까지 대학강단에서도 활약이 컸으며 우리의 민사소송법 제 1 세대 학자로 꼽히고 있다.

그 뒤를 이은 학자가 김홍규, 정 동윤, 송상현, 한종렬, 양병회, 강 현중 등 여러 교수와 필자로 교재 ·

백한성 선생의 民事訴訟法釋義 당시 신문광고
(동아일보 1953. 7. 7.자 1면)

배상소송을 제기하였다(조선일보, 2020. 6. 19.). 외국국가 · 주권면제론이 도마 위에 오르는 사건이 될 것이다. 별도로 서울중앙지법에 납북자 최모 씨의 딸이 제기한 5천만원 손해배상소 송에서 2021. 3. 25. 전액 인용 판결이 났다. 지연이자를 합산하면 총 2억 원이 넘는 위자료를 북측이 지급해야 한다. 2020년 7월 6 · 25 사변 국군포로가 제기한 손배소를 인용하면서 서울 중앙지법은 "북한은 헌법 체계상 국가로 볼 수 없어 대한민국의 재판권 행사가 가능하며, 북 한의 불법행위도 인정된다"고 설시했다(중앙일보, 2021. 3. 25.).

저술과 강의로 활약하여 왔으며, 넓게는 호문혁 교수까지 포함하여 제 2세대에 속하는 학자군이다.

이제는 제3세대가 형성될 차례이지만, 민사소송법은 워낙 비인기 법과목이기 때문인지 연구전문학자가 많지 않고 지원자도 별로 없는 것이 아쉬울 따름이다. 더구나 집행법 분야의 전문가는 절대빈곤에 가까운데, 제제다사濟濟多士의 백가쟁명百家爭鳴의 경쟁 속에서 학문은 발전하기 마련이고, 민사소송이 국제화·집단화·정치화·대형화되고 국제투자분쟁해결센터ICSID 등에 제소까지 이르며 국가제도로서의 질적·양적 비중이 날로 커져가 경세치륜經世治倫의 도구로까지 발전하는 등 소송만능시대에 학계가 이러한 사회적·국가적 수요에 대응하지 못하고 있는 것이 매우 안타깝다. 제1세대 민사소송법학자를 대표하며 우리나라 민사소송법학의 초석을 놓은 방순원, 이영섭 선생에 대해 소개한다.

2. 방순원 선생과 민사실무연구회

1974년 7월 어느 날 당시 사법연수원 전임강사직을 맡고 계신 방순원 전 대법원 판사대법관께서 민사법에 깊은 관심을 갖고 있었던 제자격의 5인을 자신의 교수연구실로 초치招致하였다. 당시 재야 변호사였던 이재성 전 대법관, 서울민사지법 부장판사였던 김상원, 윤일영, 박우동 전 대법관뒤 두 분은 대법관 연임의 경력자과 서울고법 판사였던 필자였는데, 방 대법원 판사대법관께서는 우리가 다 같이 실무민사법 동호인이니 정기적으로 공동연구모임을 갖자고 제의하였다. 여기에 누구도 이의가 없었고 적극 찬동함으로써 방 대법원 판사를 회장으로 하고 박우동 부장판사를 간사로 한 6인 회원의 실무연구회가 발족하게 되었다. 처음에는 회원이 소수여서 사법연수원에서 연구모임을 가지다가 재조·재야 법조인과 법학자에게도 문호를 개방한 후에 가입희망자가 늘어 국립의료원 스칸디아클럽에서 정기모임을 갖는 것으로 발전하였다. 이 모임의 초대 회장이신 방순원 대법원 판사께서 어김없이 참석하시어 발전을 위한 금일봉을 하사하신 것이 기억에 남는다.

방순원 대법원 판사

방순원 선생은 일찍이 필자도 재학 중 배움을 받았던 서울법대 민사소송법 교수로 재직하다 5·16 이후 새로이 조직된 조진만趙鎭滿코트court의 대법원 판사로 발탁되어 10여 년간 봉직하시다가 1972년 10월유신 당시 국가배상법 제 2 조 단서의 이중배상금지규정에 대한 위헌판결의 다수의견이었던 대법원 판사 9명에 속해 숙청을 당하였다. 이때 대법원장이었던 민복기 선생이 숙청당한 다른 여덟 분은 변호사 개업을 하여 생계유지에 지장이 없다고 봤으나, 방순원 선생만은 순결무구의 청빈거사(?)로 보고 변호사가 어렵다고 생각하시어, 생계책으로 사법연수원 전임강사직을 만들어 강제집행법 강의를 하시도록 하였다.

역시 방순원 선생은 학자 법관에 걸맞게 그 뒤 실무연구회를 발족시키는 큰 일을 하셨다. 40년이 흐르는 동안 재조법관, 재야변호사 그리고 민사법학자들로 구성된 회원 600여 명의 실무중심의 큰 연구회로의 성공적 안착에 초석을 놓은 것이다. 민사실무연구회의 성공모델은 뒤에 본보기가 되어 훗날 민사법이 아닌 다른 법 분야의 실무연구회가 연달아 발족하는 기폭제가 되었음은 물론, 학회 활동이 적지 않은 회원으로 하여금 고위직 법관으로 크게 성장케한 동력이 된 것도 사실이다. 방순원 선생의 민사실무연구회 발족의 발상과 육성은 우리나라 실무법학 발전에 새 지평을 열었다. 그리하여 학회 창립 40주년 기념행사를 맞아 필자는 방순원 선생을 우리나라 '실무법학의 아버지'로 추대를 제의한 바 있다.

40년간 쌓아온 실무연구회의 성과는 회원들의 연구발표의 성과를 발간하는 '민사재판의 제문제'만 해도 20권이 넘게 이르고 있고, 각 권의 페이지 수는 발간 때마다 크게 증가하고 있다. 역대 연구회장의 업적을 기리는 의미의 환력기념호로 발간하는 관행도 뜻있는 일이다. 모임이 사법연수원의 조그만 방실에서 출발하여 스칸디아클럽 회의실로 커지고 이제는 대법원 큰 회의실을 빌려 이용해야 할 규모가 되었으며, 모임만 400회까지 되었고, 회원 수 600여 명으로 여러 실무연구회 중 가장 큰 규모가 된 것은 매우 고무적인 발전이다.

연구회가 민사법실무분야 및 민사법학의 발전에 큰 공헌과 선구적 역할을 한 것을 세상도 알아주어 영산법률문화재단으로부터 2010년 학회 자체가 영산법률문화상을 수상하는 영광을 얻기도 하였다.[*]

3. 이영섭 선생의 길

이영섭李英燮 선생은 경기중학교, 경성제국대학 졸업의 명문 학벌을 소지하셨고 일본고등문관시험 사법과를 우수한 성적으로 합격하셨으며, 실무시험에서도 발군의 성적을 거두어 일제시대 경성지방법원판사, 즉 경판京判으로 사회 첫출발을 하였다. 서울지방법원 부장판사로 승진하였다가 6·25 사변 때에는 좌익활동의 혐의로 법관직을 그만 두게 되었다. 그 뒤에 학계에 투신하게 되었는데, 그것이 전화위복이 되어 학자로서 대성하는 계기가 되었다. 1960년대 신민사소송법(상)을 저술하고 이어 하권인 강제집행법을 내면서, 우리나라 민사소송법학계의 제1세대를 대표하는 권위자로 부상하였다. 그의 학문적인 접근방법은 일본의 민소법이론을 완전히 소화하여 어려운 소송법을 쉽게 풀이하는 것이었다. 특히 우리 소송법의 독창적인 제도에 대하여 능통한 영어·독어 실력을 바탕으로 개척자적 창의성의 발휘는 후학들이 본받을 귀감이라 할 것이다. 서울대, 고려대, 연세대에 출강하며 법학교육에도 크게 기여하였다. 이후 이화여자대학교 교수와 법정대 학장으로 학계에 몸

---

[*] 인터넷 법률신문 2014. 7. 31.자 기사.

7代 大法院長에 李英燮判事 천거

大法院

당시 이영섭 대법원장 천거 기사
(1978.11.14. 동아일보 1면)

을 담고 계시다가 5·16 이후 최연소 대법원 판사로 발탁되어 18년간 최고 법관의 영예를 누리다가 드디어 사법부의 수장에 올랐다. 천부적인 근면성으로 대법원 판사 재직 시에도 틈틈이 소송법 논문을 발표하고 민사소송법연습까지 저술하기도 하셨다. 그분의 길을 몇 가지 소개하고자 한다.

첫째로 그분만큼 70년 우리 법조사에서 부지런하고 성실하셨던 분을 경험한 바 없다. 서양의 근대 철학자 데카르트Descartes처럼 주어진 과제를 최선을 다하여 성실하게 신속히 처리하는 것이 생활신조였던 것 같다.

대법원 재직 중에는 상고 사건을 법정처리기간인 5개월 내에 마치는 유일한 대법관이었다. 소송법학자로서 절차의 신속이라는 소송법이념을 몸소 실천한 것이다. 1960년 민사소송법 제·개정작업에도 관여하시어 세계에 유례없는 1심 5개월, 2심 5개월처음에는 4개월, 3심 5개월처음에는 3개월 합계 1년 반 내에 끝내는 판결선고기간 제도를 두었는데 이의 실천은 물론, 상고이유서가 20일 기간 내에 제출되면 답변서제출기간 10일이 경과하기 전에 상고심 판결을 마치는 부지런함을 보이셨다. 그러나 그 분 주심의 상고심판결이 졸속이라는 세평은 없었다.

둘째로 이영섭 선생은 남의 말을 들어주려는 겸손한 품성을 지녔다. 사람은 자기 말을 하려하지 남의 말을 들으려하지 않는다. 공자는 자기 말만을 하려는 자를 우자愚者, 어리석은 사람, 남의 말을 들으려고 하는 사람을 현자賢者라 하였는데, 법조인 특히 법관은 현자의 입장에서 남의 말을 들어야 하며 '묻는 말에만 답변하라'는 식으로 자기 말을 앞세우면 안 된

다. 'due process' 즉 적법절차는 듣는 것hearing, 聽訟이라고도 하는 것
으로 재판에서 당사자의 말에 진지하게 귀를 기울이는 자세가 아니라
면 재판관의 자질에서 부적격이다. 이영섭 선생은 법관자질의 천성을
지니셨다.

셋째로 이영섭 선생은 고독한 삶을 사셨다. 필자에게 사법관은 매우
외로운 직책이라는 점을 자주 강조하셨다. 사사로운 정으로 누구를 보
아줄 수 없기 때문에 도움이 될 것이라고 기대하였던 친구, 일가친척들
이 모두 떨어져 나가 홀로 남게 된다는 말씀이었다. 그 때문인지 주변
에 사람들이 와글거리는 것을 본 일이 없다. 거의 저녁약속도 없이 근
무시간이 끝나면 곧장 댁으로 퇴근하는 것이 일상생활이셨다. 가정에
서도 무료할 때면 시내버스 출발점에서 탑승하였다가 종착역까지 가서
는 다시 제자리로 돌아오면서 소일을 하신다는 말을 들은 바 있다. 지
연, 혈연, 학연, 직연, 종연, 군연 등 6가지 연緣을 중요시하며 친구, 일
가친척을 보아주는 '마당발'이다 보면 법조계의 고질적 병폐인 '전관예
우', '유전무죄, 무전유죄'의 병폐시정을 기대할 수 없다는 것이 선생의
지론이셨다.*

선생은 기질적으로 신속·공정의 법관상像이었다. 선생은 1957년 미
국 하버드대학 연경학회의 초청을 받아 미국 소송법을 연구할 좋은 기
회를 가졌다. 그 연구성과를 저서 여러 군데에서 소개하였는데 특히 미
국 연방민사소송규칙FRCP 제1조「이 규칙은 모든 소송의 공평하고 신속
하며, 경제적인 처리를 확보하도록 해석·적용하여야 한다」를 처음으로
소개함으로써 미국법에 새로이 눈을 떠서 지금까지 독일법만이 소송법

---

* 이영섭 선생은 전두환 군사정권 때에 대법원장에서 물러났는데, 고별사에서 말한 '오욕과 회
한'(汚辱과 悔恨)이 지금까지도 회자된다. 가까운 제자였지만 그 사연에 대한 설명을 따로 구하
지 않았고 당신도 해명을 하지도 아니하셨다.「침묵은 금이다」라는 신조였는지 묻어두고 떠나
셨다. '법조인은 사양기업, 다시 태어나면 법관은 되지 않겠다'는 신문 인터뷰도 있었다. 비판에
앞서 새겨들을 바도 있을 것이다.

의 전부이고 진수라고 여겼던 고정관념을 청산하고 미국법으로 시야를 확대시키는 계기를 만드셨다. 이러한 소개가 필자에 의해 훗날 우리 현행법 제 1 조 제 1 항의 민사소송의 이상을 명문화 하는 데 영향을 준 것이 사실이다. 신속·공정의 이상을 학자로서도 강조하였지만, 법관으로서도 그 실천에 옮긴 것은 이미 말한 바이다. 신속한 일처리는 데카르트^{Descartes}, 시간 준수는 칸트^{Kant}의 덕목을 갖춘 인물이다. 6·25 사변 인천상륙의 포연의 화중에서도 냉정하게 민사소송법 책만을 정독하였다는 말을 사모님으로부터 들은 바 있는데, '내일 지구가 망하더라도 한 그루의 사과나무를 심겠다'는 스피노자^{Spinoza}와 같은 인생관을 가진 분이기도 하다.

제2편

소송의 주체

제1장 법   원
제2장 당 사 자
　　(원고와 피고)

소송관계의 성립(소송의 틀 Hardware)

법원(1인 내지 3인 법관의 재판부)

소장제출

소장부본송달

원고 ←――――――――――→ 피고
관할합의, 부제소·소취하·기일
변경 합의·진행협의 등이 허용,
그 밖은 중재재판과 달리
법원의 직권진행

제 1 장 법 원

제 1 절 민사재판권

민사재판권은 민사분쟁 처리를 위하여 판결·강제집행·가압류·가처분 등을 행하는 국가권력. 부수적으로 소송지휘, 송달, 증거조사 등을 행하는 국가작용.

1. 인적 범위

- **치외법권자를 제외한 국내에 있는 모든 사람에게 미친다.**
- **대통령도 예외없음**(예 : YS정부 때에 KT노조에 대한 용공불순세력 운운으로 YS 상대 손배청구, MB정부 때 만도노조에 대한 귀족노조 운운으로 MB상대의 손배청구 등 몇 가지 사례가 있었으나, 재판권이 미치지 않는다는 이유로 각하되지 아니하고, 본안심리)
- **치외법권자의 예외**
  ① 외교사절단의 구성원·가족은 면제되나, 공무 외 교통사고는 특권면제 없애는 경향
  ② 주재국에 있는 부동산소송 예외[事例 7]
  ③ 국가면제의 예외 : 외국 국가는 우리 영토 내에 행하여진 사법적(私法的) 행위까지 재판권에서 면제될 수 없다(상대적 면제주의, 대법(전) 97다39216). [事例 8] 그러나 외국 국가를 제 3 채무자로 하는 강제집행, 즉 압류·추심 명령이나 추심소송은 원칙적으로 불허가 판례(대법 2009다16766)
- **투자자국가소송제도**(ISD)[事例 9]도 판결 절차 아닌 국제 중재판정절차에 의하나, 넓게는 국가소송의 일종

2. 물적 범위

- **국제재판관할권**(transnational) 사건, 즉 섭외적 민사사건에서 문제된다.
- 우리나라 법원이 세계의 모든 사건을 재판해줄 수는 없는 것이므로, 우리나라 법원은 당사자 또는 분쟁이 된 사안이 대한민국과 실질적 관

련성(미국은 minimum contacts)이 있는 경우를 기준으로 관할 재판한다(국제
사법 제 2 조). 개별사건에서 우리나라와 당사자 사이의 실질적 관련성 및
우리나라와 분쟁이 된 사안과의 실질적 관련성을 객관적 기준으로 판단
하여야 한다. 외국인 상호간의 이혼소송은 피고의 주소가 우리나라에 없을
때에는 피고가 우리나라에 와서 응소하기 곤란함 등을 고려하여 우리나
라 법원에 관할권이 없다.

• 특히 문제된 것으로 일제강제징용피해자의 일본회사 상대의 손배사
건에 국제관할권을 인정한 점이다.
  ① 일제강제징용피해자의 신일철주금 상대의 손배사건 배상판결(2013. 7.
    10. 서울고법)
  ② 일제강제징용피해자의 미쓰비시중공업 상대의 손배사건 배상판결(2013.
    7. 13. 부산고법, 2013. 11. 1. 광주지법). 확정판결로 동 일본회사의 특허권·
    상표권에 대한 압류·매각명령의 단계
  ③ 일제근로정신대 피해자의 후지코시 상대의 배상판결(2014. 10. 30. 서울
    중앙지법)
  ④ 일본위안부 할머니 10명의 일본정부 상대의 각 1억원 위자료청구소송
    (2015. 9. 17. 조정불성립 → 소송이행, 이들이 미국 법원에도 같은 소송을 제기
    하였으나 청구기각). 일본 외무성 3차에 걸친 소장송달의 거부, 그 뒤에
    일본 정부에 외국에서 하는 공시송달
• 이를 벤치마킹하여 2014. 2. 26. 중국 북경 제 1 중급인민법원에 37
명 중국인 징용피해자·유족 v. 일본코크스공업(三井광산)·미쓰비시중공
업에 1인당 100만 위안(元) + 인민일보·아사히 신문에 사죄광고청구
• 우리 대법원은 이러한 case의 경우 대법 2009다22549 판결에서 보
는 바와 같이 국제재판관할을 인정하고 있음

3. 장소적 범위 [事例 10]

• 영토주권 때문에 외국에서 행사할 수 없다.
• 우편집배원·집행관의 소송서류의 외국 송달이나 외국에서의 증거
조사를 위하여 우리 법관의 출장조사 불가(사우디아라비아에서 발생한 인명사
고 사건에서 서울지법판사가 그 나라의 사고현장에 대한 검증 등 증거조사는 불가)

• 외국에서 소송서류의 송달이나 증거조사는 그 나라와의 사법공조 조약을 맺은 경우(다변조약인 헤이그 송달조약과 증거조약에 우리나라 가입)나 국제관행이 성립된 경우에 외국주재 대사·공사 혹은 외국법원에 촉탁 협조를 받을 수 있을 뿐이다.

[事例 7] 외교관의 치외법권

주한 뉴질랜드 대사관의 대사와 참사관에게 가옥을 임대한 한국임대인이 임대기간의 만료로 명도 최고를 하였지만, 응하지 아니하여 이들을 상대로 가옥명도소송을 제기한 사건이 있었다. 그리하여 처음에는 소장 부본을 이들 피고 측에 보냈는데 피고 측은 우리나라가 가입한 1961년 「외교관계에 관한 비엔나협약」을 들어 주재국 법원의 소장송달이 허용될 수 없는 경우라고 하며, 소장부본을 외교 파우치pouch에 넣어 외무부를 통해서 반송하였다. 소장부본이 적법하게 송달이 안 되니 재판진행이 불가능한 상황이 되었다. 두 차례 송달해 보았지만 피고 측 반응은 같아 원고 측이 해결책을 심각하게 고민하였다. 원고 측 대리인이 이 사실을 신문에 폭로한다고 야단이기에 이는 출판물에 의한 명예훼손죄로 역습을 당할 수도 있으니 삼갈 필요가 있다고 하였다. 다만 비엔나협약 §31 Ⅰ(a)에 접수국의 영역 내에 있는 개인 부동산에 관한 사건은 주재국 법원의 재판권이 미치는 예외조항이 있으니 이를 주의해 보라고 하였다. 그랬더니 원고대리인이 조약을 잘 찾아보고 그와 같은 내용의 준비서면을 작성, 제출하여 소장 부본과 함께 다시 송달하였다. 그 뒤에 납득이 되었는지 뉴질랜드 대사관 측이 이를 반송 없이 송달받고 한국인 변호사를 내세워 소송을 진행한 사례가 있었다. 법을 결코 상식적 차원으로만 생각하지 말고 끝없이 배우고 연구해야 함을 각성시키는 대목이었다.

[事例 8] 외국 국가 상대 소송과 국가부도위기

대법원판례는 한때 국가는 원칙적으로 국제관례상 외국의 재판권에 복종하지 않게 되어 있으므로 외국 국가를 상대로 우리나라가 재판권을 행사할 수 없다는 입장에 서 있었다. 이것이 대법 74마281 결정 이래 확고한 태도였다. 이는 일본국을 상대로 하여 1910년 체결된 한일합방조약무효확인소송이었으며, 이는 절대적 면제주의를 채택한 결과이다.

그러나 대법(전) 97다39216 판결에서 국가의 사법적私法的 행위까지 다른 국가의 재판권으로부터 면제된다는 것은 오늘날의 국제관례가 아니며, 우리나라 영토 내에서 행해진 외국의 사법적 행위에 대하여는 외국의 주권적 활동에 부당한 간섭우려 등 특별한 사정이 없는 한 당해국가를 피고로 하여 우리나라 법원이 재판권을 행사할 수 있는 것으로 판례가 바뀌었다. 이는 미군부대의 식당종업원에 대한 해고처분 등에 대해 그 종업원이 미합중국을 상대로 제기한 해고무효확인·임금청구사건이었는데, 상대적 면제주의 채택의 결과로 원고인 식당종업원이 승소하였다. 이러한 상대적 면제주의는 제59회 UN총회에서 채택한 국가면제조약에서도 같은 입장으로 정리되었고, 미국도 외국정부의 활동은 면제가 인정되지 않는 것으로 규정하였다28 USC §1605~1607.

2001년 아르헨티나 정부가 국가부도default에 빠졌을 때에 그 나라 국채를 매입한 채권자 중 약 93% 정도가 채권포기약 70% 협상에 응하여 우선 이자를 지급하는 중이었다. 그러나 아르헨티나 국채를 액면가의 1/17의 가격으로 염가 구입한 미국의 투자 헤지펀드NML 캐피탈, 아우렐리우스 캐피탈 등은 이에 응하지 않고 있다가 아르헨티나를 상대로 한 국채전액반환의 소송을 제기하여 미국 연방대법원에서 승소확정판결을 받았다. 이에 아르헨티나 정부가 판결에 따라 소송에서 승소한 채권자들에게 13억 3,000만 달러를 전액반환하려 하였으나, 이미 2005년과 2010년에 채무구조조정에 참여한 채권단과 합의한 RUFO^{Rights upon Future Offers} 조항에서 채무 구조조정에 합의하지 않은 다른 채권자에게는 2014년 말까지 우호적인 지급조건을 제시해선 안 된다고 규정하고 있어 문제가 되었다. 이 조정조항 때문에 미국법원 판결금 13억 3,000만 달러와 함께 미리 조정성립이 된 다른 채권자들의 몫까지 동등하게 지급하여 주려면, 그 지급액이 150억 달러를 넘어서게 되고 이는 아르헨티나 외환보유고의 50%를 초과하는 수준이다. 아르헨티나 정부는 이 판결 채무인 13억 3,000만 달러 채무의 상환연기를 하고자 하였으나 미국 뉴욕연방법원은 위 대법원판결의 집행정지^{stay}신청을 받아주지 아니 하였다. 이러지도 저러지도 못하게 된 아르헨티나 정부는 미국이 '이들 알박이'를 통해 자기네 사법주권^{司法主權}을 침해하였다고 비난하며 결국 미국법원의 13억 3,000만 달러 판결을 이행하지 아니하여 결국 국가부도 위기에 몰리게 되었다. 아르헨티나 정부는 중국과 러시아에 손을 벌리는가 하면 승소한 미국 헤지펀드와 긴박한 부도면제의 협상을 벌이고 있으나 여의치 아니하여 1년 이상 대외채무불이행의 디폴트상태였다. 한편 이들 헤지펀드는 아르헨티나 정부 재산에 강제집행을 위하여 미국 라스베가스 법원에 비치해둔 동국 국고의 재산목록에 대한 재산조회까지 시도하며, 지구 어디에도 따라간다는 기세였다. 이제 외국법원에서 받은 판결채무라도 이를 이행하지 못하면 국가가 부도나는 위기에 몰리는 시대로 변한 것이다. 큰 법인이나 지방자치단체가 판결채무를 불이행했을 때에 도산절차에 들어가듯이, 국가도 법원의 판결 때문에 도산될 수 있는 위력을 실증하는 예가 나타난 것이다. 국가는 신성불가침의 권위^{King can do no wrong}로 법의 잣대로는 판단할 수 없다는 말도 이제는 옛말이 되는 것 같다. 결국 아르헨티나는 미국 헤지펀드에 채무를 상환하라는 미국 판결의 판결채무 불이행으로 2001년에 이어 13년이 지난 2014년에 두 번째로 국가부도에 이르렀다. 그만큼 소송제도는 국가운영에서 비중이

엘리엇 매니지먼트 헤지펀드
창업자인 폴 싱어

커져가는 상황이다.

아르헨티나에서 파란을 일으킨 위 NML 캐피탈은 우리나라에 들어와 삼성물산과 제일모직간의 합병반대의 가처분소송으로 유명해진 엘리엇 매니지먼트 헤지펀드설립자 폴 싱어의 자회사이다. 아르헨티나 대통령은 설립자 폴 싱어 등을 '금융테러리스트'라고 할 정도이고, 미국 판결은 아르헨티나 주권의 침해로 보고 미국 정부를 상대로 국제사법재판소에 제소한다고 하였다.* 그러나 2016년 2월에 이르러 위 미국 헤지펀드와 국채원리금의 70% 선에서 타협이 이루어졌고, 아르헨티나 상·하원의 동의를 얻어 세기의 분쟁은 화해settlement로 완결을 보았다.

[事例 9] 투자자국가소송(ISD)의 오해와 진실

2012년 한미FTA 체결 전야 좌파 주도의 엄청난 국가소요가 지속되었다. 이명박 정권이 출범하자 5, 6개월간은 국정이 마비될 정도로 경천동지驚天動地의 대란이 지속되었으며, 대통령이 눈물로 사과하는 해프닝도 있었다. 이 소란에 MBC를 비롯한 지상파 방송과 좌파 언론의 과장선동·선전이 큰 몫을 한 것이 사실이다. 반대의 근거를 시간적 순서로 보면, 처음에는 미국산 농산물 때문에 농민이 치명적 피해를 본다는 것으로 몰고가다가, 다음에는 미국산 쇠고기수입은 광우병으로 연결되어 뇌에 구멍이 뚫린다는 것이며, 마지막으로는 FTA에 포함된 ISD 즉 투

---

* Elliot 펀드는 삼성물산과 제일모직의 합병과정에서 한국 정부의 미국투자자인 자기네 펀드의 권리침해를 원인으로 ICSID에 ISD중재재판신청을 하고, 중재재판부는 한국 정부에 문서제출명령을 한 것으로 알려졌다.

자자국가소송제도 때문에 사법주권을 빼앗기게 되며, 이는 결국 1905년 일본과 체결된 을사늑약과 같은 주권의 포기라는 것이었다.

이제 한미FTA를 체결한 지 10년이 넘어가고 있지만, 이 때문에 농민이 큰 피해를 보고 있다는 말은 나오지 않고 있으며, 아직은 미국산 쇠고기를 먹어 광우병에 걸린 환자가 나왔다는 말도 들려오지 않는다. 또 한미FTA의 ISD^{Investor-State Dispute} 때문에 미국투자자가 한국정부를 상대로 국제중재기구 손해배상청구를 하고 한국정부가 억울하게 배상판정을 받아 정부재산이 억울하게 강제집행을 당하게 된 사례 역시 들은 바 없다. global 사회에서 ISD를 그렇게 두려워하는 것은 쇄국주의의 외침이다. 이는 다음과 같은 이유에서이다.

그러한 이유에 대하여 필자는 이미 '민사집행에 있어서의 주요과제와 ISD'라는 논문^{민사집행법연구 제8권}에서 밝힌 바 있는데, 첫째로 한미FTA의 경우 중재기관으로 미국 New York에 있는 세계은행 산하의 ICSID^{International Centre for Settlement of Investment Disputes(국제투자분쟁해결센터)}, 유엔무역법위원회, 당사자가 합의한 중재기관 중 하나를 선택하여 제기할 수 있게 되어 있다. 중재기관이 ICSID만이 아니며, 세계은행 총재가 반대론자의 주장처럼 순수 미국인도 아니며 오히려 우리나라 출신인 김용 총재이다.

둘째로 중재재판부의 설치장소가 반드시 미국이어야 하는 것도 아니고 제 3 국이 선정된다. 론스타사건에서 제 1·2 차 심리는 미국이었으나 제 3 차심리는 네덜란드 헤이그로 행하였다.

셋째로 국제중재기구에서 우리나라가 투자협정위반으로 배상판정을 받았을 때 당연히 그 판정이 우리나라에서 집행권원이 되어 국내법원의 판결처럼 우리나라의 국유재산이 강제집행을 당하게 되는 것도 쉽지 않은 일이다. ICSID에서 받은 중재판정이라면 우리나라의 집행결정은 받을 필요 없지만, 집행의 문제는 그리 간단하지 않다.

넷째로 국제상거래와 외국기업 투자분쟁에 있어 국제중재기구가 나서는 것이 자국법원이 나섰을 때의 편파 시비를 피할 수 있기 때문에, 이를 이용하는 것이 'global standard'이다. 우리나라는 2012년 11월 외환은행 투자자금 회수와 관련하여 미국계 투기자본 사모펀드인 론스타로부터 처음 ISD소송을 제기당하였다^{앞 16면 참조}. ISD를 당한 나라가 우리나라 외에도 94개국에 이르고 2012년만 하더라도 ISD가 58건에 달한다. 론스타 이외에도 이란의 엔텍합^{다야니}의 대우일렉트로닉의 M&A 과정에서 빚어진 계약보증금사건, Elliot Manangement의 삼성물산 등 합병사건 등이 제소되었다.

지금은 국경을 넘어 자본투자가 이루어지는 global 시대이다. 투자에 앞서 투자국의 정책 때문에 투자자가 손해를 입는 경우를 대비하여 투자협정에서 ISD 중재제소조항을 넣는 것은 이미 보편화되어 있다. 그럼에도 '우리 민족끼리'라는 환상 속에서 북한 금강산 투자사업에 이 조항을 넣지 않는 특례를 두었다가 국제중재재판으로 호소도 하지 못하고 있는 현대아산의 현정은 회장이 북한에 찾아가 메아리 없는 애소만 계속하고 있는 것이 너무 안쓰럽다. 박근혜정부에 들어 철수한 개성공단에 대하여 북한 측의 재산몰수에 불구하고 속수무책의 대응도 비슷한 예이다.

그럼에도 불구하고 한미 FTA의 ISD에 대한 공포심 조성은 폐쇄적 민족주의이자 '철 지난 반미주의' 사고이다.

[事例 10] 한일 간 소송을 통한 악연 — 냉전방불의 지구적인 국제전

1. 일본 요미우리 신문 사건에서의 소송서류 직접송달

1970년 후반기에 있었던 서울민사지법의 일본 요미우리 신문 사건이다. 문제가 되었던 것은 일본 요미우리 신문의 서울지국 기자가 우리나라의 외국 빚을 얻은 차관 기업 대부분이 부실기업이라고 폭로한 보도

기사였다. 차관 기업들이 차관자금을 정치자금으로 상납하여 이른바 '속 빈 강정'이라 폄하하는 내용이었다. 이러한 일본 특파원의 서울발 기사에 우리의 조야朝野가 격노하여 마침내 박정희 정부는 요미우리 신문의 기자추방에 서울지국에 대해 폐쇄조치를 단행하고, 당해 기업 몇몇이 일본 동경에 본사를 둔 요미우리 신문사를 상대로 허위보도에 의한 명예훼손임을 들어 손해배상청구를 하기에 이르렀다. 이에 사건 담당재판부가 소장부본과 제1회 변론기일 소환장을 피고인 요미우리 신문 본사가 있는 도쿄 지요다구千代田区로 내국인과 마찬가지의 방법으로 직접송달을 하였다. 소송서류의 송달도 재판권의 행사이기 때문에 외국영토에 있는 피고에게 직접송달은 국제법상 허용될 수 없음에도, 재판부가 이것이 외국의 주권침해와 관계될 수 있음을 간과하고 이와 같은 실수를 한 것이었다. 이에 피고 측 요미우리 신문사는 외교경로를 통해 송달하라고 '쓴 조언'을 하며 소송서류를 서울민사지법으로 반송하였다. 그리하여 이번에는 서울민사지법 재판장이 외무부를 통하여 일본 외무성에 송달을 촉탁하는 외교경로를 시도하였더니, 일본 외무성은 귀국과는 소송서류의 송달에 관하여 아무런 사법공조조약을 맺은 바 없으므로 송달촉탁에 협조할 의무도 없다고 하여 거부의 의사를 우리 측 외무부에 보내왔다. 이에 우리 외무부는 사안을 깊이 검토도 않은 채, 일본 측의 반응을 당연시하여 모멸감만을 느끼고 오히려 항의조의 공문을 법원행정처에 보내 법원이 제발 이와 같은 송달촉탁을 앞으로는 삼갔으면 좋겠다는 뜻을 밝혔던 것이다. 법원행정처 역시 이를 검토함이 없이 전국 법원의 재판장들에게 외무부가 보낸 공문을 첨부하여 보내면서 앞으로 이러한 일은 되풀이 되어서는 안 된다는 계고성의 통첩까지 하달하는 해프닝도 있었다.

그러나 이것은 결코 일본 측으로부터 당할 필요 없는 수모였다. 왜냐하면 소송서류의 송달에 관하여 국가 간에 서로 협조해주는 명문의 조약은 맺지 아니한 것이 분명하여도, 한국과 일본 사이에는 서로 협조하는 조약과 같은 국제관행이 이미 성립되어 있었으며, 이것은 일본의 민사소송법 주석서斎藤秀夫 編에도 명백히 나타나 있었기 때문이다. 이러한 일본인 저서의 내용을 인용하며 일본 외무성의 촉탁 거절은 국제관행상 어불성설이라 되받았더라면 일본은 꼼짝 없이 참혹한 망신을 당하였을 것이다. 실로 절호의 기회를 놓쳐버렸다. 서울민사지법의 재판장은 물론, 외무부 영사국, 법원행정처 모두 외국 민사사건의 소송서류의 송달은 특별한 것도 아니고 상식적으로 처리하면 되는 것이지 여기에 전문가를 찾을 것도 없고 무슨 전문적 법지식이 필요하겠는가 하는 안일한 생각 때문에 당할 필요 없는 국제망신을 당한 것이다. 이 말을 일찍이 주일본대사를 지낸 공노명 외무장관에게 전하였더니, 몰랐다고 하며 깜짝 놀라는 것이었다.

2. 일본국 상대의 민사소송

강성 민족주의자가 반일운동의 일환으로 일본국가 상대의 민사소송을 제기하는 예가 적지 않다. 그 한 예가 일본국대사를 상대로 한 1910년 체결한 한일합방조약 무효확인의 소였다. 이 사건에 대하여 대법원 1975. 5. 23, 74마281 결정에서 국가면제주의 때문에 피고인 일본국에 소장부본을 송달할 수 없는 case라고 하여 소장각하명령을 한 원심을 지지하는 판례를 냈다. 최근에는 일본정부가 일제강점기에 자기네 토지를 강탈해갔다는 이유로 일본국가 상대의 손해배상청구소송에서 일본 측이 소장부본 송달을 거부하는 사례가 나타나 있다. 지금도 일본을 완전 적국임을 전제로 투쟁하는 항일세력이 있는 것 같다. 2015년 7월에는 위안부 할머니 2인이 일본정부와 일본기업을 상대로 손해배상 집단소송을 미국 연방샌프란시스코 지방법원에 제기하였으나, 뒷받침할 증명촉구에 불응하여 2016년 6월에 기각판결이 있었다.

3. 대마도 불상 등 절도사건

한국인이 일본 대마도의 절에 잠입하여 그곳
의 불경·불상 등을 훔쳐 온 사건이 발생하였는
데 이것의 일본 반환의 문제를 놓고 논란이 있었
다. 우리 사회에서는 원래 이것은 왜구가 불법으
로 반출해 간 것이므로 일본에 돌려 줄 이유가
없다는 여론이 만연하였다. 그러한 상황에서 충
남 서산 부석사에서 이의 반환을 막기 위해 우리
법원에 점유이전금지가처분 신청을 하였고, 법
원은 이를 받아들이는 결정을 하였다. 이 좌상은

절도범으로부터 압수한
금동관음보살좌상

대마도 간논지觀音寺에서 훔쳐온 고려시대 관음보살좌상인데, 소유권 주
장과 가처분이 있어 일본으로 돌려주지 않고 있다. 반면 일본 나가사키
長崎현 가이진海神신사에서 훔쳐온 신라시대의 '동조여래
입상'은 주인도 나서지 않아 형사소송법에 따라 일본
에 돌려주기로 하였다절도범들은 대전지법에서 1~4년 징역형. 이처럼
한일 간에는 소송으로도 부단히 감정싸움과 불화가 끊
이지 않고 있는데친일파의 친일행위로 취득한 재산의 국가환수를 위한 소송 100
여건 중 97%가 국가승소로 끝나고 이제 남은 소송건수는 2, 3건에 불과, 과거사 정
리에 치중할 것이냐 미래지향적인 선린우호 관계 증진
이냐의 어려운 선택의 기로에 서 있다.*

일본에 반환하는
동조여래입상

* 최근에 세월호 사고 당일에 박근혜 대통령이 청와대에 있지 않았다는 조선일보를 인용보도한
  일본 산케이신문 서울지국장이 국가원수에 대한 명예훼손죄로 우리나라 법원의 재판에 회부되
  었다. 이 사건의 취재원인 조선일보 기자를 증인신문코자 하였으나, 기자의 취재원에 대하여는
  진술거부권이 있음을 이유로 증인소환에 불응하였다. 이렇듯 한일 간의 소송전에는 법리상 쟁
  점사항이 많이 나타나고 있어, 소송법연구에 도움이 된다고 하겠다. 최근에는 일본 최고재판소
  에서 2차대전 시에 한인 원폭피해자들이 제기한 치료비지급소송에서 일본 내국인과 차별 없는
  지급판결이 확정되어, 한국에서 환영을 받기도 했다.

4. 우리 정부의 일본 수산물 수입규제 조치와 WTO제소

한국 측의 일본 원전사고에 따른 일본 수산물 수입규제 조치에 대한 우리 정부 상대의 WTO제소로 사실심인 제1심패널에서는 한국의 패소판결, 그러나 법률심인 상소심에서 뒤집혀 승소하였다.

5. 일제강제징용자와 위안부들의 일본 정부 상대의 손배사건

① 대법 2012. 5. 24, 2009다22549 및 2009다68620에서는 일제 강제징용피해자들의 위와 같은 미쓰비시중공업과 신일본제철 상대의 소송에서 일본의 최고재판소 등 법원의 패소판결을 받았지만, 그 판결 이유에는 일본의 한반도와 한국인에 대한 식민지배가 합법적이라는 인식을 전제로 한 부분이 포함되어 있으므로 이 일본판결 이유는 일제 강점기의 강제동원 자체를 불법이라고 보고 있는 대한민국 헌법의 핵심적 가치와 정면으로 충돌하는 것이어서 이러한 일본 판결의 승인은 대한민국의 공서양속에 어긋나는 것이라고 하였다. 한·일 외교갈등에 단초가 된 사건을 전원합의체가 아닌 소부에서 주심 중심으로 처리한 문제점이 있다. 이 사건은 서울고법으로 파기환송되었다가 일본 측이 대법원에 상고하여 5년간 끌다가^{양승태 대법원의 사법농단이라는 평도 있었음} 2018년 10월 30일^{대법(전)2013다61381}에 환송취지와 마찬가지로 대한민국의 공서양속에 반한다고 했다^{소수의견 있음}. 이것이 확정판결로까지 가면, 일본 측에서 이미 1965년 체결된 한일협정의 대일청구권 규정에서 해결된 문제라고 하면서 일본 정부가 협정위반이라 건너뛰기 어려운 한일 간에 큰 국제분쟁이 되었다. 우선 문제가 된 것은 신일본제철주금 상대의 강제징용배상금 판결의 집행을 위하여 징용피해자들이 대구지법 포함지원에 포항제철과 신일본제철의 합작회사 주식을 압류하여 매각명령신청을 하였다. 일본 측의 송달거부로 외국에서 하는 공시송달을 마치고 본격적인 현금화^{경매}단계에 있다. 한편 이보다 먼저 미쓰비시 중공업의 강제징용 피

해자가 대법원까지 가서 승소확정판결의 강제집행을 위하여 동 일본 회사의 특허권과 상표권에 대하여 압류명령에서 나아가 매각명령까지 이르렀으며, 일본 측은 즉시항고를 내어 집행정지를 시키고 있어 일본 측의 반발이 매우 강경한 상황이다. 이처럼 일본정부와 한국정부는 각기 치밀한 대응책을 강구하는 것이 국제적인 큰 이슈가 되어 있다. 종당에 일본 측이 국제사법재판소에 제소한다는 설도 있다.

② 위안부사건은 일본정부가 비엔나조약을 들어 소장부본송달의 3차 거부 — 외국에서 하는 소장 고시송달의 상태이다.

제 2 절　법원의 종류와 구성

Ⅰ. 우리나라의 재판기관과 민사법원[事例 11·12]

• 크게 나누면 대법원을 최고법원으로 하는 각급법원(고등법원, 지방법원 외에 전문법원인 특허법원, 행정법원, 가정법원, 회생법원)과 헌법재판소로 나누어진다.
• 우리나라의 현행심급제도는 3심제, 그 구조는 아래와 같은 3심제

　　　　　　　　　제1심　　　　　　　　　제2심(항소)　　　　　제3심(상고)

단독사건 — 지법·지원 단독판사 → 지법·지원항소부
　　　　　　　　　　　　　　　　　　　　　　　　　　　　　} 대법원
합의사건 — 지법·지원 합의부 → 고법·고법지부

* 단독사건은 소가 2억원 이하 사건＋어음·수표, 손해배상·산재사건 등이 그 관할이고, 합의사건은 2억원 초과 사건＋비재산권소송과 소가산정이 곤란한 재산권사건이 관할이다. 1억원 초과의 단독사건은 고액단독사건이라 하는데, 지법항소부가 아닌 고법으로 갔다가 대법으로 상고되는 심급구조이였다가, 바뀌어 모두 대법원으로 직행한다. 중액단독(3,000만원 초과 1억원 이하)·소액단독사건과 달리 변호사대리의 원칙(제87조)이 적용되지 않는다.

II. 법 관

- **법관의 자격**[事例 13]

  법관은 법조경력 10년 이상일 것을 요하나, 2013년부터는 3년 이상, 2018년부터는 5년, 2022년부터는 7년의 경력자로 늘리면서 2026년부터 완전 10년일 것을 요하게 함(개정논의 있음)
- **법관의 독립성**[事例 13-1] → 독립법관에 의한 재판

1. 물적 독립

- 헌법 제103조(헌법과 법률 그리고 양심에 구속될 뿐 누구의 간섭도 받지 않는다)
- 행정부·입법부·여론·소위 국민정서법만이 아니라, 나아가 법원장의 재판내용과 진행에 관한 지시에서 독립(법관에게는 위도 아래도 없다는 말)

  (1) 지시에서의 자유

  (2) 책임에서의 자유
- 오판에 대해서 국가배상책임이 없으나(故意 때는 예외), 소송지연에 대해서는 책임 있다 볼 것이다(독일 민법 제839조 제 2 항). 헌법 제27조 제3항의 신속한 재판을 받을 권리 침해

  (3) 활동자유
- 어느 누구나 재판활동(증거조사 등)에 대한 거부는 허용되지 않는다.

2. 인적 독립

- 헌법 제106조

III. 법관 이외의 사법기관

1. 법원사무관

- 변론·증인신문 등 조서작성이 주임무. 조서의 녹음화로 변화가 오고 있다. 또 개정 민소법·민소규칙에 의한 권한의 강화로 재판의 보조적 사무에 관여한다(소장, 답변서, 준비서면, 상소장 등 보정이나 제출 촉구).

- 집행법분야에서 집행문 부여
- 공시송달 등의 업무관장

2. 사법보좌관

- 독일과 오스트리아의 Rechtspfleger 제도의 도입
- 부동산·채권집행 등 강제집행
- 소액사건에서 이행권고결정·지급명령·소송비용액확정절차·공시
최고절차 담당

3. 집 행 관

- 민사집행과 송달을 임무로 하는 단독제 국가기관. 신분은 공무원이
나 보수는 채권자 수수료로 충당한다.
- 개혁의 필요(특히 4년 단임제, 시험제 아닌 경력제로 자격요건 등에 문제 있음)
- 집행관 주재의 재래식의 법정현장경매에서 전자경매로의 혁신이
바람직하다.
- 독일 개정 민사소송법 제802조 ① 화해시도(§802 b), ② 채무자재산
조회(§802 c), ③ 채무자의 재산에 대한 제3자조회(§802 l)처럼 개선이 필요
하다. 동법 제802조a와 같이 집행관은 금전채권집행에 있어서 지체없이,
완전하게 비용절감에 진력한다는 선언규정도 필요하다.

4. 전문심리위원(민사소송법 제164조의2 이하)

5. 변호사[事例 14]와 로스쿨 문제[事例15]

[事例 11] 대법원과 헌법재판소의 관계

1971년 대법원은 국가배상법 제2조 제1항 단서 규정에 대해 9 : 7
로 위헌판결을 하였다대법(전) 70다1010. 이는 군경 피해자가 전상戰傷보상금을
받으면 국가배상법에 의한 배상청구가 허용되어서는 안 된다는 이중배

상금지규정에 관한 것이다. 이에 대해 필자는 서울대학교 법대 재직 시에 이 규정이 위헌이라고 최초로 문제를 제기한 바 있다"신국가배상법개설"(상·하), 司法行政 1967년 6월·8월호.

이 사건은 서울지방법원 나석호 판사가 첫 위헌판결을 낸 이후 대법원에 상고되었는데, 행정부 측당시 김종필 국무총리의 합헌판결의 간절한 요청에도 불구하고 대법원은 이를 위헌의 다수의견으로 매듭지은 사건이다 사법적극주의자였던 나항윤 대법원 판사의 주심. 이에 분노한 박정희 정권은 1972년 10월 헌법을 개정제 7 차 개정, 유신헌법하면서 그 부칙에다가 다른 공직자와 달리 기득권을 무시하고 법관에 대해서만 바뀐 헌법에 따라 재임명 절차를 밟도록 하는 보복규정(?)을 두게 되었다. 이 규정에 의해 재임명 절차를 밟는 과정에서 당시 위헌의견에 가담했던 대법원 판사 9명 전원을 축출하고 합헌의견의 7명은 전원 유임시켰다.

이 당시 위헌의견에 가담하였던 소송법학자인 방순원 대법원 판사는 재임명에서 탈락하였고, 합의 과정에서 주심인 나항윤 대법원 판사

민복기 대법원장

의 다그침에 반발적으로 합헌의견에 가담하였다는 말도 있는 다른 소송법학자인 이영섭 대법원 판사는 오랫동안 재직하다 결국 대법원장으로까지 도약을 하여 대조적인 길을 갔다. 그러나 방순원 대법원 판사는 독실한 기독교 신자이고 청빈하여 퇴관 후 변호사업을 제대로 수행하기 어려울 것을 염려한 민복기 대법원장*의 특별배려로 사법연수원에

---

* 민복기 전 대법원장은 1968년에 제 5 대 대법원장으로 취임하여 1978년 12월까지 10년 2개월 기간을 재직하여 최장수 대법원장의 기록을 세웠다. 그 이전에 1955년에서 1956년까지는 검찰총장, 1963년~1966년까지는 법무부장관을 역임하였고, 잠깐 동안 변호사 개업을 하였다. 우리나라의 변호사는 심급대리의 원칙을 내세워 맡은 심급마다 보수를 받아 한 사건이 대법원까지 3심을 거듭하면 3심급의 대리로 3번 보수를 받는 것이 관행으로 되어 있다. 동일 변호사가 3심까지 계속 대리해도 마찬가지이다. 그러나 그는 한 번 사건을 맡으면 한 번만의 보수를 받고 심급이 바뀌었다고 하여 별도의 보수를 또 요구하지 않는 겸허하고 온화한 마음가짐으로 변호사

'전임강사' 자리를 마련하여 근근히 생활을 유지할 수 있도록 하였다. 그러나 방 대법원 판사는 이를 계기로 민사실무연구회를 발족시켜 법조실무가들의 학구적인 연구분위기 조성에 새 지평을 열었음은 앞의 사례[事例 6]에서 밝힌 바이다.

결과적으로 이 사건은 대법원에 엄청난 충격으로 트라우마가 남게 되어, 1987년 제 9 차 헌법전문全文 개정 시에 대법원 측은 헌법문제는 곧 '정치문제'이므로, 사법부는 이에 개입할 의사가 없음을 표하며 위헌법률심사권이 대법원의 관할에서 떠나는 계기가 되었다. 하지만 대안으로 도입된 독일식의 독립된 헌법재판소제도로 대법원은 큰 시련에 봉착하였다.

헌법재판소의 신설에 따른 첫 번째 시련은, 헌법소원제도를 신설하면서 재판소원 허용 여부의 문제였다. 법원은 각고의 노력 끝에 이를 헌법재판소법에서 배제시켰으나 논란은 여전히 남아있다. 두 번째 시련은 1988년 헌법재판소 출범 후에 법무사 시험선발의 근거가 되는 법무사법 시행규칙대법원규칙이 위임입법의 한계일탈이라는 위헌결정헌재 89헌마178, 민법 제764조가 사죄광고를 포함한다는 합헌 취지의 대법원판결을 헌법재판소가 전원일치로 위헌이라고 뒤집은 결정헌재 89헌마160 등이 나와 대법원이 큰 타격을 입은 것이었다. 이에 대한 반발로 대법원은 헌법재판소의 일부위헌의 성격이고 어느 나라에서도 공인된 한정합헌·한정위헌결정의 법원에 대한 기속력 무시대법 95누11405 등, 다만 대법 2011도1602에서는 한정위헌결정을 일부위헌으로 보고 기속력을 인정와 법률의 성격을 띤 긴급조치에 대한 위헌심사권의 발동, 헌법기관인 국회의원의 직무정지가처분 사건의 관할처리 등으로 헌법재판소에 맞섰다.

그러나 재판의 분업화와 전문화시대에 헌법에 대한 전문재판기관이

업을 영위하였다고 한다. 퇴임 직전에 매끄럽지 못한 소문 때문에 고초를 겪기는 하였다. 일제 시대의 식민지 판사였다 하여 친일인명사전에 등재된 바 있다.

생긴 마당에 헌법문제에 관한 재판은 헌법재판소의 입장을 존중하고 그 유례 없이 폭주하는 일반사건의 충실한 심의에 집중하는 것이 대법원의 소임이라 할 것이다. 채증법칙위반, 심리미진 등을 이유로 사실심의 몫도 하는 일, 가압류·가처분 사건에서 중대한 법령위반을 이유로 본안심리 속행하는 일, 헌법문제에 개입하는 헌법심의 역할 등은 금물일 것으로, 법률심으로 순화되어 국민의 권리구제기능에 보다 치중해야 할 것이다. 그것이 기관보다 국민을 위한 사법이고 'global standard'로 가는 길일 것이다. 우리나라와 같이 국회가 당파싸움의 장이 되어 law maker인 입법기관으로서의 본무를 소홀히 하고 무분별한 의원입법이 성행하는 마당에 입법의 합헌적 통제를 하는 헌법재판소의 존재의의는 매우 크다고 할 수 있을 것으로, 그 관할권은 침해없이 존중되어야 한다.

[事例 11-1] 헌재의 사죄광고위헌결정에 대한 논란

민법 제754조에서 규정한 명예훼손의 경우에 손해배상의 방법으로 행하던 사죄광고판결에 관하여 헌재 1991. 4. 1, 89헌마160의 헌법소원사건에서 헌법재판소는 재판관의 전원일치로 위헌결정을 하였다. 이 결정은 헌법 제19조가 규정하는 양심의 자유인 기본권 보호의 대표적인 leading case가 되었다.

이 판례의 요지는 '사죄광고제도는 본심에 반하여 죄악을 자인하는 의미의 사죄의 의사표시를 강요하는 것이므로 양심의 자유에 반하는 위헌적인 것이며, 또한 양심의 자유에 반하는 굴욕적인 의사표시를 자기 이름으로 세인에게 널리 광포^{廣布}시키는 것이므로 헌법에서 보장하는 인격권에 큰 위해가 된다'는 것이 결정의 요지였다.

이 사건의 주심재판관이 저자였기 때문에 위헌결정의 엄청난 파장을 저자가 직접 체험한 바 있었다. 저자의 견해는 타인의 명예훼손의 경우에 철회의 의사표시와 정신적 타격에 대한 금전배상방법을 대역으로 할 수 있는데도 하필 기본권의 하나인 양심의 자유를 건드리는 option 선택은 옳지 않다는 취지였다.

그런데 이 재판은 헌법재판소와 병립된 대법원에 엄청난 충격을 주었던 것이다. 이 재판이 신문에 보도되자, 대법원은 헌재의 위헌결정에 대해 무효선언을 판결로써 밝힌다고 격노하였다. 왜냐하면 이 헌재의 결정이 있기 약 6개월 전에 대법원에서 합헌판결을 한 바 있었는데, 비록 사건은 다르나 헌재가 이와 반대로 위헌결정을 하였으니, 결국 '최고법원'인 대법원의 판례를 무시한 채 이를 뒤집었다는 것으로 대법원장은 물론 대법관들이 크게 격노한 것이었다. 저자는 대법원장이 지명한 재판관이고 주심이었기 때문에, 친정(?)을 생각할 수 있는 입장이기도 하여 어느 재판관보다 고민이 컸다. 그러나 독일 헌법재판소장이었던 Zeidler가 일찍이 겪었던 사례를 생각하며 자위하였다. Zeidler 소장은 독일 좌파성향의 사민당SPD이 지명한 재판관이었지만, 우파에 기우는 재판을 거듭하며 친정을 외면한다고 SPD의 비난을 받은 바 있다. 이에 대해 Zeidler는 본인은 당원의 입장이 아니고, '국민의, 국민을 위한 국민에 의한 재판관'이라고 응수함으로써 SPD를 설득했던 일이 생각났다.[*] 필자도 이제는 친정인 법원보다 헌법을 중시할 때라 생각하며 자위하였다. 그러지 않아도 헌법재판소 내부에서는 법원 출신의 재판관들이 지나치게 친정인 법원을 생각한다고 비판이 있었던 상황이었던 것이다.

그러나 대법원의 분노에 찬 분위기를 의식하며, 비록 사죄할 것까지는 없더라도 이해를 구하는 것이 좋겠다고 생각하였다. 그리하여 평소

---

[*] 최근 미국 연방대법원장인 존 로버츠는 공화당 출신인데도 민주당 성향의 재판을 한다고 공화당 측의 비판을 받았지만, 미동도 하지 않고 의연히 대처하였다.

에 가까웠던 대법관 몇 분에게 전화로 설명하니 예상대로 냉담한 반응이었고, 오직 이회창 당시 대법관만이 충분히 이해한다면서 부드럽게 전화를 받아주는 것이어서 역시 큰 인물이라는 인상을 받았다.

곧이어 대법원장을 찾아가 양해를 구하는 것이 도리라고 생각되어 찾아뵈었더니 도저히 설득이 되지 않았다. 일본 최고재판소에서는 사죄광고판결에 대한 위헌론이 쟁점이 되었지만, 간발의 차이로 합헌의 다수의견이 나와 합헌의 결론이 났는데, 그때가 지금부터 3, 40년 전의 일로서 그 당시에 비하여 기본권이 크게 신장된 오늘의 trend를 고려했다고 설명했고, 학설로도 일본을 비롯한 선진국에서 위헌으로 기우는 경향이라고 설득하고자 했다. 그러나 대법원장의 격노한 표정에는 변함이 없었으며, 대법원과 헌재는 양립할 수 없으니 둘 중의 하나는 박살이 나야 할 일이라며 언성을 높이는 것이었다. 사죄까지 하면서 퇴실하지는 아니하였던 것이 기억난다. 법조선배이기도 하여 대법원과 헌재는 국회에 상·하원이 있듯이 병존할 수 있는 것이라고까지 말하려다가 그만두고 물러섰다. 이러한 모멸을 당하였지만 양 기관의 확전을 우려하여 동료 재판관에게는 알리지 않고 침묵하였다.

이후 법원 측이 헌재의 위헌결정에 무효선언을 한 바는 없었고, 이 위헌결정을 계기로 명예훼손에 대한 배상판결에서 사죄광고판결은 없어졌고, 이제는 완전히 굳혀진 일이 되었다.

얼마 전 현재 한양대 법학전문대학원 석좌교수이며 민법의 대가로 평가받는 전직 대법관인 양창수 교수가 매일경제신문에 칼럼을 기고했다. 다음과 같은 글을 남겨 이를 인용한다.

"1991년 4월에 헌법재판소가 법원이 명예훼손사건에서 피고에게 사죄광고를 하도록 판결하는 것은 헌법 제10조에서 정하는 양심의 자유를 침해하는 것으로서 허용되지 않는다고 한 판단에 비추어보면 거기서 헌재는 '양심의 자유에는 널리 사물의 시시비비나 선악과 같은 윤리적 판단에 국가가 개입하여서는 안 되는 내심적 자유는 물론이고, 이러한 윤리적 판단을 국가권력에 의하여 외부에 표명하도록 강제받지 않는 자유, 즉 윤리적 판단사항에 관한 침묵의 자유까지 포괄한다'고 전제한 다음, '사죄광고의 강제는 양심도 아닌 것이 양심인 것처럼 표현할 것의 강제로 인간 양심의 왜곡·굴절이고 겉과 속이 다른 이중인격 형성의 강요인 것으로서 침묵의 자유의 파생인 양심에 반하는 행위의 강제금지에 저촉된다'고 설득력 있게 판시한 바 있다. 이 결정이 나온 후로 법원은 사죄광고 판결을 하지 않는다."

얼마 전 은퇴한 대법관이 찬성하는 것을 보니 주심재판관이 있던 필자는 감개무량했다. 현재의 위헌재판이 끝난 뒤 30년이 흐른 이제 이 사건을 계기로 생겼던 대법원의 매우 큰 노기는 식었다. 금석今昔이 달라져 세상사 무상無常임을 느낀다.

이와 같이 헌법재판소가 대법원과의 마찰은 진정의 기미를 보이나, 헌법재판소 스스로가 가처분제도를 휴면화시켜 행정법원이 그 대역을 하는 형편인가 하면, 신속한 재판처리를 못하면서 외국의 예와 달리 국가인권위원회가 오히려 그 대역을 하는 인상을 받는다. 우리 헌법재판소는 기구만 거대할 뿐, 헌법수호자의 몫을 제대로 못하는 느낌이다. 제도뿐 아니라 운영 면에서도 그러하다.

[事例 12] 헌법 제102조 제 2 항의 대법원 개편안과 그 무산 그리고 현재의 대안

1. 헌법 제102조 제 2 항의 「이원제 대법원」안

헌법 제102조 제 2 항의 「이원제 대법원」 규정의 신설경위에 대하여 알아본다. 이는 1980년 헌법개정제 8 차 개정 시에 신설되어 현행헌법제 9 차 개정에 그대로 계승된 규정인데, 1980년 개정 당시 서일교徐壹敎 법원행정처

서일교 법원행정처장

장이 헌법개정심의위원회의 소위원으로까지 참여하여 대법원을 대법관과 대법원 판사로 이원적으로 구성하는 안[※]을 갖고 헌법 제102조 제 2 항 단서에 「대법원에 대법관 아닌 법관」을 둘 수 있다는 규정을 신설하였다. 이것은 쇄도하는 상고사건을 지금의 대법관[당시의 대법원 판사]만으로 감내하기 어려워 대법관 아닌 일반법관을 보강하며 여러 개의 소부[小部]를 구성하여 처리하면 해결책이 된다는 구상이었다. 이렇게 되면 대법원 구성법관이 증원되고 대법원에 전문부의 설치로 재판이 특화될 수 있어 일석이조가 된다는 취지였다. 이렇듯 이원적 구성에 의해 법관수가 증원될 것을 전제로 헌법의 하위법규인 법원조직법을 개정하여 동법 제 7 조 제 2 항에 행정·조세·노동·군사·특허 등을 전담하는 전문부를 둘 수 있다고 규정하였다. 그러나 '서일교모델'이라 할 이러한 구상은 법원조직 내부의 합리적 근거 제시 없는 반발로 무산되어 모처럼 마련한 헌법규정과 법원조직법 규정을 휴면화시킨 아쉬움이 있다. 5·16군사정변 전에 대법관[9인]과 대법원 판사[11인]의 이원제 구성의 전례도 있었다.

2. 이원제안의 무산 경위

1970년 말에 당시 민복기 대법원장은 일찍이 총무처장관을 지낸 서일교 씨를 법원행정처장으로 영입하였다. 그가 구상한 사법개혁의 대표적 과제는 대법원의 재판부담의 경감을 통한 충실한 상고심 운영방안을 세우는 것이었다. 당시 연간 대법원에 계류되는 사건은 10,000여 건 정도로, 현재 5만 건 가까이에 비하면 사건이 그렇게 폭주하는 편이 아니었음에도 그 당시부터 문제가 심각한 것으로 인식되었다. 그리하여 법원행정처에 상고심제도개선심의위원회를 구성하고 대처방안을 세우도록 하였다. 위원회는 오석락[故人]·박우동 두 고법부장판사, 황도연·필자 두 지법부장판사 등 4명으로 구성하였다. 위원회는 여러 차례 회의를 거듭하여 논의한 끝에, 현재 대법관 15명_{당시는 대법원 판사, 이하 대법관이라 한다}의 일원제구성을 바꾸어 대법관 이외에 법관을 두어 대법관을 재판장, 대법관 아닌 법관을 배석판사로 하여 재판부를 구성하는 이원적 재판부 구성방안을 세웠다. 그렇게 되면 대법관 1인당 1개의 재판부, 모두 15개의 재판부가 구성되고 거기에 각 대법관 아닌 법관 2인이 소속되어 대법원장 외에 총원 45명인 큰 규모의 대법원이 꾸려질 것이며 단 대법원의 전원합의체는 15명의 대법관만으로 소위 'one bench'를 이룬다는 방안이었다.

위원회는 이러한 내용의 대법원개편안을 마련하여 서일교 처장에게 보고하였더니, 서 처장은 젊은이들의 생각이 참신하다며 탁견이라고 칭찬한 뒤, 그렇게 되면 대법원에 여러 개의 재판부가 생기게 되니 재판부담을 덜 수 있고 전문부의 설치로 재판업무의 전문화도 가능해질 수 있는 일석이조의 방안이 된다고 하였다. 그러면서 지금은 의학 분야인 내과에서도 다시 전문화가 이루어져 심장내과, 소화기내과 등으로 분화되는 시대라는 점을 고려하면 시대적 추세에 맞는 대안이 된다고 부언하였던 것이 기억난다.

서일교 처장은 앞서 말한 대로 1979년 말 대통령의 시해사건 후 새로 등장한 신정권의 개헌작업에 헌법기초위원이 되고 그 개정소위원회의 위원까지 맡아 개헌에 깊이 관여하여 우리들이 제안한대로 이원제안을 헌법과 법원조직법에 반영시켰다. 그러나 이렇게 해서 이루어진 '서일교모델'은 법원 내부의 강력한 반발로 무산되었다. 이처럼 대법관 이외 배석판사를 두는 이원제가 시행되면 배석판사로 차출될 법관은 고법부장판사들일 수밖에 없다. 물심양면으로 고역을 치르는 고법부장판사들이 이제 겨우 지방법원장으로 영전하여 한숨 돌릴 처지가 된 마당에 대법원에 배석판사로 가서 대법관인 재판장을 모시고 배석판사로서 대법원 판결서의 작성이라는 고역을 다시 감수하여야 한다면서 크게 반발하였다. 이에 다소 당황한 서 처장은 대법원에 자문기관으로 설치된 우리의 상고심제도 개선위원회 외에 송무제도 개선위원회, 등기제도 개선위원회 등 각종 위원회의 20명 가까운 구성원 전원을 소집하여 우리 위원회가 제시한 이원제 대법원 개편방안의 요지를 듣도록 하고 우리 상고심위원회 간사위원으로 하여금 이를 설명토록 하였다.

그런데 이 간사위원은 우리 위원회의 제안요지를 지지설득의 시도는커녕 오히려 이원제개편안의 문제점을 장황하게 지적하며 반대입장으로 결론을 내는 것이었다. 위원회에서 같이 의견일치를 보아 이원제안을 성안한 처지에서 지지는 커녕 오히려 이원제안의 단점을 지적하는데 앞장서는데 어안이 벙벙하고 아연할 수밖에 없었으며 그동안의 입장과는 다른 돌변한 언동에 이 사람이 무엇인가 잘못된 것이 아닌가 하는 생각도 들었다. 이 분의 말의 요지는 이원제로 개편하면 대법관의 직무가 아주 편해지게 되니, 경력 법관 아닌 검찰이나 고위 군법무관 등 다른 부서에서 대법관으로의 진출이 쉬워진다는 등 합리적 근거없는 기관이기주의적인 설명이었다. 또 누군가와 미리 연락이 있었는지 상고심제도개선 심의위원 중 나머지 한 명은 불출석, 또 한 명은 출석 여부 불명인 상태에서 위원 중 필자 한 사람만이 이원제안의 찬성에 고군분투하였으나 역부족이었다. 결국 서 처장은 이원제안을 참석인원 전원을 상대로 찬반의 표결에 부쳤는데 회의참석법관의 다수가 고법부 장판사였는지 반대 15 : 찬성_{필자와 당시 고법판사 1인} 2로 나타나, 서 처장의 회심의 개편모델은 결국 무산·좌절되고 말았다.

3. 그 뒤의 시행착오와 양승태 대법원의 상고법원 설치안의 비극

그 뒤 대법원 구성법관의 증원은 항상 접어둔 상태에서 증가일로의 쇄도하는 대법원 사건의 절차적 측면만을 해결하기 위한 시도로 처음은 상고허가제에서, 다음은 심리불속행제로 대처하여 보았으나 연달아 실패의 악순환이 거듭되고 현재에 이르고 있다. 대법원은 한때 고등법원 내 상고심사부안[※]을 내어 놓았다가 거둬들이고 최근에는 대법원과 별도의 상고법원제를 구상하는 등 당면한 현안 개선에 시행착오의 악순환만 거듭하고 있다.

진작 서 처장의 이원제 개편안을 자기 직업이기를 떠나 허심탄회하게 수용하였다면 그로부터 40년이 지난 오늘까지 대법원개편안이 미결의 장으로 장기표류하는 일은 없었을 것이다. 그때에 이원제개혁구상이 실현되었다면 대법관만으로 전원합의체가 구성되어 여기에서 위헌법률심사권도 행사하게 되어 1987년 개정헌법에서 헌법재판소를 별도로 설치함으로써 오늘과 같이 헌법재판소와의 갈등으로 대법원의 권위에 금이 가는 일도 없었을 것이다. 그러한 의미에서 서일교모델의 대법원이원제의 개혁안은 우리 사법부의 건전화를 위한 획기적인 개혁구상이었음에도 불발에 그친 것이 못내 아쉬우며, 이제라도 재생·실천할 가치가 충분하다고 생각한다. 지금 돌이켜보면, 그분이 행정부 출신이 아니고 경력 법관 출신이었다면 이원제 안의 관철에 반발이 덜했을지도 모른다.

작금에 양승태 사법부에서 안간힘을 다하여 추진하였던 대법원 이외의 상고법원 신설안은 헌법 제102조 제 2 항에 저촉될 소지가 있다. 동조에 '대법원에 대법관 아닌 법관을 둘 수 있다'고 규정하였지, 대법원외에 별도의 상고법원을 둘 수 있다고는 하지 않았기 때문이다. '조무래기' 사건이라도 최고법원이 될 상고법원이 헌법 제101조 제 2 항의 '각급 법원'에 해당될 수 있을 것인가도 문제가 될 수 있는 것이다. 결국 추진 과정에서 청와대와 유착하였다 하여 '사법농단'으로 매도되어 양승태 전대법원장을 비롯하여 그 막료법관들이 직권남용의 혐의를 받아 구속까지 되면서 형사재판을 받는 등 결실도 못 본 채 사법부의 비극사로만 남게 되었다.

[事例 13] 행운의 법조인 고시 제8회

고등고시는 1950년에 제도화되어 행정과와 사법과가 있었는데 행정과는 행정관료, 사법과는 판·검사의 등용문이었다. 행정과는 14회까지, 사법과는 16회까지 존속되다가 행정과는 3급공채를 거쳐 행정고시에서 다시 5급공채로 바뀌고, 사법과는 사법시험으로 개편되었다. 사법과의 경우에 가장 큰 행운을 잡은 것은 제8회 합격자이다.

고등고시 사법과의 경우에 1950년부터 처음 시작되면서 제1회부터 제7회까지는 그 합격률이 1 내지 2% 내외를 유지하여 왔다. 그러다가 갑작스럽게 1956년 제8회 고등고시 사법과에 이르러서는 5% 내외로 합격률이 급상승하였다. 지금까지는 20~30명 내외 많아야 40명 정도로 뽑다가 제8회에 이르러는 4,000여 명 응시의 필기시험에 159명이 합격하는 이변을 낳았다^{비록 대과인 문과시험은 아니나, 그 하위의 생원·진사시 합격은 조선시대인 18세기 초까지는 매년 100명씩 법제 정원제(TO)였으나, 그 이후부터 노령, 특권계급의 자제의 특혜합격으로 그 정원제가 무너졌으며, 고종 때는 그 아들 순종과 동갑내기를 자축의 의미로 대량합격시켜 양산했다고 한다.}* 그리하여 필기시험 합격자의 수가 제1회부터 제7회까지의 합격자 총수와 맞먹는 대량생산이 된 것인데, 이와 같은 대폭 증원의 사유를 정부당국이 해명한 바는 없었다. 이러한 파격적인 다수합격자수를 놓고 의혹이 분분하였으나, 지금처럼 민권이 신장되어 민원천국이 된 시대가 아닌 만큼 시험당국이 하는 일에 수험생을 비롯한 이해관계인들도 숙명적으로 받아들였다.

그 당시는 4·19 시민혁명 이전이라 저항정신이 발달하지도 않았고 제도권 내에서 다툴 수 있는 지금의 헌법소원 등 불평불만의 배출구도

| * 李鐘日, 法史學硏究 11호, 47면.

없던 시대였다. 당시에 전, 현직 법무부장관, 법제처장 등 법조계의 거물자제가 좀 섞여 있어 파격적인 채점의 특혜가 있었다는 설이 나돈 것도 사실이다.

합격자 중에는 과거의 합격자처럼 고평가되지 않는다는 불만을 갖고 그 다음 회기의 어려운 시험에 재도전하여 본연의 실력을 과시하겠다고 오기를 부리는 사람도 있었으나, 이를 실천에 옮겼다는 말은 들은 바 없다.

당국도 지금까지와는 달리 유례없는 대량배출에 당황하였는지 합격자의 이른바 구조조정에 손을 대어 필기시험 합격자 159명 중 무려 51명을 구술시험에서 낙제를 시켜 다음 기수로 이월시켜 결국 159명 필기 합격자 중 108명을 최종합격자로 정하였다. 당시에 필기시험 합격자 중 구술시험에서의 평소 실격률이 5%를 넘지 않는 것이 관행이었으나 이때는 무려 30%를 실격시키는 유례없는 일이 벌어졌다.

이러한 제8회 시험의 파격적 행보는 그 다음 기수인 제9회 시험에 엄청난 파급효를 미쳐 큰 피해를 입힌 것은 기억될 만하다. 제9회 사법과 시험에서는 제8회 구술시험 실격자 51명의 이월분이 있음을 의식하였는지 필기시험에서 최대한 박한 채점을 하여 지원자 약 4,000명 중에 필기시험 4명만을 합격시켜 0.1% 합격자를 내어 균형을 맞추려 했다. 그나마 필기시험 최고 득점자가 59.6점이고 3명은 각기 59.51점이었다는 것으로, 그때에 정치권에서 이승만 박사의 3선을 위한 헌법개정 시에 국회에서 사사오입의 계산법으로 개헌정족수를 맞추어 억지 통과시킨 전례가 있었던 만큼, 사사오입의 수법을 원용하는 프리미엄으로 이 4명에 대하여 합격점인 평균 60점을 채워 4명의 필기시험 합격자가 나오는 이변이 벌어졌다. 거기에서 다시 최고득점자인 대학동기인 P모군은 민법 구술시험에서 고배를 마시게 하여, 순종 제9회 합격자는 3명으로 압축되었다. 여기에 제8회 구술실격에 의한 이월자

51명 중 50명 구술 통과자를 보태서 모두 53명을 최종 합격자로 정하였다. 이러한 돌발현상에 대하여 비판정신이 약했던 시대였는지, 언론에서도 문제 삼지 아니하였다.

어느 의미에서 운명의 여신이 제8회 응시자에게는 크게 미소를 지어주었는가 하면, 제9회 응시자에게는 저주의 코웃음을 쳤다는 말이 나올 수 있다. 보통 법대생이 대학 4학년 초에 치르는 시험에 보통은 대량응시, 대량합격하는 골든타임인데도 우리 동기생에는 순종 9회 합격자가 전무한 실기^{失機}의 학번이었다.

나는 운명론자가 아니다. 그러나 이와 같은 이벤트를 체험하고는 인생에는 노력 95%론이 아니라 1/3 재주, 1/3 노력, 1/3 행운 3분론이 크게 무리한 것만도 아니라 생각한다. 어떻든 고시 제8회 합격자는 합격당시 과거 합격자처럼 기고만장하지 못한 것은 사실이다. 그러나 뒤에 숫자가 많아 법조계의 요소요소에 자리 잡아 인적 네트워크의 형성, 법조계의 일세를 풍미하는 전성시대를 열었다. 국무총리, 여당총재, 세 차례의 대통령 후보를 거친 법치주의 선도자인 이회창 선배와 정기승 대법원장 후보자를 비롯하여 법무부장관, 검찰총장, 대법관 등의 압도적 다수 배출로 어느 다른 고시 기수에 비하여 화사하게 꽃을 피웠다. 뒤에

서 볼 노무현 대통령을 배출한 사법연수원 제7기와 쌍벽을 이룰 정도로 출세자가 많았다. 5·16 군사정변의 주체세력인 육사 제8기가 정·관·군을 주름잡았다면, 이와 호각세로 법조계는 고시 제8회가 시대의 총아로 자리잡았다. 제8회 합격자들은 끝까지 행운아였다.

이회창 전 국무총리

[事例 13-1] 서울민사지방법원과 서울형사지방법원의 분화와 사법권 독립 수호의 김제형(金濟亨) 원장

1. 민형사법원 분화의 계기

1961년에 있은 5·16 군사정변 후 최고권력기관인 국가재건최고회의가 서울지방법원을 서울민사지방법원과 서울형사지방법원으로 분리·독립시킨 일이 있었다. 표면상의 이유는 재판의 전문화였지만, 실질적인 이유는 당시 서울지방법원장이 국가재건최고회의의 뜻을 따르지 않고 판사의 재판에 법원장이 불간섭하는 '사법권의 독립'만을 주장하므로, 그를 법원장직에서 축출하기 위한 편법이었다고 한다.

사연인즉 5·16 군사정변이 있고나서 2년간은 이전의 장면정권 때와 같은 잦은 데모 등의 사회불안·소요사태가 없어져 잠잠했다가, 시간이 지나면서 서울대생이 국가재건최고회의 건물^{지금의 대한민국역사박물관 건물} 주변을 말없이 돌기만 하는 '침묵'의 시위가 벌어졌는데, 이를 전기로 반독재투쟁이 서서히 활기를 되찾기 시작하였다. 당시 북의 김일성이 호시탐탐 남침의 기회를 엿보는 시대상황에서, 권력의 중추였던 중앙정보부가 직접 나서 이 반독재투쟁에 나선 학생들을 반공법 위반으로 잡아들이기 위하여 서울지방법원에 구속영장을 신청하는 절차를 밟았다. 아무리 군부독재의 시대였지만 법관의 영장 없이 사람을 잡아다가 바로 처형하는 전형적인 공산권의 일인독재와 같은 만행까지 이르지는 아니하였는데, 이에 서울지방법원의 당시 영장담당판사였던 이회창 판사를 비롯한 용기 있는 판사들이 연속으로 영장신청을 기각하는 사태가 벌어졌다. 이에 격노한 국가재건최고회의 법제사법위원장이었던 강기천 해병중장이 서울지방법원장을 최고회의로 불러 판사들이 '혁명과업'에 비협조적이라고 질타함에, 사법권의 독립 때문에 법원장이 그 소속 판사의 재판에 간섭할 수 없는 것이라고 원론만을 강조하니, 상명하복의 군인세계에서 이를 이해해 줄 리 만무하였다. 이를 김제형 서울지방법원장의 변명이라고 보고, 그를 축출하기 위하여 우선 서울지방법원을 서울민사지방법원과 서울형사지방법원으로 나누어 놓은 뒤, 법원장 이상의 고위법관직의 보직을 국가재건최고회의의 승인사항으로 법률을 바꾸었다. 그럼에도 바뀐 법에 따라 당시 조진만 대법원장이 김제형 서울지방법원장을 서울민사지방법원장으로 보직천거하였으나, 최고회의는 자신들의 취지도 알아차리지 못한다는 듯 단칼로 보직승인을 거부하였다. 그리하여 대법원장은 자신의 권한으로 임명할 수 있는 최고보직이 서울고법 수석부장판사였기 때문에 여기에 보직하였으나 김제형 선생은 자퇴를 택하였으며, 최고회의는 결국 소기의 목적을 이루었다. 군사정권시대에 사법권의 독립을 위협한 대표적 사례였다.

사람에게 자리를 주기 위하여 관직이나 기관을 새로 만들어 내는 '위인설관爲人設官'의 예는 흔하였지만, 사람으로부터 자리를 빼앗기 위하여 그 기관을 없애는 이른바 '위인폐관爲人廢官'은 드문 예임에도 그러한 사례를 남기게 되었다. 그때의 이러한 연유로 서울지방법원은 1960년 초부터 서울민사·형사지방법원으로 30년간 분화되었지만, 군사정권이 물러나면서 다시 '서울지방법원'으로 원상복구되었다. 그러다가 서울법원이 커지면서 다시 서울중앙지법에다 동·서·남·북 4개 지법으로 분화되었다.

2. 김 원장과 필자와의 인연

그가 서울지방법원장일 때에 필자와 관련된 다른 이야기가 있다.

1962년 필자가 초임판사 때의 일이다. 마침 즉결재판으로 단독재판을 담당하게 되었던 어느 날 즉결사건이 무려 500여 건이 몰려와 이를 속전속결로 처리해야 했다. 나의 고등학교 기하학 선생이 경범죄처벌법위반으로 입건되어 제자인 나의 재판을 받는 기이한 인연도 있었던 오전 재판을 끝낸 뒤, 오후 재판이 시작될 쯤이었다. 개정하기에 앞서 입회서기로부터 중대한 시국사건이 즉결사건으로 들어온다는 얘기를 들었다. 사건의 내용인즉 박정희 장군이 5·16 군사정변으로 집권한 뒤 약 2년이 지나기까지 잠잠하다가 갑자기 서울대학생들이 국가재건최고회의의 건물 주위를 한 바퀴 도는 무언의 데모사건이 있었는데, 이에 대노한 박 장군이 중앙정보부를 통하여 반공법위반 등의 죄목으로 법원에 구속영장을 청구하였으나, 당시 사법권 수호의 투철한 소명의식이 있는 판사들이 계속적으로 구속영장청구를 기각하는 역사적인 사건이 있고난 뒤 이번에는 '군사정권 물러가라'는 전단을 통행이 많은 도로에서 뿌린 사건이 발생한 것이다. 당시 서슬이 퍼런 중앙정보부였지만 이에 대하여 법원에 구속영장을 청구하여도 기각을 당할 수밖에 없을 형편임을 알았는지 어쩔 수 없이 이를 도로교통방해라는 죄목으로 경범죄처벌법 위반으로 엮어 즉결재판 사건에 부치게 되어 나에게 사건이 왔다는 내용이었다. 즉결담당기관인 경찰을 통해서 그쪽에서 즉결담당판사인 나에게 한 요구는, 구류로서 최고일수인 29일을 선고해달라는 것이었다. 마침 일요일이고 어느 누구와도 상의할 상대가 없어 당시 서울지방법원장인 김제형 법원장과 보고 겸 의논의 전화통화를 하였다. 김 원장께서는 힘들겠다고 위로의 말씀을 건네시며 사법권은 독립이니 이 판사가 소신대로 하라는 것이었다. 구류 29일은 대수롭지 않으니 군사정권이 원하는대로 들어주라는 취지가 아니었다. 이 말씀을 듣고 즉결재판 법정에 들어가니 법정 방청석에는 선글라스를 쓴 중앙정보부 직원이 적지 않게 자리를 잡고 재판장을 직시하는 무언의 압력을 가하는 분위기였다. 그럼에도 불구하고 소신대로 도로교통방해죄의 법정형인 구류·과료 중 제일 약한 과료 500원의 형을 선택하여 선고하고 그 자리에서 피고인들을 풀어주었다. 피고인이 의외의 결과에 놀라면서 감격하며 고마워하던 것이 잊혀지지 않는다.

転任發令받고辭表
金서울地法院長

그러나 김제형 선생은 꼭 이 사건 때문만은 아니었지만 군사정권에 협조하지 아니한다는 이유로 당시의 최고통치기구인 국가재건최고회의 법제사법위원장에 불려가서 사법감독관으로서의 임무소홀을 심하게 질책당하였고, 그때마다 사과하는 비굴함 없이 사법부는 군대조직과 달라 상명하복 체제가 아님을 누차 강조하였음은 앞서 말한 바와 같다. 사법권 독립 수호의 사표師表를 보이시며 분투하시다가, 군사독재정권의 큰 미움을 사서 결국에는 서울지방법원장의 자리에서 축출을 당하였다. 자기 자랑을 모르시는 겸허한 성품 때문인지 반反독재 투쟁의 대표 법조인이었건만 세상이 바뀐 뒤에도 잘 알려지지 않은 탓에 선생의 사법권수호의 공을 알고 평가하는 사람이 많지 아니한 것이 못내 아쉽다.*

필자가 1970년 초에 대법원 사법제도개선심의위원회의 민사법 분야 간사를 맡으면서 대한변호사협회 추천으로 위원이 되신 김제형 선생을 모신 일이 있었다. 의안심의과정에서 보인 참신한 아이디어와 정연한 논리·법리의 전개에 탄복을 금하지 않을 수 없었다. 법조계에 이와 같은 천재도 있음을 발견하고 이분에게 뜻하는 바를 글로라도 남기시라고 말씀드렸다. 그랬더니, "나는 말에는 자신이 있지만 글에는 자신이 없다"고 하시었다.

---

* 2009년「시민과 법률」3월호. 이밖에 군사정권 때 사법권 독립의 사표가 된 금병훈 판사(금태섭 전의원의 부친)와 김인중 판사도 인상에 남는다. 앞의 분은 윤필용 수도경비사령관이 전성기를 맞았을 때의 일로 한일협정을 반대하는 데모학생 20명 전원의 구속영장 신청을 모두 기각한 끝에 일시 도피했던 판사, 뒤의 분은 조영래 내란예비음모사건에서 끝내 무죄의 소신을 굽히지 않았던 서울고법판사였는데, 두 분 모두 법관재임명절차에서 탈락되었다. 그러나 군사정권이 이분들의 변호사개업까지 금하는 박해를 가하지는 아니하였다.

[事例 14] 변호사업의 변모

사법서사現 법무사, 행정서사現 행정사가 대서인代書人에서 출발한 것처럼 변호사는 할 말을 대신해주는 대인代人, 대언인代言人에서 출발하였다. 1905년 홍재기 선생이 제 1 호 변호사로 등록하면서 우리나라에도 변호사가 생겼다.

최근에는 변호사의 대량배출로스쿨의 영향로 독일 등 대륙계 변호사의 사법기관 모델Organ der Rechtspflege에서 미국식의 'business man' 모델로 변형되는 모습이 나타난다.* 보수약정도 기존에는 수임 시 받는 착수금, 승소 시 받는 성공보수금 두 가지로 나누어져 있었으나, 최근에 와서는 아파트 하자·개인정보유출피해·비행기 소음피해 등 집단소송 내지 기획소송에서 당사자 본인의 비용부담 없이 변호사가 인지대, 송달료, 감정료 등 소송비용을 부담하고 승소가 확정되면 성공보수금으로 승소액의 15% 내외를 가져가는 양상도 나타난다. 당사자는 비용리스크가 없고, 변호사에게는 비용은 들지만 승소하면 성공적인 투자가 되는 win-win 게임이다. 피고 측 변호사는 노력한 시간에 비례하여 보수를 받는 이른바 'time charge'로도 바뀌고 있다.

그러나 성공보수금액약정 때문에 본소송이 끝난 뒤에 고객과 변호사 간에 변호사보수를 많이 챙겼다는 이유로 제 2 차 소송이 벌어지는 일도 있다. 그 예로, 대구동촌비행장 비행기 소음공해피해 집단소송에서의 일이다. 피해주민들은 변호사와 승소액의 15%와 지연손해금 전액을

---

* Havard대 로스쿨 출신의 변호사 Paul Singer는 행동주의 헤지펀드 Elliott 매니지먼트를 운영하면서 부도위기에 처한 페루·아르헨티나의 국채를 각기 헐값으로 매입하여 100% 국채원리금을 갚으라는 소송을 미국법원에 제기하여 전부승소하며 이들 국가로 하여금 다시 디폴트 위기에 몰리게 하였다. 법적으로는 문제가 없었으나 '냉혹한 독수리(Vultures Picnic)'라는 비판을 받고 있는 것은 앞서 말한 바 있다. 이 펀드가 우리나라까지 와서 삼성물산의 주식 7% 정도를 매수하여 삼성물산과 제일모직의 합병금지가처분, 양사의 주주총회의 합병결의금지가처분신청 등을 내어 순차 기각당하는 사례가 있었다. 한국에서는 그 저력을 발휘하지 못한 것으로 보인다.

변호사 보수로 하고 소송비용은 변호사가 부담하는 보수약정을 체결하였다고 한다. 위임받은 변호사는 국가상대 손해배상소송에서 승소함으로써, 약정대로 배상원금 511억원에서 15%인 약 77억원 그리고 원금에 가까운 사실심 판결 선고 후의 연 20%^{지금은 12%} 비율의 지연손해금^{법무부의 예산부족으로 5년 가까이 배상금 지연지급 때문} 등 변호사가 엄청난 성공보수금을 챙기게 되었다. 이 사실을 뒤늦게 안 원고 주민들은 그 변호사를 상대로 변호사 보수약정이 불공정한 법률행위라고 주장하며 보수채무일부부존재확인의 소를 제기, 이에 대구지법 제15민사부는 지연손해금 중 절반^{별도로 제소한 일부 주민들은 20%}을 넘어서는 부분은 신의칙에 반하는 보수라고 보고 변호사가 이를 피해주민에 청구할 수 없다고 하여 주민들 편을 들어주었다.^{미국에서는 형사사건과 이혼사건은 변호사의 성공보수금 제도가 없다.} 변호사가 돈만 안다는 말이 나올 수 있는 사건이기도 하다. 성공보수금약정은 형사사건에 있어서는 변호사의 직무공공성의 저해, 사법제도에 대한 국민신뢰의 실추 등 민법 제103조의 공서양속에 반하므로 무효라고 본 대법(전) 2015다200111 판결은 설득력이 있다. 독일처럼 연방변호사법 제49b조 제2항에서와 같이 성공보수약정을 금지하고 별도로 변호사보수법을 제정하는 것이 진정한 사법개혁일 것이다.

변호사 사회의 변모의 또 다른 양상은 개인변호사와 법률회사형 변호사 조직인 로펌변호사로의 분화이다. 특히 일부 대형로펌은 그 인원과 매출 규모면에서 법조·사회·언론·경제·정치 분야에 막강한 영향력을 행사하고 있다. 특히 일부 대형로펌에서는 변호사 자격이 없는 전직고위관료를 고문 또는 전문위원으로 영입하여 '전관예우'에 이용하는가 하면, 로비스트로서 종합심부름센터의 역할을 한다는 말도 나온다. 현행 변호사법 제34조에는 변호사의 변호사가 아닌 자와의 동업금지조항이 있는데, 여기에 저촉될 수 있어 문제될 소지가 있다.

또 전관예우 풍토에 있어 세계 어느 나라에도 없는 메이저 신문 제1

면의 변호사 개업 박스광고가 문제이다. 경력을 소개하며 비싼 광고를 내는 것이 '전관예우'의 유인이라 보면 지나친 평가일까.

[事例 15] 한국 로스쿨의 설치과정과 시행착오

종래에는 사법시험에 합격하여 사법연수원생으로 2년간의 실무수습을 마치면 소송법상 법관으로서의 임명자격을 취득할 수 있었다^{법원조직법} _{제42조 제2항}. 단 2013년부터는 사법연수원 수료 이후 3년간의 법조경력을 쌓으면 충분하게 하였다. 그러나 법학전문대학원을 졸업하고 변호사시험에 합격한 사람의 경우에는 변호사법에 의하여 변호사의 자격을 취득하되, 3년의 법조경력을 쌓는다고 당연히 법관의 자격을 취득하는 것이 아니다. 별도의 필기시험을 실무시험으로 응시하고 이에 합격하여야 법관이 되도록 대법원 방침이 정해지는 것 같다. 대학마다 각기 다른 환경에서의 교육과 사법연수원과 달리 법률서면작성교육이 부족하다는 것이 하나의 이유이고, 다른 하나는 변호사시험 합격성적의 비공개로 법관선발에서 자질과 능력을 가늠할 객관적인 기준이 없다는 점 때문이라 한다_{시험성적의 비공개는 위헌결정이 난 바 있다}. 이렇게 되니 법학전문대학원^이 ^{하 '로스쿨'} 졸업생이 법관이 되는 길은 다음과 같이 멀고도 험하게 되었다.

① 4년제 대학을 졸업한 뒤에 Leet시험^{법학적성시험-언어이해/추리논증/논술로 이루어지} ^{는 시험}을 치러 법학전문대학원에 입학하여야 하고, ② 대학원 3년간 고액의 등록금을 내고 수업받으며, 좋은 성적으로 졸업해야 한다. ③ 합격률 75% 정도의 변호사시험에 합격해야 한다. 이에 나아가 시험합격 후 3년간 법조경력을 쌓고는 법관이 되기 위하여 ④ 법률서면작성평가라는 법원실무시험을 민·형사 이틀에 걸쳐 응시하여 합격권에 들어가야 한다. 그리하여 적어도 30세는 넘어서야 로스쿨 졸업생이 법관이 될 수 있는 시대가 되었다. 이렇게 되니 로스쿨 졸업생은 물론 법학계도 불만

이 클 것이고 반발이 있으리라 보여지며, 이 때문에 헌법재판소에 찾아가는 일이 생길지도 모른다.

이와 같이 법관에의 행로가 부자연스럽고 험난하게 된 근본적인 원인은 로스쿨 설립을 노무현정권과 법학계가 성급하게 추진한 데 있다고 본다. 로스쿨의 대안으로 기존의 사법연수원의 확대운영안도 존재하였다. 사법시험의 합격자 수를 2,000명 정도로 증원하고 연수기간도 3년 가까이 하여 global시대에 적응할 법률전문가를 양성하려는 방안이었다. 이렇게 법률가양성을 일원화시키면 법학계나 실무계의 동상이몽의 갈등·반목을 피할 수 있는 길도 될 것이라 보았다. 물론 YS정권 1992-1997년 때도 법학교수 출신의 청와대 사회복지수석을 중심으로 열심히 로스쿨 설립을 추진하여 법학계의 호응을 얻은 바 있었다. 하루는 당시 이홍구 국무총리가 윤관 대법원장과 준사법기관인 감사원장인 필자를 롯데호텔 화식집에 초청하여 로스쿨 설립에 대한 의견을 구한 적이 있었다. 대법원장은 반대했고 필자도 과거에 일시 법률실무가양성을 전담하였던 서울대학교 사법대학원 교무과장을 맡았던 경험을 들어 실무교육은 아카데미즘에 치중하는 대학의 체질에 부적합하다는 의견을 내놓았다. 이때 이 총리는 우리 두 사람의 의견을 참고하여 대통령에게 반대건의를 한 것 같고 그것이 주효했는지 노무현정권이 등장할 때까지 화두에서 비껴나 잠잠해 있었다. 그러다가 노무현정권이 등장하면서 사법제도개혁추진위원회 이하 '사개추위'가 구성되어 국가사법개혁의 차원에서 로스쿨 설립이 추진되어 재야·재조 법조계는 물론 관계 전문가들의 중지衆志를 모으는 과정도 생략한 채 성사를 시켰다. 로스쿨설치법안은 당시 민노당의 점거농성 때문에 상임위인 국회교육분과위원회와 법제사법위원회를 거치지 않고 바로 국회의장이 본회의에 직권상정하여 변칙으로 기습통과시킨 법안이라는 것이다. 법사위를 거치면 변호사출신 국회의원들은 그들의 '철밥통' 수호의 차원에서 '묻지마'식의 반대로 이를 막을 것이 필연적이라는 예단 하에 법사위 상정을 생략시켰다는 말도 있다.

당시 법조인도 아니고 국회법사위원으로 오랫동안 법조계에 관한 식견을 쌓은 조순형 의원은 이 법안이 법사위에 상정되면 기존 사법연수원을 확충하는 내용의 수정안을 제출하려는 심산이었다고 한다. 자신이 일찍이 일산의 사법연수원을 돌아본 바 있어 로스쿨이 생기면 이 훌륭한 인적·물적 시설을 폐기하여야 할 것인데 그것이 너무 아깝다는 생각이 들었고, 미국과 달리 학교 간·지역 간 편차가 현저한 사회구조에서 미국처럼 평준화된 사회에서와 같이 여러 대학에서 각기 다원적인 법실무교육을 하는 것보다 사법연수원으로의 일원화가 적절하다고 보아, 그와 같은 대안의 제시를 생각하였으나 국회의장 직권상정으로 로스쿨 설치법안이 법사위를 생략한 채 통과되어 매우 안타까웠다고 술회하였다. 로스쿨 설치과정에 이렇듯 태생적인 문제가 있었으니, 앞으로도 그 운영의 시행착오가 거듭될 것은 필연적이라고 하겠다. 로스쿨제도는 설립에 적극적이던 교수들에게도 변시출제 가능의 최근 대법원 판례를 선별 소화하여

조순형 전 의원

가르쳐야 하고, 변호사시험에 대비한 시험답안지 작성 첨삭지도를 하는 등 teaching의 load가 커서 전문적인 법학연구의 겨를이 없다는 불평도 만만치 않다. 차라리 개별 로스쿨의 수료 후는 사법연수원에서 일정한 기간 몰아서 균질적인 실무교육을 받도록 함이 실력 있는 법조양성의 길일 것이지만, 로스쿨 신설 후 10년이 지난 이제, '물 건너간' 이야기가 되어버렸고, 다만 방통대와 야간 로스쿨의 신설문제가 현안이 되었다. 한때 사법시험제의 부활로 로스쿨과 병행론도 제기되었으나, 로스쿨 변호사의 기득권 저항이 강력하여 끝난 이야기가 되어버렸다.

제3절 법관의 제척·기피·회피 — 중립법관에 의한 재판

중립법관에 의한 국민의 공평·무사한 재판을 받을 권리를 보장하기 위하여 중립성을 해칠 사유가 있을 때에 재판직무에서 배제되는 제도로 다음 3가지가 있다.

I. 법관의 제척 — 법에 의한 배제

• 민사소송법 제41조의 제척이유(예: 종중소송에서 담당 법관이 그 종중의 구성원일 때 — 대법 2009다102254) 어느 하나에 해당되면 당연히 직무집행에서 손을 떼어야 하는 것
  • 제척이유는 직권조사사항이고, 제척결정 → 확인적 재판

II. 법관의 기피[事例 16] — 상대방 당사자의 신청에 의한 배제

1. 사 유

• 민사소송법 제41조의 제척이유 이외에 '법관에게 재판의 공정을 기대하기 어려운 사정'이 있을 때 당사자의 신청에 의한 기피결정이라는 형성적 재판에 의해 법관의 직무집행을 못하게 하는 제도
  (1) 법관의 당사자와의 특수관계
• 애정, 우정, 종친, 원한관계, 소위 향판과 지방토호의 유착, 법관이 사건당사자인 회사의 주주관계
  (2) 법관과 소송대리인과의 관계
• 실무상 문제삼지 아니하나 선진국은 양자간에 특수관계이면 문제된다.
• 전직봐주기의 '전관예우'라는 우리나라 특유의 고질적 비리를 뿌리 뽑기 위하여 소송대리인과의 관계를 기피사유로 문제삼아야 할 것이다.
• 법관과 변호사 간의 인맥지수를 공개하는 인터넷 웹사이트의 개발까지 이루어져 당사자가 담당법관과 연줄이 닿는 변호사 shopping을 하

는 데 도움되게 하는 유료사이트까지 나왔다. 이의 금지판결까지 나오는 형편(대법(전) 2008다42430)이라면, 법관과 소송대리인과의 관계를 도외시함은 안 될 것이다.

2. 신 청

• 기피신청은 당사자만이 할 수 있고 대리인의 고유신청권 없다.* 제척이유처럼 직권조사사항이 아니다.
• 신청 후 3일 이내에 기피사유·소명자료의 서면 제출의 필요
• 기피신청을 받은 법관 소속법원의 다른 합의부에서 기피신청의 당부재판

3. 재판절차

• 기피신청을 각하·기각하는 결정에는 즉시항고가 허용되나, 신청을 인용하는 기피결정에는 불복할 수 없다.
• 기피신청의 당부재판이 끝날 때까지 본안재판 절차의 정지 효과. 이를 악용하여 소송지연책으로 기피신청하는 남용의 예도 있다.

Ⅲ. 회 피

• 사건담당법원이 법원장·지원장의 허가를 얻어 하는 자율적인 배제 (예: J.P.Morgan 사건에서 친족이 그 주식을 가졌다 하여 스스로 회피한 로버츠 미 연방 대법원장의 예). 요사이 운영되는 서울중앙지법·고법에서 연고관계를 이유로 한 재판부 재배당제는 사실상의 회피임.

---

* 과거에 대법관들이 4·19 전후 있은 경향신문폐간사건의 재판 때문에 직무유기죄로 피소되어 기소 여부를 가리는 재정신청사건에서 당사자의 입장에서 서울고법 담당재판장에 대하여 기피 신청의 기이한 사례도 있었다.

[事例 16] 법관기피결정

법관이 동료법관의 문제점을 재판을 해야 하는 까닭인지 법관기피신청을 받아준 인용결정은 거의 없다. 기피신청이 이유없다는 기각·각하 결정률은 거의 100%에 가깝다. 특히 2011년의 제척·기피신청 365건 중 인용결정의 예는 한 건도 없어 국정감사에서 성토된 일도 있었다. 따라서 그 존재의 의미가 의문시될 수밖에 없다. 아마도 동료에 대한 문제점을 같은 동료가 지적하여 받아들이는 것은 의리없는 것으로 생각하는 풍토 때문인지 시정이 되지 않는 것 같다^{기피제도의 형해화}. 재판의 공정성은 기피재판에서 크게 훼손된다고 할 수 있다.* 다만 최근에 신라호텔의 이부진 사장과 남편인 임 모 씨와의 사건에서 기피신청을 받아들이고, 새 판례를 낸 사실이 있다^{대법 2018스563}.

그런데 사법사상 유례없는 일이 1974년 12월에 벌어졌다. 그것은 민사사건은 아니었고 형사사건인 김대중내란예비음모사건의 서울형사지법 재판장 P모 판사에 대한 기피신청사건이었는데, 제 1 심, 제 2 심 모두 통례처럼 기피신청에 이유없다는 기각결정을 하였지만, 그것이 대법원에 재항고되어 주심인 양병호 대법원 판사가 원심과 달리 기피신청에 이유있다는 취지에서 제 2 심결정을 파기하고 서울고등법원으로 환송결정한 것이었다. 이에 환송심인 서울고법은 대법원의 판지에 기속을 받아 문제의 제 1 심 재판장에 공정을 기대하기 어려운 사유가 있다고 하여 기피인용결정을 한 것이다. 전형적인 시국사건에서 담당법관에 대한 기피이유가 있다는 결정의 소식을 당시 민복기 대법원장이 당일 12시 라디오 방송을 통해 처음 접하고는 대경실색^{大驚失色}하였다고 한다. 그 뒤 대법원장은 재판장이었던 부장판사를 대구고법 부장판사로, 주심인 최종영 판사를 홍성지원 판사로 각기 좌천발령을 내어 이를

* 졸고, "법조비리와 그 대책", 서울경제신문 2016. 5. 20.자 참조.

수습코자 하였다. 이에 부장판사는 사표를 내어 수리되고 사의를 표명한 주심판사는 주변의 만류로 철회하였다. 주심판사는 그때에 참았기 때문에 세월이 흘러 대법원장에 이르렀고, 다른 배석이었던 이재화 판사는 헌법재판관을 역임하였다.

양병호 대법원 판사

이 역사적인 기피결정의 단초를 제공한 양병호 대법원 판사는 박정희대통령시해사건^{일명 김재규 사건}에서 이는 내란음모사건이라기보다 일반살인죄라는 소수의견까지 내어 군사정권의 연장인 신군부에 더욱 밉보여, 서빙고의 보안사 대공분실에 연행되어 갖은 고초와 수모를 당하였다. 양 대법원 판사는 우리사법사상 사법권독립을 수호하는 데 금자탑을 쌓은 소신의 대표적인 인물임에도, 민주화 이후에 자기 공치사를 하지 않은 겸양의 법관이기도 하였다. 1999년 '자랑스러운 서울법대인'으로 표창되었다.

그가 소수의견을 낸 대법원판결에 대하여, 이 김재규사건의 하급심인 군법회의의 재판에서 변론을 맡은 故 강신옥 변호사는 변론제지에 나치재판을 방불케 하는 재판진행이라고 항의하다가 법정모욕죄로 옥살이까지 한 일이 있다. 이제 와서 강 변호사 중심으로 당시 변호인단이 위 대법원 판결에 재심청구를 하기에 이르렀다.

제 4 절   법원의 관할

I. 의   의

• 재판권을 행사하는 여러 법원 사이의 권한분담관계이다. 어느 법원에 제소할 것인가, 어느 법원에 응소할 것인가의 문제이기도 하다.

Ⅱ. 종 류

• **법정관할**(직분관할, 사물관할, 토지관할), **재정관할**(상급법원의 재판으로 정해지는 관할), **당사자의 거동에 의한 관할**(당사자의 합의에 의한 합의관할, 피고가 문제 삼지 않고 본안변론을 하여 발생하는 변론관할)
• **전속관할**(배타적 관할, 명문의 규정이 있는 경우에 한함)과 **임의관할**(당사자의 의사로 바꿀 수 있는 관할, 전속관할 외에는 모두 이에 해당)

Ⅲ. 사물관할

• 지방법원 사건의 소가 2억원 이하의 사건, 손해배상사건과 어음수표 사건 → **단독판사**
• 지방법원 사건의 소가 2억원 초과의 사건 → **지방법원 합의부**가 관할함. 이 밖에 재정합의사건, 비재산권상의 소[事例 17]와 소가 산정이 어려운 재산권상의 소도 관할

Ⅳ. 토지관할(＝재판적)

• 본적이 있는 것과 같이, 재판받을 곳인 재판적이 있다. 재판적 있는 곳을 관할구역으로 하는 지방법원이 토지관할권을 갖고 재판하도록 한다. 연고지에서 재판받게 하는 관할로 재판적에는 크게 3가지가 있다.
① 보통재판적: 보통사건은 피고의 주소지로 하고, 법인 등은 주된 사무소 소재지가 재판적이 있는 곳이 되어 그곳 법원이 사건 관할
② 특별재판적: 특별한 사건·사람에 대하여는 이와 별도의 재판적이 인정
＊ 특별재판적의 대표적 예: 의무이행지, 재산이 있는 곳, 근무지, 사무소·영업소(지점), 불법행위지(가해행위지, 결과발생지 모두 해당), 부동산이 있는 곳, 지식재산권·국제거래사건에서 고등법원이 있는 곳의 지방법원
③ 관련재판적: 하나의 청구에 재판적이 있는 곳에 관련 병합된 다른 청구에 대해도 재판적이 생기는 것
• **포럼쇼핑**(forum shopping): 하나의 사건이라도 보통재판적, 특별재판

적, 관련재판적 등 재판적 있는 곳이 여러 곳이 경합될 수 있어 자기에게 유리한 재판을 해줄 법원을 둘러보며 찾아가기. 가처분을 잘 내주는 법원을 찾아가기, 국제적으로는 징벌적 배상 등 손해배상액이 많거나 discovery가 있는 나라 법원을 찾아가는 것이 그 예이다.

- 재판부에 의한 전관예우·친분예우를 받을 변호사를 찾아나서는 '변호사쇼핑'도 있다(advocate shopping).

V. 관할 위반의 효과 — 소송의 이송

- 크게 관할 위반의 이송과 재량이송이 있다. 전자는 직권이송, 후자는 직권 또는 신청에 의한 이송
- 소송이송결정의 효과
  ① 소송계속의 이전 → 구 법원에서의 소제기의 효과가 새 법원으로 이전
  ② 구속력[事例 18] → 이송받은 법원은 다시 반송·전송 불허
- 서로 다른 법원으로 미루는 소극적 관할쟁의의 방지 목적
- 구속력은 법원 간 생길 뿐이지 동일 법원 내에서 사건을 옮기는 다른 재판부로 옮기는 이부(移部)의 경우와는 다르다.

[事例 17] 비재산권상의 소의 한 예

성균관대학교의 원설립자이자 초대총장이며, 일제식민지 시대에 유림의 대표이자 대표적인 반일투사로 이승만 박사 반독재투쟁에도 앞장섰던 심산 김창숙 옹(金昌淑, 1879-1962)에 관한 이야기이다. 그는 다른 독립운동가처럼 자신의 재산을 모두 독립운동을 위하여 바쳤기 때문에 이렇다 할 재산도 없었던 청빈한 분이다. 근근히 며느리 삯바느질로 생계를 꾸려가던 겸허한 생활 속에서도 불의의 것은 먹지도 보지도 말라고 항상 타일렀다는 것이 그의 생활신조였다.

그러던 그가 1962년 타계한 뒤 사회장까지 치르며

심산 김창숙 옹

그의 생전공로를 크게 기렸는데, 문제는 그의 장남이 일찍 사망함으로써 대습상속을 한 장조카와 그의 차남 간에 알력·반목이 생겨 상속관계소송이 제기된 것이었다. 장조카는 가계의 대통을 이었다 하며 장조카가 원고가 되고 삼촌을 피고로 하여, 그가 가지고 있던 할아버지 김옹의 건국훈장중장^{건국훈장 중 최고위, 지금의 대한민국장}, 영정, 족보 등을 내어 놓으라는 인도소송을 서울지법에 제기하였다. 이러한 소송이 바로 경제적 이익을 목적으로 하지 아니하는 비재산권상의 소이므로 합의부의 관할이 된다. 여기에 조문객으로부터 받은 장례를 치르고 남은 부의금반환청구소송도 함께 제기하였다^{이 병합청구 부분은 금전청구이므로 비재산권상의 소는 아니다}. 필자가 당시 배석판사로 주심이 되었는데, 필자의 의견은 훈장·족보 등은 종가의 유지보전물인 만큼 종손에게, 부의금은 법정상속분에 준하여 직계비속이 나누는 것이 옳지 않느냐는 의견을 피력하였고, 재판장은 장례를 주관한 김창숙 옹 사회장위원회의 의사에 맡길 문제라 하여 서로 의견을 달리하였다. 재판장도 자신의 입장을 관철시키기 어려웠는지 사건처리를 미루면서 고민하던 중 인사이동으로 사건이 다른 재판부로 옮겨간 일이 있었다^{대법 92다2998은 장례비를 제외한 나머지는 상속분에 응하여 권리취득한다고 했다}.

성명권·초상권의 침해중지, 잊혀질 권리, 죽을 권리, 변호사의 인맥지수·승소지수 공개금지 등 개인정보게시금지청구도 비재산권의 소라 할 수 있다. 대법(전) 2008다42430 판결은 변호사 선임에 있어 '전관예우'를 받고자 하는 당사자에게 중요정보가 되는 판·검사와 변호사간의 '인맥지수'의 게시금지청구에 대하여 변호사들의 개인정보에 관한 인격권의 침해를 이유로 받아들이고, 승소지수 부분에 대하여는 인격권의 침해가 아니라고 원고의 청구를 배척하였다. 이는 이른바 '변호사 shopping'에 관련되는 자료에 관한 청구였다.

[事例 18] 이송결정 아닌 구속력 없는 이부(移部)

5·16 군사정변이 있고 나서 대법관과 대법원 판사로 대법원 구성을 이원화했던 체제를 없애고, 대법원장 외 대법원 판사 15명으로 대법원을 일원화하여 구성하던 때의 일이다_{판사 위에 판사인 '대법관'은 이상하다고 없앰}. 어느 대법원 판사에게 자신이 대학강단에 섰을 때의 제자가 피고로 피소된 이혼사건에 자신이 담당 주심법관으로 배정되는 일이 생겼다. 그 대법원 판사는 자기단계에서 심리종결을 지을 것인가를 고민하다가, 결국 다른 대법원 판사의 주심으로 옮기는 편이 낫겠다 생각하여 소위 담당 주심을 옮기는 이부_{移部}를 하였다. 자신의 제자가 당사자가 되었기 때문에 소신재판을 하기 어려운 사정이 있다는 것이 그 이유였다. 이부받은 B 대법원 판사는 피고가 자신의 중학교 후배라서 곤란하다는 이유로 사건을 C 대법원 판사로 이부를 하였고, C 역시 당사자가 종씨라는 이유로 D 대법원 판사에게, D는 또다시 E에게로, E는 F에게로 전전이부를 계속하면서 결국 15명의 대법원 판사 전원을 거치며 이부를 한 끝에 다시 최초의 대법원 판사로 이부 복귀하였다는 것이다. 남이 싫다는 혐오사건을 내가 왜 주심으로 맡느냐는 심리가 작용한 것인데, 그 사이에 1년의 시간이 흐르면서 사건은 방랑 공전한 것이다. 이부가 아닌 이송결정이었다면 그 구속력 때문에 사건이 이와 같이 서로 미루기 식의 'by pass'되는 일은 없었을 것이고 법원 간 이러한 일이 없게끔 하자는 것이 이송결정에 구속력을 부여한 취지이므로, 그 의미를 과소평가하면 안 될 것이다. 따라서 이송결정의 구속력은 확대해석보다도 축소지향적인 해석이 옳다. 적어도 관할은 존중되어야 할 것이고 관할이냐 아니냐를 놓고 논란을 하며 시간을 끌면「사공이 많으면 배가 산으로 간다」는 속담처럼 소송지연의 엄청난 부작용이 생긴다.

제 2 장 당사자(원고와 피고)

제 1 절 총   설

I. 당사자의 의의

- 당사자란 자기 이름으로 국가의 권리보호를 요구·주장하는 사람과 요구·주장을 받는 자를 말한다.
- 판결절차에서는 그러한 요구·주장하는 자가 원고, 요구·주장받는 자가 피고가 된다.
- 권리자＝원고, 의무자＝피고로 보는 실체적 당사자의 개념이 아니고, 소송상 요구·주장 등의 형식적 당사자 개념으로 정의하는 것이 일반화
- 오늘날 소송물을 실체법상의 권리가 아닌 소송법상의 요소인 청구취지나 사실관계로 보는 소송법설의 견해(신소송물론)와 맥을 같이 하는 것이다.

II. 대립당사자주의

- 소송을 법정투쟁(싸움)이라 하므로 대결할 상대방의 존재를 전제로 한다. 이것이 대립당사자주의이다.
- 대립당사자가 없으면 소는 부적법해진다(예: 산 사람 대 죽은 사람의 소송, 한 은행의 어느 지점 대 다른 지점의 소송, 교육감으로 대표되는 도(道)가 도지사로 대표되는 같은 도를 상대로 한 소송 등).

III. 당사자권

- 당사자가 소송의 주체인 지위에서 여러 가지 절차상의 권리를 가지는데 이를 총괄하여 당사자권이라 한다(신속·공정한 재판을 받을 권리, 증명권, 변론권, 소송물의 처분권, 불복신청권, 재판이유를 알 권리 등). 부실재판을 받지 않

을 권리도 포함될 것이다.[事例 19]
- 당사자권을 헌법적 차원에서 구성한 것이 절차적 기본권
- 당사자권이 침해되었다면 판결이 난 뒤에도 불법행위로 손해배상
청구 가능(대법 95다21808)

[事例 19] 바쁜 법관과 부실재판을 받지 않을 권리

1960년 초 어느 미국인이 한국의 법정을 보고는 서부활극의 총잡이
가 허리춤의 권총을 빼어 악당을 소탕하는 연발 속사포와 같은 재판이
라며 희화한 일이 있었다. 아마도 당시 경범처벌법위반의 즉결사건 전
담 최만행 판사가 하루에 500~600건씩 사건을 처리하는 것을 보고 한
말로 보였다. 한국법관이 너무 바쁜 재판현실을 상징적으로 표현한 것
이지만, 그 사이 개선의 노력에 불구하고 큰 진전은 없었다. 김대중 대
통령 때에는 카드남발의 사태가 빚은 가압류 사건이 연 100만여 건씩
폭주하는 시대로, 부족한 판사로 감당하기 바빠 5분에 한 건씩 처리하
는 속전속결의 결정을 하는 해프닝도 있었다고 한다.

대법원만 하여도 연간 5만 건 가까이 계류됨으로써 대법원장, 법원행
정처장 외에 12명의 대법관이 각자 하루 10건 이상 처리해야 할 사건
절벽이다.

대법원 합의제는 말 뿐 주심대법관 독단에 가까운 단독제이고, 합의
에 발언권도 없고 '노비'라는 말도 나오는 대법관 아닌 '연구관 재판'이
라는 우려를 불식시킬 수 없다. 대법원장, 법원행정처장 이외 12명의
대법관에 합의에 발언권도 없는 연구관이 무려 120명, 대법관 1인당
10명의 연구관이 할당되는 대 연구관 집단이 형성된 기형을 보이고 있
다.[*] "화장실 갈 사이도 없다"는 말은 벌써 나왔고 엄청난 격무로 큰
병을 앓게 되는 '대병원'이라는 말까지 있는가 하면, 연구관의 보고서도

[*] 拙稿, 변협신문 2016. 6. 11.자 참조.

읽기에 바쁜 상황이라 한다. 어느 외국의 유명 소송법학자가 이를 듣고 경악을 금치못하는 것을 본 일이 있다. 독일에는 민, 형사사건만도 우리의 1/4도 안 되는 사건을 놓고 129명의 연방판사가 활약하는 연방통상대법원BGH에다가 다른 조세, 행정, 노동, 사회 등 전문 4개 대법원까지 합하면 455명의 연방판사대법관가 있다연구관은 5인 법관 구성의 재판부당 1명꼴.* 독일 최고법원이 유토피아라면 우리 대법원은 디스토피아실락원일 수밖에 없다. 그 타개책인 헌법 제102조 제 2 항의 대법원에 대법관이 아닌 법관을 둘 수 있는 이원제 규정은 휴면화 상태로 두고, 양승태 대법원이 열심히 추진하던 별도의 상고법원안은 사법농단이라는 악평(?)과 관여 법원행정처 법관의 형사처벌의 후유증만 남기고 좌초된 것은 이미 언급한 바 있다.

지법 단독판사의 연간 판결 건수가 700여 건, 소액사건은 서울중앙지법의 경우 법관 1인당 3,000건~4,000건에 이른다는 것이고, 근로시간은 주당 5일반에서 5일로 줄었음에도, 판사가 주당 한 차례 열던 법정은 이제 두 차례로 더 늘려야 했다. 단독 판사의 사물관할의 확대와 그 질적강화, 재판연구원의 배치와 고법판사를 지법부장급으로 보하는 대등재판부의 구성 등 재판인력의 효율화를 도모하고, 나아가 조정제도 및 화해권고제도의 활성화, 그리고 판결서의 설득력 약화에 불구하고 그 간략화로 재판부담의 경감시도를 하지만, 하급심 법관이 우리처럼 휴일반납, 야간과 재택근무 등 바쁜 예는 세계에 유례없을 것이다. 독일인구의 5/8 밖에 안 되는 우리나라의 민사 본안사건이 그보다 조금 적은 연 100만여 건이고, 가압류, 가처분사건은 독일이나 일본의 20배로 폭주하고 있다. 그럼에도 소송천국인 우리나라의 법관 수는 2019년 기준 불과 2,966명인데 비하여, 독일은 2만3,835명이나 된다. 그럼에도

---

* 헌법재판소는 독일 헌법재판소에 비하여 기능·사건 수에 있어서 크게 뒤지고 있는 것은 공지의 사실이나, 연구관 수는 총 72명, 재판관 1인당 9명씩으로 독일에 비하여 3배인 인력과잉이다.

1인당 사건수는 464.07건으로 독일^{89.63건}의 약 5.17배이다.

IT, AI^{인공지능}의 획기적인 발전으로 변호사와 변호사 사무원의 일자리는 서서히 줄어들 추세라지만, 법관의 일자리가 줄 것이라는 평가는 아직 없다. 그렇다면 국민의 부실재판을 받지 않을 권리의 보장차원에서도 법관 수의 대폭 증원으로 법관으로 하여금 너무 바쁘지 않게, 법관에게도 다른 공직자처럼 여유를 주는 것이, 재판 선진화의 최우선 과제일 것이다. 증원을 막는 것이 법관의 엘리트 정예주의 때문이라면 옳지 않다. 지금은 건국 초 김병로 코트^{Court}가 출발할 때처럼 국가예산의 극빈시대에서도 벗어나 퍼주는(?) 시대가 되어 증원문제의 해결이 어렵지도 않을 것이다. 국가예산 사정을 고려하여 겨울에 연료비의 지원제의도 사양하였던 그 시대는 아니다. 필요치도 아니한 일자리를 무리하게 늘리는 정책으로 비판이 있는 이 시대의 역행이라 할 수 있다.

제 2 절   당사자의 확정

I. 의   의

• 여러 학설이 있지만 현재의 통설·판례는 소장의 당사자란의 기재를 원칙적 기준으로 하되, 청구취지·원인 그 밖의 일체의 표시사항도 참작하여 당사자를 확정하는 것이다(실질적 표시설).

• 민법은 의사주의(내심의 효과의사)에 의하지만, 소송법은 절차의 안정·명확·신속을 위하여 표시의 외관을 따라가는 표시주의를 취한다. 제출서류 등의 표시로 당사자를 확정한다.

• 착오에 기한 소송행위의 잘못이 있어도 효력을 부인할 수 없는 표시주의 때문

Ⅱ. 성명모용소송(소위 차명소송)[事例 19-1]

• 자기 실명을 숨기고 다른 사람 명의로 하는 소송
• 차명된 당사자라 하여도 차명명의자가 당사자이다(차명예금계좌의 경우에 차명명의자를 예금주로 추정하고, 출연자는 당사자가 아닌 것으로 보는 것과 같다. 대법(전) 2008다45828, 금융실명제법개정법률).
• 차명소송은 판결 전이면 부적법각하할 것이지만, 판결확정 후에는 차명명의자가 당사자로 판결의 효력을 받아야 한다. 단 명의자는 확정 전이면 상소로, 확정 후이면 재심으로 취소가능하다.
• 피차명자의 명시적·묵시적 동의를 얻어 차명소송을 하는 경우는 별론으로 하고, 완전히 제3자 명의의 도용(盜用)소송의 경우는 피차명자의 절차적 기본권을 근본적으로 침해한 것이므로 그에 대한 판결의 효력은 당연무효로 볼 것이다.

[事例 19-1] 명의신탁과 소송

1. 명의신탁소송에 대한 경험사례

은행의 정기예금 금리가 연 20%대^{지금은 12%}를 기록하던 시절의 이야기이다. 본래 채권자인 원고 甲이 채무자인 피고 乙을 상대로 원금과 함께 연 40%의 이율에 의한 이자청구도 함께 하는 사안이었다. 피고 乙의 행색이 어려운 처지의 사람으로 보였고 피고는 연 40%의 이율로 차용하였음을 대체로 다투지 아니하여 약정대로 원고에게 원금과 이자를 갚으라고 종용하였다. 그런데 피고는 원금은 갚겠지만 이자는 조금 감면하게 해달라는 취지의 답변이 돌아왔다. 그리하여 원고에게 은행 정기예금의 이율인 연 20% 정도만 받고 피고와 화해하라고 권고하였다. 그러나 원고가 완강히 이를 거부하므로 25% 정도에서 타협하라고 재차 권고하였지만 원고는 계속 40% 이율을 고집하는 것이었다. 피고의 형편이 딱하게 보여 다시 한 번 화해를 권고하고자 다른 사건의 법정변론이 끝난 뒤에 판사실로 피고와 원고를 같이 오라고 하였다. 판사실에 돌아와 한숨 돌리고 법원사무관더러 판사실 밖의 두 당사자를 불러오라고 하여 사무관이 당사자의 성명을 소리내어 부르는데도, 피고만이 호응하여 혼자 판사실로 들어오는 것이었다. 원고는 자리에 없다는 것인데, 이상하여 재판장이었던 필자가 직접 문 밖으로 원고를 찾고자 나가니, 아까 법정에 원고로 섰던 사람이 문 밖에 있어 마주쳤다. 당신을 호명하는데 왜 들어오지 않느냐며 힐문을 하니 들어오길 주저하고 있는 것이었다. 순간 원고가 남의 이름으로 소송수행을 하고 있는 것을 직감하고 그 자를 판사실로 불러들였다. 그리고나서 혹시 지금 원고차명소송을 하는 것 아니냐며 호통을 치며 주민등록증을 보자고 하였더니, 그제서야 이를 시인하며 잘못했다고 하면서 판사님이 법정에서 당초에 권고한대로 연 25% 이자만 받고 화해에 응하겠다는 것이었다. 고리대금업자가 남의 이름을 빌려 사채를 놓으면서, 채무자가 이를 갚지 않으면 남의 이름까지 빌려 소송에 이르는 것임을 알았다.

2. 전직 대통령들의 명의신탁의 사례 — 그들의 가면(假面)세계

우리나라는 외국과 달리 부동산, 자동차, 예금, 주식, 사업자등록, 사업관리인, 계약자명의 등 차명(借名)·도명(盜名)의 공화국이 되어 있다. 심지어 시상식에서는 주최 측이 상금을 주고 식이 끝나는 대로 바로 반환받는 '무늬만 상금'도 있다고 한다. 차명의 대포통장·대포차·대포폰 등 '대포 3종세트'의 창궐로 적지 않은 사람이 피해를 보고 있는가 하면 강제집행·세금 등 면탈수단으로 악용되는 것이 현실이기도 하다. 자기네 브랜드 네임만 빌려주고, 차명료로 돈을 챙기는 대명(貸名)단체도 있다. 대법원에서 심리불속행기각(기각률 65%)을 면하기 위하여 전직 대법관 명의를 빌려 상고이유서에 이름만을 올리고 그 '도장값'으로 3,000만원을 받는다는 이야기도 있으며 이러한 풍조의 국제적인 확산으로, 무비자입국을 위해 한국인 이름을 차명하는 위조여권도 생겨나고 있다. 이렇게 차명의 성행으로 헌법 제13조 제3항의 연좌제 금지가 관철되기 어렵다.

역대 대통령만 하여도 별 부끄러움 없이 차명대열에 동참한 바 있다. 그 예로 노태우廬泰愚 전 대통령이 당시에 회사의 공동설립 명목으로 50억, 70억 씩 두 차례에 걸쳐 동생에게 120억 원을 맡기고, 명의는 동생의 단독명의로 하는 신탁적 투자를 하였는데 그 뒤 회사는 크게 성장하였다. 노 전 대통령이 퇴임 후에 부정축재 등으로 형사처벌을 받아 추징금만 3,000억 원에 가까운 판결을 받아 국가가 추징금 집행을 하겠다고 하니, 동생 명의를 빌려 투자한 돈이 있다고 하며 그것을 찾아 추징금을 갚겠다고 동생을 상대로 투자한 돈을 내어 놓으라는 소송을 제기하게 되었다. 이때 투자한 120억 원이 단순히 보관금인지, 동생 명의의 신탁적 투자금인지가 사건의 쟁점이 되었다. 이 사건에서 서울고등법원은 이를 투자금이라고 보고 노 전 대통령에 승소판결을 하였으며 이때 영부인이었던 김 여사는 법정에 나와 법정증언까지 하였고, 한편 검찰총장에게 그 돈이 투자금이 틀림없으니 이를 밝혀달라는 탄원서까지 낸 바 있었다. 그러나 동생 재우 씨 측은 대법원에 상고하였고, 대법원은 이전에 나온 관련 민사확정판결관련 민사확정판결의 증명효 등에 비추어 투자금이라기보다 보관금이라고 볼 수 있다고 하여 형 태우 씨에게 패소의 취지로 서울고등법원으로 파기환송하였다대법 2010다22552. 판결 이후에 일명 전두환 미납 추징금 환수법공무원범죄에 관한 몰수 특례법이 제정된 탓인지 동생도 돈을 돌려 주고, 옛 사돈 S씨도 돈을 내놓아 추징금을 정리하며 모든 것을 끝냈다. 하지만 '보통사람'을 강조하던 그는 명의신탁 때문에 보통사람이라면 겪지 않을, 소송으로 인한 큰 정신적·물질적 고통을 겪었다.

전두환全斗煥 전 대통령도 명의신탁의 방식으로 자신의 자녀와 처남 등에게 토지와 건물, 그림 등을 은닉하여 두었지만, 모 신문사가 '크라우

드 소싱crowd sourcing' 형태의 기획연재로 말미암아 차명으로 은닉한 재산
에 대한 정보공모운동을 벌이면서 여론이 들끓게 되었고 마침내 법무
부가 각성하여 전두환 미납 추징금 1,672억원의 환수를 위한 특별입법
소위 전두환 미납 추징금 환수법으로 범죄수익재산임을 알고 있는 제3자에 대한
'직접집행'이라는 파격적인 강제집행에 착수하였다. 이로 인해 채무자
아닌 제3자의 재산에 대해 제3자로부터 일단 채무자 명의로 돌려놓
고 하는 사해행위취소소송을 통한 '간접집행'이 아니라 제3자 '직접집
행'이라는 강제집행 방법의 새 장을 열었다. 또 집행관이나 집행법원 주
관의 법원경매를 외면하고 검사의 주관 하에 한국자산관리공사KAMCO나
그림 등을 취급하는 민간경매업자에 위탁집행을 선택하였다는 점에서
도 법원경매의 한계를 보인 새 사례가 되었다. 그러나 판사가 아닌 검
사에 의한 제3자에 대한 강제집행이라 하여 헌법에 위반됨을 이유로
헌법재판소에 위헌법률심판 제청이 되어 있다.

　이명박李明博 전 대통령의 경우도 은퇴에 대비하여 사저를 지을 부지를
매입하면서 아들의 명의를 빌려 부지를 매입하였기 때문에 곤혹을 치
르고 명예로운 퇴임에 금이 가게 되었다.

　3. 재벌들의 사례
　① '세상은 넓고 할 일은 많다'고 외친 몰락한 재벌 故 김우중 씨는
무려 17조 원에 달하는 형사추징금 때문에 그 집행과정에서 경주 힐튼
호텔 차명주식이 발각되어 한국자산관리공사KAMCO의 주식공매에 부쳐
져 900억 원에 그의 신탁주식이 다른 사람에게로 넘어갔다. 여기에 그
치는 것이 아니라 그가 아들과 부인 명의로 은닉한 차명 골프장·토지
등도 직접집행의 대상이 될 처지이다.
　② 이숙희 씨를 포함하여 이맹희 씨가 생전에 제기한 이건희 씨 상대
의 삼성가 상속재산회복소송은 소가 4조원, 제1심 인지대만 127억원,

항소심 44억원에 달하는 전무후무의 대소송으로 그의 아버지 이병철 씨가 상속세탈세용이었는지 이건희 씨에게로의 그룹승계용이었는지 삼성생명 등 주식을 자기네 임원 등 남의 명의로 해두었던 것을 되찾으면서 이와 같은 골육상쟁이 생겨났다.

③ 지금 그 총수가 2016. 8. 사면복권된 CJ그룹의 경우만 하더라도 400여 개의 차명계좌를 만들어 그룹 직원에게 주식·예금의 명의신탁을 해놓고, 차명된 직원으로부터 명의신탁확인서를 받는 한편, 증권회사 등 금융기관에게는 명의인에게 상황통보를 못하게 하는 수법을 사용하였다.

④ 세월호 대참사를 일으킨 청해진해운의 실소유주 고 유병언 씨도 재산과 사업을 차명으로 하고 7명의 '바지사장'을 내세웠다고 한다.

이상 본 바와 같이 명의신탁은 자기의 신분·정체 세탁, 검은 돈의 세탁, 타인의 특혜 이용, 탈세와 면세, 강제집행의 면탈 등 주로 반사회적 목적으로 악용된다. 가짜 서울법대생, 가짜 귀하신 몸, 심지어 가짜 김일성 등 다른 나라에서는 명의를 빌리지도 빌려주지도 않는 풍토이지만 우리는 별다른 문제의식이 없어 가면假面세계가 유례 없이 성행하고 있다. '부패와의 전쟁' 차원에서 YS정부 초기부터 '금융실명제'를 실시하고 필자도 제도도입에 적극 참여한 바 있는 '부동산실명제' 역시 집권 후반부터 실시하였지만,* 이러한 가면세계를 청산하고 투명한 사회를 건설하고자 하는 노력은 크게 실효를 보지 못하고 있다. 제도개선의 차원에서 2014. 5.에 「금융실명거래 및 비밀보장에 관한 법률」금융실명제법이

---

* YS 대통령이 홍재형 경제부총리에게 부동산실명제를 검토하라는 지시가 있어 감사원장인 필자와 법무부장관 김 모 씨에게 의견타진을 하였는데, 법무부장관은 대법원의 명의신탁은 유효라는 판례가 있어 안 된다고 하였고, 필자는 그것은 모든 사회악의 근원이라 하며 입법적 해결을 해야 한다고 했다고 보고하였던바, YS가 필자의 의견과 같아 부동산실명제가 채택되기에 이르렀다는 것이 홍 부총리의 솔직한 말이다(홍재형수상집(누리콤, 1995년), 59면 이하). 필자는 그로부터 공로패까지 받은 바 있다.

개정되어 차명계좌의 금융자산은 명의자의 소유로 추정하도록 하고, 나아가 5년 이하의 징역형 등 형사처벌도 가능하도록 하여 시정의 노력을 보였다. 더 나아가 「범죄수익은닉의 규제 및 처벌 등에 관한 법률」을 2014. 11. 개정하여 위 '전두환법'과 궤를 같이 하여 제3자의 범죄수익에 대한 강제집행을 용이하게 하는 개선을 하였다_{소위 유병언법}.

4. 명의신탁의 위험성

명의신탁으로 가면세계를 구축하고 실체를 숨기는 '꼼수'에는 다음과 같은 리스크가 따른다. 'high return'일지 모르나, 'high risk'이다.

① 명의자가 자신의 권리라 주장하며 내어 놓지 않으면, 비싼 비용·시간·노력을 들여 제소할 수밖에 없는데, 자기소유라는 증명책임을 지게 되어 승소의 보장이 없다. 이행강제금이나 형사처벌을 받을 수도 있다.

② 명의수탁자가 신탁받은 부동산·주식·예금 심지어 자동차 등을 제3자에게 처분하면 명의신탁자의 회수가 불가능하다_{모 방송사에서 방영했던 드라마에서 가정부 명의로 땅 투기를 한 검사의 부인이 그 가정부가 부인이 보관하던 등기필증을 훔쳐 제3자에게 처분함으로써 당하는 비극과 같은 예}.

③ 명의수탁자의 채권자가 신탁재산에 압류집행을 하였을 때에 실권리자는 제3자이의의 소로 무효화시키는 것이 불가능하다.[*]

④ 신탁재산에 대한 신탁자 측 명의의 가등기를 해두어 수탁자의 배신을 막으려 해도 원인무효의 등기가 된다_{대법 2014다63315}.

⑤ 부동산의 경우는 부동산실명법_{부동산 실권리자명의 등기에 관한 법률}에 의하여 신탁행위가 무효가 되기 때문에 부당이득반환의 법리로 찾을 수 있으나 등기명의신탁이 아닌 계약명의신탁의 경우는 10년의 소멸시효기간에 걸려 찾기 어려워질 수 있다.

⑥ 주식 등 재산을 제3자에게 명의신탁하였다가 자녀에게 넘겨주고

---

[*] 拙著, 신민사집행법(제8판), 234면 참조.

자 하면, 명의신탁자 → 수탁자에게, 수탁자 → 자녀에게 두 번 양도가 되어 두 번 양도소득세를 납부해야 한다. 단, 판례는 주식명의신탁은 유효한 것으로는 본다.

⑦ 부동산을 신탁회사에 신탁하면 종합부동산세가 수탁회사에 부과되어 신탁자가 면세혜택을 볼 수 있었으며, 세제개혁으로 없어졌다.

'毒樹毒果'나무에 독을 심으면 독과실을 따게 된다라는 말이 있듯이 명의신탁이라는 사회악을 심으면 그에 상응하는 인과응보가 따르는 법이다.

제 3 절   당사자의 자격

• 당사자가 제대로 소송수행을 하려면 다음 네 가지 능력 이외에도 대리인을 세울 경우 대리인에게 대리권이 있어야 한다.

[민법과 대비한 당사자의 자격]

민사소송법	민 법	소송법적 효과	그 흠결의 효과
당사자능력	권리능력	소송요건	소각하
소송능력	행위능력	소송 및 소송행위요건	소각하 · 소송행위무효
당사자적격	관리처분권	소송요건	소각하
변론능력	없 음	소송행위요건, 소송요건 될 수 있음*	소송행위무효 · 소각하 가능
소송상의 대리권	민법상의 대리권	소송 및 소송행위요건	소각하 · 소송행위무효

제 1 관 당사자능력

Ⅰ. 의 의

- 당사자능력은 소송의 주체인 원·피고 및 참가인이 될 수 있는 능력을 말한다.

Ⅱ. 당사자능력자

1. 권리능력자(제51조)

(1) 자 연 인

- 자연인은 권리능력자이므로 소송의 당사자가 될 수 있다. 남녀노소를 가리지 않으며 외국인도 예외는 아니다.
- 생존하는 동안의 사람이면 소송의 당사자가 될 수 있으나, 태아(胎兒)**나 사망자는 당사자능력이 없다. 또한 산·바다·강과 같은 자연물, 나무·물고기·도롱뇽과 같은 동식물은 당사자가 될 수 없다(자연소송).[事例 20]
- 환경단체가 동물을 당사자로 내세워 소송하는 것은 허용되지 않는다.

[事例 20] 도롱뇽도 소송주체인가

KTX 경부선 주행시간의 단축을 위하여 코레일이 경남 양산의 천성산 원효터널 공사에 착수하였는데, 이 과정에서 지율스님을 비롯한 불교계와 환경단체 일부가 이 터널이 뚫리면 천성산 고산습지인 화엄늪이 훼손되고 산에 있는 도롱뇽이 살지 못하는 등 생태계가 파괴된다는 이유로, 코레일을 상대로 2003년에 공사금지가처분을 신청하였다. 신청인을 도롱뇽으로 하여 가처분을 신청하는 한편, 지율스님은 곧바로 100일의 단식투쟁에 돌입하였다. 미국에서는 특별법에 의하여 자연이나 동물에 standing당사자능력을 인정한 예가 있고, 미국 연방대법원의 Douglass 대법관 등에 의해 이와 같은 자연소송에 당사자능력을 인정해야 한다는 소수의견이 존재하기는 한다.

그러나 일반적으로 당사자능력은 부인되며, 미국에서도 북극곰이 원고가 되어 인간이 유발한 온난화로 못 살게 되었다고 하며 제기한 환경소송에서 청구기각 당한 사례도 있다. 현행 민사소송법 제51조에서도 권리능력자인 자연인에 당사자능력을 국한시키고 있기 때문에, 도롱뇽에 당사자능력이 없다는 이유로 하급심은 신청을 부적법각하하였다.* 대법원도 대법 2004마1148에서 하급심의 입장을 지지하여 상고기각으로 끝을 냈다. 대법원의 상고기각 결정이 난 뒤에야 비로소 지율스님의 단식투쟁과 환경단체의 반대운동도 끝이 났고, 중단되었던 KTX 터널 공사가 재개되어 계획보다 훨씬 늦은 2010년에야 비로소 개통될 수 있었다. 그 뒤 조사하여 보니 천성산 도롱뇽은 여전히 번성하는 것으로 판명되어 지율스님 등의 걱정은 기우였음이 밝혀졌는데, 이렇게 결과가 명확한 사건을 3심인 대법원까지 끌고가며 국책사업을 지연시키는

---

* 실체법의 문제이지만, 애완견은 법적으로 물건이고, 권리능력자가 아니므로 위자료청구의 주체가 될 수 없다(대법 2012다118594).

것은 소권의 남용으로 불법행위가 성립될 여지가 있다. 공사의 지연으로 인한 코레일 측의 물적 손해의 추정치는 '145억원＋α'라고 한다. 코레일 측도 이는 가처분이 허용될 수 없는 사건이 명백하므로 대법원의 결론이 날 때까지 눈치를 보며 기다릴 것이 아니라 공사를 진행했었어야 했다. 이렇게 되는 우리나라 재판은 1심중심주의가 아닌 3심중심주의가 굳혀진 결과라고 할까, 지율스님과 일부 환경단체는 이번에는 영주시 내성천의 영주댐 공사중지가처분을 내면서 지율스님은 또 다시 단식농성에 돌입했다고 하는데 한참 전의 일이 되어 버렸다.

당사자능력을 남성에 한정하고 여성은 이혼소송의 원고적격을 부인하던 시대가 동서양에서 있었다고 하나, 지금의 남녀평등시대에는 소송에서 성(性)의 차별이 없어졌다. 이제는 소송의 세계에서 인간으로부터 동물 등 자연물까지 소송의 주체가 될 능력을 인정하여야 한다는 논의가 나올 정도로 발전하였다. 법정은 만인에서 만물의 불평호소장이 되어야 한다는 논리이다.

(2) 법인의 당사자능력

• 법인은 자연인과 같이 권리능력자이므로 당사자능력을 가진다. 법인이면 내국법인·외국법인이든, 영리법인·비영리법인이든, 사단법인·재단법인이든 동일하다. 사법인·공법인을 가리지 않기 때문에 국가·지방자치단체·영조물법인이나 공공조합도 당사자능력을 가진다.

• 국가는 민사소송에서 특별한 기득권 없이 원·피고가 될 수 있다. 다만 이때에는 '국가를 당사자로 하는 소송에 관한 법률'이 적용된다. 그리고 국가를 피고로 한 국가배상법에 의한 손해배상청구가 증가일로에 있어 국고에 큰 부담이 됨을 간과해서는 안 될 것이다. 미국은 주정부가 피해시민들을 아버지가 아들을 보살피는 것과 같은 차원의 부권소송(parens patriae) 제도가 있다. BP(영국석유회사)가 멕시코만 해저유전에서 기름유출사고가 발생하여 그 주변 5개 주정부가 이 소송에 나서 사상 최

대의 200억 불의 화해금을 받아냈다. 현재 Volkswagen 배기가스 조작사건에서는 3개 미국 주정부가 부권소송에 나섰다. 소위 BIg-Tech 상대로의 독점금지법 위반을 사유로 연방정부와 주정부가 부권소송이 벌어지는 것이 미국의 현실이다. 부권소송의 예는 중국에도 있다. 국가배상소송에서 국가가 방어하기에 바쁜 우리와는 대조적이다. 시효기간이 벌써 지난 과거사에도 과거사진상규명위원회의 심판을 거쳐, 이를 재심사유로 하여 무죄판결을 받은 후 유족들이 국가를 상대로 손해배상청구를 하는 등으로 국가배상금이 무려 1조5,000억 원이 나간다고 한다.

• 국가는 보통 판결채무의 불이행(default)이 없고 방어력도 허약하여 이 틈을 타서 Ambulance Chasing Lawyer(피해의뢰인을 직접 찾아가 소송을 권유하는 변호사)가 contingent fee(성공보수금약정)로 제기하는 기획성 국가배상소송의 표적이 되는 일이 많다. 미국처럼 법무부 산하 송무청(solicitor general)이 필요하다.

2. 법인 아닌 사단 · 재단(제52조)

• 민법에서는 법인 아닌 사단법인 · 재단법인에 권리능력을 인정하진 않지만, 이와 달리 민사소송법 제52조에서는 대표자 · 관리자를 통해 거래활동을 하면 당사자능력을 인정하고 있다.

• 비법인사단의 재산은 총유재산이 되는데(민법 제275조), 총유재산에 관한 소송은 특별한 사정이 없는 한 사원총회의 결의를 거쳐야 한다(대법 2010다97044).

• 우리나라에는 법인화되지 아니한 동지적 결합체인 비법인사단이 유난히 많으며, 단체의 단합과 공익보다 집단 규합의 힘으로 민원제기로 개인의 사익을 더 챙기는 경향(滅私奉公 아닌 滅公奉私) 때문인지, 이들 비법인사단의 가처분사건을 비롯한 본안소송이 많다. 특히 교회 · 문중 · 종중 · 시민단체 등이 그 대표적 예이다.[事例 21·22]

• 더불어 재벌가와 부유층의 부자 간 · 형제 간의 소송으로 국민의 재벌에 대한 신뢰를 실추시키고 있는데 이는 소유와 경영이 분리되지 않은 채 경영권의 독점승계 문제가 빚은 비극인 면이 있다.

• 부의 독점의 해결방안으로 칼 마르크스 등은 '만국의 노동자여 단결하라'(Proletarier aller Länder, vereinigt euch!)고 외치며 폭력혁명을 해결책이라 하였고, 최근의 토마 피케티는 global 누진세를 해결책으로 제시하였다.

• 재벌의 기부, 고율의 상속세의 부과와 탈세방지책 등 많은 아이디어가 나오고 있지만 우리나라에서는 가족 1인의 부의 독점을 소송이라는 수단만으로 해결하려는 것 같다. LG 구씨家·SK 최씨家·GS 허씨家이외에는 혈족 내에서 소송으로 바람 잘 날이 없다는 평이다. 40개 재벌기업 중 18개 기업에서 경영권분쟁·형제 간의 질투와 반목은 카인 콤플렉스의 발로라고도 하겠으나, 한국에서 유난히 심하며, 외국언론에서도 주목한다고 한다.

* 재벌가 형제간 재산다툼 현황(조선일보 2014. 9. 4자 참조)

피죤	2015년	남매간 재산분쟁
금호	2015년	형제간 가처분·경영권분쟁 등(2016년 화해)
효성	2014년	형제간 재산분쟁
삼성	2012년	형제간 상속재산분쟁
태광	2012년	남매간 상속재산분쟁(2016년 1심 소각하)
두산	2005년	형제간 경영권분쟁
현대	2001년	형제간 경영권분쟁
한진	2002년	제1세대 형제간 상속재산분쟁과 제2세대 남매 간의 분쟁
롯데	1996년	신격호 형제간 재산분쟁, 아들 형제간 경영권분쟁(2015. 8.)
한화	1992년	형제간 재산분쟁
김철호家	1974년	적·서형제간의 유언무효분쟁[事例 22]
민영휘家	1935년	적양자(嫡養子)와 서장자(庶長子) 간의 상속재산 분쟁[事例 23]

• 여기에 김 모 전 대통령의 2남·3남 간의 재산분쟁도 최근 화제가 되고 있다.

• 일본에서도 호소노(星野) 리조트의 친자 간, 오쓰카(大塚) 가구회사에서 최근에 친자 간·부녀 간에 각 경영권분쟁이 발생하였지만, 정부의 개입이 아닌 상법 등에 의하여 이사회·주주총회의 결의나 무효소송으로 판가름하는 법치주의로 매듭을 지었다. 대만의 항공회사인 장강(長江)그룹에서 4남과 장남의 경영분쟁으로 4남의 이사회 의장 자리를 장남이 기습적으로 교체하는 소동이 있었다 한다. 19세기 말까지 세습왕조였던 동양적 전통이 원인이 된다고 할 것이다.

[事例 21] 문중·종중 사건

판례는 일반적으로 종중에 대하여 비법인사단으로서의 당사자능력을 인정하지만, 나아가 고유한 의미의 종중은 아니나 각 공동선조를 달리하며 재산관리를 위하여 일정한 지역거주자의 후손들로 범위를 제한하여 구성한 종중유사의 비법인사단^{대법 2008다45378}까지도 당사자능력을 긍정한다. 대소종중을 막론하고 규약 또는 종친관념에 기한 관습에 의해 선임된 대표자가 있으면 당사자능력이 있으며 반드시 서면화된 규약이 필요한 것은 아니라는 것이 판례의 입장이다. '無主空山'으로 땔감 제공의 용도였을 뿐 값이 나가지 않던 임야가 산업개발에 따른 도시화 과정에서 지가상승으로 말미암아 종중분쟁이 종중소송으로 비화하는 사례가 양산되는 현실에서 우리 판례는 종중의 당사자능력을 무절제하게 인정하여 소권남용을 방치하는 경향이 있다. 그것이 종중분쟁의 씨앗이 되고 종중재산을 탐내 종중분쟁을 확대재생산하는 요인이 되는 것 같다. 종중은 다른 나라에는 없는 전근대적인 단체이며, 단지 일본의 오끼나와^{沖繩}의 蔡氏門中사례^{日 最高裁 昭和 55(1980). 2. 8.}가 있었지만 이는 매우 엄격한 요건 하에 당사자능력을 인정하는 데 그친 것이다. 종중원 간의 이합집산이 잦고 종중원 간 분쟁이 많아 분쟁방지책으로 종중을 법인화한 사례도 있다.

전주이씨 양녕대군파 종중재단인 지덕사至德祠, 전주이씨 효령대군파 종중재단인 청권사淸權祠등이 그러한데, 그럼에도 분쟁이 끊임없다고 한다종중사건 외 교회·사찰 등 종교사건, 가족 간의 분쟁사건이 유난히 많아 '돈은 피보다 진하다'는 말이 나오는 것 같다. 수세기에 걸쳐 이어오는 사례로서 능성구씨 좌정승공파綾城具氏 左政丞公派의 종중분쟁,* 그 밖에 파평윤씨 문중과 청송심씨 간 경기도 파주의 윤관 장군 묘역에서의 묏자리분쟁, 이퇴계 선생의 수제자가 서애 유성룡인 가 학봉 김성일인가를 두고 양 종중 간의 분쟁도 대를 이어가며 수백년 지속되어 오다가 퇴계 왼쪽에는 서애, 오른쪽에는 학봉을 모시기로 하는 조정성립의 사례도 꼽힌다. 과거사를 캐기에 바빠서 미래로의 전진이 정체되었던 시대상의 반영으로 보인다.

문중·종중 총회의 소집절차의 하자, 대표자선출결의의 하자 그리고 출가녀에 대하여도 종중구성원의 지위를 인정함에도 불구하고 이를 간과한 것이 소송의 주요 쟁점이 되는 것 같다. 대법(전) 2002다1178 판결은 남자만이 아니라 여자도 종중구성원의 지위를 가지며, 나아가 대법 2007다34982 판결은 여성종중원에 소집통지 없는 결의는 무효라고 하였다. 종중 분묘의 수호 및 제사 등의 의무가 없는 출가녀에 권리를 부여하는 것이고, 관습상의 지위에 불과하다고 할 종중원의 지위에 남녀평등이라는 헌법적인 잣대를 개입시켜 법적 지위를 인정하여 친족 간의 화목을 깬다는 점에서 문제가 있다고 하겠다.

가족 간의 분쟁은 장자가 부모를 부양하고 제사상속을 하기 때문에 재산상속에서 더 우대하는 전통적인 관습을 무시하고, 1990년에 개정된, 직계비속인 출가녀까지도 장자와 마찬가지의 상속분을 균분으로

---

* 이 종중에서는 서계(庶系)자손으로 지목된 종파와 종손(宗孫)의 지위를 향유하던 양자(養子) 측 종파 사이에 조선 중기 때부터 쟁송을 벌이다가, 일제강점기에 법정에서 1·2·3심 재판을 거쳤으나, 결국 제소기간의 도과를 이유로 본안재판을 받지 못하였다는 것으로, 아직도 분쟁이 끝나지 않았다고 한다. 李鍾日, "능성구씨 좌정승공파의 종중시비", 「법사학연구」 제13호 (1992. 2.).

하는 내용의 민법개정법률이 결정적인 원인이라 하겠다^{의원입법으로 개정}. 장자는 전통대로 대통을 이었다고 하여 더 많이 차지하려 하고, 다른 직계비속남이나 출가녀 등은 법대로 균분상속에 집착하기 때문에 전통과 실정법과의 괴리가 생겨 분쟁이 쉽게 식을 수 없고, 급기야는 법정투쟁화 되는 것 같다. 나아가 아버지가 생전에 오빠들에게 미리 준 재산 때문에 오빠의 상속분은 커졌고 자기네 딸들의 상속분은 적어졌으니 오빠들의 초과분을 깎고 딸들의 몫으로 더 보태달라는 생전증여^{민법 제1008조}에 관련된 소송, 아버지가 유언으로 장남에게 단독소유로 넘긴 유증재산이라도 그 반은 유류분이니 이것을 차남이나 딸들이 챙겨가려는 소송 등 유류분반환소송은 다종다양하게 발전하고 있다.

이제 가족 간의 재산분쟁과 앞서 본 종중사건은 변호사업계의 무시못할 큰 시장이 되었다.

[事例 22] 기아차 창업주家의 몰락사와 소송

기아차의 창업주 김철호 씨는 1905년생으로 국내 최초로 자전거 삼천리호를 생산하며 1961년에는 대미수출 100만불을 돌파하는 등의 개가를 올리다가, 1962년에는 일본 마쓰다자동차와의 기술제휴로 KIA Master를 출시하며 삼륜차도 잇따라 성공시키는 등 우리나라 자동차업계의 start-up으로 크게 활약한 자동차 王 중의 한 사람이다. 1970년대에는 연 2만 5천대 생산의 큰 공장을 세우는 등 호조를 보이다가 1975년에 병들어 사망하기에 이르렀다.

여기에서부터 이 자동차왕가에 마^魔가 들기 시작하였다. 그에게는 측실의 서출생도 있었는데, 그의 유언서가 그들에 의하여 조작되었다고 하며 적출생들이 이들을 상대로 한 유언무효확인소송을 제기한 것이었다. 한 동안 크게 격전을 벌이다가 드디어는 양측 간의 화해가 성립되어 형제 간의 분쟁은 일단락이 되었다. 그러나 그것으로 끝은 아니었다.

다음은 적출생 측의 소송대리인 S 변호사가 화해시에도 전부승소시와 같은 성공보수금의 약정을 하였다는 이유로 성공보수금 지급청구소송을 제기하였는데, 이 소송 재판을 담당하였던 필자가 변호사와 의뢰인 김철호의 적출생 간의 화해권고를 강하게 해보았다. 전부승소시의 보수금 2,000만원인가 3,000만원인가였던 것으로 그 반^{1970년도 당시에는 큰 돈}만 받고 끝을 내라는 권유에 김철호의 상속인 측은 좋다고 하였지만 S 변호사는 전액주장을 하며 양보를 하지 않고 물러서지 않는 것이었다. 더구나 유언무효확인사건은 김철호 씨 적출생 측 소송대리인으로 소송 초기에만 S 변호사가 관여하고 그 사건의 화해 종결시에는 다른 변호사로 교체가 되었던 사건이기도 하였다. 자신의 관여정도는 고려하지 않고 약정만을 내세워 그대로의 이행만을 고집하는 것이었다. 결국 화해 불성립으로 재판진행에 들어갔지만, 김철호 씨 적출생 측은 꽤나 속이 썩었을 것으로 생각되었다.

이렇게 김철호 씨 적출생들이 제 1 차 유언무효확인, 제 2 차 성공보수금청구소송 등 소송에 골몰하는 사이에 회사에 먹구름이 드리우기 시작하였다. 그 허를 찔러 기아자동차 신입사원 출신의 김모 씨의 사내 세력이 노조를 배경으로 크게 신장되었던 것 같다. 그 사이의 몇 차례의 주주총회가 열려 증자결의에 의하여 김모 씨의 주식비율은 증가일로에 있었는가 하면, 김철호 씨의 장남을 비롯한 상속인들의 주식비율은 계속 줄어만 가서 소수주주로 전락하는 상황이 되었다. 종국에는 김철호 씨의 장남 등 상속인이 위 김모 씨를 상대로 사문서위조동행사죄 등으로 서울지검에 형사고소를 하기에 이르렀다.

당시 김모 씨는 김철호 씨 측 상속인과는 무관하나 기아자동차를 잘 이끌어나가는 모범적인 기업인으로 언론의 각광도 받았던 때이다. 언론을 통해 낯익은 김 씨가 헌법재판소에 출입하는 것을 보고 이를 의아하게 생각했지만, 그가 검찰고소사건에서 기소유예 처분을 당한 결과 김철호 씨 유족으로부터 헌법재판소에 그 처분에 대한 헌법소원이 제기됐기 때문임을 나중에야 알았다.

그 당시는 헌법재판소 9인의 재판관 중 재판소장을 비롯한 6인은 상임재판관, 나머지 3인은 비상임재판관이던 시절이다. 상임재판관은 주심이 안 되어도 사건기록을 돌려가며 심도있게 검토하던 때였으므로 상임재판관의 한 사람으로 검찰의 기소유예 처분기록을 면밀히 살펴보았다. 사문서위조·동행사죄, 업무상횡령죄 등으로 피소당한 그 김 씨 등에 대하여 담당검사^{패나 이름 있는 부장검사}가 피의자를 신문하면서 범죄를 추궁하기보다는 김 씨의 입장을 변명하여 주기에 바빴다는 인상을 받았다. 검사는 김 씨에 대한 수사관이라기보다는 변호인의 입장이 되었다고 보더라도 지나침이 없는 피의자 신문조서의 작성이었다. 분명히 검찰소추권의 남용이요 헌법상의 자의금지원칙의 침해, 나아가서는 고소인의 헌법 제27조 제5항의 형사피해자의 공판절차의 진술권의 침해가 검사의 이 사건 기소유예처분이라고 보았다. 그러나 재판관 9인의 평의^{評議}결과는 기소유예처분 위헌 취소 3^{상임재판관 3인}, 합헌유지 6^{상임재판관 3인+비상임재판관 3인}으로 기소유예 처분취소를 면하게 되었다^{헌재 1991. 4. 1. 선고 90헌마65 결정}.

마침 필자가 위헌의 소수의견을 대표집필하면서 세상사가 뜻만 같지 않음을 개탄하였으며 사법정의가 무엇인가 자문^{自問}도 하였다. 소수의견의 주된 이유는 검찰에서 인정한 업무상 횡령액수만 4억 3천만원^{1987년 당시}으로 특정경제범죄가중처벌법 위반의 중죄이므로 법원에 기소하여도 선고유예는커녕 집행유예감도 되기 어려운 사건인데 검찰이 기소유예처분으로 끝을 냈다는 이유였다. 이 헌법소원에서 창업가 측이 패소한 뒤에 권토중래 못한 채 몰락의 종지부를 찍고 대신에 회사 내부의 김 씨 측은 행운을 잡은 것 같았다. 그러나 김 씨 등의 재판운도 오래가지 못한 채 기아자동차는 현대그룹으로 넘어갔다. 제행무상^{諸行無常}이다.

[事例 23] 근대재벌 민영휘家의 소송

민영휘(1852~1935)

일제강점기 우리 강토의 최대의 부호는 민영휘[1852-1935]였다고 한다. 그는 1899년 조선에 처음으로 대한천일은행 →동일은행 →상업은행 →한일은행 →한빛은행 → 現 우리은행을 설립하는 한편 1906년 그의 이름 뒷자인 '휘(徽)'를 따서 휘문의숙現 휘문고등학교을 설립하였다.

그러나 그는 구한말에 고종과 명성황후의 총애를 받으면서 평안감사, 강화유수 등을 지내는 동안 가렴주구를 하며 그것을 원동력으로 삼아 재테크에 뛰어난 재능을 발휘하였던 사람으로 평가된다. 그가 남긴 재산은 추수한 곡식이 12만석, 당시의 화폐로 1,200여만 원에 이르렀으며, 중국은행에도 막대한 외화예금을 가지고 있었다고 한다. 시해된 명성황후의 비밀회계장부도 관리하였다는 말이 있으며 1930년대에 일시적으로 총재산이 4,000만 원에 이르는 대재벌이 되어 '가문의 영광'을 누렸다.

그러나 그는 정실에게서 아들이 없어 입양한 양자 형식*이 있었으나 친생자를 얻기 위하여 여러 측실을 두었는데 그 중 한 측실인 해주 마마 안유풍(安遺豊)에게서 난 세 아들 대식, 천식, 규식이 있었다고 한다. 그녀의 이름 뒷자를 따서는 풍문여숙지금의 풍문여고을 세웠다. 일제시대에 종로 1가 네거리에 현대적 양식의 큰 빌딩으로는 서측으로 화신백화점박흥식과 동측으로 영풍빌딩지금의 영풍문고 자리이 서로 호각세를 이루었는데, 영풍빌딩으로 이름지은 것은 민영휘의 '영'과 안유풍의 '풍'자의 조합이었던 것으로 보여진다.

---

* 입양자인 민형식은 그 아버지와 달리 의로운 일을 많이 하였다 한다. 1895년에 생긴 법관양성소의 제 7 대 소장을 지냈으며, 을사 5적의 암살미수사건에 관여하여 자금 14,000냥을 희사하였다고 피소되어 사형선고까지 받았으나, 1907년 고종황제가 퇴위하면서 행한 특사로 풀려났다고 한다.

민영휘는 한일합병 후인 1915년 동일은행장에 취임하며 70세에 이르러 은퇴하였다. 그리고 1935년 향년 84세로 사망하였다. 그러나 사후에 그가 남긴 엄청난 상속재산을 놓고 적양자嫡養子인 형식 대 서장자庶長子인 대식 간에 공전의 대소송이 벌어졌다. 원고인 형식의 대리인은 김병로뒤에 대법원장, 이인뒤에 법무장관, 피고 대식의 대리인은 이승우친일변호사등 당대 대변호사가 선임되어 건곤일척의 승부를 벌여 이것이 당시 장안의 큰 화제가 되었다고 한다. 최근의 이맹희 대 이건희, 롯데가 형제소송의 원조 격이라 하겠다.

옛날 권력을 세습하는 과정에는 청나라의 옹정제, 우리나라의 태종과 세조 등 칼부림의 피바람이 일어났다면, 근대에 들어와서는 큰 재산승계 과정에서는 큰 소송이 뒤따르는데 첫 model case를 보여준 셈이다. 경영과 소유의 분리가 없던 시절의 경영의 세습이 빚은 비극이기도 하다.

최근에 우리나라의 대표적 재벌가인 삼성그룹은 그 그룹의 오너가 경영세습을 포기한다고 하였으니 그러한 유형의 소송은 과거처럼 성행하지는 않을 것이다.

제 2 관   당사자적격

Ⅰ. 개   념

• 특정 소송사건에서 정당한 당사자로서 소송을 수행하고 본안판결을 받기에 적합한 자격
• 구체적 사건에서 본안판결을 받기에 적합한 당사자(proper party)의 문제이므로, 구체적 사건을 떠난 일반적 능력의 문제인 당사자능력과는 다르다.
• 영미법에서는 standing, 독일법에서는 소송수행권이라 하며, 타인의 권리관계에 법률상 이익이 없음에도 시정을 구하기 위해 아무나 나서서 제기하는 민중소송을 막기 위한 장치이다.[事例 24]

Ⅱ. 당사자 적격을 갖는 자(＝정당한 당사자)

1. 일반적인 경우

권리자는 그 권리에 일반적으로 관리처분권을 가지므로 특별한 사정이 없는 한 소송수행권을 갖게 되어 당사자적격자가 된다.

(1) 이행의 소

이행청구권이 소송물이 되는 이행의 소에서는 이행청구권의 주장자＝원고적격자, 그 의무자로 주장된 자＝피고적격자가 된다(형식적 당사자 개념 때문).

(2) 확인의 소

• 확인의 이익 가진 자＝원고적격자, 그 반대의 이해관계자＝피고적격자

• 단체대표자 선출결의무효확인청구 등 단체내부분쟁에서는 피고적격자가 대표자 개인 아닌 단체자체이다(대법 73다1553).[事例 25]

(3) 형성의 소

법률적 근거가 있어야 제기할 수 있는 법정주의의 소이므로, 당사자적격이 법에 규정된 경우가 많다.

(4) 고유필수적 공동소송

여러 사람이 공동으로 제소하거나 제소당하였을 때에 당사자적격이 생긴다.

2. 권리자 아닌 제3자가 관리처분권을 갖는 경우 — 제3자의 소송담당

자기가 권리자가 아니면서 자기 이름으로 소송수행권을 갖는 경우. 이 점에서 본인이름으로 소송수행하는 소송대리와 다르다.

(1) 법률에 의해 다른 사람이 관리처분권을 갖는 경우 — 법정(法定)소송담당

채권자대위소송, 주주대표소송(shareholder's derivative suit), 추심의 소, 직무상의 당사자(사망한 아버지 상대의 인지(認知)청구소송에서 검사 등)

(2) 의사에 의해 다른 사람이 관리처분권을 갖는 경우 ― 임의적(任意的) 소송담당

• 선정당사자, 추심위임배서의 피배서인 등 명문의 규정이 있을 때에 한한다. 브로커에게 소송담당을 시킬 우려 때문에 제한적으로 인정된다. 소송수행권을 제 3 자에 맡기는 것의 허용은 변호사대리의 원칙, 신탁법 제 6 조의 소송신탁금지의 규정에 위배된다.

• 생산업은 하지 않고 특허를 사서 소송제기용으로만 활용하는 특허괴물(patent troll)의 적법 여부가 문제된다.

(3) 법원의 허가에 의한 처분권 갖는 경우 ― 허가에 의한 소송담당(재정(裁定)소송담당)

증권관련 집단소송의 대표당사자, 소비자·개인정보단체소송의 허가 받은 단체가 이에 속한다.

→ 이상 (1), (2), (3)에 해당하지 아니한 제 3 자가 소송에 나서는 것은, 당사자적격 없는 소송이고 민중소송으로 부적법[事例 24]

3. 당사자 적격은 소송요건이므로 그에 흠이 있으면 판결로써 소는 각하

예를 들면 아래 도표와 같은 채권자대위소송(프랑스에서는 채권자간접소송)에서 채권자가 채무자에 채권이 없으면 소각하 판결

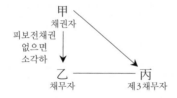

[事例 24] 민중소송의 사례

필자가 헌법재판소 재판관으로 재직할 때인 1990년 초의 일이다. 어떤 헌법소원심판 청구인이 헌법소원을 청구했는데, 전직 대통령이었던 전두환 씨의 쿠데타 전후의 위헌적 국정운영에 대한 심판을 구하는 것

이었다. 심판청구의 내용은 1980. 5. 18. 광주민주화운동 진압과정에서 공수부대의 투입으로 무고한 시민들에 대한 살상 등 잔악행위, 최규하 대통령을 강압으로 밀어내고 위헌적인 국가보위비상대책위원회를 만들어 입법·행정·사법 등 3권을 무단으로 장악한 행위, 통일주체국민회의의 대의원의 기립박수로 대통령으로 선출된 자작극 등 100여 가지 정도를 적시하며 그를 규탄하는 내용이었다.

　주요 쟁점중 하나는, 광주사태에서의 시위에 가담한 시민에 대하여 저지른 행위는 그의 만행이라는 것이었다. 그런데 청구인의 주소를 보니 성남시였다. 광주시민도 아니고 직접 피해자라는 뚜렷한 주장도 없어, 헌법재판소 전원재판부에 넘겨 본안심리할 사건인가에 문제가 있어, 헌법재판소법 제72조에 의한 사전심사를 위하여 3인의 재판관으로 구성되는 지정재판부에 회부되었다. 사건의 주심이었던 필자는 청구인을 법정으로 소환하여 심리에 착수하였다.

　주심으로서 필자는 청구인에게 우선 청구인의 주소가 어디인지를 물었다. 그랬더니 청구인은 경기도 성남시라고 답변하였다. 과거에 광주에 산 일이 있느냐 물으니 그렇지도 않다는 것이었다. 그래서 전두환 씨로부터 개인적인 피해를 본 사실이 있느냐고 물으니, 그렇지도 않다고 하면서 자꾸 그러한 것만 묻느냐며 반발하는 것이었다. 그러면서 말하길, 전두환 씨의 과거의 처사에 국민의 한 사람으로서 공분을 금치 못하여 나섰으니 헌법재판소에서 전두환 씨의 만행을 재판으로 확정해 달라는 것이었다. 우리 재판부는 그 정도의 답변만 듣고 심문을 종결하였다. 헌법소원은 소원의 자기관련성에 비추어 자신의 기본권을 직접 침해당한 경우에만 그의 이름으로 청구할 수 있으나 피해자를 위하여 또는 그를 대신하여 청구하거나 국민의 한 사람으로서 공분이나 공익의 명분으로 나설 수는 없다. 그 사건은 지정재판부의 단계에서 청구가 부적법하다고 보아 각하결정을 하였다. 다만 독일의 Bayern주의 헌법소원에서는 민중소송을 허용하여 기본권침해의 피해자가 아니라도 누구나 나설 수 있는 예외를 허용한다.

일반 민사소송에 있어서도 헌법소원에서 민중소송 불허의 사례와 마찬가지로 구체적 사건의 피해자나 널리 보아 법률상의 이해관계가 있는 자가 당사자적격을 갖고 소를 제기하여야 적법한 소가 된다는 법리에 의한다고 보면 된다.

[事例 25] 단체의 내부분쟁과 피고적격

1973년 필자가 서울고등법원 판사로 재직할 때의 일이다. 어느 지방법원 판사가 필자를 찾아와 말하기를, 자기 주심의 종중사건인데, 종중의 대표자에 대한 대의원 인준결의에 문제가 있어 결의의 무효·부존재 확인의 소가 제기된 사안이라는 것이었다. 이 사건에서는 인준결의에 의해 뽑힌 대표자를 피고로 하였지 종중 자체를 피고적격자로 삼지 아니하였는데, 피고적격에 있어 문제가 없는지 질문을 하는 것이다. 법원에서는 어려운 문제에 부딪히면 가까운 동료법관에 의견을 구하며 토론하는 문화가 활성화되어 있고, 그것이 legal mind 계발의 계기가 된다고 하여 웬만한 법관들은 이를 꺼려하지 아니한다. 어느 판사가 서울대 교수로 전직을 하였는데, 그곳에서는 오히려 법원에서와 달리 교수 간에 토론하는 문화가 없어 아쉽다는 말을 하는 것을 들은 적이 있다. 어떻든 필자는 이 질문에 대한 답변을 생각하며, 원고가 대표자를 피고로 한 소송에서 승소한들 그 판결의 기판력이 당사자 아닌 제 3 자인 종중인 단체에 미칠 리 없으며, 단체인 종중은 그 판결이 자기네와 무관함을 내세울 수 있어 그 판결에 의한 법적 불안의 제거에 도움이 될 것이 없지 않느냐는 의견을 제시하였다. 그 뒤에 우연의 일치인지 나의 의견과 같은 취지의 피고적격 없는 소송이라 하여 부적법각하했던 제 1 심 판결이 항소가 되어 필자에게로 사건이 배당되었다. 물론 필자는 제1심 판결이 옳고 원고의 항소가 이유없다는 취지에서 항소 기각을 하였다. 그 사건의 원고가 다시 대법원에 상고하여 소송법의 대가이기도 한 이영섭 대법원 판사에 배당되었으며, 여기에서도 제1심과 결론을 같이 한 제2심 판결이 옳다고 판단하여 상고기각이 되었다. 그 대법원 판결이 바로 대법 73다1553 판결로서 그것이 리딩케이스leading case가 되어 단체내부의 분쟁에서는 피고적격자가 단체라는 판례가 확립되기에 이르렀으며, 많은 단체사건의 피고적격에 전범典範이 되었다. 학설에는 가장 이해관계가 큰 사람이 대표자이므로 대표자 피고적격설, 당해 대표자와 단체를 공동피고로 하여야 한다는 필수적 공동소송설이 있기는 하다. 다만 우리 판례는 단체의 대표자 직무집행정지의 가처분을 신청할 때는 당해 단체가 아닌 대표자가 당사자적격을 갖는다는 엇박자를 내고 있다대법 80다2424 등.

제3관　소송능력

- 당사자로 유효하게 소송행위를 하거나 받기 위해 갖추어야 할 능력
- 민법상 법률행위를 유효하게 하기 위한 행위능력에 대응한다. 소송에서 자기 권익을 주장·옹호할 수 없는 자의 보호제도이다.[事例 26]
- 민사소송법 제51조에 의하면 소송능력은 민법의 행위능력을 따라가게 되어 있음. 민법의 행위능력자 → 소송법의 소송능력자, 민법의 행위제한능력자 → 소송제한능력자로 된다.
- 2013. 7. 1.에 발효된 개정민법상의 19세 미만의 미성년자는 제한능력자 → 종전과 같이 소송제한능력자[事例 27]
- 성년후견제도의 신설에 따라 피성년후견인(구 금치산자)은 일정한 경우(가정법원 지정행위 등)를 제외하고 원칙적 제한능력자 → 원칙적 소송제한능력자

• 피한정후견인(구 한정치산자)은 일정한 경우 외에는 원칙적 행위능력자
→ 원칙적 소송능력자로 된다.

따라서 미성년자는 친권자/미성년후견인, 피성년후견인은 원칙적으
로 성년후견인, 피한정후견인은 한정후견인의 동의가 필요한 행위에 한
하여 대리권 있는 한정후견인이 법정대리인이 되어, 이들의 소송행위를
대리한다(2016년 2월 개정 제55조 2항).

• 소송무능력자의 소송행위는 무효이다. 그러나 이는 유동적 무효로
법정대리인의 추인에 의하여 소급적 유효가 된다.[事例 28]

• 민법개정법률에 의하여 2013년 7월 1일부터 기존의 금치산자·한
정치산자 제도를 없애고 고령화사회 등을 대비하여 성년후견제도를 신
설·시행함에 따라 이에 맞추어 민사소송법의 소송능력제도의 후속입법
이 필요하였다. 때문에 법무부 민사소송법 특별 개정위원회가 구성되어
개정안이 성안되어 2016. 2. 3.에 국회를 통과하여 2017. 2. 4.부터 시행
되는데, 그 내용은 다음의 도표와 같다.

[무능력제도]

구 분	민법의 행위능력	소송법의 소송능력	법정대리인
미성년자	제한능력자	소송제한능력자	친권자/미성년후견인
피성년후견인	원칙적 제한능력자	원칙적 소송제한능력자	성년후견인
피한정후견인	원칙적 능력자	원칙적 소송능력자	한정후견인(단, 한정후견인의 동의가 필요한 경우에 한하여 대리권 있는 한정후견인이 대리)

[事例 26] 구법상 처(妻)의 소송능력 제한

역사적으로 소송능력의 제한은 점진적으로 완화하는 방향으로 나아

가고 있다.

일본민법을 의용하던 구 시대의 민법 제14조는 처의 행위능력을 제한하여 부夫의 허가를 얻어 소송행위를 할 수 있도록 하였다. 미군정 하인 1947. 9. 2. 대법원은 헌법재판소도 없고 위헌법률심사권이 없었음에도 불구하고 남녀동권을 이유로 이 규정이 위헌임을 전제로 처의 소송능력제한을 인정할 수 없다고 판시하였다법원사, 224면. 이를 두고 대법원의 이러한 헌법재판이 가능할 수 있다는 주장이 있었는가 하면, 분명히 사법권에 의한 입법권의 침해라는 반론도 있었다.* 당시 활발한 법률논쟁이 있었다고 한다. 명백한 월권적 초헌법의 판결임에는 틀림없었으나, 우리나라 최초의 법률에 대한 위헌판결임에 틀림없는 역사적 의미가 있다.**

[事例 27] 미성년자의 법원의 소송능력 문제

지금은 성년에 이르러 소송능력자가 되는 것이 19세이지만, 2013년 개정민법이 발효되기 전에는 20세였는데, 당시에 희유한 일이 벌어졌다. 판사도 소송행위 가운데 법원의 소송행위를 하므로, 유효한 소송행위가 되기 위하여는 20세 성년이 되어야 했다. 그런데 20세가 되기 전인 19세에 판·검사 자격을 취득한 전무후무할 사례가 생긴 것이다. 그것이 어떻게 가능한 것인가. 다음과 같은 이력 때문이었다. 그 주인공은 장기욱 씨이며, 필자가 대학 4학년 때의 일로 그가 서울법대에 입학을 하였는데, 학교에 가니 14살짜리가 서울법대에 6등으로 합격하였다는 공고가 붙어 있어, 내 눈을 의심하기도 하였다. 그는 4년 졸업을 하고 바로 고등고시, 사법·행정 양과를 동시에 합격하고, 1년간 사법관

* 법원행정처, 법원사, 1995, 225면.
** 김증한, "민법 제14조에 대한 판례비평", 법정(1946년 발간)에 게재.

장기욱 변호사

시보로서 실무수습을 마친 뒤 실무시험에 합격을 하여, 자격을 취득하니 그때가 만 19세였던 것이다. 당시에 신문기사화도 되었지만, 초등학교, 중학교, 고등학교를 1년 내지 2년 만에 수학하고 월반한 결과물이었다. 그는 당시에 판사를 지원하였는데, 이러한 미증유의 천재를 놓고 대법원장이 판사 임명에 고민을 하게 되었다. 만 19세의 소송무능력자를 곧바로 판사로 임명할 수도 없고, 만 20세까지 몇 개월간 기다려 달라는 부탁을 하였다는 것이다. 그는 기다릴 수 없다고 거절하고 검사를 지원하였는데, 일선 검사는 소추권이 있는 독립관청의 지위여서 소송능력이 문제되어 곤란하지만, 법무부 소속 검사는 법무부장관의 보조기관이고 독립관청의 지위가 아니므로 소송능력이 문제될 것이 없다고 보아 19세인 그를 그 직으로 임명하였다.[*] 그는 검사를 거쳐 국회의원, 변호사를 하다가 좀 일찍 타계하였다. 세상엔 대기만성大器晩成형 인재도 많지만 비교적 조숙형 천재였다고 하겠다.

이 사람과 더불어 서울법대에는 3대 천재가 있었다고 전해온다. 한 분은 정천표 씨로 대학재학 중 사법·행정 양과를 수석·차석으로 합격한 후 미국 하버드 대학에서 가볍게 JSD법학박사학위를 받았다. 또 한 분은 박천식 씨인데 이 분 역시 사법·행정 양과를 재학 중 모두 합격한 후 미국 Tulane대학에서 법학박사 학위를 쉽게 취득한 '소년등과자'였다. 이에 반하여 경성제국대학 법학부 출신의 조선인 3대 천재인 유진오헌법기초자, 초대 법제처장, 이강국북한으로 월북하여 외무상을 지내다가 그 딸에 의하여 미제스파이로 고발되어 처형, 홍진기법무장관, 중앙일보 창업가 있었지만 이들만큼 알려지지는 않은 것 같다.

---

[*] 고종 3년인 1866년에 14세였던 이건창이라는 사람이 과거급제를 하였다고 한다. 그러나 나이가 너무 어려 4년을 기다려 18세에 이르러 관직을 주었다고 하는데, 그와 비슷한 이야기이다.

[事例 28] 소송무능력자의 소송행위의 효력 — 유동적 무효

소송무능력과 관련하여, 미성년자·피성년후견인의 소제기·소장 부본수령, 변론의 준비와 변론증거신청, 상소의 제기 등의 소송행위는 그 법정대리인의 대리행위에 의하여야 한다. 대리에 의하지 않고 단독으로 소송행위를 한 경우는 무효가 된다. 절차의 안정을 위하여 민법상 제한능력자의 법률행위의 효과와 달리 취소가 아니라 무효로 하였다. 다만 무효는 무효이되 확정적 무효가 아니라 나중에 그 법정대리인이 좋다고 하여 추인하면 소급해서 유효로 된다_{민사소송법 제60조}. 이러한 무효를 유동적 무효_{schwebende Unwirksamkeit}라고 한다. 이러한 독일법의 개념이 우리 나라에 도입된 것은 소송법사건이 아니라 실체법사건으로 노태우 대통령 때에 토지의 공△개념과 부동산투기억제책으로 신설된 국토이용관리법상의 토지거래허가제와 관련된 대법(전) 90다12243 판결에서이다. 토지거래허가구역에서의 토지거래를 관계관청의 허가를 얻으면 소급하여 유효하게 되지만, 허가를 얻지 못한 상태에서는 무효가 되는 유동적 무효로 본 것이다. 이러한 판례가 발전하여 거래허가를 받지 아니한 토지매수인의 지위는 무효인 상태이므로 허가를 조건으로 한 조건부청구권자가 아니기에, 매수인이 장차 허가를 받을 조건으로 소유권이전등기를 해달라는 장래의 이행을 청구할 수도 없고 또 그 매도인이 다른 사람에게 처분하는 것을 막는 처분금지가처분도 허용되지 않는 경직된 해석을 한다.*

생각건대 상대적 무효로 기존의 개념에 의지할 수도 있는 것이 아니었던가. '유동적 무효'의 개념 도입과 확산이 매우 대견하였는지, 서울특별시가 1994년 정도_{定都} 600년을 맞이하여, 남산에 타임캡슐을 묻고 400년 뒤에 공개토록 하는 행사에 대법원의 이 전원합의체 판결이 사법

---

* 졸저, 신민사소송법(제15판), 231면; 신민사집행법(제8판), 651면.

부의 대표적 명판결로 추천되어 타임캡슐에 들어갔다고 한다. 과연 그 판결이 그렇게 기념비적이고 역사적인 민사판결인가 하는 의문이 든다.[*]

제 4 관 변론능력

• 변론능력은 법정에 나가 법원에 대한 소송행위를 유효하게 하기 위한 능력이다. 법정에 나가 법관 앞에서 하지 아니하여도 되는 소장·준비서면의 작성·접수제출, 서면증거신청, 당사자 간의 관할합의 등에는 필요 없는 능력이다. 따라서 모든 소송행위에 필요한 소송능력과는 다르며, 목적도 사법제도의 원활한 운영에 있다.

• 나라에 따라 변호사가 아니면 법정에서 변론이 허용되지 않는 변호사강제주의(필수적 변호사대리주의)에 의하는 나라도 있으나, 우리나라에서는 증권관련 집단소송, 소비자·개인정보보호단체소송에서만 이를 한정한다.

• 소송능력자이면 변론능력을 가진다. 다만 변론능력을 제한하는 예외적인 경우가 있다.

(1) 그 하나가 소송관계를 분명하게 하는 진술을 하지 못하는 경우에는 그러한 당사자/대리인의 진술금지의 재판을 하고, 변호사의 선임명령을 하는 때

(2) 다른 하나는 소가 1억원을 초과하는 사건에서 변호사 아닌 사람은 당사자를 위해 법정에서 대리변론이 제한된다. 변호사이어야 한다 해서 변호사대리의 원칙이라 하는데, 이는 당사자의 배우자나 직계혈족일 때에도 대리를 할 수 없다.

• 변론무능력자로 인정되어 진술금지, 변호사 선임명령을 받았음에도, 이에 응하지 아니하고 출석하여 행한 변론 등 소송행위는 무효가 된

---

[*] 1990년 초에 서울법대의 모의재판 case로 토지거래허가제와 관련한 사건을 출제하였다. 필자가 재판장(헌법재판관), 우배석판사로 황우여 부장판사(헌법연수부장), 좌배석판사로 이주흥 판사(나중에 서울지방법원장)로 모의재판부를 구성하였는데, 학생참여의 모의재판이 끝난 뒤에 황우여 부장이 헌법적 측면의 강평, 이주흥 판사가 민사법적 측면의 강평, 필자가 총괄강평을 하였다. 그때 이 판사가 독일의 유동적 무효론을 폈던 것 같은데, 나중에 대법원 재판연구관(수석)으로 활약하면서 실제 토지허가사건에서 유동적 무효이론을 전원합의체 판결에서 반영관철시킨 것 같다. 그는 서울민사지법원장으로 재직하다가 은퇴 후 변호사 개업을 하다가 더 살 수 있는 연령임에도 타계하여 애석하다.

다. 그가 제기한 소·상소는 결정으로 각하될 수 있다(제144조).^[事例 29]

• 진술보조인제도   2016. 2. 3. 제정, 2017. 2. 4.부터 시행되는 새 제도로, 정신적·신체적 제약으로 소송관계를 분명히 하는 진술이 어려운 당사자를 위하여 소송대리인은 아니고 그 진술을 도와주는 진술보조인 (예: 난청인 당사자, 내외국민을 막론하고 말이 어눌한 사람 등을 도와주는 친족, 간병인 등. 이 제도의 신설에 필자가 법무부 개정위원장을 맡은 바 있다)

[事例 29] 당사자의 변론무능력의 사례

사례 하나는, 원고가 소장은 겨우 형식에 맞추고 인지대는 제대로 납부하고 기일이 되면 아침 출근시간에 법원 정문에서 대기했다가 담당 법관에 인사치레까지 하는 성의(?)를 보였지만 법정에서는 원고의 주장이 명백치도 않으며 피고가 부인하는 사안이다. 그래서 법정에서 원고에게 증거를 대라고 하니 상대방 교부용 1통과 법원기록용 1통 등 2통의 사본의 마련도 없이 구겨진 종이조각을 '이것입니다'하고 내놓는 것이었다. 그 내용도 불분명하여 증인이라도 세우라고 하니 '동네사람 다 아는 일이다'라고 하면서 누구를 어떻게 세울 것인가를 되레 묻는 것이었다. 사건에 대해 제일 잘 아는 사람을 대라고 하니 '누구의 아범', '누구의 아줌마'를 거론하는 데 그치므로 그 사람의 정확한 이름과 주소를 밝혀 다음 기일에 다시 출석하라고 하였다. 다음 기일에 출근시 예의 인사치레는 잊지 않았지만 법정에서는 지적사항을 밝혀 왔는가 물으니 여전히 빈손이었다. 그래서 변호사선임명령을 하고 그 다음기일을 정하였지만 또한 같았다. 돈이 없어 변호사를 '사지' 못하는데, 법률구조공단에 찾아갔더니 왜 자기네에 먼저 올 것이지 법원부터 찾아갔느냐고 구제에 불응한다는 것이었다. 지금은 이와 같은 변론무능력자에게 대법원예규에 따라 소송구조결정^{민사소송법 제128조 이하}으로 변호사선임이 가능하며 그 보수까지^{100만원 한도} 국고에서 체당하게 되었지만, 1970년 당시 소송구조제도가 정비·활성화되지 아니하던 때였으므로 난감하였다.

또 하나의 사례는, 혼약불이행으로 인한 손해배상을 청구하는 본인소송이었다. 그런데 원고인 여성이 첫 변론기일에 나와 소장의 청구원인 사실도 진술하지 못하고 울음부터 터뜨리는 것이었다. 울음을 그치라고 하니 더 큰소리를 내며 우는데, 왼손의 구부러진 두 손가락을 보이며 계속 울기만 하는 것이었다. 원고가 진술을 못하여 답답했는지 피고인 혼약자가 나서서 원고를 가리키며 왼손 두 손가락을 쓰지 못하게 되어 혼례를 치르고 3일만에 자기를 소박놓았다는 취지의 말인 것 같다 한다. 말하자면, 피고가 오히려 원고를 대신하여 변론을 해주는 해프닝이 벌어진 것이다. 피고는 자기가 말한 원고의 주장과는 사실이 다르다는 취지였는데, 이쯤 되니 재판장은 원고를 변론무능력자로 보고 진술금지의 제한과 동시에 변호사선임명령을 내리지 않을 수 없었던 사례였다.

마지막의 사례는, 사건번호와 당사자를 부르며, 법대로 피고 '김갑돌'을 나오라 하니 여성이 대답하여 나타나는 것이었다. 그래서 당신이 김갑돌이 맞냐고 물으니 그렇다고 하기에 당신 자신의 이름이 그러한가 재차 물으니 자기는 아니고 자기 남편이 그렇다고 하면서 피고석에 서는 것이었다. 피고가 직접 나와야지 대리인은 피고의 처라도 안 된다고 하며, 민사소송법의 규정에 따라 소가가 큰 사건에서는 변호사가 아니면 남의 사건에 대리변론할 수 없는 변호사대리의 원칙을 말하였다.

다만 당신이 변호사 자격을 가졌다면 대리변론에 지장이 없다고 말하니, 내가 변호사 자격을 가진 사람으로 보이느냐며 웃기지 말라는 투였다. 그러면서 부부는 동체인데 법정대리변론이 안 된다는 것은 이해할 수 없는 일이라고 하며, 남편은 일을 나갔으며 하루 벌어 하루 먹고 사는 형편이어서 남편이 직접 나올 형편이 아니라고 호소하며 좀 보아달라는 것이었다. 법이 그러니 법집행의 판사로서는 어쩔 수 없는 일이라 하니, 법을 고치면 될 것이 아니냐고 하며 물러서지 않는 것이었다. 법을 고치는 일은 '입법자의 영역'이니 국회에서 할 일이고 판사의 몫은 아니라고 하며 어려워도 본인이 나와 변론을 하라고 하며 기일연기를 하였다. 그 여성은 몹시 재판부를 원망하는 눈초리를 보이며 퇴정하여 안쓰러운 면이 없지 아니하였다. 입법자law maker가 왜 그렇게 입법하였는지는 말하지 않았다. 소가가 큰 사건은 복잡한 것이 보통이므로, 전문가 아닌 일반인의 대리를 허용하다 보면 사건을 그르칠 수 있음은 물론 법원의 사법운영도 원활하기 어려운 문제가 생겨 법률전문가인 변호사대리에 의하도록 한 것이 입법근거이다. 이는 분업화에 의한 근대화시대에 걸맞는 일이기도 하다.

제 4 절   소송상의 대리인

제 1 관   총   설

Ⅰ. 대리인의 의의

• 대리인이란 당사자 본인의 이름으로 소송행위를 하거나 소송행위를 받는 제 3 자이다. 대리행위의 효과는 당사자본인에게 미친다.
• 소송행위의 전달, 소송행위의 사실상의 수령자＝使者(messenger)와 구별
• 소송담당자＝제 3 자가 자기 이름으로 소송행위를 하기 때문에 대리인 아님

Ⅱ. 소송상의 대리인의 종류

(1) 임의대리인과 법정대리인
• 민법과 마찬가지로

① 임의대리인 → 본인의 의사로 대리인이 된 사람

② 법정대리인 → 본인의 의사와 관계없이 법이나 국가기관의 명령으로 대리인이 된 사람

(2) 민법상의 대리와의 차이

• 대리권의 서면 증명(소송대리인 ― 소송위임장·지배인등기사항증명서 등, 법정대리인 ― 가족관계증명서·법인등기사항증명서의 제출 필요)

• 대리권 소멸의 경우 상대방 통지시에 그 효과발생. 단, 그 소멸이 법원에 알려진 경우는 예외

• 대리권 범위의 법정

① 소송대리인의 범위는 제90조 제 1 항에서 정한다.

② 법정대리인인 친권자는 일체대리. 이와 다르게 후견인은 민법 제950조에 의해 소제기 시에 후견감독인이 있으면 그의 동의를 필요로 한다. 또 소의 취하·청구의 포기·인낙·화해 등 소송종료행위시에도 후견감독인의 특별수권 필요하다(제56조 제 1 항). 후견감독인이 없으면 이와 같은 행위에 가정법원의 특별수권을 요한다.

• 민법상의 표현대리는 소송법에서 배제 → 상대방이 무권대리인임에도 대리인으로 본 데 선의·무과실이라도 유효한 대리로 보지 않는다(판례).

제 2 관   법정대리인

I. 종 류

1. 실체법상 법정대리인

• 미성년자의 친권자/미성년후견인, 피성년후견인의 성년후견인, 피한정후견인의 대리권 있는 한정후견인

2. 소송상의 특별대리인

특히 소송제한능력자를 위한 특별대리인 → 소송제한능력자에 법정대

리인이 없거나 대리권 행사를 할 수 없는 때 또는 법정대리인이 불성실한 소송수행을 하는 때에 수소법원에 신청하여 결정을 받아 특별대리인이 된 사람(법인의 경우에 대표자·관리인이 없는 경우도 같다) —법정대리인에 준한다. 필요에 따라 법원이 직권으로 선임할 수 있다. 의사무능력자를 위하여도 제한능력자에 준하여 선임할 수 있다(2016 개정법, 제62조의2).

Ⅱ. 대리권의 소멸

• 민법 제127조에 의하나, 그 소멸은 상대방에 통지하여야 효력발생
• 예외적으로 소의 취하 등 소송종료행위는, 법정대리권의 소멸사실이 상대방에 통지 전에 법원에 알려지면 대리권 소멸의 효력이 발생하여 무효(제63조 제 1 항 단서)

Ⅲ. 법인/비법인 사단·재단의 대표자

• 법인등은 소송제한능력자에 준하는 취급, 대표자등은 법정대리인에 준한다(제64조).

제 3 관 소송대리인

• 임의대리인 중 포괄적 대리권을 가진 자를 소송대리인이라 한다.

Ⅰ. 개념과 종류

1. 종   류
(1) 법률상 소송대리인
• 당사자 본인이 선정하였으되, 법률에서 본인을 위해 재판상의 행위의 대리권이 인정된 자

• 영업주를 위한 지배인,[事例 30] 선박소유자를 위한 선장, 국가를 위한 소송 수행자(「국가를 당사자로 하는 소송에 관한 법률」 제3조) 등

(2) 소송위임에 의한 소송대리인

• 소송당사자와의 소송위임계약을 체결하여 소송대리인이 된 사람을 가리킨다. 개인인 변호사나 법무법인·법무조합 등

• 변호사가 아니라도 소가 1억원 이하의 사건에서 예외적으로 당사자의 특수관계인은 대리인으로 위임받을 수 있다.[事例 32]

• 다만 1억원 이하 사건에서 비변호사로 하여금 소송대리를 시키려면, 당사자가 법원에 서면신청을 내고 허가를 얻어야 한다.

(3) 법무사의 대리

• 법무사는 구술 변론·심문 등 법정(法廷)대리가 허용되지 아니하며, 단지 법정 뒤에서 서면작성의 대리가 된다(소액사건에서 소송대리의 입법추진중).[事例 31]

[事例 30] 지배인의 소송대리권의 남용문제

상법 제11조 제1항에서는 지배인은 영업주에 갈음하여 그 영업에 관한 재판상 또는 재판 외의 모든 행위를 할 수 있다고 규정하였다. 지배인은 재판상의 행위에 포괄적 대리권을 가지므로 소송대리인으로 소송사건을 대리할 수 있다. 과거에 은행지점장이 소속은행의 지배인등기가 되어 있어 자기지점 사건에 대하여 소송대리를 하는 예가 없지 않았다. 이것도 변호사들이 고운 눈으로 보지 않았지만, 작금에는 회사 등 법인이 변호사대리를 피하는 편법으로 이 제도를 이용하는 경향이 있다. 비싼 변호사 보수의 절감의 차원에서 변호사자격의 취득은 못했지만 법률공부를 좀 한 사람을 회사에서 지배인등기를 하여 그를 내세운다. 그러나 지배인대리 제도가 남용되어서는 안 된다.

어떤 변호사 사무소 사무원이 소송사건이 많은 3개 회사의 지배인으로 지배인등기를 하고 3개 회사의 소송사건을 모조리 도맡아 대리하는

사례도 있었다. 그가 대리하는 사건의 수가 웬만한 직업변호사가 맡고 있는 사건 수의 수준이었다. 이에 대법 78도2131 판결에서는 "3개 회사의 지배인으로 등기된 것은 그 회사들이 순전히 변호사법을 어겨 변호사가 아닌 자로 하여금 그 회사의 소송사건을 맡아 처리할 수 있도록 하기 위한 하나의 방편에 불과함을 인정할 수 있으므로 위 소위는 각 회사의 지배인을 가장한 변호사법 위반에 해당한다"고 판시하였다. 최근에는 카드회사, 채권추심회사, 보증보험회사 등이 소송 담당직원에게 지배인등기를 하여 그들로 하여금 한 달에 수십 건에서 수백 건씩 소송대리를 시키고 있는데,[*] 이 또한 변호사법 위반의 문제가 있을 것이다. 변호사대리를 사실상 잠탈하는 것은 자격증의 전문분업화시대에 걸맞지 않을뿐더러 승소할 수 있는 사건도 승소하기 어렵게 할 수 있어 당사자본인의 이익보호에도 도움이 안 될 수 있다.

[事例 31] 법무사와 나항윤 전 대법원 판사

나항윤[1918~1997]이라는 1960~70년대에 호걸 대법원 판사가 있었다. 필자가 이분의 배석판사로서 재판장으로 모시거나 대법원에서 재판연구관으로 보좌한 일은 없다.

이분은 일찍이 일본 와세다대학 재학 중 일본고등문관시험 사법과를 합격하여 법조로 출범을 하면서 서울지방법원장을 지낸 뒤에 5·16 군사정변 이후 신사법부를 구성하면서 대법원 판사가 되었다.

판사는 처분권주의와 변론주의에 입각하여 재판운영을 하는 과정에서 매사에 소극성과 조심성이 체질화된 것이 통례이다. 그런데 나 대법원 판사는 예외적으로 호방하고 호연지기[浩然之氣]가 있는 법관으로 알려졌다. 따라서 그에 관하여 일화가 여러 가지 있는데 이를 소개해 본다.

* 법률신문 2013. 7. 1.자.

한 가지는, 지금은 법관의 독립성에 저촉된다고 하여 하고 있지 않지만, 1990년대까지는 대법원에서 연 한 차례의 하급법원에 대한 재판감사를 나왔다. 재판연구관과 비서를 대동하여 고등법원·지방법원 나아가 지원에까지 출장하여 재판의 구체적 내용까지는 나가지는 않았지만 재판운영 등 사법행정상의 실태점검과 판결서의 명백한 오류 등을 지적하는 선에서의 감사를 몇 시간 하는 정도였다. 그리고는 피감법원은 격무에 시달렸던 대법원 판사를 하루쯤 위무하기 위하여 지방명승지를 관람시키고, 풍성하게 술과 식사대접을 하는 것이 수순이었다.

마침 지방법원지원까지 재판감사를 나온 나 대법원 판사는 워낙 맥주를 즐기는 습성이어서 지원장이 12병 한 다스 정도의 맥주를 구하느라 진땀을 흘렸다는 이야기가 있다. 1960~70년 당시만 하여도 맥주가 고급 술에 속하여 지방도시의 구멍가게당 겨우 몇 병을 놓아둔 것을 규합하기 위하여 주변 소읍까지 직원을 동원하여 자전거로 조달하기 매우 바빴다는 말이 전해온다. 지금 같이 택배나 퀵서비스 등이 없었던 때였기 때문에 당연할 것이다.

또 하나는 이분이 1972년 역사적인 국가배상법 제 2 조 제 1 항 단서의 대법원 위헌판결을 하였을 때의 일이다. 이 당시의 국무총리는 김종필 총리였는데, 주심인 이분을 찾아 이 조항이 위헌이 되면 국가배상금이 커져 국고에 큰 부담이 된다고 합헌판결을 요망하였다는 것이었다. 그런데 이를 저버리고 대법원 전원합의체에서 각 대법원 판사의 의견개진을 요구하며 합헌인지 위헌인지 태도를 분명히 해야 한다고 장부다운(?) 위세를 부려 동료법관의 자존심을 다소 건드렸다는 이야기도 있다. 그리하여 사건 주심으로 바라는 것과는 반대로 합헌의 의견을 낸 대법원 판사도 있었다고 한다.

나항윤 판사

사법적극주의자로서 결국 위헌판결을 주도하는 위

업을 이끌어 냈지만, 이 때문에 그는 유신정권이 들어서며 대법원 판사 직에서 퇴출되었으며, 그 뒤에는 지금처럼 로펌이 있었던 시대도 아니 였으므로지금은 대법관 지낸 분에게 변호사협회에 변호사 개업신고의 거부로 변호사업이 어려운 상황, 개인변 호사 사무소를 열었다.

젊은 변호사를 복대리인으로 내세울 형편도 아니었고 노령에 권위있는 고위법관 출신이었음에도 불구하고 본인이 직접 가방을 들고 법정에 출정하여 차례를 기다리며 젊은 법관 앞에서 서야 하고 상대방 대리인 의 거센 법정 공세에 침묵으로 대응할 수만도 없어 자신의 처지를 개 탄하였다는 말도 있다.

변호사라고 하며 법정에서 구술대리하는 인생보다는, 차라리 어렵지 않게 법원서기사무관 등 생활을 하다가 사법서사現 법무사가 되어 서면대리하는 쉬운 인생을 택하였다면 좋았을 것이라고 하며, 그것이 솔직한 심경이라 고 털어놨다는 말도 있다. 어려운 과정을 거쳐야 하는 것이 변호사이지 만 구술대리는 매우 괴로웠던 것 같다. 사무실에서 서면대리의 'easy going'의 인생이냐 법정을 오가는 구술요즘은 presentation변론대리의 'difficult going'의 인생이냐는 그 출발점에서의 선택지인데, 어느 것이나 장단점 이 있는 것이다.

[事例 32] 변호사제도가 확립되기 전의 사례

우리나라 변호사제도는 1910년 한일합방조약 체결 바로 전에 생겨났 다. 1899년광무 3년에 일본에서 법학을 공부하고 돌아 온 '장도'라는 분이 있었다.* 그는 법관양성소의 교관이자 우리나라 최초로 형법론총칙刑法論

---

* 장도(張燾, 1876~?): 개화기 한국의 법률가·학자이다. 본관은 덕수(德水)이다. 서울에서 출 생하였다. 1895년(고종 32년) 관비유학생으로 일본에 건너가 도쿄(東京)의 게이오의숙(慶應 義塾)을 졸업한 후에 도쿄법학원(東京法學院)에서 법학을 공부하였다. 1899년 귀국한 후에 한성법학교·보성전문학교 등에서 강사로 재직하며 형법·법학통론 등의 근대법학을 가르쳤

^{總則}을 저술한 분이기도 하다. 마침 한국인 사업가가 일본상인으로부터 물건 매각대금^{약 6,200원}을 받지 못한 사건을 이 분이 수임하게 되어 재판소의 몫을 한 경성이사청^{理事廳}에 제소하게 되었는데, 변호사제도가 없었던 당시^{1900년}이므로, 지금 단독사건의 비변호사의 소송대리허가처럼 소송대리허가를 받아 소송대리를 하였다. 이 소송에서 피고 측은 상계항변을 하였으나 서증이 있는 원고 측을 승소시키고, 서증이 없는 피고의 항변을 배척하였던 것이다.* 자유심증주의상 서증과 인증 간에 증거가치를 차별할 것이 아니라고 하지만, 실제로는 서증에 더 가치를 두는 것 같다.

우리나라에 변호사제도가 생겨 처음 등록한 이는 홍재기 선생으로, 1907년의 일인데, 법관양성소¹⁸⁹⁵⁻¹⁹⁰⁹에서 민사소송법을 가르치며, 교재도 저술한 바 있음은 앞서 언급한 바와 같다^{[事例 6] 참조}.

Ⅱ. 소송대리권의 범위(제90조)

(1) 위임받은 사건에 대하여 특별수권사항을 제외하고 소송수행에 필요한 일체의 소송행위, 변제의 영수를 포함하여 가압류·가처분, 소제기와 응소, 강제집행 등 절차전반에 걸쳐 대리 권한을 가진다.

소송대리인의 의무부담은 위임계약의 내용에 의하여 정해진다.

(2) 특별수권사항(제90조 제 2 항)

반소의 제기, 소의 취하, 화해, 청구의 포기·인낙, 소송탈퇴, 상소의 제기·취하, 복대리인의 선임 등 중요한 소송행위

문제가 되는 것은,

　① 심급대리원칙 → 사건이 끝날 때가 아니라 한 심급이 끝나면 대리인의

다. 한편 대한제국의 관료로도 활약하여 평리원 검사, 법부 법률기초위원, 한성부재판소 판사, 법부 참서관, 법관양성소 교관 등을 역임하였다. 1908년에는 변호사로 등록하여 조선변호사협회 회장을 지내고, 경기도 도평의회 의원과 중추원 참의 등을 역임하였다. 광복 후에는 광산업에 종사하였으나, 6·25전쟁 때 실종되었다. 저서로 형법론총칙(刑法論總則), 신구형사법규대전(新舊刑事法規大全) 등이 있다.

* 김이조, 한국법조인평전, 192면.

임무는 종료. 상급심에 가면 같은 변호사라도 재선임절차를 밟아야 한다(소송경제에 결정적인 마이너스 요인).

    ② 파기환송 후 대리권의 부활 → 3심에서 파기되어 2심으로 환송되었을 때 옛 2심의 대리인의 새삼 대리권 부활(판례나 유력한 반대설 있음). 그리하여 대법원에서 파기환송시킨 변호사, 환송전 2심의 변호사 양자가 소송대리인으로 나서게 되어 당사자 본인이 곤혹스럽게 된다는 말이 있다. 파기환송 판결이 확정되지 않았다면 그 자체로서는 성공보수금을 청구하지 못한다는 판례가 있다.

제 4 관　무권대리인[事例 33·34]

- 대리권/특별수권 없이 시키지 않은 대리를 하는 사람이다. 법인이나 비법인단체의 대표자의 경우에 주로 적법한 대표권 없어 생긴다(제64조 참조).
- 직권조사사항
- 조사결과 무권대리이면 소각하, 무권대리인에 소송비용의 부담
- 무권대리로 문제가 되는 경우
  ① 쌍방대리
  ② 변호사법 제31조의 수임제한. 특히 퇴직 1년 전의 근무관청 사건에 대하여는 퇴직 1년 내는 수임제한(전관예우방지의 목적).
  ③ 소송에서 표현대리 부정(판례)

[事例 33]　국가배상사건의 무권대리와 헌재의 위헌선언 제 1 호 사건

1981년 소송촉진 등에 관한 특례법이 제정되기 이전의 일이다.

시골에 주둔하던 군부대 운전병이 트럭을 몰고 어떤 동네를 지나다가 동네의 길가에서 놀던 어린아이를 치여 사망케 하는 교통사고 사건이 발생하였다. 지금은 권리의식이 신장되어 피해자 유족이 배상청구를 하는 것이 상식이 되었지만, 과거에는 팔자 소관으로 넘어가는 운명

론이기도 하였다. 이 사고 정보를 입수한 소위 Ambulance Chasing lawyer^{피해환자의 앰뷸런스를 쫓아다니는 변호사}는 사망한 아동의 부모에게 찾아가 정중하게 조문을 하고 두둑한 조의금을 건네고 돌아온다. 그 부모는 죽은 아들이 천국에서 보냈는지 세상에 이런 고마운 사람이 있다는 정도로 생각하고 소제기 문제는 아예 생각도 하지 않는 상태에서 그 변호사는 부모의 도장을 새겨 소송위임장의 위임인 란에 도장을 찍어 위조한 뒤, 소송대리인으로서 그 운전병 소속의 국가를 상대로 손해배상청구의 소를 제기한다. 군 수사당국의 업무상 과실치사사건의 수사기록이 있으므로 이를 증거로 삼아 손해배상청구소송을 제기하여 배상금 지급판결을 받는다. 그때 당시는 피고가 국가라도 가집행선고가 면제되지 아니하였으므로, 이 제1심 승소판결에 가집행선고까지 붙었던 때였다.

그리하여 제1심판결이나 가집행선고가 붙은 승소판결을 갖고 문제의 변호사 측은 집행관을 동원하여 국립의료원에서 수령한 진료비, 우편국의 우표 판 돈, 역의 기차표 판 돈 등 국고금에 강제집행하여 집행채권의 만족을 얻었다. 국가에 대한 강제집행은 국고금에만 하게 되어 있기 때문이다^{민사집행법 제192조}. 이것으로 끝났으면 되었을 터인데, 호사다마^{好事多魔}라고, 국가 측이 제1심 판결에 항소하여 제2심에서 문제의 운전병이 공무수행상의 사고가 아니라 자기 사무^{私務}를 보기 위해 군자동차를 몰래 빼내 몰고 나오다가 낸 사고임이 판명되었다. 그리하여 원고 승소·국가패소의 제1심판결은 취소되고 거기에 붙은 가집행선고가 실효됨으로써, 원고 측이 피고 측인 국가로부터 이미 집행해 간 배상금을 되돌려야 하는 원상회복의 문제가 발생하게 되었다. 소관부서인 법무부 측이 피해 원고 유족에 찾아가서 집행해 간 배상금을 물어내라고 하니 유족은 변호사선임은 물론 소제기조차 모르는 일이라고 대경실색하는 것이며 그리하여 이는 어디까지나 무권대리인의 장난이라는 것이 판명되어 그 변호사의 마각이 드러나게 된다.

이러한 무권대리인의 장난 때문에 「소송촉진 등에 관한 특례법」 제 6 조 제 1 항 단서에서 국가를 피고로 하는 소송에서는 가집행선고 배제규정까지 두게 되었던 것이다. 그러나 헌법재판소가 생기면서 헌재 제 1 기 재판부는 헌재 88헌가7 사건에서 국가도 민사소송에서는 일반 국민과 지위가 다를 바 없으며 국가에 대한 특례는 평등의 원칙 위배와 신속한 권리실현의 저해라고 보아, 위헌선언 제 1 호 사건이 되었다. 그리스에도 국고금에 대한 강제집행을 금지하는 규정이 있었기 때문에 위헌론이 대두되었는데, 이제는 헌법개정으로 집행을 가능하게 하였다고 한다.

[事例 34] 법조비리 소탕의 소위 실비사건

1979. 12. 12. 신군부 쿠테타[12·12 사태]로 집권하고 전두환·노태우 중심의 국가보위비상대책위원회가 3권을 장악하던 때의 일이다. 이는 사회의 엘리트층이라고 할 판·검사·변호사를 길들이는 이른바 '군기잡기'용 사건이었다는 것이다. 집행도 문제없고 피고 측 국가의 법정 방어력도 허술하여 '노다지'라는 말이 돌았고, 성공보수금을 두둑이 받으며 법조계에 돈을 뿌려 물을 흐린다는 소문이 있던 국가배상사건 대리변호사를 중심으로 20명 정도의 변호사를 서빙고 보안사령부로 연행하여 물고를 내는 사건이 있었다.

이러한 변호사들이 판검사들에게 직접 대접하는 대신에 판검사실에 종종 '실비'라는 명목으로 10만원 내외의 점심·저녁 값 등 식사비를 사무실 총무에 조용히 놓고 가고 판검사들은 이것으로 식사비 등을 해결하는 것이 확산되고 있다는 정보를 입수하고, 이들을 취조하여 법조계의 고질적인 비리의 척결에 착수한다는 명분으로 나선 것이다. 보안사에 끌려간 이들 변호사들이 실비제공 상황을 순순히 자백할 리 만무하므로, 옷을 전부 벗기고 담요를 몸에 감아 묶는 '담요말이'를 한 끝에 2층 계단에서 발로 차서 계단에서 구르게 한 뒤 혼비백산의 상태에서 실비를 바친 판검사의 이름을 대라는 조사를 시작하였다. 누구에게 실비를 제공하였는지 갑자기 생각이 안 날 것이니, 판검사 인사배치표를 제시하면서 제공받은 자와 제공액수를 말하라고 하였다는 것이다. 대충 자백한 변호사가 태반이고 배치표에 올라 있으나 최근 퇴직한 판검사를 대는 약삭빠른 변호사도 있었다고 한다. 보안사에서는 이렇게 조사한 결과를 토대로 실비를 받은 판검사 이름, 받은 횟수와 액수를 종합하여 통계표를 만들어, 대법원장과 법무부장관에게 각 통보하여 해당 판검사들에 대한 대대적인 숙청을 단행하도록 하였다.

이 과정에서 가장 희생이 컸던 곳은 인천지원과 지청의 판검사였다. 이 지역의 실비제공의 명수였다는 천하모범생인 D모 변호사가 사실 그대로 실비제공내역을 기록해 둔 수첩이 그대로 보안사에 압수되었기 때문이었다_{최근 서울 강서구의 재력가였던 송씨가 피살되기에 앞서 유지들에게 건넨 금전의 세목이 적힌 금전출납장부가 압수되었듯이}. 그런가 하면 희생이 없었던 곳은 영등포 지원·지청의 판검사였는데, 그곳에서도 실비제공으로 소문이 나 있던 A모 변호사는 2층 계단에서의 발길질로 계단을 구르면서도 계속 함구하였고, 그 때문에 모진 뭇매를 맞으면서도 '묵비권'을 철저히 행사하는 의리(?)를 발휘함으로써 실비제공의 채증을 할 수 없게 하였다. 그 분은 그 사건 직후에 김대중 전 대통령의 야당에 입당했다가 그가 집권 후에 급작스럽게 고위직에 올랐다. 그런데 급작스러운 출세와 대통령의 은혜에 너무 감격하였는지 그 고위직의 취임사에 당신만을 사랑한다는 어떤 유행가 가락에 대입시켰다가 구설수에 올라 50일을 넘기지 못한 채 중도하차한 바 있다.

실비사건은 법조계의 '신군부의 삼청교육대三淸敎育隊' 사건으로 비유되는 극적인 사건이다. 목적은 좋았다 하여도 수단에 야만성이 있는 문제의 사건이기도 하였다. 이때에 '법조계의 물타기'로 사법시험 합격자를

150명에서 300명으로 증원도 하였다. 신군부는 삼청교육으로 시정잡배들을 소탕하고, 실비사건으로 법조계를 정화하며, 나아가 과거 소위 권력형 부정축재자들에 대하여 보안사에 감금한 상태에서 뒤에 재판으로 다툴 수 없도록 제소전화해제도까지 이용하여 그들 재산의 국가 헌납의 의사표시를 강제하게 하는 등의 조치로 군기를 잡아나갔다. 자신들은 엄청난 부정축재를 하고 그들 형제는 왕조시대에 쓰던 '대군^{大君-경환대군, 노무현시대에도 잔재가 남아 봉하대군 운운}'이라 불리워지면서 호사를 누리던 군사쿠데타 세력이었지만 나름대로 초창기에는 최소한의 국가경영의 통치철학은 있었던 것 같다.

제
3
편

제1심의 소송절차

제 1 장 소송의 개시(=소제기와 답변서 제출)

제 1 절   소의 의의와 종류

소송의 제 1 단계인 법원과 당사자가 정해지면, 제 2 단계인 원고의 소의 제기로 나아가게 되고, 이어 피고의 답변서 제출로 이어진다.

1. 訴(suit)의 의의

- 소=법원에 피고에 대해 일정한 내용의 판결을 해달라는 원고의 신청
- 법원에 대한 일종의 민원

2. 소의 종류

(1) 이행의 소=청구권의 실현을 위한 소
- 강제집행을 가능케 하는 이행판결이 그 목적으로, 소송의 대종을 이룬다.
- 피고에게 '~하라'의 명령형의 소. 행정소송, 헌법소송에서는 이러한 형태의 소는 불허(단 법개정으로 행정소송에서 의무이행청구를 허용하려는 움직임)

(2) 확인의 소=권리·법률관계의 존부확정의 소 ^[事例 35]
- 소유권·절대권·포괄적 법적 지위 등 모든 권리관계가 대상이고, 그 존재·부존재의 확정을 구하는 소
- 불안한 법률관계의 제거가 목적
- 특히 확인의 소 중 소극적 확인의 소, 예를 들면 채무부존재확인의 소는 상대방에 선제공격형(torpedo)

(3) 형성의 소=형성소권의 실현을 위한 소
- 법률관계의 발생·변경·소멸을 목적으로 하는 소
- 법률상의 근거를 요한다(numerus clausus).
- 실체법상의 형성의 소(가사·회사관계소송·행정소송, 헌법소송 등), 소송

법상의 형성의 소(청구이의, 제3자이의, 배당이의의 소), 형식적 형성의 소(공유물분할·경계확정의 소) 등이 있다. 채무자가 재산을 도피시켰을 때 하는 사해행위취소소송은 형성의 소가 아니라, 수익자/전득자에 넘어간 재산을 채무자에게로 원상회복하는 이행의 소이다. 기판력은 채권자와 수익자/전득자에게 미치는 상대효.

• 원고가 3가지 유형 중 어느 것을 선택하여 제소할 수 있으나 한 가지 아닌 두 가지 소의 병합형태로 제기할 수 있다(소유권확인과 인도소송, 이혼소송과 양육자지정청구·재산분할청구소송 등으로 포트폴리오를 짤 수 있다).

[이행의 소의 종류와 대응하는 보전처분, 집행방법]

	본안소송	보전처분	강제집행
이행의 소	금전지급청구	가압류	금전집행(압류 → 현금화 → 배당)
	물건인도청구	다툼대상가처분	인도집행
	의사표시청구	위와 같음	판결확정으로 자동집행
	작위·부작위청구	임시지위가처분	대체집행, 간접강제

* 금전청구가 압도적이고(대여금, 양수금, 손해배상금 청구의 순), 건물명도·철거(10.0%), 부동산등기사건(5.8%)의 순(사법연감(2015), 530, 531면).

[事例 35] 부산대에 대한 채무부존재확인의 소

부산에서 중견기업을 운영하던 기업가 송 모 씨 외 1인은 자신이 사업을 하여 모은 재산 305억 원을 부산대학교의 발전을 위하여 출연하기로 2003년 부산대와 기부약정을 맺으면서, 그 사용용도를 부산대학교 캠퍼스 건설 등의 기금으로 지정하였다. 그럼에도 부산대학교는 기부금 305억 원 중 우선출연금 195억 원을 용도한정에 위반하여 다른 용도로 썼다는 이유로 이들이 부산대학교와 맺은 부담부증여계약의 해제를 주장하며 305억 원 중 나머지 기부금을 더 이상 안 주겠다는 취지로 기부약정채무부존재확인의 소를 국립 부산대학교를 설치운영하는 국가를 상대로 제기하였다. 이른바 반환에 앞서 못주겠다는 의미에서 선제타격형^{torpedo}의 채무부존재확인의 소를 제기한 것이다.

한편 원고 중 한 사람은 소송계속 중인 2007년에 부산대 총장에게 편지를 보내 기부금을 다른 용도로 사용해서는 안 되며, 다른 용도로 사용하였다면 이를 원상회복하여 양산캠퍼스 부지매입금으로 사용할 수 있도록 조치해 달라고 요구하였다. 이 요구를 받은 부산대 측은 기부금의 사용목적을 대학캠퍼스 부지매입대금으로 특정한 기부약정서를 보내는가 하면, 부산대학교는 이미 다른 용도로 지출된 부분을 포함, 192억 원을 마련하여 2008년 부산대 양산캠퍼스 부지매입 대금으로 지불하였다. 이에 항소심인 부산고법은 그렇다면 이 사건 기부약정으로 정한 의무를 위반한 것이라고 볼 수 없다고 하여 원고들의 청구를 기각하였는데 이를 지지, 확정시킨 대법원 판결이 있었다^{대법 2011다61370}. 비록 원고들이 최종심에서는 패소하였지만, 기부금 일부를 처음 출연용도와 달리 사용한 것은 사실이었으므로 피고인 부산대학교가 승소를 하였지만 이 사건 때문에 기부금을 용도 외로 함부로 사용하면 안 된다는 큰 교훈을 얻었다. 이 사건은 말하자면 출연자가 지정한 기부금의 용도 외 유용에 큰 경종을 울린 사례이다. 원고들은 형식적으로는 패소했어도 실질적으로는 졌다고 할 수 없는 소송이었다. 매우 이채로운 사건인데, 법원공보에 게재되지는 아니하였다. 이 사건은 부산의 태양사 회장이었던 독지가 송금조 선생의 case인데, 그 뒤 부산대와는 원만한 화해가 이루어져서 얼마 전 그가 작고했을 때에 부산대가 장례를 주재하였다. 비온 뒤에 땅이 굳는다는 말이 생각난다. 그의 사후 연구기금의 조성으로 1인당 상금으로 2억 원을 주는 학술상제도를 마련하였다.

다만 요사이 등장한 기부금의 공익신탁제, 즉 기부자인 위탁자의 뜻에 맞게 수탁자인 은행·단체 등이 운영하고 이를 법무부가 관리 감독하는 새 제도가 진작에 나왔더라면, 이와 같은 소송은 제기되지 않았을 것이다.

기부금을 놓고 출연의 본지와 어긋나는 배임·횡령 등의 사례가 빈번하다. 일본군 위안부를 위한 기부출연금에 대하여 국회에 진출한 윤모 씨가 행방 묘연의 소비를 하였다 하여 사회에 큰 파장을 일으킨 바 있다. 만일 진실이라면 이러한 사례 때문에 기부문화에 찬물을 끼얹는 것 같아 안타깝다.

제 2 절   소송요건

제 1 관   총   설

I. 승소에 이르는 4가지 요건

원고가 소에 의하여 신청한 바대로 승소판결을 받기 위해서는 다음 네 가지의 관문을 통과하여야 한다. 다음 네 가지는 심리해 나가는 순서이기도 하다.

(1) 소장의 적식

• 소장의 필요적 기재사항의 구비 외에도 소정의 인지대를 납부하여야 한다. 이러한 방식에 맞는 소장이 제출되면 원고와 법원 사이의 소송관계가 성립된다(소송성립요건).

• 이는 피고에 소장송달이나 변론에 들어가기에 앞서 재판장의 소장심사 과정에서 점검되어야 하는 것으로서, 방식에 맞지 아니한 경우에 보정명령이 나간다. 재판장은 법원사무관 등으로 하여금 보정명령을 하게 할 수 있다(개정 제254조). 원고가 이에 응하지 않으면 재판장의 명령으로 소장은 각하된다(소장각하명령).

• 각하명령에는 즉시항고를 허용한다. 다만 항고하면서 인지 등의 추후납부는 허용되지 않는다는 것이 판례이다(반대설 있음).

(2) 소의 적법

- 소는 일련의 소송상의 요청을 충족시켜야 한다. 이중 어느 한 가지라도 빠져 있을 때에는 법원은 본안심리에 들어가 본안판결을 할 수 없으며, 부적법하다고 하여 각하해야 한다(소각하 판결).
- 이러한 적법성의 요청이 바로 소송요건이다(형사소송법에서는 소송조건).

(3) 주장 자체의 정당성(유리성(有利性), 일관성)

- 원고의 주장 사실로 미루어 원고의 청구가 실체법상 이유가 있어야 한다. 만일 원고의 주장 자체가 명백히 이유 없는 것이면, 법원은 주장사실의 옳고 그름을 가릴 필요도 없이 청구기각의 판결을 하여야 한다(청구기각 판결).
- 현행법상 허용되지 않는 소작권의 확인청구, 도박자금으로 빌려준 대여금, 의료기관에 건네준 리베이트, 불륜관계의 계속을 조건으로 준 돈 반환청구 등

(4) 주장사실의 증명

- 원고의 청구원인 사실은 피고가 다투면 증명되어야 하고, 피고의 항변이 이유 없을 때에 비로소 청구인용의 승소판결을 받게 된다(청구인용 판결).
- 여기서는 (2)의 소송요건만 다루기로 한다.

Ⅱ. 소송요건의 의의

- 소송요건이란 소가 소송법상 적법한 취급을 받기 위해 구비하지 않으면 안 되는 사항을 말한다. 소송요건은 본안판결요건인 동시에 본안심리요건이다(실체법에 의한 판단을 받기 위한 요건).
- 소송법적인 통제장치로서 소의 적법요건이라고도 하며, 형사소송에서는 '소송조건'이라 한다.

Ⅲ. 소송요건의 종류와 조사

1. 소송요건의 종류

- 소송요건에 대해서는 소송법에 통일적인 규정이 없고 여러 곳에 흩

어져 있어 이를 몇 개의 group으로 정리(이는 소송절차를 공정, 신속 그리고 경제적으로 진행시키려는 소송법의 요청 때문에 생긴 것, 제 1 조)

(1) 법원에 관한 것

재판권의 한계와 분담관계의 존중이 목적(proper forum)

1) 피고에 대한 재판권

2) 국제재판관할권 → 실질적 관련성의 원칙이 적용(국제사법 제 2 조)

3) 민사소송사항이고, 행정소송사항·특허심판사항·가사소송사항·회생소송사항·헌법소송사항이 아닐 것

4) 토지·사물 및 직분관할권

(2) 당사자에 관한 것

당사자권(이익)의 보호가 목적(proper party)

1) 당사자의 실재

2) 당사자능력

3) 당사자적격

4) 소송능력·법정대리권·소송대리권

5) 원고가 소송비용의 담보를 제공할 필요가 없을 것

(3) 소송물에 관한 것

심판의 편의와 쓸데 없는 소송방지가 목적(proper claim)

1) 소송물의 특정

2) 권리보호의 자격 또는 이익·필요(소의 이익)

(4) 특수소송에 관한 것(특수소송요건)

1) 병합소송, 예컨대 청구의 병합, 청구의 변경, 중간확인의 소, 반소, 공동소송, 예비적·선택적 공동소송, 당사자 참가, 필수적 공동소송인의 추가에 있어서는 각 그 특수필요요건을 구비할 것. 장래의 이행의 소에서 「미리 청구할 필요」(제251조), 확인의 소에서 확인의 이익, 상소에서 상소요건, 채권자 대위소송에서 피보전채권의 존재 등. 그리고 집단소송에서 법원의 허가

2) 제척기간(소제기기간)의 준수

2. 소송요건의 조사

소송요건은 방소항변(妨訴抗辯, 임의관할, 부제소합의·중재합의 등)을 제외하고 피고의 이의가 없어도 법원이 고려할 직권조사사항이며 원고에게 유리한 본안판결의 요건이므로 원고가 증명책임을 진다.

제 2 관   소의 이익(권리보호요건)

소송요건 가운데 특히 중요한 것은 소의 이익 즉, 권리보호의 자격 또는 이익·필요이다.[事例 36]

[事例 36] 한국판 카사노바 박인수 사건

1955년 해군 헌병 대위로 복무하다가 전역한 박인수라는 남자가 있었다. 이 남자는 훤칠한 키의 호남아로 많은 여성을 매혹시킨 한국판 '카사노바'였는데 당시에 여성해방의 물결을 타고 유행하던 서울의 유명한 해군장교구락부(ⁿ), 국일관, 낙원장 등 고급 댄스홀을 출입하며 수많은 젊은 여성을 유혹·농락하였다고 한다. 그러한 풍류애정행각이 지속되면서 꼬리가 길어지다 보니, 상대 여성으로부터 '혼인빙자간음죄'로 피소되어 재판을 받게 되었다. 이 사건의 재판담당이었던 서울지방법원 권순영 판사가 심도 있는 심리를 하여 댄스홀을 출입한 70여 명의 여성이 이 남자와 놀아난 것을 밝히게 되었다. 정조를 생명처럼 여기던 전통이 이어지는 사회에서 여성의 성이 이렇게 무너졌는가를 개탄하는 한편, 그와 교접한 여성 중 처녀성을 보유한 여성이 한 명도 없다고 보고 이 피고인에 대한 혼인빙자간음죄 부분에 대하여는 무죄를 선고하였다. 판결이유는 '보호할 가치가 없는 정조는 법이 보호하지 않는다'는 것이 그 요지였다. 당시 이 판결은 너무나 dramatic하여 장안의 큰 화제가 되었다. 물론 무죄판결에 검찰은 상소하였으며 상소심에서는 농락당한 많은 여성 중 한 사람의 정조는 보호가치가 있다고 보아, 1심판결을 뒤집어 유죄선고가 되기는 하였다.

비록 상급심에서 유지되지는 못했지만, 권 판사가 무죄판결을 하면서 제시한 형사법상 법리는 민사소송상 권리보호의 가치가 없는 소는 부적법한 소로 취급하는 것과 같은 맥락이다. 형사소송이든 민사소송이든 모든 법이 추구하는 궁극의 가치는 국가에 의한 피해자의 보호라는 것을 말하여 준다. 문제의 혼인빙자간음죄는 2009년 헌법재판소가 위헌결정을 하였으며^{헌재 2008헌비58 등}, 3년 뒤 형법을 개정하면서 이를 폐지하였다. 헌법재판소의 판지는 남성이 혼인약정을 하였다고 해서 성관계를 맺은 여성의 착오를 형벌로 보호한다는 것은 국가 스스로가 여성을 유아시^{幼兒視}함으로써 열등한 존재로 본다는 것이었다.

1. 권리보호의 자격(공통적인 소의 이익)

(1) 청구가 재판상 청구할 수 있는 구체적인 권리·법률관계일 것

법원조직법 제 2 조 제 1 항에서 '법률적 쟁송'만을 법원의 권한으로 한다는 것이 그러한 의미이다.

① 법률문제[事例 37]이어야 하고, ② 사건성(case)문제라야 하며, ③ 법원의 권한＝사법적 심사의 대상이 되어야 한다.[事例 38]

(2) 제소금지 사유가 없을 것—특히 부제소합의의 문제[事例 39]

(3) 다른 간편한 절차가 없을 것

(4) 승소확정판결을 받은 경우가 아닐 것 등

[事例 37] 통일교 사건

과거에 탁명환이라는 신흥종교연구가가 있었는데, 문선명 씨의 세계기독교통일신령협회^{소위 통일교}에 대하여 이를 사이비 기독교라고 하면서

지속적으로 공격적 연구를 하고 통일교의 비리나 문제점을 지적하여 규탄하여 왔다. 마침내 그의 종국적 활동으로 통일교와 그 유지재단을 피고로 하여 이들은 기독교 단체가 아니라는 확인청구를 1970년 후반에 법원에 제기하였고, 이 사건이 서울고등법원을 거쳐 대법원에 상고되기에 이르렀다. 이에 대법원은 통일교가 기독교 단체인지 여부에 관하여 사회적으로 논란은 있지만 통일교나 그 유지재단이 기독교의 종교단체인지 여부는 원고의 권리·의무 등 법률관계와는 아무런 관련이 없는 사실문제에 지나지 않는다고 보았다.[*] 대법원은 나아가 피고인 통일교 측이 기독교와 가톨릭 교리를 모욕하고 교조 예수 그리스도와 성모마리아를 능멸하였는가의 여부도 한갓 과거의 사실관계에 지나지 아니함이 분명하다 하여, 확인의 소의 이익인 즉시 확정의 이익이 없다고 하여 부적법각하한 서울고등법원의 판결이 정당하다고 하였다. 이렇게 되어 탁 교수 등의 통일교의 사이비 기독교성을 법원의 공권적 판단으로 각인시키려는 노력은 수포로 돌아갔다. 법률문제는 법관의 몫이지만 종교연구나 역사연구를 법관이 겸할 수 없으며 겸해서도 안 되는 것으로 소의 이익이 부인되어야 함은 당연하다^{대법 79다1124}. 그 뒤 탁명환 씨는 1994년 당시 대성교회^{現 평강제일교회}의 한 광신도의 테러로 노상에서 살해되어 통일교 등의 이단기독교 저격수(?)가 사라지게 되었다. 그는 통일교를 공격도 하였지만 때로는 타협하였다고도 하며, 최근 논란이 된 세월호사건과 관련있는 '구원파'의 비리를 파헤치다가 수난을 당하였다는 풍문도 있다. 미국의 테네시주에서는 주법상 찰스 다윈의 진화론을 가르치는 것을 금하였는데, Scopes가 잘못되었다고 하여 생물학 수업시간에 학생들에게 이를 가르쳤다가 기소된 Scopes trial이 있었다^{일명 원숭이 재판}. 학술이나 종교문제에 대한 재판 시 어느 정도로 접근할

---

[*] 문선명은 연초에 예수 옷을 입은 사람, 석가모양을 한 사람, 마호메트 상을 한 사람과 일본천황의 탈을 한 사람으로부터 차례로 세배를 받았다는 말도 있다.

수 있느냐의 한계는 종종 다루어진다.

[事例 38] 신민당 김영삼총재 등 직무집행정지 가처분사건

박정희 정권의 말기인 1979년 5월 말경에 서울 마포에서 야당인 신민당 전당대회가 열려 YS를 총재로 하고 다른 4명^{이민우, 박영록, 이기택, 조윤형}을 부총재로 하는 선출결의가 있었다. 바로 그 뒤 8월에 신민당 원외 위원장 중 조일환, 윤완중, 유기준 세 사람은 5·30 전당대회 선출 당시 재적대의원 중 25명이 무자격 대의원이며 이들이 참여하여 총재선출이 되었으니 당연무효의 선출결의이므로 YS총재 등의 선출결의 무효확인 청구를 본안소송으로 하면서, 우선 YS총재 직무집행정지 가처분신청을 하였다. 이는 박정희 정권의 사법을 통한 야당탄압이라고 하며 여론의 큰 반발을 불러온 사건이었다. 이 가처분사건은 조 모 부장판사를 재판장으로 한 서울민사지방법원 수석재판부에서 심문기일까지 열어 심리한 끝에 1979. 9. 8.자 79카21709 결정으로 YS총재 및 부총재의 직무집행정지가처분을 받아들이는 인용결정을 하였다. 아울러 정운갑 씨를 총재 직무대행자로 선정하는 가처분결정을 하였다. 총재선출 시에 차점자였던 이철승 씨가 승복선언을 하고 가처분신청인을 포함하여 전 대의원이 박수 찬의를 표한 바 있었기 때문에 소송을 제기하지 않겠다는 부제소합의가 있었다는 피신청인 측의 항변이 있었음에도 불구하고 이를 배척하였고, 이는 정치문제이니 사법자제사항이라는 항변도 제출하였으나 재판부는 이 또한 받아들이지 않았다.

이 가처분결정은 언론이 일요일은 휴간일이라는 것을 감안했는지 그 전 토요일에 나왔다. 당시 필자는 서울민사지법 부장판사로 재직하고 있었는데, 그 다음 월요일에 법원에 출근하니 한국일보 법원출입기자인 이 모 기자^{훗날 언론재단 이사장}가 필자의 방으로 찾아와서는 가처분결정을 신랄하게 성토하면서 지금 법원의 분위기가 초상집 같다고 하면서 당시 법관이 달고 다닌 법원배지를 떼어버리겠다는 소리가 법관들 사이에서 나오고 있다는 말을 전하였다. 마침 나와 같이 앉아 있었던 동료 K 부장판사는 매우 흥분하여 비난을 퍼붓고 나 역시 비판에 가담하였다. 그것으로 끝난 것으로 생각하고 우리들은 헤어졌다.

그런데 다음날 아침 당시 대표적 유력지였던 한국일보 사회면의 톱기사에 가처분사건을 다루면서 K 모 부장은 이는 재판도 아니라고 심한 욕을 하였으며, 나를 지목한 것인 듯한 L 모 부장은 왜 하필 지금부터 120년 전의 일본지방재판소 지원의 묵은 판례를 끌어들여 가처분결정을 하였느냐고 비판했다는 내용이 실렸다. 이 기자와의 대화가 'off the record' 없이 그대로 기사화되리라는 것은 상상 밖이었고 기사화되어도 익명처리될 것으로 믿었는데 황당한 일이 벌어진 것이다. 그런데 며칠 후 가처분결정의 재판장이었던 조 부장을 만났더니 입술이 크게 부르트고 피곤에 지친 상태에서 필자를 보자 정면으로 대학동기인 처지에 자기를 그렇게 비판해도 되느냐며 힐책을 하는 것이었다. 신문기사의 내용이 사실과 다르다고 변명할 수도 없는 일이라 듣고만 있었지만 등에 땀이 나고 당국의 미움을 사서 이제 법복을 벗을 날도 멀지 않았다는 생각을 하며 뒤돌아섰다.

가처분결정이 1979. 9. 8.에 나온 지 2개월도 안 되어 부마사태가 이어지며 드디어 10. 26.에 박 대통령 시해사건이 터져 박정희 정권은 몰락을 하게 되었는데 이로 인하여 날아갈 뻔 했던 필자의 법관직의 운영도 계속 유지되는 계기가 된 것 같다, 이 가처분사건은 정치적으로 정권의 종말을 재촉한 결정적인 기폭제의 하나였다. 동시에 이 case는 사법사에서 부끄러운 오명을 남긴 역사적 사건이기도 하였다. 이러한 정치사건의 경우 이로 인하여 개인의 기본권이 현저히 침해될 특별한 사정이 없으면, 정당의 자율에 맡기고 사법적 심사에서 배제함이 옳다. 그전에 일본 나고야지방법원에서 그러한 취지의 결정이 있었고 그 뒤에 일본 최고재판소에 올라가서 쇼와^{昭和}63^{1988년}. 12. 20. 판결로 공산당원의 제명처분에 대한 취소소송에서 이는 특수한 부분사회의 내부분쟁이라 하여 사법심사에서 배제하는 취지의 최종판결이 난 바 있다. 마침 이 사건의 제 1 심인 일본 나고야지방법원의 가처분사건에서 이러한 사건은 법원이 다루지 않는다는 판례를 본 적이 있었다. 이제는 고인이 된 당시 중앙일보 정 모 기자가 이에 관해 필자에게 자꾸만 질문을 하였는데 소송법을 좀 안답시고 내가 이러한 것까지 발설하였다면 나의 운명은 어떻게 되었을 것인가.

이 가처분사건은 박정희 정권이 끝나면서 본안사건과 더불어 가처분사건도 신청인들이 취하하여 없었던 것으로 되어 이 정치사건은 일장춘몽으로 끝났다. 그리고 이와 같은 역사적 사건이 반면교사가 되어 정당내부의 분쟁은 사법심사의 대상에서 배제시키는 실무관행이 일반화되었다가, 근자에는 다른 경향도 나타난다.

[事例 39] 부제소합의

어떠한 분쟁이 발생하였을 때에 서로 타협 끝에 장차 '민형사상 일체의 청구를 하지 않는다'는 당사자 간의 합의를 하는데, 이것이 부제소합의^{不提訴合意}이다. 민법 제731조에서 규정하는 화해계약의 한 형태라 할 수 있다. 널리 소송이 제기된 뒤에도 제기된 소를 취하하고 합의를 하는 경우도 이에 포함된다. 병원을 비롯하여 여러 군데에서 크게 활용되고 있다. 부제소합의는 다음의 3가지 요건을 갖추어야 한다.

① 합의가 불공정한 방법^{민법 제104조}으로 이루어지지 않고 또 합의시에 예상할 수 없었던 손해에 관한 것이 아닐 것

② 자유로이 처분할 수 있는 권리관계^{공법적 권리나 강행법규에 관한 것은 배제}

③ 대상 권리관계가 특정되었을 것^{포괄적 합의의 배제}

버스·택시회사의 차량이 교통사고가 나면 사고운전기사가 형사입건되어 구속당하는 경우가 생기게 마련인데, 문제의 사고차량 회사의 해결전담자인 소위 '사고상무'가 나타나 수습의 노력을 한다는 말이 돌았다. 사고상무는 우선 피해자가 입원 가료 중인 병원으로 찾아가 금일봉을 전달하며 피해자에게 정중하게 사과와 위로의 뜻을 표해 보복 감정을 누그러뜨린다. 그리고 그 다음에 또 병문안을 갈 때에는 구속된 사고 운전기사의 부인에게 우는 아이를 업게 하여 그를 대동해 가서는 피해자인 입원치료자에게 우리 남편 한 번만 살려 달라고 읍소를 하게 하여 피해자의 마음을 움직여 놓고서, 결국 약간의 화해금을 건네고 민형사상 일체의 청구를 하지 않는다는 부제소합의를 받아 내는 수법을 쓴다는 말이 있었다. 그러나 최근에는 피해자의 권리의식이 크게 신장되고 보험처리도 활성화되어 사고상무의 활약은 크게 약화되었다. 오히려 교통사고로 인명사고가 난 경우에는 정보를 입수한 사건브로커가 나타나 호프만식 계산법에 의한 손해금을 들먹이며 피해자 측을 적극 대변하며 소위 '갑질'로 가해자 측을 곤혹스럽게 하여 쌍방 간의 화해를 어렵게 만든다는 말도 있다. 법원에 소송을 제기하였을 때에 판결로 받아낼 수 있는 배상금까지 계산·제시하며 유리한 타협의 고지를 점한다는 것이다. 세태무상無常을 느끼게 하는 일이다.

12·12 쿠데타로 집권하여 3권을 장악한 신군부가 그들의 최고 권력기구로 설치한 국가보위입법회의 제정의 법률과 이에 따라 행하여진 재판, 예산 기타 처분은 사후에 재판으로 문제삼지 못하도록 제소금지조항을 제5 공화국헌법 부칙 제6조 제3항에 규정하였다. 역사의 심판이 두려웠는지 어느 법률가의 조언을 받아 이 제도를 원용한 해프닝이다.

이 제도는 일반적으로 활용도가 높다. 서울의 좀 이름 있는 어떤 호텔의 주인이 첩을 두고 그 사이에 아이까지 생겼는데, 죽기 전에 사후

대책으로 적지 않은 돈을 주고 뒤에 그 모자가 일체의 소송을 제기하지 않는다는 부제소합의를 해 두었다. 그러나 사후 1년_{현재는 2년}의 짧은 제척기간을 놓치지 않으려 부_父가 죽자 바로 아이가 검사를 상대로 인지_{認知}청구의 소를 제기하였다. 피고 측의 부제소합의가 있었다는 항변이 있었으나, 이는 처분할 수 있는 법률관계에 관한 합의가 아니라 하여 받아주지 않았고 본안심리에 들어갔다. 당시에는 DNA검사도 발달하지 아니한 때였으므로, 호텔 주인의 시신을 무덤에서 발굴하여 DNA를 대조했다고 한다_{프랑스 유명배우 이브몽탕 사후 무덤발굴 사례와 흡사}. 스페인의 초현실주의 화가 살바도르 달리의 사후 친자확인소송 때문에 그의 DNA 채취를 위하여 관뚜껑이 열리게 된 것 역시 최근 일이다.

2. 권리보호의 이익 또는 필요(각종의 소에 특수한 소의 이익)

소의 이익 중 그 권리보호의 이익·필요의 문제는 소의 종류별로 볼 문제이다.

(1) 이행의 소의 경우

1) 현재 이행의 소

변론종결시를 기준으로 이행기 도래의 청구권에 관한 소 — 판결이 나도 패소자의 무자력 등 집행의 불가능·현저한 곤란이 있는 경우가 문제인데, 이때에도 원칙적으로 소의 이익을 인정한다.

2) 장래 이행의 소

• 변론 종결시를 기준으로 아직 이행기가 도래하지 아니한 청구권에 관한 소 — 원칙적으로 소의 이익이 부인되나, 제251조는 '미리 청구할 필요'가 있는 경우 소의 이익이 인정된다.

• 계속적으로 생길 장래의 손해분·부당이득분을 미리 청구하는 경우가 문제이다. 변론 종결 후의 장래의 시점까지 변수 없이 침해가 존속될 것이 확정적으로 예정되어야 하고, 그 이전에 가해자의 침해가 중단될 사정 등 사정변경의 가능성이 있으면 안 된다.[事例 40]

[事例 40] 장래수입의 손해배상 판결에서 문제된 사례

모 대학 3학년 재학 중 군사독재정권에 항거하여 체제 반대의 투쟁을 하다가 퇴학처분을 당하는 한편 투옥되어 유죄판결을 받고 복역까지 한 사람이 있었다. 이러한 유죄판결은 당시 권력기관의 고문 등 가혹행위에 의한 허위자백에 기인한 것이라 주장하며 형사판결에 재심청구를 하여 결국 무죄판결을 받기에 이르렀다. 그 뒤 이러한 국가 측의 불법행위로 인해 대학 졸업 시에 취득했어야 할 중고등학교 교사의 자격을 취득하지 못해 62세가 되는 2014년 8월까지 교사로서 재직하면서 받을 보수를 받지 못했기 때문에 입은 수입상의 손해가 생겼다며 그만큼의 배상청구를 하여 13억여 원을 인용해 준 사례가 있었다.* 하지만 피해자가 교사자격을 취득하지는 못하였으나, 민주투사로 크게 평가되어 다른 직책을 맡아 일정한 기간 재직하였고 나아가 2012년엔 국회의원으로 당선되어 그때부터 세비수입을 받기에 이르렀다. 피해자가 2014년까지 무노동·무임금으로 살 것이며 그때까지 수입상의 손해가 발생할 것이 확정적으로 예정된다는 전제로 배상액을 산정한 이 판결은 잘못된 판결임에 틀림없다고 할 것이다. 따라서 장래의 수입상의 손해청구에 대한 판결에 있어서는 불확실한 장래 상황에 관한 것이므로 신중을 기하여야 한다는 경종을 울린 사건이다. 미리 섣불리 점치면 오판이 나올 수 있다. 피해자를 변론 종결 당시에는 앞으로 무노동·무임금의 노동능력상실자로 살아갈 것으로 보았으나 훗날 사정변경으로 노동능력이 회복되어 예상과 달리 손해가 줄어든 이와 같은 경우 문제는 달라질 수 있다. 피고 측인 국가는 줄어든 손해 차액 만큼의 집행력배제를 구하는 청구이의의 소_{민집 제44조}를 제기하여 배상액을 줄일 수 있을 것이다. 물론 적어도 그 판결이 집행되기 전일 때에 할 수 있다.

* 조선일보 2013. 4. 6.자 기사; 졸저, 신민사소송법(제15판), 230·231면 참조.

(2) 확인의 소의 경우

논리적으로 무제한 제기할 수 있는 확인의 소에서 그 효율적 이용을 위한 통제수단으로 소의 이익을 필요로 한다. 그 이익은,

1) 대상적격=현재의 권리·법률관계이어야 함. 따라서,

① 사실관계, 예를 들면 자연현상, 역사적 사실,[事例 41] 권리 자체 아닌 권리의 발생원인사실(과실의 유무) 자체는 대상적격이 없다. 권리 자체 아닌 액수의 확인도 같다(대법 2013다70903).

② 권리관계라도 현재의 것이어야 하며, 과거의 권리관계나 미래의 권리관계는 안 된다.

③ 현행법이 인정하지 않는 권리도 같다. 단독 건물의 반인 남쪽 줄 그은 부분만의 소유권확인(일물일권주의 위반), 처분권은 빠진 물권적 사용·수익권의 존부확인(그러한 소유권은 물권법정주의에 반함. 대법 2010다81049)도 불허한다.

2) 확인의 이익=즉시 확정의 법률상 이익이 있어야 함

확인의 이익은 권리 또는 법률상의 지위에 현존하는 불안·위험이 있고, 그 불안·위험을 제거함에는 확인판결을 받는 것이 유효·적절한 수단일 때에 인정한다. 나누어 설명하면,

① 법률상의 이익 — 경제적 이익,[事例 42] 명예회복, 재취업상 불이익의 제거 등은 포함되지 않는다.

② 현존하는 불안 — 자기의 권리·법적 지위가 다른 사람으로부터 부인 또는 이와 양립하지 아니하는 주장이 있을 때, 말로는 다투지 아니하여도 권리의 소멸시효 완성의 단계, 자기권리와 반대되는 공부상의 기재 등이 해당한다.[事例 43]

③ 불안제거의 적절한 수단 — 권리자에게 권리가 없다고 다투는 상대방을 피고로 그에게 권리 없다는 소극적 확인소송은 적절한 수단이 아님. 권리가 있다는 적극적 확인소송이 적절한 수단이다. C에 대해 A·B가 경합적으로 권리자라고 주장하는 사안에서 A가 B를 피고로 C의 B에 대한 채무부존재 확인청구를 하는 것은 승소해도 C에게 판결의 효력이 미치지 아니하여 확인의 이익이 없다.

④ 확인의 소의 보충성(Subsidiarität) — 이행의 소, 형성의 소제기가 가능할 경우 확인의 소는 불허. 분쟁해결의 적절하고 경제적인 수단이 아니기 때문이다.

[事例 41] 석탄일을 공휴일로 이끌어낸 변호사

용태영 변호사호는 華世라는 분이 있었다. 법조계는 그를 이른바 '태풍의 눈'과 같이 보았다. 그에 관한 적지 않은 법조일화가 있다. 그는 고시 8회 사법과 합격자로 사법관시보로서 대구지방검찰청 검사시보로 수습을 하는 과정에서 여러 일화를 남겼다. 시보가 경상북도 경찰국장을 불러서 호통을 친 것도 그 하나이다. 한때 지방변호사회인 서울변호사회와 별도의 수도변호사회를 발기창립하여 회장을 맡기도 하였고 말년에는 법조원로회 회장도 맡았다. 요사이말로 가상현실virtual reality로 그룹 내지는 나라를 세워 '화려

故 용태영 변호사

한 세상을 꿈꾼다'는 뜻의 화세華世라는 아호를 쓰면서, 자신을 용 총재, 예하隸下라고 부르게 한, 매우 통이 큰 변호사이기도 하였다.

그리고 그는 그리스도 탄신일은 성탄절로 공휴일인데, 석탄일이 공휴일이 아닌 것은 헌법상 금지하는 종교차별이라며 문제를 처음 소송으로 제기하였다. 당시 헌법재판소가 따로 설치되지 않았기 때문에, 행정소송의 방식으로 주위적 청구로 석탄일에 공휴권이 있다는 확인청구를, 예비적 청구로 성탄절 공휴무효확인의 청구를 하는 희한한 형태의 소송을 제기하였다. 그 사건을 담당한 서울고등법원특별부재판장 김기홍 부장판사는 본안판결의 처리가 난처했는지, 행정소송인 이상 그 제기에 앞서 행정심판절차를 거쳐야 했음에도, 이를 거치지 아니하였음을 이유로 이 사건 소를 부적법 각하하였다. 비록 소송은 각하판결로 끝났지만, 이 사건은 엄청난 정치적·사회적 파장을 일으키고 종교의 차별이라는 여론을 들끓게 만들었다. 결국 정부는 이에 손을 들고 음력 4월 8일 석탄일을 12월 25일의 성탄절처럼 공휴일로 정하는 결단을 내렸다.

이와 같이 석탄일의 국정공휴일화는 용태영 변호사의 소송을 통한 문

제제기에서 비롯되었다고 하여 불교계는 용 변호사를 잊을 수 없는 큰 공로자로 두고두고 평가하는 것으로 알고 있다. 법적으로는 패소판결이나 사실상 승소판결과 마찬가지의 결과를 도출한 것이다. 이 분은 이러한 공익소송에 재미를 붙여 그 여세를 몰아 우리 국조인 단군은 僧 일연의 삼국유사에서나 거론되는 신화 속 인물에 불과하고 실존인물이 아니라고 주장하는 일부 국사학자를 사문난적斯文亂賊이라고 하면서 이들 사학자들을 상대로 '단군이 실존인물임을 확인한다'는 확인청구를 하기에 이르렀다. 그는 소송을 제기하고 이를 고증해줄 대만 사학자를 전문가 증인으로 세우고자 하는 등 열의 있는 소송수행을 하였다. 그러나 이는 누가 보아도 역사적인 과거의 사실관계에 관한 직접적인 소송이었기 때문에 확인의 소의 대상적격이 없다고 하여 바로 부적법 각하되었으며, 석탄일 사건과 같은 파장 없이 조용히 끝났다.

훗날 일제 때의 위안부가 강제동원인가의 쟁점을 놓고 부정적인 견해가 담긴 세종대 모 교수의 '제국의 위안부'라는 책이 명예훼손이 되느냐의 문제에 대해, 제1심에서는 역사·학술논쟁은 사법심사의 대상이 아니라고 보고, 제2심에서는 대상이 된다고 본 판결이 나오기도 하였다.

[事例 42] 한약조제시험 무효확인의 소 사례

1996년 YS정권 당시 의약분업과 관련하여 약사들에게 기초 한약 조제권을 주기 위한 한약조제시험이 전국적으로 시행되어, 약 20,000명의 약사가 보사부 주관 하에 일제히 시험을 치렀다. 그런데 이 시험이 부정이라 반발하며 전국 8,000여 명의 한의사가 데모와 집단 휴진의 소요를 일으켰다. 이 문제가 국가적 이슈로 대두되면서 당시 국무총리가 사태수습을 위해 감사원에 시험실태 감사를 요청하기에 이르렀다. 정예 감사 인력을 대거 투입해 단기간에 집중 감사를 해보니, 약사 중앙회에서 시험 전 응시자인 약사들에게 출제가능성이 높은 문제가 수록된 기본서를 지방약사회를 통해 일제히 무료배부하며 특강까지 하였고, 그 기본서에서 문제가 70% 정도 출제된 것도 사실이었다.

그러나 시험 관리에는 문제가 없었기에 위법사유가 있는 것은 사실이나, 행정법상 당연무효에 해당하는 「중대하고 명백한 하자」가 있는 시험이라고는 단정할 수 없는 것이었다. 여론은 시험무효 결정을 내리길 바라는 쪽으로 흘렀고 당시 청와대 수석도 이를 무효화하자는 의견을 제시하였으나 나는 따르지 않고 법리에 따라 처리했다. 만일 시험을 백지화한다면 50,000명의 약사들이 일제히 궐기하여 싸움이 더 크게 확대될 것이 불을 보듯 뻔한 일이고, 정권의 운명을 좌우할 수도 있는 대위기에 직면할 판국이어서 신중을 기하여 무효선언을 피하였다. 이에 거리의 투쟁에서 성과를 보지 못한 한의사들이 법정투쟁으로 방향을 바꾸어 ^{마치 일본의 집단자위권행사의 안보법안을 반대하는 야당의 거리투쟁이 위헌소송의 법정투쟁으로 방향을 바꾸듯이} 합격처분 무효확인소송을 제기하였지만 대법원에서는 약사에게 기초한약 조제권을 준다고 하여 한의사의 경제적 이익만 감소할 뿐 약사법이나 의료법 등의 법률상 이익까지 영향이 있는 문제가 아니라고 보아 이를 제기한 한의사들은 원고적격이 없다고 판단하고 이를 받아주지 않았다. 결국 감사원의 판단이 옳았다는 것을 확인하는 셈이 되었다.

[事例 43] 토지공부상 소유자 불명의 토지 소유권 확인청구와 이일규 대법원장

필자가 서울민사지방법원 제17부 재판장일 때의 일이다. 당시 재판장은 소송지휘권자이므로 합의부 배당사건 9건 중 한 건만을 주심법관으로 맡고 나머지 8건은 배석판사가 각기 4/9씩 주심으로 맡아 판결서를 작성한다 ^{지금은 고등법원 대등재판부에서만 7건 중 1/7은 재판장이, 3/7씩 각 배석판사가 주심이 되는 운영}. 그리하여 재판장이 주심이 되는 사건이 적은데, 마침 임야대장 소유자란이 공란으로 되어 있지만 원고가 소유자임을 자타가 공인하며, 국가 측도 원고의 소유임을 다투지 않는데도 원고가 국가를 상대로 그 임야 소유권이 자기에게 있다는 확인소송을 제기한 사건을 마침 필자가 주심사건으로 맡게 되었다. 물론 원고 명의의 소유권보존등기는 안 되어 있었다. 법정에서 피고인 국가 측에 이 사건 임야의 소유권이 원고에게 있음을 인정하는가를 물으니 피고는 원고의 소유임에 다툼이 없다고 하면서도, 다툼이 없는데 소유권 확인을 구하는 것은 확인의 이익이 없다고 하며 부적법 각하해야 할 사건이라고 본안전 항변을 한다. 그래서 우선 참여 사무관더러 변론조서에 피고가 원고의 소유권을 다투지 않는다고 기재할 것을 명하였고, 본안문제에 관한 증거조사 등 심리의 필요가 없어 첫 변론기일에 바로 결심하였다. 보통은 결심 4주 후로 판결선고기일을 잡지만 필자가 주심사건으로 판결서를 작성해야 할 형편이고 순법률문제만 있는 사건이었기 때문에 선고기일을 2주 후로 잡았다.

주심인 필자가 배석판사와 결론에 대해 합의에 회부하자 배석판사들은 재판장이 소송법학자이니 알아서 결론을 내라는 식이었다. 그래서 확인의 소에 관한 독일의 새 이론을 실천해 볼 결정적인 기회로 보고 직접 판결서 작성에 임하였다. 원래 확인의 소에서 원고가 주장하는 권리를 피고가 다투지 않고 시인하면 원고에게 법적 불안이 없어 확인의 이익이 없는 것이 원칙이다. 그러나 공부公簿에 원고주장의 권리가 기재되어 있지 아니하여 공인을 받기 어려울 때에는 비록 그 권리를 다투는 사람이 없더라도 현존하는 법적 불안이 있는 것이라는 법리가 독일의 통설·판례가 되어 있는 것에 착안하여, 이 이론을 관철시킬 기회가 왔다고 생각하였다. 그리하여 이 사건의 경우에 임야대장의 소유자란이 공란으로 되어 있어 그 임야가 무주물로 취급되어 국고로 귀속될 형편이 되었으니민법 제252조 제 2 항 참조 원고의 권리에 불안이 없다고는 할 수 없다는 취지로 피고 측의 확인의 이익이 없다는 본안 전 항변을 배척하였다. 그리고는 피고의 자백대로 원고에 소유권이 있다는 원고승소의 판결을 선고하였다.

이에 피고인 국가는 바로 서울고법에 항소하였고 서울고법은 피고 국가가 원고의 소유권을 다투지 않는다면 원고의 소유권확인청구는 확인의 이익이 없다 하여 소각하판결을 하였다. 이는 바로 필자에게 전해져 이제 남은 상고심의 입장을 주목하게 되었다. 물론 원고 측은 대법원에 상고하였다. 대법원은 대장상 소유자란이 공란이 되어 원고가 임야대장으로 토지소유자임을 증명할 수 없는 경우에는 보존등기를 하기 위한 소유권증명^{부동산등기법} 제65조이 어렵기 때문에 토지 소유자가 국가를 상대로 한 소유권 확인의 소는 가사 관계당사자 간에 다툼이 없어도 확인의 이익이 있다 하며 항소심 판결을 파기환송하였다. 결국 제1심판결의 입장을 지지한 것이다^{대법 78다2399}.

이 판례로 인해 원고가 주장한는 권리를 피고가 다툴 때에만 법적 불안의 확인의 이익이 존재한다는 전통적인 도그마^{dogma}가 깨진 것도 의의가 있지만, 나아가 6·25 사변 때에 등기부가 소실되어 소유권자를 공인받을 수 없는 지역, 특히 격전지였던 경기·강원 넓은 지역 토지의 진정한 소유자들이 확인소송을 제기하여 등기부에 소유권자로 등재되는 활로를 열게 만든 획기적인 판례가 되었다. 대법원 판례의 위력을 실감할수 있는 사례이다. 처음 제1심주심이 되었을 때에 이 사건이 그렇게 파장이 큰 사건이 될 줄은 몰랐다. 아이러니하게도 관여한 대법원의 주심이었던 이일규 대법원 판사는 뒤에 대법원장이 되었고, 제2심의 주심판사였다고 알려진 분도 훗날 최고위법관을 역임하였다. 물론 필자에게 판사생활에서 가장 보람 있는 판결 중의 하나인 사건이 되었다.

이 이야기는 조금 다르나, 필자가 1990년 초에 미국에서 개최하는 세계최고법관회의에 헌법재판소장을 대리하여 참석한 일이 있었다. 한

이일규 前 대법원장

국 역시 다른 유럽 여러 나라와 같이 최고재판소가 대법원과 헌법재판소라고 보고 두 기관의 수장인 대법원장과 헌법재판소장을 주최 측이 초청한 것이다. 당시 헌재소장이었던 조규광 선생은 대법원장인 이일규 선생과 맞먹는다(?)는 위상을 보인다는 고려 때문인지 필자를 대신 워싱턴에 보냈다고 생각된다.

그리하여 이일규 대법원장과 필자 내외가 함께 회의에 참석하였고, 마지막 순서로 모인 세계 최고법관들이 백악관을 예방하게 되었다. 세계대통령이라 해도 과장이라 할 수 없는 아버지 조지 H. W. 부시 대통령이 의전관의 "Mr. President, United States of America"라는 우렁찬 구령 속에 접견실에 입장할 때 모든 세계 최고법관들이 경의를 표하는 뜻에서 그가 좌정할 때까지 기립하였으나, 이일규 대법원장만이 유일하게 기립 없이 앉아 있었던 것이 기억난다. 3권분립의 민주주의 정신이 투철함을 보인 것일까.

이분은 필자와는 특별한 인연이 있다. 대법원장으로 취임하여 대법관 인선을 할 때에 청와대에 대법관 제청명단의 말석에 필자를 제청하였으나, 대통령이 다른 사람으로 변경하였다는 말도 있고, 헌법재판소 초대 상임재판관 인선 시 다른 고법원장의 자청에도 불구하고 필자를 지명하였다고도 한다.

(3) 형성의 소

• 형성의 법률상의 근거를 두고 제기하면(형성소송법정주의) 원칙적으로 소의 이익을 인정

• 그러나 예외적으로 ① 소송 외에서 소송목적의 실현,[事例 44] ② 소송 계속중 사정변경,[事例 45] ③ 별도의 간이한 구제절차가 있을 때 등에는 소의 이익을 부정한다.

[事例 44] 서울법대 황산덕 교수 사건

1960년대 서울대학교 법대 교수들 사이에는 양대 파벌이 형성되어 있었다. 한 그룹은 일본 동경제대 출신 교수들로 그 대표는 유명한 형법학자 유기천劉基天 교수였다. 다른 한 그룹은 경성제대 출신 교수들이 주류를 이루었으며, 그 좌장은 유명한 법철학자 황산덕黃山德 교수였다.

유 교수와 황 교수는 평양 동향이었음에도 사이가 좋지 않았다. 유 교수는 당대 명문인 동경제대 출신이고 일본 동북제대에서 조수로 있다가 해방을 맞았고, 황 교수는 경성제대 출신이었지만 일본 고등고시 사법·행정 양과의 합격자이기도 하였다. 서로 뒤지지 않는 자존심을 내세울 수 있는 처지인데다가

유기천 교수

황 교수는 법철학을 하면서 형법강의도 맡아 결국 강단의 경업자가 되어 난형난제難兄難弟의 골이 깊어만 갔다. 황 교수는 당시를 풍미하던 Hans Welzel의 목적적 행위론 중심의 형법강의, 유 교수는 인격적 행위론을 취하였지만, 강의의 인기는 global 감각의 유 교수가 단연 강세였다. 그런데 마침 유 교수가 도미하여 예일대학에서 한국인 최초로 「한국문화와 그 형사책임」이라는 논문으로 법학박사 학위를 받았다. 황 교수는 일찍이 소설가 정비석 씨가 쓴 대학교수의 부인이 답답한 교수와 같이 살며 무료해하다가 춤바람이 난다는 내용의 '자유부인'이라는 소설에 대하여 이는 대학교수를 모멸하는 것으로 '중공군 40만 명에 해당하는 무서운 소설'이라고 공박하는 등 비판정신이 매우 강한 분이었다. 불교도이기도 했던 황 교수는 유 박사의 박사논문에서 한국문화를 무속shamanism문화라고 폄하하였다고 하여 매스미디어에서 이를 통렬히 공격하기도 하였다.

황산덕 교수

유 교수가 서울법대 학장이 되고 나서 소집한 교수회의에 황 교수는 거의 참석하지 아니하였다. 당시는 한일협정을 반대하는 학생운동이 거세게 일어났기 때문에 교수회의가 자주 열리던 때였다. 이러한 양 교수 간의 대결 속에서 유 교수가 서울대 총장으로 발탁되었는데, 학장이임 교수회의에도 황 교수는 불참하였다. 유 교수가 총장에 취임하고 얼마 되지 아니하여 당시 한일협정을 반대하는 학생데모를 막후에서 선동한다고 지목된 이른바 '정치교수' 20여 명을 숙청하는 계제에, 유 총장은 황 교수를 포함시켜 파면처분을 하였다. 파면사유는 황 교수의 교수회의 무단결석과 시국사태에 비협조적이었다는 점이었다. 그리하여 황 교수는 문교부장관 명의의 교수직 파면처분이 위법부당하다며 행정소송을 제기하였는데, 당시에 여론을 의식하였음인지 상급관청인 문교부장관은 이에 응소하기보다 스스로 그 파면처분을 취소하여 없었던 것으로 하였다. 황 교수는 이제 취소소송의 목적이 소송 외에서 이루어져 복직이 가능해지고 승소한 것과 같아 소의 이익이 없어진 것이 소송법이론의 기초였지만, 소 취하를 하지 않고 버티었다. 그리고 서울법대 교수직으로의 복직도 포기하며 유 총장이 실질적으로 행한 파면처분이 자의적이고 위법부당함에 대해 법원의 공권적 판단을 받아 설욕하겠다고 벼르는 일이 있었다. 유 교수는 훗날 박정희 유신독재와 투쟁^{박 대통령의 대만식 총통제의 도입 등}을 벌이다가 미국으로 망명을 하게 되고, 황 교수는 동아일보 필화사건^{국민투표는 결코 만능이 아니다}으로 일시 투옥되었으나 박정희 정권 하에서 법무·문교부장관을 지냈다.[*] 유 교수는 적지 않은 재산을 남겨 그것으로 「유기천학술연구재단」이 설립되어 법학 발전에 활발히 기여하고 있다. 유 교수는 호랑이 급의 거물이었는지, '호랑이도 죽으면 가죽을 남긴다'는 말이 생각난다.

---

* 상세는 이시윤 외 5인, 유기천과 한국법학, 법문사, 2014.

[事例 45] 출입기자실 대못박기 사건

2007. 7. 22.에 국정홍보처는 노무현 대통령의 뜻에 따라 소위 '취재지원시스템 선진화 방안'을 마련하여 정부부처별 기자실^{송고실}을 폐쇄하는 이른바 출입기자실 대못박기정책을 시행하였다. 이에 반발한 언론기자들이 이는 언론의 자유를 침해하는 것이라 하여 바로 그 취소를 구하는 헌법소원을 제기하였다.

정권이 바뀌어 이명박 정권이 들어선 2008. 3. 17.에 정부부처는 이 방안을 폐기하고, 종전처럼 부처별 기자실을 부활시키는 원상회복을 하였다. 그런데 헌법재판소는 대못을 박았을 때에 제기한 사건을 접수 1년 반 가까이 묵혀두며 끌다가, 새 정권이 들어서고 이른바 '대못'을 빼고 난 뒤인 2008. 12. 26.에야 비로소 이 방안 이전의 상태로 회복되었으므로^{사정변경}, 헌법소원 청구인들에 대한 침해행위는 종료되었으니 주관적 권리보호이익, 즉 소의 이익이 소멸되었다는 이유로 부적법 각하결정을 하였다^{헌재 2007헌마775}. 가처분결정으로도 기자실 폐쇄의 위헌 여부를 가릴 만큼 긴급성과 시사성이 있는 중요한 사건이었음에도 본안사건을 접수한 지 1년이 훨씬 넘도록 끌고 가다가 노무현 정권이 물러나고 새 정권인 이명박 정권이 들어서 정책이 바뀌어 기자실이 회복된 뒤에서야 비로소 본안판단 없이 각하결정을 하였다. 이는 거센 비판을 면치 못한 사건이 되었다. 헌재가 정권으로부터 독립성을 지키지 못했다는 점과 사건이 폭주하는 것도 아닌 헌재에서 헌법 제27조 제3항의 신속한 재판을 받을 권리를 스스로 무시하였다는 점에서 크게 비판받아 마땅하다. 이와 같은 경우는 독일 민법이 규정한 바 소송지연 시의 국가배상책임도 문제될 수 있을 것인데,[*] 만일 여기에까지 이르렀다면 점입가경의 역사적인 사건이 되었을 것이다.

* 졸저, 신민사소송법(제15판), 28면 참조.

제 3 절 소송물 — 소송의 객체

• 소송의 객체인 소송물은 소송상의 청구 또는 심판의 대상이라고 한다. 형사소송에서는 소인(訴因) 또는 공소사실의 동일성으로 문제되는 것이다.

• 소송물은 청구의 병합, 청구의 변경, 중복소송, 처분권주의 위배 그리고 기판력의 범위 등 5가지 문제를 가리는 게 키워드

• 무엇을 다툼의 대상인 소송물로 보느냐에 관하여, 크게 나누어 구실체법설, 소송법설, 신실체법설로 나뉘며, 구실체법설을 구소송물이론, 나머지 설을 넓게 신소송물이론이라 한다. 어느 이론을 따르느냐에 따라 위 5가지 문제에서 결론을 달리한다.

• 구소송물이론은 원고가 주장하는 권리를 소송물로 보고, 같은 목적 청구라도 법적 근거가 되는 권리가 다르면 소송물이 다르고, 여러 개의 권리의 주장이면 소송물도 여러 개로 본다. 여기에 대하여 신소송물론은 원고주장의 권리는 소송물의 요소가 아니라 법원이 자유선택할 수 있는 법률적 관점이라고 보고, 소송물은 권리의 주장이 아니라 소송법적 요소인 청구취지(신청)나 이를 뒷받침하는 사실관계로 본다.

• 양이론 간에 위와 같은 차이가 있는데, 현재 다수설은 신소송물이론이나 우리 판례는 구소송물이론을 굳게 지키고 있다.[事例 46·47]

[事例 46] 파 종자 판매사건

봄철에 어떤 농민이 종묘상에서 보통 파 종자가 아닌 옥파양파 종자를 매수하고 대금을 치렀다. 그런데 그 농민이 매수한 옥파 종자를 심어보니 옥파가 아닌 보통 파가 자라나 그 해 옥파 농사를 망치는 손해를 입었다는 것이었다. 그리하여 그 농민은 종묘상을 상대로 손해배상청구 소송을 제기하며소송형태는 반소 청구원인으로 종묘상이 파 종자를 속여 판매

하였으니 이로 인한 손해를 배상해 달라고 불법행위에 기한 손해배상청구권^{민법 제750조}만을 주장하였다. 그러나 법원이 심리하여 보니 종묘상이 파 종자를 판매함에 있어서 농민을 속였다고는 보여지지 아니하여 불법행위가 성립하지는 않지만, 종묘상이 분명코 옥파 종자 매매계약을 맺었다면, 계약의 본뜻대로 위 옥파 종자를 인도할 채무가 있는데도 그것이 아닌 보통 파 종자를 인도함으로써 계약^{채무}불이행은 된다고 보았다. 그리하여 원고가 주장하지 아니한 채무불이행의 손해배상청구권이 있다고 하고^{민법 제390조}, 이를 원인으로 농민의 손해배상청구를 인용하였다.

이에 대하여 대법 63다241 판결은 당사자가 신청한 사항인 권리와 다른 권리인 소송물에 대하여 판단한 것으로 이는 위법이라 판결하였다. 이는 전형적인 구소송물론에 의한 판결로 목적이 같아도 주장하는 권리가 다르면^{불법행위채권 아닌 계약불이행채권} 소송물이 달라지며, 그럼에도 다른 권리에 기해 판단하면 처분권주의에 위배^{민사소송법 제203조}된다는 취지이다. 판례는 현재까지 일관되게 같은 입장을 취하고 있다. 원고의 소송목적인 손해배상청구에만 맞추면 원고의 주장과는 다른 법률적 관점에서 판단하여도 처분권주의에 위배되지 않는다는 취지인 신소송물이론과는 반대되는 입장이다. 이처럼 구소송물론을 따를 경우 같은 목적의 소송이라도 원고가 법률적 관점을 잘못 주장하면 이길 사건도 지게 되는 위험을 피할 수 없게 된다. 소송의 대중화·민주화를 위해 신소송물이론을 따라야 한다는 것이 필자의 소신이며, 이는 시대적 트랜드이기도 하다.[*]

---

* 졸저, 신민사소송법(제15판), 244면 이하.

[事例 47] 임차가옥소실사건

```
                        손해배상청구
        甲  ─────────────────────→  乙
       임대인           乙의 처 A의          임차인
                       임차가옥의
                       실화(失火)
```

　甲은 집주인, 乙은 甲 소유의 집에 세들어 사는 임차인이었다. 그런데 乙의 처인 A가 휘발유를 다루다가 그만 실수로 불을 내게 되고 그로 인하여 甲의 임대가옥이 불에 타서 전소하게 되었다. 그리하여 집주인인 甲이 불을 놓은 A의 남편인 乙을 상대로 불법행위법의 일종인 '실화책임에 관한 법률'의 규정*에 따라 乙 측에 이렇게 불이 난 것에 대하여 중대한 과실이 있음을 원인으로 집값 상당의 손해배상청구를 하였다. 乙은 각고의 노력 끝에 乙의 중과실에 대해 甲이 증명책임을 다하지 못하였다고 하여 甲을 패소시켰으며, 이 사건은 대법원까지 가서야 판결이 확정되었다.

　이러한 사안인데도 甲은 패소확정 후 무과실의 증명책임을 乙이 져야한다며 다시 같은 목적의 손해배상을 乙을 상대로 제기하였는데, 이번에는 乙은 임대차계약상의 선량한 관리자의 주의의무를 가지고 임차가옥을 보관할 의무가 있는데, 이 의무를 위반했다며 또다시 손해배상청구를 하는 것이었다. 이러한 소송은 법원실무에서 따르는 구소송물이론에 의한다면 가능할 수 있다. 왜냐하면 전의 소송은 일종의 불법행위에 기한 손해배상청구권의 주장이고, 이번의 소송은 임대차계약 위

---

* 「실화책임에 관한 법률상 실화자의 '중대한 과실' 관련 규정의 개정」
　예전에는 실화책임에 관한 법률에 따라 방화자(실화자)가 중대한 과실이 있는 경우에만 실화책임을 지고, 경과실인 경우에는 면책(필수적 면책)되었으나, 2007년 헌법재판소가 실화피해자의 손해배상청구권을 필요 이상으로 제한한다는 이유로 위헌결정(헌재 2004헌가25)한 이후 개정된 법률에 따르면, 방화자가 경과실인 경우(=중대한 과실이 아닌 경우) 방화자의 청구에 따라 법원은 손해배상액을 경감할 수 있도록 하였다.

반에 기한 손해배상청구권의 주장이므로 전소와 후소는 소송물인 권리를 달리하여 전소의 기판력이 후소의 소송물에 미칠 수 없기 때문이다.

실제로 이와 같은 사건을 필자가 직접 체험한 바 있다. 乙은 일찍이 같은 소송에 피소되어 대법원에 가서 甲을 간신히 패소확정시켰는데, 이제 甲이 같은 사실관계를 바탕으로 같은 목적의 손해배상청구를 하니, 乙은 상식적으로 甲이나 법원은 일사부재리도 모른다며 노발대발하는 것이다. 바탕이 된 사실관계와 청구목적이 같고 원고가 이미 패소확정되었음에도 전 소송의 기판력을 받지 않아 마치 전 소송과는 별개의 소송임을 전제로 피고로 하여금 본안에 관하여 다시 응소를 하게 하니 피고에게 좀 면목없는 일이 되었던 것도 사실이다. 또 법원으로서는 적법한 소 취급을 하여 다시 본안심리를 하여야 하니 사건이 폭주하는 현실에서 재판인력의 비경제적인 낭비라는 생각도 들었다. 이처럼 구소송물이론은 분명히 분쟁해결의 일회성에 반하고 집중심리주의를 저해하는 문제가 있는데, 법원실무는 아직 구소송물이론에 머물고 있다.

제 4 절   소의 제기

1. 소장제출주의

• 원칙적으로 소장이라는 서면을 관할 제 1 심 법원에 제출하여야 한다. 단, 전자소송에서는 대한민국 법원 전자소송 포털 홈페이지(ecfs.scourt.go.kr) 접속한다. 현재는 전자소송이 대세가 되었다.

• 소장에는 필요적 기재사항 이외에 원고나 대리인의 기명날인 · 서명을 요한다.

• 인지[事例 48]는 1,000만 원 이하는 소가×5/1000, 그 이상은 체감되어 10억 이상은 소가×3.5/1000＋555,000. 송달료는 3,700×3회×당사

자 수. 전자소송은 종이소송보다 인지대 10% 감액 및 송달료가 반감된다. 현재 70% 가까이 전자소송을 이용한다.

- 첨부서류 : 피고 수만큼의 소장부본 등

2. 필요적 기재사항(제249조 제 1 항)

다음의 3가지로 원·피고와 소송물이 특정된다.

1) 당사자·법정대리인

- 이름과 주소 그리고 전화번호, 팩스번호, e-mail 주소 등
- 법정대리인으로 미성년자일 때는 친권자인 부모
- 피한정후견인·피성년후견인일 때는 대리권 있는 한정후견인·성년후견인
- 법인 등의 경우는 대표자

2) 청구의 취지[事例 49]

- 원고가 신청하는 판결의 내용·종류 기재
- 소의 결론부분(미국은 소장 뒷부분에 적지만, 우리는 앞부분에 적음). 원고 승소 시에 판결주문에 적을 사항의 간명한 표시

① 명확한 기재—그렇지 않으면 석명권 행사의 필요

- 이행의 소의 금전청구는 금액, 특정물청구는 승소시 강제집행 지장 없도록 기재, 특히 건물·토지 등 일부청구는 도면·사진에 의한 특정
- 형성의 소 중 공유물 분할청구 등의 형식적 형성의 소에서는 구하는 내용의 구체적 기재 불필요

② 확정적인 기재—청구취지에서 피고가 반성하지 아니하면 판결해달라는 등 조건부나 2016. 12. 31.까지 판결해달라는 등 기한부의 판결신청을 해서는 안 된다. 단 예비적 신청은 허용(예비적 청구, 예비적 반소, 예비적 공동소송).

3) 청구의 원인[事例 50]

- 넓게는 청구를 이유있게 할 사실관계이다. 법적으로 정리하면 원고 주장의 권리의 발생원인사실. 따라서 권리근거규정(계약·불법행위·부당이득·물권적 청구권·취득시효 등)의 요건사실
- 좁게는 청구취지만으로 소송물의 특정 안 될 때에는 원고는 소송물

의 특정의무 때문에 적어도 원고주장의 권리가 다른 권리와 혼동되지 않게 할 사실(식별설)

- 법률용어, 법조문은 적을 필요 없다.
- 훈시적 의미의 민소규칙 제62조가 있다(청구를 뒷받침하는 구체적 사실, 피고항변의 선행적 부인, 증거방법의 기재). 청구원인을 장황하게 길게 적을 필요없다. 더 할 말은 뒤에 준비서면으로 보충하면 된다.

[事例 48] 소장의 인지대문제

소장의 제출에 있어서는 선납주의의 원칙상 민사소송 등 인지법에서 정한 인지대를 납부하여야 한다. 이는 법원에 내는 심판수수료로서 법원구내의 은행에서 납부하고 영수증을 소장에 붙이면 된다_{과거에는 인지를 사서 소장에 붙였다.}* 재판의 수익자인 원고가 수익자부담의 원칙 때문에 예납부담하게 된다. 다른 행정심판청구, 행정조정신청, 헌법소송 등에서는 인지대가 면제되어 무료인데, 이는 일반 민사소송에까지 인지대를 면제하면 제도를 이용하지 않는 일반 국민이 그만큼 세금을 더 부담해야 하기 때문에 불합리하다는 근거에서이다. 현재 제1심의 인지는 소가의 0.5%에서 시작하여 체감하면서 10억원 이상이 되면 0.35%가 되며, 2심은 1심의 1.5배, 3심은 2배가 된다. 소송의 대형화시대에 부담해야 할 인지대가 많아 논란이 된 예가 적지 않다. 삼성家의 상속재산소송에서 소가가 4조여 원에 이르니 제1심에서 127억원을 원고인 이맹희 씨가 부담하였고 1심에서 패소한 그가 인지대절감을 위하여 일부항소를

---

* 인지세탁의 사례: 과거에는 소장 표면에 인지인 증표를 사서 이를 풀로 붙여 소장과 함께 제출하였다. 접수 뒤에는 인지에 소인(消印)을 찍어 재사용을 못하게 하였으며, 소송이 끝난 뒤에는 소송기록에 포함되어 법원의 보관창고로 보내졌다. 그런데 법원직원이 창고에 들어간 소송기록을 빼 내어 거기에 붙은 인지의 소인을 깨끗이 세탁하여 소인을 지우고 마치 새 인지인 것처럼 한다. 그리하여 인지를 필요로 하는 사람에게 이를 할인하여 판매함으로써 유가증권변조죄 등으로 문책당하는 사례가 종종 있었다. 그러나 이제는 은행납부로 그러한 범죄의 소지는 없어졌다. 선진화가 부패해소의 첩경임을 알리는 예이다.

하였음에도 부담인지대가 44억원에 이르렀다고 한다. 그는 동생 건희 씨와 소송하며 이렇게 많은 인지대와 변호사보수 때문에 빚이 많았다는 설이 있으며, 사후에 그 아들·딸이 한정상속을 하였다 한다^{그의 혼외자는 사후에 적출자 상대로 유류분청구}. 월남전 참전군인 고엽제 피해소송은 소가가 5조 1,618억에 이르는 사상 최대의 규모였고 인지대만 270억 원에 이르렀으나 소송구조결정을 받았기 때문에 법원납부가 유예되었다.

인지대의 부과가 헌법 제27조의 국민의 재판청구권을 침해하는지 여부가 헌법소원청구에 이른 예가 있었다. 헌재 93헌바57 결정에서는 인지액은 소가에 비추어 지극히 다액이어서 국민의 재판청구권을 침해할 정도에 이르지 않는 범위에서는 입법자의 광범위한 재량영역에 속하는 사항이라고 보면서, 현행 인지대가 객관적으로 극히 고액이어서 재판청구권을 침해하거나 헌법상의 평등의 원칙에 위배된다고 할 수 없다고 결정했다. 인지대가 소권의 남용을 방지하는 긍정적 기능이 있는 것은 사실이나, 승부가 불확실한 상황에서 많지는 아니하나 그 부담 때문에 소제기를 주저하는 원인이 될 수는 있다. 그 때문에 인지대 등 소송비용을 일단 변호사가 부담하고 승소 후 승소액의 15% 정도를 변호사가 가져가는 contingent fee^{성공보수제}가 확산되고 있는 것이 현실이다. 조세소송에서처럼 인지대 상한제를 두자는 의견도 있다.[*] 이에 현재의 인지대를 반감하자는 내용의 법률안도 제출된 바 있다. 현재의 미국연방법원에서는 소송목적물의 값을 막론하고 1심인지대^{filing fee}가 350 달러로, 뉴욕주법원은 200달러로 균일하여 인지대의 부담이 적어 소송의 남발로 인한 소송천국^{연간 1,700만여 건의 민사사건}이 된다고도 한다^{GDP 대비 소송비용 1.66% 세계 1위}. 우리나라 일본군 위안부 할머니가 일본정부 등을 상대로 미국연방법원에 2,000만 달러의 손해배상 집단소송을 제기하겠다고 하는데 인지값이 350달러여서 인지대조달의 문제는 없지만, 증거를 못 대

---

* 졸고, "인지대상한제의 제안", 대한변협신문 2016. 6. 13.자 참조.

청구기각되었다.

Volkswagen 차구입의 한국인 소비자도 징벌적 배상을 받고자 미국 법원을 찾아 집단소송을 낸다고 한다. 인지는 얼마 안 되어 좋겠지만, 미국법원에 minimum contacts인 국제재판관할권이 과연 인정될 수 있는가, 한국이 아닌 미국법원의 선택이 forum non conveniens^{불편한 법정}의 법리에 걸리지 않을까 하는 의문이 든다.

[事例 49] 청구취지가 잘못된 사례

원고가 집합주택에서 구분소유권을 주장하는 것도 아니고 단독주택의 그림을 그려놓고는 그 중 반인 특정 줄친 부분은 원고의 소유라는 청구취지의 소유권확인청구를 냈다. 사연인즉 원피고는 부부였는데, 서로 협의이혼을 하면서 원고는 한 채의 집의 서쪽을 갖고, 피고는 동쪽을 갖기로 합의하였음에도 불구하고, 피고가 최근 합의를 무시하고 가옥의 전 부분을 독차지하려 하기 때문에, 이와 같은 소송을 제기하게 되었다는 것이었다.

한 개의 물건에는 한 개의 권리가 성립되는 일물일권주의^{一物一權主義}에 의하는 것이고 한 개의 가옥^{아파트와 같은 집합건물의 구분소유권은 별론}의 기둥은 남편 소유, 지붕은 부인의 소유가 되는 식의 부분소유권은 없다는 것을 환기시키는 한편, 원고에게 청구취지를 그림(▨)과 같은 줄친 부분의 소유권 확인청구를 바로잡으라는 석명을 구한 바 있다. 그랬더니 다음 기일에는 청구취지를 목적 가옥의 1/2, 즉 지분권확인청구로 고친 사례가 있었다. 소제기의 초기 단계에서 소장의 청구취지가 법률적으로 문제되는 것이 있으면 명쾌하게 정리해놓고 심리에 임하는 것이 선행조건이다.

[事例 50] 청구원인이 장황할 경우

소장의 청구원인에서는 원고주장의 권리가 언제 어디에서 어떻게 누구와 사이에 생긴 내용의 것인가 하는 발생원인 사실을 밝혀야 한다. 원고가 권리근거규정에 기하여 권리주장을 하면 그 규정의 요건사실을 주장할 것이다. 권리근거규정에는 여러 가지가 있지만, 주된 것은 물권적 청구권, 계약, 부당이득, 불법행위 등의 민상법 규정으로 각 그 규정에 맞추어 요건사실을 밝힐 것이다. 그러므로 이들 제도의 민상법상의 요건사실이 무엇인지 이에 관한 민법 지식을 익혀두는 것이 중요하다. 청구원인에서 요건사실에 맞추어 주장을 못하면 그 주장 보충을 위한 석명권을 행사하게 된다. 그래도 보충을 하지 못하면 주장책임을 다하지 못한 것이 되어 '주장자체로서 이유없는 청구'가 되어 청구기각을 당하게 된다. 나아가 소장의 청구원인사실^{권리발생원인사실}에 대하여 피고가 다투면^{부지도 포함} 원고는 증명책임도 진다. 청구원인은 소가가 고액이어서 피고의 적극적인 방어가 예상되는 사건이면 별론^{민소규칙 제62조 제 2 호}이겠지만 길고 복잡하게 쓸 필요가 없다. 낫과 망치가 생산도구였던 우마차 시대에는 소장이 장황하여도 사건 수가 적어 여유를 갖고 읽을 수가 있었지만, 제 2 차·제 3 차의 산업혁명을 거쳐 AI, 사물인터넷^{IoT}, 로봇, 클라우드^{cloud}의 제 4 차 산업혁명 시대로 접어드는 이 시대의 상황에 걸맞게, 미국 연방민사소송규칙^{FRCP} 제 8 조(a)에 규정한 바와 같이 간단하고 명확한 진술^{short and plain statement}이 적절하다.

(1) 과거 법관 시절의 체험의 첫 번째 예인데, 대단한 재조 법조경력이 있었던 사람도 아니고 특징이라면 풍모가 영국신사처럼 단정한 김남이 변호사란 분이 있었는데, 이 분이 내는 소장의 청구원인에는 원고주장의 권리발생원인사실을 권리근거규정의 요건사실에 맞추어 간단하게 적으면서도 그 요건사실 중에는 빠뜨린 것이 없었다. 그러니까 이

분이 내는 소장은 많아야 2페이지 보통은 1페이지 이내였다. 그러므로 법관 사이에서 이 분이 변호사로서 인기가 대단하였다. 이 분이 고령으로 이제 복잡한 서울을 떠나 조용한 제주에서 변호사일을 계속한다고 하여 소박하게 인생을 정리하는 것도 변호사 업무 스타일과 일맥상통한다고 생각하였다.

김남이(金湳珥) 변호사

(2) 두 번째 예는 고법부장판사로서 앞날이 창창하던 유능한 법관이 법복을 벗고 변호사로 나섰는데이 분이 허규 판사로 법관 재직 시 발표한 '종중·종중재산에 관한 제 고찰'은 아직도 읽혀지는 역작이다, 그런 분이 변호사를 하면서 소장은 최소한 A4용지 30~40페이지, 준비서면 50~60페이지지금은 30페이지로 매수제한, 증인신문사항이 100항목을 넘어서는 것은 보통이었다. 법관들은 이 분을 매우 존경하면서도, 동시에 '선배님 제발 우리 좀 살려주는 의미에서 서면 좀 줄여달라고' 하는 애소(?)의 대상이었다. 자택에서 당사자와 철야로 대면하며 너무 열심히 변호사 일을 하며 건강을 해친 탓인지 요즘 기준으로는 일찍 요절하신 편이다. 그 분 집 앞에 Y대 총장을 지낸 Y 교수의 말을 빌리면 허 변호사는 교수인 자기 집보다 항상 밤늦도록 불을 켜 놓고 있었다고 회고하였다. 그렇듯 위임당사자를 위하여 선량한 관리자의 주의의무를 초월하여 혼신의

허규(許奎) 판사

주의의무(?)를 다하였기 때문에 당사자가 패소하더라도 변호사를 원망하지는 않았다는 것이다. 하지만 길고 장황하게 서면을 작성하면 사건 의뢰인은 좋아할지 모르겠지만 법관은 싫어하는 법이다. 그리하여 민사소송규칙으로 제출서면의 30쪽제한제도가 나오게 되었다.

제 5 절   소제기 후의 조치

재판장의 소장심사 → 배석판사 배제한 채 재판장 단독의 심사 → 대상은 소장필요적 기재사항의 기재와 인지의 납부 여부 → 문제 있으면 보정명령(법원사무관 등에 의한 대행 가능) → 불응이면 재판장의 소장각하명령 → 즉시항고

↓

문제없으면 피고에게 소장부본의 송달과 답변서 제출의무의 고지 → 송달받고 30일내 답변서 제출의무의 고지와 부제출의 경우 무변론판결의 선고기일의 통지(답변서에는 제256조 제 4 항의 준비서면에 관한 규정을 준용한다. 답변서는 부록에 있는 답변서 서식을 참조)

↓

답변서제출시에 변론준비절차에 회부 안하면 제 1 회 변론기일의 지정

제 6 절   소제기의 효과

1. 소송법상 소송계속(pending)의 효과

 • 소장부본의 송달로 소송계속의 효과가 생기고, 판결확정으로 소송계속이 종료
 • 중복제소금지의 효과 발생

2. 중복제소의 금지

 • 이미 계속된 사건과 동일사건을 다시 제기하지 못한다(제259조).
 • 동일 사건은 전소와의 관계에서 다음의 요건에 해당해야 한다.
 (1) 당사자의 동일
 • 전후소송의 당사자가 동일할 것이 원칙
 • 당사자가 동일하지 아니하더라도 전소의 기판력을 후소의 당사자

가 받을 관계일 때에는 동일사건으로 본다.

- 문제는 하나의 권리를 놓고 두 사람이 소제기의 경우이다.
- 채권자가 먼저 대위소송 중 채무자의 후소제기 ― 판례는 중복소송이라 하나, 학설은 채무자가 채권자대위소송이 계속 중임을 알았을 때에 채무자의 후소제기는 중복소송이라 한다.
- 채무자가 먼저 소송중 채권자대위소송 ― 중복소송이라기보다 이 때 채권자의 당사자적격의 상실로 대위소송은 부적법하다는 판례가 있다. 최근 판례는 채무자 소송 중 압류채권자의 추심금 청구소송은 중복소송이 아니라 한다(대법(전) 2013다202120).
- 채권자대위소송 중 다른 채권자의 소제기 ― 중복소송이다(판례). 채무자가 대위소송을 알았을 때 다른 채권자대위소송은 중복이다(학설).
- 채권자 취소소송의 중복은 어느 때나 중복소송이 아니다.

(2) 소송물의 동일

- 같은 목적의 소송이라도, 구이론은 전후소송의 권리가 다르면 동일사건 아님(예: 기차사고의 피해자의 손배사건을 불법행위로 청구하고, 또 계약불이행으로 청구시). 신이론은 같은 경우에 권리가 소송물의 요소가 아니므로 동일사건이 된다.
- 하나의 권리에 대하여 소송에서 동일인이 두 번 행사할 때가 문제되는 경우

〈쟁점 1〉 상계항변과 중복소송

1) 甲이 乙 상대로 1,000만 원 청구, 乙이 甲에 대한 반대채권 1,000만 원으로 상계항변. 한편 乙은 상계항변으로 행사하였던 이 권리를 갖고 별도로 甲을 상대로 지급청구를 한다고 하자. 이때에 상계항변은 예비적 항변이고 확정적인 권리행사가 아닌 특수성 때문에 중복소송이 안 된다(先 상계형).

2) 甲이 乙 상대로 1,000만 원 청구하는데 별도로 乙이 甲 상대로 1,000만 원 청구를 하면서, 이것을 갖고 전소인 甲－乙 간의 소송에서 乙이 상계항변으로 이용한다고 하자. 이때에도 부적법은 아니다(後 상계형. 대법 2000다4050).

이를 도해하면,

1) 甲 $\xrightarrow[\text{1,000}]{\text{1,000}}$ 乙

   선 상계항변

   乙 $\longrightarrow$ 甲

   후 1,000 직접청구 — 중복여부?

2) 甲 $\xleftarrow{\text{1,000}}$ 乙

   후 상계항변 — 적법여부?

   乙 $\xrightarrow{\text{1,000}}$ 甲

   선 1,000 직접청구

〈쟁점 2〉 동일권리에 대한 확인청구와 이행청구

① 先 확인청구형: 甲이 乙상대로 권리확인청구. 뒤에 甲이 이번에는 乙 상대로 그 권리실현을 위한 이행의 소. 이때에 전소인 확인청구에서 청구취지의 확장으로 이행청구의 길을 택할 것이라 하여 별도의 후소는 부적법하다(학설). 그러나 상고심에서는 청구취지가 확장되지 않는 한계 때문에 이 학설은 문제가 있다. 후소인 이행청구는 확인청구보다 큰 집행력을 얻고자 한다 하여 전소와 중복소송부인. ② 後 확인청구형: 먼저 이행청구를 한 뒤에 확인청구하면 후소는 소의 이익이 없다(유사 대법 2000다22246).

〈쟁점 3〉 일부청구와 잔부청구

전소가 동일채권의 명시적 일부청구일 때는 나머지 잔부청구를 하여도 중복소송이 아니다(판례). 그러나 후소인 잔부청구를 전소인 일부청구에 병합시키는 방향의 소송지휘가 옳을 것이다(단일절차병합설).[事例 51]

(3) 국제적 중복소송(국제소송의 경합)*[事例 52]

소송의 global화로 외국법원에 전소가 계속 중 동일사건의 후소로 국

---

* 당사자도 같고 쟁점도 같으나, 불법행위지의 나라가 다른 다국적소송(multi–State litigation)이 성행한다. 애플이 삼성전자를 상대로 미국을 비롯하여 10개국에 디자인 침해소송을 제기한 예가 그것이다. 이러한 사례는 국제적 중복소송이 아니다.

내법원에 제소되는 일이 있는데, 적법한가의 문제이다. 후소에 대한 ①
규제소극설, ② 전소판결이 우리나라에서 승인될 것이 예측되면 부적법
하다는 승인예측설(대륙법계), ③ 외국과 우리나라 중 어디에서 재판함이
적절할 것인가의 비교형량설(영미법계)이 있다. 다수설과 하급심판례는
②설을 따른다.

[事例 51] 일부청구와 잔부청구의 남용 사례

인지대의 부담 등으로 일부청구를 하였다가 잔부를 뒤에 청구하는
예가 많지만, 이와 다른 사례가 있다. 원주의 제 1 군사령부 예하부대에
서 군용차사고가 나서 인명피해로 甲이 사망하였다. 그리하여 甲의 유
족들이 국가를 상대로 손해배상의 청구를 하여 사고지^{불법행위지}인 춘천지
법 원주지원에 소송을 제기하면서 손해액으로 적극적 손해배상인 치료
비와 정신적 손해 즉 위자료만을 일부청구한다. 한편 이 소송이 계속
중인데도 甲의 유족들은 국가소송의 법률상 대리를 할 법무부 소재지
인 수원지법 안양지원에서는 남겨놓은 소극적 손해, 즉 수입상의 일실
손해에 대하여 별도의 소제기를 한다. 이는 이와 같은 사정을 알 길 없
는 원주법원이나 안양지원은 각기 甲의 유족들이 양보심이 있다고 후
하게 보아주기를 기대해서 이렇게 따로 소제기를 하는지도 모른다. 잔
부청구인 후소를 소권의 남용도 된다고 하여 중복소송으로 보고 부적
법 각하로 대처할 것인지, 아니면 후소인 안양지원사건을 전소인 원주
법원으로 소송이송결정으로 보내어, 두 소송이 병합이 되어 하나의 사
건이 되도록 할 것인지 고민이 된 일이 있다. 소통^{transfer}이 수월해지는 이
시대상에는 뒤의 것이 맞을 것이다.

[事例 52] 신일본제철과 포스코 간의 소송

일본의 신일본제철의 퇴직사원인 X로부터 포스코가 전자강판의 기술정보를 빼내어 전자강판을 생산한다고 하여, 신일본제철 측이 부정경쟁방지법 위반임을 들어 포스코, 포스코 일본법인, 퇴직사원 X에 대하여 986억엔우리 돈 약 1조원의 손해배상청구를 하는 한편, 동종의 강판의 제조·판매금지 청구를 2014년 4월 일본 동경지방재판소에 냈다. 문제의 강판은 변전소에서 각 주택에 전기를 보내는 변압기에 쓰이는 것으로, 그 제조에는 고도의 기술을 필요로 한다는 주장이었다. 이 고도기술의 강판은 원고 신일본제철 측의 세계시장의 점유율이 30%에 달한다고 한다. 이 소송제기에 앞서 일본 개정민소법에 따라 신일본제철은 2011년 10월에 포스코 등에 제소예고통지를 한 바 있다. 신일본제철 측이 일본법원에 위와 같은 내용의 제소를 한 뒤에, 우리나라 법원에 별도로 동일사건의 제소를 한 바는 없다. 따라서 전형적인 국제적 중복소송이 나타난 것은 아니다. 그렇게 되었다면 먼저 제기한 일본법원의 판결의 승인예측이 된다 하여 우리 법원에 제기한 후소는 부적법각하할 수밖에 없을 것이나, 그렇게 되지는 않았다.

이제 일본소송의 피고인 포스코 측은 이에 대항하여 원고인 신일본제철 측을 상대로 그와 같은 배상의무가 없다는 배상채무부존재확인의 소를 그곳에서 반소로 제기하지 않고 우리나라 대구지방법원에 제기하였다. 이 경우 처리가 문제되는데, 우리나라에 제기한 이 소송도 전소와 중복소송이 된다 하여 이것마저 금지한다면 피고는 외국에 찾아가 응소를 강제당하는 길밖에 없다. 따라서, 이와 같은 소극적 확인의 소까지 중복소송이라 하여 불허할 것은 아니며 이는 허용해도 된다고 할 것이다.* 신일본제철은 미국법원에도 같은 내용의 소송을 제기하였다.

* 준지, 신민사소송법(제15판), 295면.

이러한 양자간의 소송상태에서 꽤 오래 끌다가 양측이 소취하합의를 하고, 신일본제철은 포스코 측으로부터 화해금으로 300억엔을 받고 모두 끝을 냈다.

신일본제철은 이밖에도 한국과 큰 쟁점이 되는 소송이 있다. 그것은 바로 일제강제징용 피해자들이 제기한 손해배상소송에서 패소확정판결을 받은 사건인데, 그 회사의 한국 투자주식에 대한 강제집행단계에 있는 사건, 한일 간의 외교분쟁으로 확산되는 큰 이벤트가 되고 있음은 앞서 본 바이다.

3. 실체법상의 효과

(1) 시효중단

• 소제기의 주된 효과는 압류·가압류·가처분과 더불어 권리자가 더 이상 자기 권리 위에 잠자지 않고 잠을 깨어 행사하는 것이므로 진행되던 시효가 중단된다. 권리자가 채권에 대하여 소를 제기하면 소멸시효가 중단된다(민법 제168조). 물권에 관하여 소를 제기하면 등기·점유취득시효가 중단된다(민법 제247조 제 2 항, 제168조).

• 이행의 소·확인의 소가 중단의 대상이고 형성의 소(행정소송)는 안 되지만, 과세처분취소무효확인의 소는 다르다(대법(전) 91다32053).

• 소송물로 주장하는 실체법상 권리만 시효가 중단된다(구이론). 따라서 손해배상청구의 근거로 불법행위채권만 주장했다면 경합될 계약불이행채권은 중단되지 않는다(판례).

• 명시적 일부청구인 경우는 잔부청구는 중단되지 않는다(명시설, 판례·통설).

• 이미 이행소송으로 확정된 채권이라도 시효중단을 위한 재판청구확인의 소가 허용된다(2015다232316).

(2) 법률상 기간의 준수

• 소의 제기는 시효기간과 다른 제척기간의 준수효과. 1년짜리 점유

소송(민법 제204조 제3항). 1년(안 때부터) 내지 5년(있은 때부터)의 채권자취소소송(민법 제406조 제3항). 3년/10년의 상속회복소송(민법 제999조 제2항)이 있다. 단기간의 가사·회사소송 등에 그러한 기간이 적지 않다.

(3) 지연이자와 소송이자

- 지연이자는 민사 5%, 상사 6%이나 소장송달 다음날부터 1심은 종전 연 20%에서 15%로 낮추는 개정을 하였다가, 현재는 12%로 되었다.[事例 53]

- 이행의무의 존부·범위에 관한 채무자의 항쟁이 상당할 때는 특례이자의 적용배제

- 다만 사실심 판결 선고 이후는 항쟁이 이유없다고 보아 무조건 연 20%

- 이는 피고의 부당응소로 지연책 방지의 목적이나 현재의 경제계의 상황으로는 지나친 고율로서 위헌성이 있다.

[事例 53] 과거의 연 20% 소송이자

2011년 9월 대구의 K-2 공군기지 주변 주민 2만6,700여 명은 정부를 상대로 한 전투기 소음 손해배상청구소송에서 최종 승소했다. 배상금은 총 511억원. 여기에 1심 선고 뒤 바로 배상이 되지 않고 대법원까지 상고하며 연 20%의 비율에 의한 지연이자 288억원이 덧붙어 799억원이 됐다. 국가를 피고로 하는 소송에는 원고가 상소감이 아닌데도 일부 승소의 경우에 나중에 집행에 문제가 없고 사실심 판결 선고 후는 무조건 연 20%의 고율의 지연이자가 붙는다는 것을 계산하여 원고 측이 오히려 상소로 소송을 끌면서 이와 같은 결과를 이룬 것 같다 상소권의 남용(?). 어떻든 주민을 대리하여 승소한 변호사가 이 중 365억원을 크게 챙겨 갔다 원금 511억원×15%=77억원+이자 288억원. 변호사는 계약에 '배상액의 15%인 77억원과 지연이자 전액'을 받게 되어 있다는 약정을 근거로 들었다. 이에 주민들은 "지연이자를 변호사 몫으로 한다고 하지 않았다"며 변호사가

받아간 지연손해금 반환소송을 냈다. 변호사 측이 "절반을 돌려주겠다"고 제의하자 일부 주민은 이를 받아들였으나 수용하지 않은 1만1,000여 명은 소송을 진행했다. 2014년 5월 대구지법 제15민사부는 이 중 4,600여 명이 낸 소송에서 "50%를 반환하라"고 판결했다.* 그러나 다른 주민 3,000여 명이 낸 소송에서는 80%를 돌려주라는 판결이 나왔다.

이는 특례법 제3조의 연 20%_{이제 1심은 12%}의 지연이자가 조리에 맞지 않고 비현실적임을 보여준 단적인 사례이다. 은행정기예금의 이율이 연 1%대의 시대이고 은행 연체이율도 연 10% 내외인 만큼, 비교법적으로 압도적인 폭리가 될 지연이자이다. 대통령령개정으로 1심은 연 20%에서 15로 인하한 입법이 2015. 10. 1.부터 시행되었다. 이는 2014년 민사소송법 특별개정위원회의 강력한 개정건의사항이었다. 2019년부터는 다시 지연이율이 연 12%로 인하하였다. 이것조차 금리 제로시대에 걸맞지는 않는다.

변호사는 이 사건으로 인하여 원고 주민으로부터 횡령죄로 피소되었고, 이 막대한 소득을 세무서에 신고도 하지 않은 채 주식투자로 재미를 보려고 하다가 세금포탈로 기소되었다고 한다. 불로소득의 횡재는 뒷수습이 잘 안 된다는 선례를 남긴 사례이기도 하다.

---

* 중앙일보 2015. 5. 22.자 기사 14면.

제 2 장 변 론

제 1 절   변론의 의의

[변론의 구도]

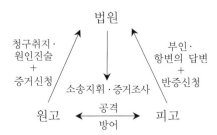

- 소장제출이 되었을 때에 소장부본송달 → 피고의 답변서 제출 → 변론인 제 3 단계로 진입하게 된다.
- 변론은 넓게는 신청 · 주장 · 증거신청 등 당사자의 소송행위 + 소송지휘 · 증거조사 · 판결선고 등 법원의 소송행위를 말한다.
- 좁게는 이 중 당사자의 소송행위만을 말한다.
- 2011년 5월부터 전자소송의 도입 이래 전자구술변론을 뜻하는 소통의 presentation 변론(이 책 표지 참조). 컴퓨터 등 viewer로 중요증거를 띄워 법관 + 당사자가 같이 보면서 소통의 장을 마련
- 판결은 원칙적으로 법원에서 열리는 변론을 거쳐야 한다(필요적 변론의 원칙. 제134조 제 1 항).
- 예외 — 무변론판결 · 소각하판결 · 상고심판결 등(임의적 변론)
- 결정으로 완결될 사건 — 제척 · 기피 사건, 이행권고사건, 소송비용의 확정, 판결의 경정, 가압류 · 가처분사건, 회생사건 · 파산사건 · 개인회생사건 등은 변론대신 심문기일을 열 수 있다. 또 공개심리 · 쌍방심리 · 구술주의 · 직접심리 · 변론주의에 의하지 않을 수 있다.

제 2 절　변론에 관한 제 원칙

[변론에 관한 제 원칙]

구　분	개　념	내　용	예　외
공개심리주의	재판의 심리·판결선고 공개 (헌법 제109조, 법원조직법 제57조)	법정공개 당사자 공개 (기록열람·증거조사)	영상변론 재판합의 변론준비절차 상고심 절차
쌍방심리주의	양쪽 평등하게 소송자료 제출기회 보장 (헌법 제11조, 민사소송규칙 제28조 제 2 항)	소송절차 중단·중지, 대리인제도, 본안재판은 증명 아닌 소명 안 됨 (헌재 2005헌마165)	소액·독촉절차, 가압류·다툼대상 가처분 절차
구술심리주의	변론과 증거조사는 구술 (제134조 제 1 항, 규칙 제28조 제 1 항, 제331조)	당사자: 말로 변론 법원: 말로 쟁점확인 말로 한 소송자료만 참작	소·상소·재심의 제기, 결정완결의 사건, 답변서 부제출사건, 상고심 사건
직접심리주의	판결할 법관이 변론청취·증거조사 (제204조)	단독판사나 합의부법관 과반수 바뀔 때 증인의 재심문	법관경질 시 갱신절차, 수명·수탁판사제도, 재판장 등의 변론준비절차
처분권주의	절차의 개시, 심판의 대상·범위, 절차종결: 당사자의 의사 (제203조)	직권에 의한 절차개시 없음 신청사항과 범위 내에서 심판 취하, 청구포기·인낙, 화해·조정에 의한 절차종결	가사소송·행정소송: 청구의 포기·인낙·화해·조정 불허
변론주의	사실·증거 등 소송자료의 수집·제출책임은 당사자	주요사실의 주장책임, 자백의 구속력, 증거제출책임 → 석명권에 의한 보완 [事例 56·57]	법률해석적용·증거의 가치평가, 행정소송·가사소송 등 직권탐지, 직권조사사항
적시제출주의	공격방어방법 (주장·항변 등 사실과 증거) 적시에 제출 (제146조)	적시부제출시에 3실권효(失權效): 재정기간 이후의 제출, 실기한 공격방법,[事例 58] 변론준비 기일 후의 공격방어방법의 제출	직권탐지주의 직권조사사항

구 분	개 념	내 용	예 외
집중심리주의	한두 건 놓고 집중 증거조사·계속심리(주 3·4일) (민사소송법 제272조)	변론준비절차에 의한 쟁점정리, 집중증거조사, 계속심리주의	여러 건 놓고 조금씩 띄엄띄엄 심리의 병행심리주의 (3, 4주의 간격두고 심리)
직권진행주의	소송의 진행은 법원에 주도권 = 재판장의 소송지휘권 (제135조)	송달, 기일의 지정, 증인 등의 출석요구, 기간의 재정, 판결의 성숙 확정은 법원의 직권	당사자진행주의 (첫 기일은 합의로 변경)
자유심증주의	사실의 진부(眞否)판단에 법정증거법칙 없고, 법관의 자유심증으로 판단 (제202조)	증거방법의 무제한, 증거력의 자유평가, 증거공통의 원칙, 진실일 고도의 개연성을 요하는 증명	증거방법·증명력의 법정 당사자 간의 증거계약 유효

※ 여기에다 변론기일 출석주의: 결석이면 3간주의 불이익(소취하 간주, 진술간주, 자백간주)
※ 이러한 원칙은 판결절차에서 적용되는 것이고, 결정으로 완결될 사건에서는 거의 적용이 없다. 사실의 진부를 가리는 심증도는 '증명'이 아닌 '소명'

- 이 가운데 처분권주의[事例 54]와 변론주의는 사적자치의 소송법적 반영이라 하여 매우 중요시된다. 양자를 합하여 당사자주의(adversary system). 그 반대가 직권탐지주의 내지 직권주의

- 당사자가 주장책임과 증명책임을 지는 변론주의하에서, 이 책임을 제대로 못하는 소송수행능력이 불완전한 자[事例 55]를 법원이 돕는 의미의 석명권(제136조)이 있다. 석명권의 내용은,

① 소송관계를 분명하게 못할 때에 당사자에게 질문하여 밝히는 것

② 증거를 대지 못할 때에 증명책임 있는 당사자에게 증거대라고 증명촉구

③ 당사자가 간과하는 법률적 관점이 있을 때 지적하고 진술기회의 제공 (지적의무)*

- 석명권은 당사자의 판결신청·주장이 불분명·불완전·모순이 있을 때 행사하는 소극적 석명이 원칙이다('거시기', '기타 등등', 한글로 '주식대'인데, 점심값, 주식값 중 어느 것인지 모를 주장 따위, 애매한 때에 밝히기 위한 석명). 새로운 신청·공격방법의 제출을 권유하는 적극적 석명(소멸시효의 항변유도 등)은 변론주의의 위반이다. 그러나 본인소송(나홀로 소송)에서 당사자가 법원의 적극적 석

---

* 예) 甲은 소유자인 丙으로부터 목적물의 매수인, 乙은 목적물의 무단점유자인데도, 甲이 乙에게 직접인도청구를 하였을 때, 甲이 소유권자 丙을 대위(간접)청구할 것임을 지적하고 그에 관한 乙의 의견을 듣는 따위(대법 2007다19006·19063).

명을 기대하여 문제이다(본인소송에서 당사자는 재판장의 입만을 쳐다본다는 말이 있음).

[事例 54] 불고불리의 원칙과 처분권주의

대구지법은 2014년 4월에 경북 칠곡에서 여덟 살 난 의붓 딸을 짓밟고 때려 장파열로 숨지게 한 계모에게 징역 10년[뒤에 15년 확정], 같은 날 울산지법은 주먹과 발로 머리와 가슴을 수차례 때려 숨지게 한 계모에게 징역 15년을 각 선고하였는데, 울산계모는 부검 결과 갈비뼈가 24개 중 16개를 부러지게 하였으며, 장기를 손상시켰다고 한다. 이 두 사건에 대하여 피해자 측이 분노함은 물론 사회여론이 너무나 가벼운 솜방망이 처벌이라고 법원을 질타하며, 선진 외국이라면 이는 무기징역감이라며 혹평하고 있다.

이들 사건에 대하여 대구법원 측을 변명해 주려는 뜻에서 하는 필자의 말이 아니다. 다만 대구지검은 상해치사죄를 적용하여 기소한 것으로 알고 있으며, 그렇다면 살인죄가 아니라 상해치사죄의 법정형이나 양형기준으로 보아 판사의 양형이 그렇게 무리하다고는 말할 수 없다. 형사소송법상 검사가 법정형이 3년 이상의 유기징역인 상해치사죄로 기소한 이상 판사는 이것보다 더 무거운 살인죄를 적용하여 형량을 높일 수는 없는 것이며 상해치사죄의 법정형의 틀 안에서 판단할 수밖에 없다. 그것이 형사소송법의 불고불리의 원칙인 것이다. 대구사건에서도 이제라도 검사가 상해치사죄를 살인죄로 공소장변경을 하여 살인죄로 재판하기를 원한다면 법원은 이를 받아 형을 높일 수 있을 것이다.

필자도 난로 위에 올린 양동이의 물이 100°c로 끓는 상태에 있을 때 그 양동이를 들어 피해자의 얼굴에 퍼부어 3도 화상 등 치명상을 입혀 사망케 한 사건을 재판한 바 있다. 피고인이 끓는 물을 얼굴에 부으면 죽을 수도 있다는 인식[미필적 고의] 하에 범행을 저지른 것으로 보여져 살인죄로 기소가 가능할 것임에도 검사가 폭행치사죄로 기소하여 유감은 있었으나 법정형 범위 내에서 처벌한 일이 있었다. 판사는 수사와 기소를 한 검사가 원하는 죄목대로 그 범위 안에서 해당여부를 재판할 수 있을 뿐 검사의 공소장변경이 없으면 그를 넘어서 재판할 수는 없다.

이와 같은 형사소송법의 불고불리의 원칙에 대응하는 것이 민사소송법 제203조의 "법원은 신청하지 아니한 사항에 대하여는 판결하지 못한다"는 당사자 처분권주의이다. 원고가 원하는 소송물에 대하여 원하는 범위 내에서만 법원은 판결하여야 한다. 예컨대 2009. 4. 19.부터 연 30%의 지연손해금 청구에 2008. 11. 1.부터 연 30% 지연손해금의 배상명령은 처분권주의의 위반이 된다^{대법 2012다55198}. 다만 최근 판례는 재판상 이혼의 경우, 당사자의 청구가 없어도 법원이 직권으로 친권자 및 양육자를 정하는 재판을 할 수 있다는 예외를 인정한다^{대법 2013므2397}.

[事例 55] 단기 채권의 소멸시효의 항변

甲은 대부업을 전문으로 하는 자, 乙은 부동산중개업을 하는 자인데, 甲은 1998년 1월부터 2007년 말까지의 10년간에 걸쳐 여러 차례에 행한 대여금 10억여 원의 청구소송을 2007년에 와서야 비로소 제기하였다.

제1·2심 모두 원고의 주장 가운데 1998년부터 2003년 말까지의 5년간의 대여금채권의 주장부분은 상사채권이 분명한 만큼 5년의 상사채권이 시효완성으로 소멸되었다는 항변을 할 수 있었는데도 피고는 하지 아니하였다.

이와 같은 사례에서 첫째로, 이를 발견한 법원이 직권조사사항으로 원고청구 중 앞의 5년의 채권은 甲, 乙이 모두 상인임에 비추어 상사채권이므로 피고의 항변이 없어도 상법 제64조의 5년의 상사채권의 소멸시효가 완성되었다고 그 부분 甲의 청구를 기각할 수 있는가. 소멸시효의 완성은 권리소멸규정의 요건사실인 항변사실로서 주요사실이므로 주장책임이 피고에게 있는데, 피고가 변론에서 주장하지 않고 넘어 갔으면 변론주의의 원칙상 법원은 판결의 기초로 할 수 없다^{대법 91다5631 등}. 물론 소멸시효기간이 아니고 제척기간이라면 직권조사사항이므로 얘기는 달라질 것이다.

둘째로, 피고 乙이 시효항변을 하지 아니하는데 법원이 이를 알아 차리라고 乙에게 소멸시효 완성의 항변을 유도하는 석명의무가 있다고 할 것인가. 당사자의 주장이 명백한 경우인데도 새로운 공격방법의 제출을 유도하는 석명은 적극적 석명에 해당되어, 변론주의의 위배가 되므로 의무사항이 아니다^{대법 66다1304, 68다1867}. 이는 법관의 중립성에도 저촉된다.

셋째로, 1·2심에서 소멸시효의 항변을 간과한 乙이 패소하여 상고심에 이르러 이를 늦게나마 알아차리고 상고심에서 시효항변이 가능할 수 있는가. 상고심은 법률심이고 사실관계 심리를 하는 사실심이 아니다. 따라서 상고심에서는 제1·2심에서 주장하지 아니하였던 사실주장이나 증거제출은 허용되지 아니한다. 소멸시효의 항변은 법률상의 주장이 아니고 사실상의 주장＝권리소멸사실의 주장이므로 허용되지 않는다. 다만 상고심인 대법원에서 甲, 乙 간의 사건이 다른 사유로 파기환송되어 사실심인 고등법원으로 되돌아 온다면, 그때의 환송심에서는 소멸시효의 항변이 가능할 수는 있다. 단, 때늦어 실기한 방어방법이라 하여 그 항변이 각하^{제149조}될 여지를 완전히 배제하지는 못할 것이다.

[事例 56] 지적의무의 입법과 제도의미

민사소송법 제136조 제4항은 "법원은 당사자가 간과하였음이 분명하다고 인정되는 법률상 사항에 관하여 당사자에게 의견을 진술할 기회를 주어야 한다"고 지적의무를 규정하였다. 이 규정은 일본법을 모사^模

^{創設}한 것이 아니라 독일 1976년 개정법률인 민사소송법^{ZPO} 제278조 제 3 항^{현행 제139조 제 2 항}을 모델로 하여, 1990년 민사소송법 대개정시에 새로이 신설한 것이다. 이것은 독일에서도 신설된 지 얼마 안 되는 일천한 입법이었다. 당사자가 미처 생각하지 못한 법률적 관점에 기하여 법원이 판단할 때에는 당사자에게 그에 관한 의견진술의 기회를 주라는 취지로 예고 없는 기습판단^{Überrraschungs-entscheidung} 방지를 위한 입법이다. 이는 법원의 법률적 관점 선택의 자유를 강조하는 신소송물이론과 맥이 통할 수 있는 제도라고 보았다.

그리하여 필자가 당시 민소법 개정위원의 한 사람으로서 강력히 추진한 바 있었으며 그 결과 입법이 성사되었다. 제안자로서 이 제도가 신소송물이론과 직접은 아니나 연결될 수 있음을 공개적으로 밝힌 바는 없다. 왜냐하면 신소송물이론과 연관이 있다고 밝힌다면 기존의 구소송물이론을 따르던 개정위원들의 거부 반응을 피하기 어려울 것이라는 걱정 때문이었다. 현재 이 제도는 실무상 크게 활성화되고 있는데, 이와 함께 제 1 조의 신의성실의 원칙, 피고의 경정·필수적 공동소송인의 추가, 변호사보수의 소송비용산입과 독촉절차의 간소화 그리고 2002년 신민사소송법의 예비적·선택적 공동소송 등이 일본법 모사를 어느 정도 탈피한 우리의 대표적인 성공적 새 입법사례로 꼽히고 있다.

일본에서는 학설로 '법률적 관점 지적의무'라고 하여 통설화되어 있지만, 입법화까지는 진행되지 아니하였다. 그리하여 이제서야 비로소 일본에서 민사소송법 개정사항의 하나로 보고 있다는 점에서 우리의 법이 한 발 앞섰다고 말할 수 있을 것이다^{그렇다고 일반적으로 아직 우리 법이 일본보다 앞서 있다고 말할 수는 없다!}. 일본에서 신설규정을 둔다면 적극적으로 "법원이 중요하다고 인정하는 법적 관점을 당사자 일방 또는 쌍방이 간과하고 있는 경우에는 법원은 그 법적 관점을 당사자에게 지적하지 아니하면 안 된다"의 형태로 하는 방안과 소극적으로 "당사자가 간과하고 있는 법적

관점에 대하여서는 미리 지적하지 아니하면 판결의 기초로 할 수 없다"는 형태의 제안이 나오고 있다.[*]

우리 법제에서 이러한 지적의무의 신설에 의하여 소극적 석명에서 출발하여 증명촉구로 진화한 석명권제도를 불의의 타격 방지 석명으로까지 발전시켰다고 평가할 수 있을 것이다. 더 나아가서는 신소송물이론처럼 법원에 법률적 관점에 대한 선택의 자유를 준 것은 아니로되, 이를 통해 법원이 당사자에게 유리한 법률적 관점의 주장기회를 줄 수 있는 점에서 그 의의는 지대하다고 할 것이다. 이는 이미 대법 2011다55405에서 확인된 바이다. 최근 독일 민사소송법 제139조 실질적 소송지휘의 규정 제2항에서 지적의무를 법률적 관점에 한정하지 않고 사실적 관점으로까지 확장시켰다. 이는 당사자가 주장하지 아니하는 사실도 지적하며 그에 기한 판단에 앞서 당사자에 사전 의견진술의 기회를 주는 절차보장이라고 할 것이다.

[事例 57] 본인소송(나홀로 소송)과 석명권

변호사 없이 당사자 본인이 홀로 나서는 '나홀로 소송'이 인터넷의 발달로 늘어나는 현실에서 석명권이 문제가 된다. 당사자는 소송자료인 사실자료·증거자료의 수집, 제출이 자기의 책임이고 법원의 책임으로 돌리지 않는 변론주의를 잘 모른 채로 소송에 임한다. 당사자가 판결의 기초가 될 사실관계를 밝히고 증거를 제대로 제시할 책임이 자기에게 있음을 생각하지도 않는다. 그럼에도 원고의 주장에 항변하는 피고에게 증거를 대라고 증명촉구를 하였더니, 내가 왜 증거를 대야 하느냐고 반발하는 사람도 있었다. 또한 설령 그러한 자기책임을 안다고 하여도 이를 감당할 능력이 없는 경우가 보통이다. 따라서 당사자의 주장에 불

[*] " 〈심포지움〉 民事訴訟法의 今后의 課題," 日本 民訴雜誌 59(2013), 154면.

분명·불완전·모순 그리고 법적으로 정리되지 않거나 제시해야 할 증거를 제대로 제출하지 못하는 경우도 많다. 나홀로소송에서는 당사자가 '판사의 입만 쳐다본다'는 말이 있을 정도이다. 그리하여 당사자소송에서는 법관이 변호사대리소송과는 달리 석명권을 통하여 사실관계를 명료하게 하고 증거제출을 능동적으로 하도록 소송지휘를 하는 것은 당연하다. 원래 석명권제도가 본인소송제도에서 출발한 점에 비추어도 그러하다.

판례에 있어서도 법률전문가가 아닌 본인소송의 경우라면 증명책임의 원칙에만 충실하여 증명이 없는 것으로 보아 판결할 것이 아니라 적극적으로 증명촉구를 하는 등의 방법으로 석명권의 적절한 행사로 진실을 밝혀 구체적 정의를 실현하려는 노력을 게을리 하여서는 안 된다고 하였다. 그렇다고 하여 석명권이라는 이름으로 법관이 변호사가 고객과 법률상담을 하면서 해결방안을 제시해 주듯 재판을 진행할 수는 없는 것이며, 정도가 지나치면 중립법관에 의한 재판을 받을 권리의 침해 문제가 생길 수 있다. 판사는 검사나 수사관일 수는 없으므로 사실의 직권탐지나 직접 증거수집에 나설 수 없는 내재적 한계가 있는 이상 본인소송이라도 석명권의 적극적 행사에 조심스럽게 접근할 수밖에 없다. 본인소송에서 석명권의 지나친 강화는 사건 내용을 누구보다 잘 아는 당사자의 소송자료 수집에 있어서 자기책임을 희석시키고 법원에 책임을 전가하는 부작용을 낳는 문제도 있다. 다만 앞으로 변호사의 도움이 없이 본인 스스로 소장·답변서·준비서면·증거신청서 등의 제출에 도움이 될 인터넷 사이트가 더욱 활성화되고 있는 상황이고, 여기에 부응하여

대한민국법원 나홀로소송 홈페이지 초기화면
(http://pro-se.scourt.go.kr)

사이버공간에 법원에서 직접 운영·관리하는 '대한민국 법원 나홀로 소송' 홈페이지가 개설되어 있어 참 다행스러운 일이다. 나아가 '나홀로소송'지원 프로그램이 정부3.0 추진위의 국정2기 핵심과제로 선정되어 개발된다고 한다^{단 변호사협회 측의 반발이 크다}.

현재 법원에서는 12개 사건 유형^{대여금, 양수금, 임금, 약정금, 임대차보증금, 매매대금, 물품}^{대금, 공사대금, 어음금, 손해배상금, 수표금, 건물명도 등}의 소장작성을 지원하는 한편, 피고의 답변서, 준비서면 등도 지원을 하고 있다. 또 서식모음 사이트가 있어 이를 이용하면 웬만한 것은 해결할 수 있다. 작성된 소장을 전자소송으로 연계하는 시스템도 최근에 구축되어 이는 더 늘어날 전망인데, 접수 사건 중 2006년 63%에서 2014년 70%를 넘어서는 등^{110만건 중 82만건} 증가세를 보이고 있다. 더구나 중간의 개재 없이 수요자와 공급자 간의 직접거래^{소위 '직구'}에 의한 시간과 비용절감의 사회구조로 변모하는 시대이니만큼 소송의 세계에서도 법무사·변호사 없이 사법수요자인 당사자가 사법공급자인 판사와 직접대면하는 직구시대의 나홀로 소송은 점증할 추세이다. 다만 무작정 감정의 호소 속에서 소송자료를 제대로 다듬어 오지 못하는 사법수요자와 직접대면해야 하는 법관의 재판고충이 크게 늘 수밖에 없고 사법에 의한 권리보호의 지연과 질적 저하는 불가피할 것이다. 그 대책으로 법관의 대폭증원 외에도 변호사구조가 포함되는 소송구조제도의 확충개선이 필요할 것이다.

역설적이나 변호사대리소송보다 나홀로소송에서는 재판장의 적절한 소송지휘로 쉽게 화해를 끌어낼 수 있다는 장점이 있다. 보통 변호사보다는 당사자가 더 솔직할 수 있기 때문이다.

[事例 58] 적시제출주의와 실기한 공격방법

민사소송법 제146조는 공격방어방법, 즉 주장과 증거는 소송의 정도에 따라 적절한 시기에 제출하여야 한다고 하여 적시제출주의를 규정하고 있다. 적시에 제출하지 않으면 소송이 지연되기 때문이다. 우리 법은 적시제출주의의 확보책으로 주장제출기간과 증거신청기간을 정하고 이를 어기면 실권시키는 재정기간제도, 실기한 공격방어방법의 각하, 변론준비기일의 종결효 등 3실권효를 두고 있다. 이 사례는 그중 실기한 공격방어방법의 제출에 해당하는 소송지연책을 쓰는 사례이다.

서울의 5성급 호텔인 A호텔의 지하 1층에 큰 유락시설을 임차한 乙이라는 임차인이 있었다. 마침 임대차 기간이 만료되고 임대료 인상 문제에 임대인인 호텔주인 甲과의 조정도 안 되어, 결국 甲이 乙을 상대로 지하 1층의 명도청구와 임대료 상당의 손해배상청구소송을 제기하였다. 이렇듯 건물명도소송이 있으면 임차인은 임대료를 줄 생각도 하지 않고 임대인은 받을 엄두도 내지 못하기 마련이다. 그렇다고 명도소송이 난다고 해서 그것이 외부로 공고가 나는 것도 아니므로 임차인의 장사에 지장을 줄 것도 없었다. 그리하여 임차인 측은 모든 수단을 강구하여 소송을 지연시키려고 한다. 지연은 임차인의 임대료 무임승차가 되기 때문이다. 그리하여 그의 대리인은 원고 측의 청구원인 사실인 원고의 소유권과 피고의 불법점유에 대하여 적극·소극의 부인을 하면서 한참을 끌고 나간다. 그 다음에 가서는 임차한 건물 부분에 막대한 수리비를 들여 시설 투자를 하였다는 것을 내세워, 그 수리비가 임대주인에 보탬이 되는 유익비라도 좋고 필요비라고 하여도 좋은데, 그 비용 상환청구권이 임차인에게 있으니 이를 피담보채권으로 한 유치권항변을 한다. 그 항변의 당부를 가리기 위하여 재판부가 수리비 투입의 현장검증을 실시하고 투입한 수리비 수액에 대한 감정의뢰를 한다. 감정 결과가 나올 때까지는 상당한 시간이 걸려 그 시간만큼 명도소송을 지연시킬 수 있다. 이것으로 지연전술이 끝나는 것은 아니고 나아가 甲이 乙에게서 임차건물 부분의 실제면적보다 관리비를 부풀려서 받았으니,

그 면적에 대한 감정신청과 동시에 그 초과관리비 부과는 임대인인 甲의 부당이득이고, 임차인인 乙에게로 이를 되돌리라는 부당이득반환의 반소청구도 제기한다. 게다가 반소청구의 인지대를 의도적으로 일부만 납부하고 나머지 보정명령을 기다리며 그 기간만큼 시간을 벌고자 하는 꼼수까지 쓴다.

임대인 甲이 사건에서 이래저래 1년 반 이상 끌려갔을 때였던 것으로, 그는 선임변호사를 제치고 본인이 직접 법정에 나타나 자신의 권리구제에 법원은 아무런 소용이 없으니, 자신의 힘^{도끼}으로 乙과 대결하여 자력구제에 의한 해결을 하겠다고 법정에서 외치던 일이 생각난다. 그때 국가구제인 소송제도에 실망과 환멸의 외침에 얼굴이 화끈거렸다. 그리하여 반소뿐 아니라 유치권 항변 모두 고의·중과실로 늦게 제출하고 소송의 완결을 지연시킨다고 보아도 무리가 없는 경우로 판단하고 반소와 유치권 항변을 모두 배척하고 결심했던 일이 있다.

원래 유치권은 유체동산과 유가증권을 대상으로 하였는데^{스위스 민법의 태도}, 그것이 부동산, 특히 건물로 확대되면서 경매에서 저가매각을 유도하여 경매질서를 어지럽히는가 하면 건물명도소송의 지연책으로 악역을 도맡는다는 부정적인 측면이 있다^{경매공적 제1호}. 이 때문에 부동산 유치권은 그 폐지를 원칙으로 하되 발생 후 6개월 안에 저당권설정청구권만을 부여하는 민법개정안이 나와 있다.[*] 소송이 지연되면 국가가 지연으로 인한 비재산상의 손해 연 1,200유로의 비율의 보상금을 주는 제도가 독일에서 채택되어 있는데^{독일 법원조직법 제198조}, 이 제도의 도입도 검토할 때이다.

[事例 59] 삼성전자 v. Apple의 특허소송과 Lucy Koh 판사

삼성전자 대^對 Apple의 스마트폰 특허침해소송은 4대주^{북미, 유럽, 오세아니}

---

[*] 법률신문 2014. 4. 3.자 기사 '유익비' 참조.

^{아, 아시아} 9개국에서 30여 건의 소송이 계류 중인 인류역사상 처음 있는 국경 너머의 동시다발의 대소송으로 평가되었다. 특허전쟁이라는 말이 나오는 획기적 사건이라 한다. 이 소송은 판매금지 가처분사건에서 시작하여 본안사건으로 이어졌다. 그 대표적인 미국 캘리포니아 북부 연방지방법원 새너제이^{San Jose}지원의 Judge Koh의 심리사건을 살펴본다. 보통 미국에서 특허분쟁은 대부분 화해·합의^{settlement}로 해결되고 2% 정도만 배심원참여의 공판에 부쳐지는데, 이 사건은 몇 차례 판사의 화해 권고에도 불구하고 공판^{trial}까지로 나간 이례적 사건이다.

1. 제 1 차 재판일정(디자인 특허등 소송)

일 정	비 고
2011년 4월 15일	애플, 삼성전자 제소
2011년 6월 30일	삼성전자, 애플 제소에 반소
2012년 2월 8일	애플, 삼성전자 추가 제소
2012년 4월 18일	삼성전자, 애플 추가 제소에 반소
2012년 8월 24일	배심원, 애플 승소 평결(verdict) (손해배상액 10억 5,000만 달러)
2013년 3월 1일	법원, 1심 판결 (판사가 손해배상액 10억 5,000만 달러 중 6억 4,000만 달러만 확정, 4억 1,000만 달러 재심의에 회부)
2013년 11월 21일	배심원 재평결 (손해배상액 4억 1,000만 달러 → 2억 9,000만 달러로 축소)
2014년 3월 6일	법원, 1심 최종 판결 (손해배상액 9억 3,000만 달러 인정, 판매 금지 신청은 기각)
2015년 5월 18일	양측이 모두 Washington D.C. 소재 연방고등법원에 항소하여 일부 파기되어 배상액 4억 달러가 줄어들게 됨
2015년 11월 15일	화해를 위한 협상 마무리의 통보받고, 삼성이 5억 8,000만 달러를 애플에 지급
2016년 초	삼성이 미국연방대법원에 상고허가신청을 내어 동년 3월에 3억 9,900만 달러에 해당하는 design 특허부분에 상고허가 결정. 이 design권 재판이 120년 만에 다루어질 전망. 애플도 2016. 7. 29. 상고허가신청
2016년 12월	연방대법원은 손해액산정에 잘못이 있다고 하여 파기환송

① 미국의 민사소송절차를 간략하게 보면,

소장제출complaint files → 원고에 의한 피고 송달personal service → 30일 내 피고의 답변서 제출defendant response — 관할 등 본안전 항변pre-answer → 이해 당사자 참가joinder → 증거개시discovery → 공판전 회의와 3자 회담pre-trial conferences and meetings → 화해settlement로 끝나지 않을 경우에 배심공판과 판사에 의한 평결수용여부 판단trial and judgement → 수용 안 되면 배심원 평결 불구 재심리JML=new trial로 이어진다.

② 고 판사는 문제의 사건에서 법정에서의 9인의 배심원에 의한 법정에서 사실심리절차인 공판에 들어갔는데, 공판은 2주간에 걸쳐 집중심리를 위하여 매주 월·화·금으로 정하여 행하였다. 3주 내지 4주 간격을 두고 기일을 정하여 띄엄띄엄 심리병행심리주의하는 우리 관행과는 달랐다.

③ 배심원 10억 500만 달러 삼성전자의 배상평결7건 중 6건 특허 침해인정은 판사에 의하여 그 중 6억 4천만 달러만 인용되었으며, 나머지 4억 1,000만 달러는 손해배상액 산정에 문제가 있다 하여 일부재심절차partial new trial에 회부되어 2억 9천만 달러가 인용되었다. 결국 1심 합계 9억 3천만 달러 삼성전자지급의 배상판결이 났다.

④ 권리침해와 배상액은 배심원의 평결사항이나 종국적 금지명령final injunction과 고의적 권리침해willingful infringement 여부는 판사의 고유영역이다. 전자는 common-law 절차, 후자는 equity 절차라고 하는데, 삼성이 전자에서는 패소, 후자에서는 기각으로 승소했다. 제 1 차소송에 모두 항소하며 Washington D.C.의 연방항소법원은 Apple의 제 1 심 승소 9억 3천만달러 중 4억 달러 승소 부분을 파기하며 이 부분을 Apple 청구를 기각하라는 취지로 제 1 심법원에 환송reversal을 하였다.

⑤ 이제 삼성은 5억 9,000만 달러를 물어준 상태에서 삼성이 연방대법원에 상고허가신청을 내고 3억 9,900만 달러 특허부분에 2016년 3월 상고

허가결정writ of certiorari이 났다. 애플도 맞서 대법원에 상고허가신청을 냈다.

⑥ 2016년 12월에 이르러 연방대법원은 손해배상금의 산정에 잘못이 있다고 하여 다시 계산할 것을 명하는 취지의 파기환송을 하였다.

2. 제 2 차 소송(통신기술특허소송)

2014. 4. 초 Apple은 삼성 갤럭시 S3를 비롯한 10개 제품이 Apple의 5개 특허침해를 원인으로 20억 달러 배상소송을 제 1 차 소송과 동일한 법원에 제기하고, 삼성은 iPhone 5를 포함하여 2개의 특허를 침해하였다하여 6백 9십만 달러의 배상청구로 맞받아 반소청구를 하였다. 제 1 차는 스마트폰의 하드웨어, 제 2 차는 소프트웨어의 싸움이라 한다. 양사 간에 4대륙 9개국에서 벌였던 이 대소송에서 양측의 변호사 비용만도 수억 달러에 달한다. 담당판사인 Lucy Koh 판사는 이를 줄기차게 화해로 끝내라고 권유하였지만 삼성 측의 거부의사가 매우 강했다. 2차소송에서는 삼성이 Apple의 3개의 특허를 침해했다는 것을 기초로 애플 측은 삼성제품의 판매금지명령injunction도 함께 구하였다.

이 소송은 배심재판이 시작된 뒤, 삼성은 Android 체제의 Google이 실질적 피고라 하고 Apple은 어디까지나 삼성을 공격하는 것이라고 하며 공방이 벌어졌었다. 4주에 걸쳐 배심원 앞에서 증거에 관한 공판이 거듭되었는데, 2014. 5. 2. 에 Apple의 특허 중 2개가 침해되었다는 이유로

Android 5.0 초기화면

1억 2천만 달러 일부인용의 평결이 났다. 그러나 워싱턴 D.C. 항소순회법원은 약식재판으로 Apple이 문제 삼은 3개의 특허 중 한 개는 무효로 되고 두 개는 침해하지 않았다는 이유로 Apple 측이 패소한 것은 2016. 2. 초이다. Apple이 재심을 구하여 이때에 11명으로 구성하는

전원합의체 판결에서 결과가 뒤집혀 Apple이 승소하였다. 이에 삼성
측이 지난 3월에 미국연방대법원에 상고허가신청을 냈으나, 2020년
11월에 상고불허결정을 내어 결국 삼성의 1억 2천만 달러 판결이 확
정되었다.

3. 제 3 차 소송(평결 후 계속 판매 손해배상사건)

이처럼 1·2차 소송이 매듭지어질 단계이지만, 애플은 삼성을 상대로
최근에 제 3 차 소송을 제기하였다. 위에서 본 바와 같이 2012년 제 1 차
소송에서 배심원에 의한 삼성에 배상책임이 있다는 평결이 났음에도 삼
성이 갤럭시 S2 등 5개 제품을 계속 판매하였다는 이유로 추가적 배상
금과 그 이자조로 1억 8,000만 달러의 배상청구를 하여 위 새너제이 법
원에 계류 중이었던 것으로 안다.

이 시대 문명의 아이콘이라 할 수 있는 스마트폰의 특허전쟁은 아직
끝나지 않았다. 삼성전자·Apple에 이어 스마트폰 시장의 세계 3위인
중국의 화웨이가 삼성전자의 특허침해를 이유로 중국특허법원과 미국법
원에 각기 침해소송을 제기한 것이 최근이다.

4. Lucy Koh 연방판사

인터넷과 e-commerce가 시작된 지 20년이 된 새 시대에 실리콘밸
리를 관할하는 California 북부 연방지방법원 새너제이 San Jose지원에

Lucy Koh 판사

근무하는 한국계 이민 2세인 연방지법판사 Lucy
Koh한국명 고혜란가 600명의 연방판사 중 최연소 판사의
한 사람으로서 소송의 새로운 패러다임을 제시한 역
사적인 1·2·3차의 대특허사건을 담당하게 되었다.
그녀는 자녀 둘과 Stanford 대학교수인 남편現 California주
대법원 판사을 두고 있다. Koh 판사는 이뿐 아니라 Apple,

Google, Intel, Adobe 등이 맺은, 서로 타회사의 전직을 받아주지 않는 전직금지의 약정이 Anti-trust law^{독점금지법} 위반이라는 이유로 Software · Hardware 엔지니어, 프로그래머, 디지털 아티스트와 기타 기술자 등 64,000명이 제기한 90억 달러의 집단소송인 큰 사건도 담당하였다. 이는 서로간 스카우트를 못하게 막기 때문에 노동자의 임금인상을 억제하려는 음모로 본 사건으로 원고 측에게 위 피소회사들이 3억 2,450만 달러를 지급키로 하는 화해^{settlement}가 성립되어, Koh 판사에게 화해에 예비적 승인을 요청한 바 있다. 화해에 판사의 승인이 나게 되면 10일 내에 각 회사가 화해금을 공탁해야 하고, 나머지 금액은 판사의 최종승인이 난 후 7일 내에 갚아야 한다. 그 내용인즉, 원고 측 변호사가 120만 달러의 비용을 포함하여 변호사 보수로 화해액의 25%를 구한다는 것이었고, 이 집단소송의 대표당사자가 된 원고 측에게 각 80,000달러를 치르게 된다는 내용이었다. 그러나 2014. 8.에 Koh 판사는 이 기술 거대기업이 제시하는 화해금이 불충분하다는 이유로 화해를 불허하는 막강한 권한행사를 하였다. 미국법에 의하면 당사자간의 화해^{settlement}시에 판사는 공정^{fair}, 합리적^{reasonable}이고 충분^{adequate}할 때에만 이를 허가하며, 이 점이 화해에 판사는 화해조서 인증의 형식적인 처리만 하고 마는 우리 법과 다르다. 불허가로 결국 공판^{trial}으로 넘어갈 단계에 가서 다시 화해를 시도하여 4억1,500만 달러로 화해가 성립되고 Koh 판사의 최종승인으로 끝이 났다. 제소한 근로자는 1인당 700~ 5,770달러의 합의금을 받게 된다고 한다.

이처럼 유명한 사건을 담당하였다는 Lucy Koh 판사는 최근에 바이든 대통령에 의하여 연방고등법원 판사로 발탁되어 '자랑스러운 재미교포'로 한국 언론의 주목을 받게 되었다. 연방고등법원 판사는 그 보수가 연방상원의원과 같은 높은 자리로, 일찍이 그 자리에 오른 한국계 판사로는 허버트 최^{한국명 최영조} 판사가 있었다. 더 나아가 Koh 판사는 힐러리 민주당 대통령 후보에 의하여 연방대법관 10명의 후보군에 포함되는 영광도 안았다.[*] 그러나 대신 연방고등법원 판사_{연방상원의원 수준}_{의 보수}로 지명되었다. 이밖에 자랑스러운 일은 한국계 2세 존 H. 전_{한국}_{명 전형승}이 워싱턴주 서부연방지방법원 판사로 지명된 일이다. 미국의 연방판사는 종신제이며, 그 권한이 막강하다. 주 판사와는 격이 다르다.

[事例 60] 소송지휘권과 판사들의 막말 사례의 분석

"현재 대출 등을 고려할 때 피고인은 한마디로 거지다"
(2013년 9월 서울고법 부장판사. 대기업 회장에게 유죄를 선고하며)

"늙으면 죽어야 해요"
(2012년 10월 동부지법 부장판사. 증인으로 나온 66세 피해자가 쟁점과 무관한 진술을 한다며)

"초등학교 나왔죠?
부인은 대학 나왔다는데 마약 먹여 결혼한 거 아니에요?"
(2012년 12월 고양지원 부장판사. 변호사법 위반 혐의로 기소된 44세 피고인에게)

"어디서 버릇 없이 툭 튀어나오나"
(2011년 39세 판사. 69세 원고가 발언권을 구하지 않고 말하자)

"조정을 받아들이지 않으면 눈에서 피눈물 날 것이다"
(서울고법 부장판사. 양측에 조정을 강요하며)

"이혼방법을 알려주겠다.
피고(아내)의 집에 다른 여자를 데리고 들어가 피고 앞에서 나쁜 짓을 하라"
(서울 지역 판사. 이혼소송 당사자에게)

"어디서 그 따위로 배웠느냐. (연수원) 몇기야?"
(서울 지역 판사. 민사재판에서 변호사에게)

이상 조선일보 2014. 4. 1.자

'70 넘어 소송하는 사람은 3년 못 넘기고 죽는다'
(2012년 대전지법)

한국일보 2014. 9. 4.자

여기에 더하여 당사자가 제출한 장황한 서면에 "무슨 서면이 그렇게

* 졸고, "삼성전자 vs 애플특허침해소송과 루시 고 판사", 대한변협신문, 2016. 8. 16.자.

긴 것이냐. 소발, 개발 그러면서"까지도 있었고, "공사원 ××들 아무튼"이라는 막말도 나왔다고 한다. 법관징계사유로 문제삼는가 하면 퇴직 후 변호사등록거부사유로 문제삼는 일도 있다. 이는 분명히 직권진행의 소송지휘권 행사의 자의와 전단이며, 당사자권 침해인 동시에 헌법 제10조의 「인간으로서의 존엄과 가치」의 보장의무를 어긴 것이라 하겠다.

사법부의 체통에 어긋나는 이러한 현상의 원인으로 판사의 지나친 엘리트 의식의 소산이라는 분석도 있지만 그것보다 이는 판사의 재판업무 과중에 기인한다고 본다. 그 대처방안으로 대법원은 '법정^情진행 핸드북'의 간행·배포 및 법정녹음을 확대하는 방안을 내놓고 있다. 서울중앙지법의 경우에 민사단독판사의 계류사건이 연간 600여 건, 소액담당판사가 1,000여 건으로 판사들이 사건 폭주에 시달린다고 하니 이는 기네스북에 오를 일로 여유를 갖고 서두를 수 있는 상황이 아닌 점을 이해해 줄 수도 있을 것이다. 따라서 근본치유책은 법관의 대폭증원을 통한 재판 부담의 경감이라고 하겠다.[*] 앞의 사례와 같은 경우 당사자는 국가인권위원회에 찾아가 진정을 넣는 일도 있을 법한데 이는 제3기관의 개입이 되므로 사법권의 독립상 바람직하지 않다. 생각건대

법정(情)진행 핸드북 표지

재판장이 소송지휘를 그릇되게 할 때에 제기하는 민사소송법 제138조의 '재판진행에 대한 이의' 신청을 하는 것이 기존 제도를 이용하는 해결일 것이다.

'갑^甲질의 횡포'라고 이를 지나치게 나무라는 것도 문제이다. 과거 필자가 미국 연방법원을 견학하였을 때에 법원 복도에는 붉은 색 카펫이 깔려있는가 하면

[*] 졸고, "부실재판을 받지 않을 권리", 대한변협신문, 2016. 4. 11.자 참조.

대법원이 아닌데도 전직판사들의 사진들이 정중하게 복도 벽에 붙어 있기도 하였다. 법원장에게 법원의 분위기가 너무 권위적인 것이 아니냐며 물으니 사법권은 권력임에 틀림없지만 총칼을 든 권력이 아니므로 판사의 권력행사와 재판의 원활한 집행을 위하여 부득이 분위기만은 장엄하여야 한다는 답변이었다. 조금 이해가 갔다. 미국법정에는 100m 경기 등에 시간을 재는 타이머를 법대에 올려놓고 있다. 변론시간을 15분으로 제한하였는데, 이를 초과하여 변호사가 요령 없이 장광설의 변론을 하면 변호사더러 "You are a public officer", 즉 당신이 공무수행자냐고 나무라며 제동을 건다고 한다. 미국의 판사에 대해서는 Mr.가 아니라 Honorable ○○○라 하며, 법정에서는 Your Honor존하, 閣下라고 한다. Your Majesty폐하, His Excellency각하 다음의 존칭으로 민주주의 사회인데도 그렇게 부르는 이유가 있는 것이다.

필자가 일선 법관재직시만 하여도 권위주의적 시대풍조로 판사의 막말이 조금은 통하였다. 어떤 고등학교 여교사에 대한 파면처분무효확인의 소가 4~5년 정도를 끌다가 고등법원·대법원을 오가며 드디어 여교사의 승소가 확정되었다. 그리하여 그 여교사는 대망의 복직을 하였으나, 복직 후 10여 일만에 다시 파면처분을 하여 다시 무효확인소송을 제기하기에 이르렀다. 원·피고 모두 변호사 없는 본인소송으로 피고 측은 학교법인 이사장이 직접 출석하였다. 그때 피고 측에게 판결 이후에 새로운 파면사유가 생겼는지 물으니 우물쭈물하며 무조건 이 사람은 우리 학교가 받아들일 수 없는 사람이라는 대답이었다. 그래서 피고에게 이는 법원의 확정판결을 받아들이지 않는 소치로, '미국이라면 당신 같은 사람은 법정모욕죄로 감옥행이다'라고 약간의 겁을 주었더니 그 여교사에 대한 재파면처분을 취소하겠다고 하며 끝을 낸 바 있다. 하지만 지금과 같이 위축된 분위기에서는 역사 속 이야기 이상일 수 없을 것이다.

제 3 절   변론의 준비

 '준비된 재판'을 위하여 법정에서의 본격변론에 앞서 준비서면과 변론준비절차 등의 변론의 준비제도가 있다.

1. 준비서면 ― 당사자에 의한 변론의 준비

 • 당사자가 변론기일/변론준비기일에서 말하고자 하는 사실상·법률상 사항을 미리 예고적으로 법원에 제출하는 서면(court paper)
 • 준비서면은 변론예고이므로 제출하는 것만으로 판결기초자료인 소송자료가 안 되며, 법정변론에서 그대로 진술하는 것이 필요(상대방 송달 → 변론에서 진술 → 소송자료)
 • 그 종류로는 통상의 준비서면, 피고가 내는 답변서, 요약준비서면(요약쟁점정리서면이라고도 함)이 있다. 변론종결 후·상고이유제출 후의 참고서면이 실무상 유행되나, 이는 소송자료가 아니고 참고자료일 뿐이다.
 • 기재사항은 청구원인·부인·항변·재항변 등의 주장, 증거신청, 증거항변 등이 있다. 단순(simple), 간결(concise), 직접적(direct)으로 적는 것이 바람직하다.
 • 합의부 이상의 사건에서 준비서면제출 필요, 단독사건에서는 제출이 예외적이다(제272조 제 2 항). 30쪽을 넘어서면 안 된다(개정민소규칙)
 • 변론기일/변론준비기일의 7일 전까지 상대방에게 송달가능하도록 미리 제출 요한다.
 • 준비서면 부제출의 효과 ― ① 무변론 패소판결의 위험, ② 예고없는 사실주장의 금지, ③ 변론준비절차의 종결과 소송비용의 부담
 • 제출의 효과 – ① 자백간주·진술간주의 이익, ② 실권효의 배제, ③ 소취하에 동의권

2. 변론준비절차 ― 법원에 의한 변론의 준비

 변론에 들어가기 전에 필요시에 회부하는 주장과 증거의 정리절차, 쟁

점정리절차라 한다. 준비절차는 재판장이 필요 시 회부한다. 두 가지가 있다.

1) 서면에 의한 준비절차(서면공방의 변론준비)

- 피고의 답변서 제출 → 원고에 반박준비서면 → 피고에 재반박 준비서면 각기 촉구
- 절차회부 후 4월 초과진행할 수 없다.
- 재판장이 변론준비절차에 부침과 동시에 변론준비기일의 지정가능

2) 변론준비기일

- 서면준비절차 후에 준비기일을 여는 것이 원칙이나 서면공방 없이 변론준비기일에 들어가는 예가 많다.
- 변론준비절차에서 좀 더 주장·증거의 정리가 필요할 경우 기일을 열어 재판장 등과 당사자 대면 하에 쟁점정리하는 절차. 특허소송·집단소송·대형소송·사회이목소송 등 현대형 복잡소송, 화해·조정가능성의 사건 등에서 법정변론에 앞서 이러한 기일을 연다(헌재의 정당해산심판청구에서도 이 절차가 준용된다하여 변론준비기일을 연 바 있음).

변론준비기일과 변론기일의 차이

구 분	변론준비기일	변론기일
주 재 자	재판장 등(수명법관포함)	수소법원(합의부이면 3인 모두)
심리목적	주장·증거정리, 쟁점정리, 증거결정, 증인신문 아닌 증거조사	증인 등 신문, 집중심리, 소송관계의 명확화
소송자료	뒤에 변론에서 상정시켜야 함	자동소송자료가 됨
심리원칙	구술주의이나 공개·직접주의 아님(법정 아닌 준비실 심리, 원격 영상변론 준비)	구술·법정공개·직접주의
종결일	회부 후 6월 내에 종결	훈시규정(제199조)이 있을 뿐
기일종결의 효과	실권효(준비기일 끝난 뒤 변론기일에 새 주장·증거 제출 못함, 제285조)	변론재개 아니면 판결선고
준비기일과 변론기일의 관계	준비기일로 변론기일 대체 안 됨 동종기일이 아니므로 각기 1회 불출석시 변론기일 2회 불출석으로 보지 않음	

제4절 변론의 내용

피고의 답변서 부제출로 무변론판결로 사건을 끝내는 경우가 있지만, 보통은 법정 변론에 들어감. 선행적으로 변론준비절차를 거쳐 변론에 들어가는 경우 외는 답변서 제출 후 바로 변론기일의 지정으로 변론에 들어간다(제285조). 그 내용은 다음과 같다.

I. 변론의 내용(변론에서의 당사자의 소송행위)

1. 본안의 신청

원고가 소장의 청구취지에 따라 일정한 내용의 판결신청(소송비용 부담, 가집행선고도 함께 신청), 피고가 답변서에 따라 소각하/청구기각의 판결 신청

2. 주장과 증거신청 — 공격방어방법

원고의 주장·증거신청이 공격방법, 피고의 그것이 방어방법

(1) 주장(진술)

1) 법률상의 주장

'법률은 법원이 안다'는 법원칙 때문에 당사자의 법률상의 주장에는 구속되지 않고 직권판단. 변론주의 적용 없다. 법률상의 주장에 자백하면 권리자백, 재판상의 자백과 같은 법원에 대한 구속력 없다.

2) 사실상의 주장

• 구체적 사실의 존부에 대한 당사자의 지식·인식의 진술. 여기에는 주요사실(요건사실), 간접사실, 보조사실이 있는데, 그중에 주요사실은 변론주의의 적용을 받기 때문에 당사자가 변론에서 주장 없으면 판단하지 못한다. 직권판단 불허

• 임의철회가 가능하나, 불리한 사실상 주장을 상대방이 원용하면 재판상 자백

• 사실상의 주장은 단순이 원칙. 유효기한·조건을 달 수 없다. 단, 예

비적 주장은 소송 내의 조건을 붙이는 것이므로 허용. 원고의 경우는 가정주장, 피고의 경우는 가정항변. 수개의 예비적 주장·항변이 있는 경우 상호간 이론적 관계나 시간 선후 관계 없이 법원은 선택판단의 자유. 단, 피고의 상계항변은 출혈적 항변＝예비적 항변이므로 후순위로 판단할 것. 지상권·임대차 관계 등에서 지상물매수청구권의 항변도 같다.

　3) 주장자의 상대방 답변의 태도(4가지 기본형)

　• ① 부인(아니다), ② 부지(모른다, 모르쇠)[事例61] → 주장자에게 증명책임

　• ③ 자백, ④ 침묵 → 주장자의 증명책임의 면제(민사소송에서는 형사소송과 달리 '침묵은 돌이고, 웅변은 금이다'가 된다)

　주장사실에 대하여 어떠한 답변을 할지를 재판장이 상대방에게 물어보는 절차가 있는데, 이를 인부(認否)절차라고 하며, 위와 같은 4가지 답변을 할 수 있다.

　(2) 증거신청 — 입증

　• 증명책임 있는 자의 증거신청 → 상대방의 반증신청 → 신청증거에 대한 증거항변

3. 항　변

　• 피고 측의 적극적 방어
　• 소송상의 항변과 본안의 항변으로 대별

　(1) 소송상 항변

　1) 본안 전의 항변(pre-answer, motion to dismiss)

　소송요건의 흠이 있어 부적법 소각하의 피고의 항변

　2) 증거 항변

　상대방신청의 증거에 부적법·불필요·증거력이 없다는 주장. 원피고 모두에 공통적 항변

　(2) 본안의 항변

　• 원고의 주장이 진실임을 전제로 원고주장과 양립될 별개의 사실(권리장애·소멸·저지사실)의 피고주장. 권리주장의 원고는 권리근거규정의 요건사실(청구원인사실)의 주장함에 대해, 피고가 그 반대규정의 요건사실으

로 대응하는 것이 항변이다.

- 반대규정의 종류에 따라 다음 3가지 항변

  ① 권리장애규정의 요건사실 — 권리장애사실(법률행위의 무효)의 주장

  ② 권리소멸규정의 요건사실 — 권리소멸사실(예: 채권의 소멸사유)의 주장

  ③ 권리저지규정의 요건사실 — 권리저지사실(동시이행·조건미성취·권리제한)

의 주장

- 항변에 대하여는 피고에게 주장책임·증명책임 있다.

- 피고가 돈이 없어 못갚겠다는 무자력 항변은 법률상 이유 있는 항변이 아니다.

- 피고의 항변은 피고의 간접부인과 구별이 힘드나 중요하다.[事例 62] 부인에는 직접부인(단순히 아니다), 간접부인(이유를 붙여 부언)이 있다. 어느것이나 부인자가 아니라, 상대방에 증명책임이 있음을 주의해야 한다.

(3) 원고의 재항변

피고의 항변을 일단 받아 들이면서 이와 양립할 별개의 장애·소멸·저지사실을 원고가 주장. 반대의 반대규정의 요건사실의 주장 = 원고가 주장·증명책임

  예) 피고의 소멸시효항변 → 원고의 시효중단 사유(가압류·가처분·채무승인)

  주장

  피고의 동시이행항변 → 원고의 반대채권으로 상계주장

(4) 소송에서의 형성권 행사

소송에서 피고가 해제·해지권, 취소권, 상계권 등 형성권 행사를 하였다고 하자. 그 뒤 소취하·각하되어 소송이 없어진 경우, 형성권 행사의 효과가 남는가의 문제이다.

- 해지·해제권 등의 행사는 소제기의 기회를 이용한 권리행사일 뿐이므로 행사의 효과가 없어지지 않는다.

- 단, 상계권 행사의 상계항변은 예비적 항변이고 확정적 항변이 아니므로 소송이 없어지면 항변의 효과도 같이 소멸해 버린다(대법 2013다95964).

[事例 61] 소송에서 부지(不知)라는 답변

소송에서 상대방의 주장에 답변하다 보면, 모른다 즉 부지로 답변하게 되는 것이 일반적이다. 왜냐하면 민사소송법 제150조 제2항에서 상대방이 주장한 사실에 대하여 알지 못한다고 진술한 때에는 그 사실을 다툰 것으로 추정되어 자신에게 유리하도록 상대방에게 그 주장사실에 대하여 증명책임을 지울 수 있기 때문이다. 이 점이 사회생활과는 대조적인 것으로, 몰라도 아는 척 하는 것이 일반적인 것인데, 모른다고 솔직히 시인하면 무식하다고 추정될 수 있기 때문이다.

일제가 1945년 8·15 해방과 더불어 물러나면서 판검사의 자리가 공백상태에 이르렀다. 일제 고등문관시험 사법과 출신의 정통파 법조인은 적어 빈 자리를 메꾸기에 바빠 법원·검찰서기나 군법무관 출신들^{특히}에게 가벼운 전형을 거쳐 판검사로 임명하며 변호사 자격_{후자의 숫자가 많았다}을 주는가 하면, 법원서기에 의해 보직이 되는 간이재판소판사^{소위 간판}도 변호사가 될 수 있게 하였다. 이것으로도 부족하여 판검사 특임시험제도를 시행하여 충원하기도 하였다. 한편 일본 고등문관시험에는 행정과와 사법과가 있었는데 그 레벨에 있어서 행정과 합격이 좀 더 어려웠다는 것을 명분삼아 행정과 합격자도 또한 변호사자격을 자동 취득하는 법도 만들었다. 변호사의 길이 로마라면, 로마로 가는 길은 10여 가지나 있어 쉽고 활짝 열렸던 시대이다. 엄격하고 좁은 문의 시험으로 법조인 자격취득이 정상화된 것은 1947년~49년까지의 조선변호사시험과 1950년부터 시행한 고등고시 사법과 시험이었다.

변칙취득의 변호사가 많았던 이 시절에 실소할 일이 적지 않았다.

일제 때 행정과 합격자 출신의 변호사가 민사사건을 맡아 법정에 섰을 때 있었던 일이다. 이분은 수재라는 평을 들었지만 민사소송법을 공부했을 리 만무하였다. 상대방의 주장과 제출서증에 대해 답변 즉 인부

認否하라고 재판장이 명하니 어리둥절 당황하여 아무 말도 못하는 것이었다. 이 광경을 법정에서 자기 차례를 기다리며 대기하던 변호사들이 합창하듯이 '부지, 부지'라고 답변을 알려주어 그 변호사는 그대로 따라 멋쩍게 부지라고 대답하였다. 법정에서는 상대방의 주장에 부지라는 답변은 무난한 것이어서 그렇게 코치하는 것이었다. '모른다'는 것은 독일에서 진실의무에 반한다고 하여 규제하는 경향이고, 미국법정에서도 덮어놓고 모른다는 무책임한 답변은 통하지 않는 것으로 알려져 있다. 우리의 법 실무와는 사뭇 다르다.

그 변호사가 여기에 그치지 않고 평소 필자와는 안면이 있던 분이라 법정이 끝난 뒤에 판사실로 따라와서 아까 법정에서 부지라고 무심코 답변했는데, 그 말이 무슨 말인지 뜻을 묻는 것이었다. 한문으로 '不知' 즉 모른다는 말임을 풀이해주며 실소한 일이 있었다.

[事例 62] 피고의 간접부인의 경험사례

중소기업을 운영하는 홍 모 사업가가 어느 유명 연예인과 놀아나면서 인천 등지의 호화호텔을 전전하며 정을 통하여 왔다. 그런데 그 사실이 사업가의 본처에 의하여 발각되었다고 하며 정을 통하면서 연예인에게 건넨 돈을 돌려받아야 사업자금을 대주는 본처에게 돌아가 속죄를 받는다는 것이었다. 그리하여 중소기업 사업가가 연예인에게 건넨 돈 1,000만 원 가운데 700만 원을 돌려 달라는 대여금청구소송을 제기하였다. 정을 통할 때마다 100만 원씩을 대여하였으며, 10회에 걸쳤으므로 대여금이 1,000만 원에 이르렀는데 그 중 300만 원은 그 놀아난 대가로 쳐서 공제하였기 때문에 나머지 700만 원의 대여금을 꼭 받아야 한다는 것이었다. 원래 정을 통하던 남녀의 금전거래가 파탄이 나면 한쪽은 빌려준 것, 다른 쪽은 거저 준 것이라 주장이 엇갈리는 것이 보통이다. 이 사건은 순풍미속을 해할 염려가 있는 사건으로 보아 비공개 결정을 하고^{법원조직법 제57조} 원·피고를 판사실로 조용히 불렀다. 우선 원고 더러 연예인과 놀아났으면 멋지게 쓴(?) 유락비로 생각하고 돈을 받으 려 할 것 없이 소취하를 종용하였다. 우리 판사들도 합창하듯 그렇게 종용하였다. 그러나 원고 측은 자기도 그렇게 생각할 일이었지만 돈을 돌려 받지 못하면 호랑이 같은 본처에게서 영구퇴출(?)당하므로 본처에 게 원대복귀를 위하여는 불가피하게 돈을 돌려받아야겠다는 것이었다. 피고는 이에 대하여 1,000만원은 받은 것이 틀림없지만, 이는 대여금이 아니라 그냥 준 증여금이라고 우기는 것이었다.

이와 같이 원고의 대여 주장에 피고가 증여라고 대답하면 이는 피고 측의 항변은 아니고 간접부인이 된다. 때문에 원고에게 대여사실에 대 한 증명책임이 돌아가게 되므로 원고더러 대여증거를 제시하라고 증명 촉구를 하였다. 피고의 증여주장은 항변이 아니므로 피고더러 증여에 대한 증거를 제시하라는 증명을 촉구할 성질이 아니다. 증명책임이 있 는 원고에게 차용증서 같은 서증이 있을 리 없어 원고가 좀 당황했는가 하면, 피고가 원고로부터 돈을 받은 것은 시인하는 상황이어서 이런 때 에는 화해가 좋겠다고 생각하였다. 그리하여 양측이 각 양보하여 피고 가 300만원을 지급하는 선에서 화해를 성립시킨 바 있다.

Ⅱ. 소송행위 일반

1. 의 의

소송행위란 소송주체인 법원과 당사자의 행위. 민법의 법률행위와 대응 이 된다.

(1) 법원의 행위

당사자 소송행위의 수령, 소송지휘, 증거조사, 조서의 작성, 송달, 통지·

판결선고 등
 (2) 당사자의 행위
  • 소송절차를 형성하고 그 요건·효과가 소송법에 의하여 규율되는 행위
  • 지급명령신청·이의신청, 소·상소의 제기, 답변서의 제출, 소·상소의 취하, 청구의 포기·인낙·화해·조정, 주장·부인·항변·자백, 증거신청·기일변경·변론재개 등 소송상의 신청이 있다.

2. 종 류

  • 소송전·소송외의 소송행위(관할합의·대리권의 수여 등)와 변론에서의 소송행위(본안의 신청·공격방어방법의 제출 등)
  • **취효적**(取效的) 소송행위(재판을 구하는 행위 및 판결의 기초될 자료제공행위 − 법원의 재판을 통해 효과가 발생) − 신청, 주장, 증명(증거신청) 등
  • **여효적**(與效的) 소송행위(직접적으로 소송법상의 효과발생행위)
  (ⅰ) 의사표시 — 소의 취하, 이의권의 포기, 상소의 포기
  (ⅱ) 의사통지 — 송달의 수령, 진술·선서의 거부, 준비서면에 의한 공격방어방법의 예고
  (ⅲ) 관념의 통지 — 대리권 소멸의 통지, 소송고지, 청구의 포기·인낙
  (ⅳ) 사실행위 — 소장·준비서면의 제출

3. 단독적 소송행위와 소송계약

  • 소송법에서는 민법의 경우와 달리 단독행위가 중심이 되고 계약인 소송상 합의는 예외적이다. 관할의 합의, 첫 기일의 변경합의 같이 명문의 규정이 있는 경우도 있지만 명문이 없는 경우에도 합의, 예를 들면 부제소합의, 소취하의 합의, 불상소합의, 부집행계약 등이 있다.
  • 소송계약의 법적 성질에 대하여 사법계약설, 소송계약설, 발전적 계약설도 있으나 현재 통설·판례는 사법계약설을 취한다. 이를 어길 경우는 권리보호의 이익이 없다고 본다.

Ⅲ. 소송행위의 법률행위와 다른 특질

- 소송행위의 유효요건으로 당사자능력·소송능력·변론능력·대리인을 내세운 경우의 대리권을 갖출 것
- 소송행위의 방식은 구술변론주의 때문에 구술이 원칙
- 소송행위에는 사법상의 법률행위와 달리 기한·조건을 붙일 수 없다. 단 소송 내의 조건인 예비적 신청, 예비적 주장은 허용
- 소송행위의 철회와 의사의 하자

철회는 사실심변론종결시까지 허용되지만 구속적 소송행위는 철회의 자유가 없다. 민법의 의사주의와 달리 표시주의·외관주의 때문에 사기·강박 또는 착오 등의 흠이 있어도 취소·무효주장을 못한다. 민법 제109조나 제110조의 적용이 없다.[事例 63] 형사상 처벌할 수 있는 행위로 인한 소송행위나 상대방의 동의가 있는 경우는 예외이다.

- 하자있는 행위의 치유방법

하자 없는 새로운 행위, 추인, 이의권의 포기·상실, 무효행위의 전환 (소위 선해)

[事例 63] 공화당 실세 김진만 씨 재산헌납 사건 — 제소전화해 제도의 악용례(1)

지금 동부그룹 김준기 회장의 부친인 김진만 씨는 박정희 시대에 5선 국회의원이고 국회부의장을 지낸 여당의 실세였다. 1979년 박정희 대통령 시해사건 후 전두환 신군부가 12·12 사태로 권력을 장악하면서, 박정희시대의 기존 권력기반의 판갈이와 대국민 청량제(?)의 일환으로 도출된 아이디어가 있었다. 그것은 신군부가 장악한 계엄사령부 합동수사본부서빙고분실로 김진만 씨 외에 김종필단 가택연금, 김성곤, 이후락 등 여당의 권력실세를 부정축재자라 하며 법관이 발부한 영장 없이 연행하고 가택수색을 하여 금은보화를 압수하는 것이었다. 그러고는 오

랫동안 감금시킨 뒤 그들로부터 지금까지 권력을 이용한 부정축재를 했음을 자백받고 개인재산 일체를 국가에 헌납한다는 의사표시를 하게 하였다.

국가에 재산을 헌납하는 절차는 변호사에게 대리권 위임을 하여 그가 대리인이 되어 국가 측과 일체의 재산을 국가에 헌납한다는 내용을 담은 제소전화해를 하는 방식을 취하였다. 이렇게 제소전화해의 절차로 국가에 재산을 헌납한 김 씨였지만 신군부세력이 물러가고 세월이 바뀌어 김영삼 문민정부가 들어선 뒤 그 당시 조치가 억울하다 하여 소송을 제기하였다. 김 씨가 국가와의 제소전화해를 할 때 변호사에게 대리권수여의 권한 위임을 하였지만 그 위임은 자유의사가 아닌 당시 합동수사본부 수사관의 강박에 못이겨 한 것이므로 민법 제110조에 따라 이를 취소한다는 것이었다. 이렇게 되면서 이제 제소전화해는 그 위임이 무효인 무권대리인의 행위로 이루어진 것이라는 이유로, 제소전화해조서의 취소를 구하는 준재심의 소^{민사소송법 제461조 제 1 항 제 3 호의 무권대리}를 제기하였다. 이에 하급심은 소송위임행위는 소송전 소송행위이기 때문에 소송절차의 안전을 해할 우려가 없고 수사관들의 강박에 의해 이루어진 것이므로 민법에 따라 취소가 된다고 보아 재심사유인 민사소송법 제451조 제 1 항 제 3 호의 무권대리인이 한 제소전화해에 해당된다고 보아 그 취소를 구하는 준재심의 소를 받아들였다.

그러나 대법 96다35484에서는 "민법상의 법률행위에 관한 규정은 민사소송법상의 소송행위에는 적용할 수 없는 것이므로 소송행위가 강박에 의하여 이루어진 것임을 이유로 취소할 수는 없다"고 판시하고, 민법의 법리를 쫓아 준재심을 받아준 하급심 판결을 파기하였다. 신군부는 권문세가의 부정축재재산이라고 하여 국가에 헌납케 하는 과정에서 혹시 훗날 있을지도 모르는 강박을 원인으로 한 헌납재산 반환의 소 제기를 우려하여 이를 봉쇄하기 위한 수단으로 기판력 때문에 뒤에 이를 다투어 문제삼을 수 없는 효력의 제소전화해를 이용한 것이다. 어떤 법률가가 신군부세력에게 그와 같은 법지식을 제공하였는지 모르겠지만 제소전화해제도를 이용하여 뒤에 문제될 것을 차단하는 치밀한 묘책을 쓴 듯하다. 당시 국회부의장을 지낸 또 다른 실세 정해영 씨도 반환소송을 제기하였으나 제소전화해의 기판력에 막혀 패소하였다[대법 92다8521].

생각건대 뒤에 김진만 씨 측의 변호사가 제소전화해를 취소하기 위한 준재심의 근거로 든, 민법의 법리가 소송위임행위에도 적용됨을 전제로 민사소송법 제451조 제1항 제3호에 의할 것이 아니라, 제5호의 불법감금 등 형사상 처벌할 수 있는 다른 사람의 행위로 인해 이루어진 제소전화해로 구성하였다면 이 준재심의 소의 결론은 달라질 수 있었을 것이 아닌가 생각된다.

최근 박정희 시대에 수사기관의 고문 등 가혹행위에 의해 '억지 빨갱이'를 만들어 형사처벌에 이르게 한 과거사의 판결이 형사재심에 의하여 취소되고 연이어 유족들이 민사소송의 국가배상소송으로 막대한 배상금판결을 받아낸다. 이러한 현실에 당면하며 김 씨와 같이 박정희 시대에 형상재수刑賞在手, 즉 형벌과 상을 함께 손안에 쥐었던 사람들의 유족들은 자기네 측만 억울하다는 생각을 할지도 모르겠다.

제5절 변론기일에 당사자의 결석 — 변론기일출석주의

필요적 변론기일에 당사자 한쪽 또는 양쪽이 출석하지 아니하면 소송진행의 길이 막혀 신속한 해결이 지연된다. 따라서 변론기일에 당사자가 결석하면 다음과 같은 기일해태의 효과가 따른다. 필요(수)적 변론이므로 출석했지만 무변론일 때 결석으로 본다.

Ⅰ. 양쪽당사자의 결석

• 양쪽당사자가 2회에 걸쳐 결석하고 그 뒤 기일지정신청이 없거나 그 지정신청 후의 또 결석이면, 소송진행에 열의 없는 당사자로 보아 소의 취하간주(민사소송법 제268조)가 되며, 이를 쌍불취하라 한다.[事例 64]

그 요건은 양쪽이 같은 심급에서 같은 종류의 기일에서 소변경이 되지 아니한 상태에서 2회 결석하고 뒤에 기일지정신청을 하지 아니한 경우라야 한다.

• 같은 심급에서 2회 결석이어야 하므로 1심 1회, 2심 1회는 물론 상급심에서 파기환송전 1회, 환송후 1회는 2회로 보지 아니한다.

• 같은 종류의 기일이어야 하므로, 변론준비기일 1회, 변론기일 1회는 2회가 아니다(대법 2004다69581).

• 소의 교환적 변경 전 1회, 변경 후 1회도 2회가 아니다.

• 출석하여도 무변론이면 결석으로 보며, 원고 측이 결석이면 피고 측이 이 법리를 원용하기 위하여 무변론으로 하여 결석을 만든다. 2회 연속일 필요는 없다.

Ⅱ. 한 쪽 당사자의 결석

• 결석한 당사자가 소장, 답변서, 준비서면을 제출한 채 결석하는 경우이다. 그 제출서면을 진술한 것으로 간주하고 출석한 당사자에게 변론할 것을 명할 수 있다. 이를 진술간주라 한다.민사소송법 제148조

• 결석한 당사자가 답변서·준비서면을 제출하지 아니한 채 결석하였으나 제대로 기일통지를 받았으면, 출석한 당사자의 주장사실에 대하여 자백한 것으로 간주한다.민사소송에서 결석이나 침묵은 자백간주

[事例 64] 쌍불취하 제도의 역사

우리 법은 당초 2회의 결석만으로 소의 취하간주로 보았으나 이 제도가 남용된다 하여 재야법조계에서 심한 비판이 있었다. 특히 소송기록은 두텁고 쟁점은 많아 판결문쓰기가 매우 복잡한 사건에서 이 제도를 오용하는 일이 있었다. 원고 소송대리인이 잠깐 법정에서 자리를 비우거나 법정에 미처 도착하지 아니한 사이에 사건호명을 하는 등 허를 찔러 결석으로 처리하는 사례도 있어서 원고대리인을 출석문제로 크게 긴장시켰던 것이다. 진정으로 소송유지의 열의가 없는 것이 아님에도 그 열의가 없다는 것으로 오해처리되어 판결 없이 소송을 끝냈다 하여 불만이 많았다. 특히 항소심에서는 항소인 측이 2회 결석이면 항소취하의 간주로 원심판결이 확정되어 항소인에게 가혹한 불이익이 돌아간다는 것이 문제였다. 이 때문에 의뢰인인 당사자본인에 의하여 변호사에게 잘못이 있다하여 민원의 대상이 되어 대한변호사협회에 탄원을 내고 심지어 손해배상소송에 피소되는 사례도 있었다.

그리하여 1990년 민사소송법을 개정하면서 제도남용 방지의 차원에서 2회 결석만이 아니고 여기에 더하여 당사자가 그로부터 1월 내에 기일지정신청을 하지 아니하면 소취하로 간주하는 개정이 이루어졌다. 그렇게 되면 소송유지의 의사가 없음이 명백히 확인될 때에 소취하로 간주되는 것이어서 개선된 새 제도는 더 이상 변호사들의 불만은 없게 된 제도개선이다.

제 6 절   기일·기간 및 송달

소가 제기되면 피고에게 소장부본·기일통지서 등이 송달되고, 변론준비기일·변론기일이 지정되고 기간을 정한 보정명령을 받거나 선고한 판결에 상소기간을 지켜 상소하게 되어 있다.

1. 기　일

• 기일(期日)은 법원, 당사자, 이해관계인 등이 모여서 소송행위를 하기 위해 정해진 시간
• 기일은 소송지휘에 관계되므로 재판장이 직권으로 지정. 기일의 변경도 직권이나 첫 기일은 당사자의 합의에 의하여 다른 날로 변경할 수 있으며, 그 다음의 속행기일은 현저한 사유가 있어야 변경할 수 있다.

2. 기　간

• 기간(期間)은 소송행위나 기일의 준비를 위하여 그 사이에 하여야 할 시간적 공간
• 기간의 종류 ― 행위기간과 유예기간, 법정기간과 재정기간, 법정기간 내에는 불변기간과 통상기간이 있다.
• 기간의 계산은 민법에 따른다(제170조). 기간계산에 혼선·오해가 없도록 불변기간 명확화의 원칙이 있다(조세심판청구기간이 불명확하여 청구인이 기간 계산에 있어서 함정에 빠지기 쉬운 사안에 위헌결정은 헌재 92헌바2 등).
• 문제가 되는 것은 불변기간이다. 통상기간은 늘이거나 줄일 수 있지만, 불변기간은 문자 그대로 신축이 안 되며, 단지 부가기간을 정할 수 있을 뿐이다(제172조 제 2 항).
• 불변기간의 특징은 ① 법률이 불변기간으로 한다고 정해 놓은 경우 ② 그 기간 내에 해야 할 소송행위를 책임에 돌릴 수 없는 사유로 못 했을 때에 추후보완이 허용되며 ③ 항소·상고·즉시항고 등 상소기간, 재심기간, 화해권고·이행권고·조정에 갈음한 결정·지급명령등에 대한 이의신청기간, 행정소송·헌법소원의 제소기간 등 불복기간이 해당된다. 그러나 상고이유서제출기간(제427조)은 이에 해당되지 않는다고 함이 판례이나 문제가 있다.[事例 65]

[事例 65] 상고이유서 제출기간과 추후보완의 문제

상고하면서 상고장에 상고취지만 기재하고 상고이유를 기재하지 아니한 때에는 상고법원이 소송기록 접수통지를 받은 날로부터 20일 이내가 상고이유서 제출기간이 된다. 그런데 그 기간이 다른 선진국에 비하여 현저히 짧다. 일본은 50일, 독일은 판결송달일로부터 2개월에 연장이 가능하고, 미국은 상고수리신청은 판결등록 후 90일, 60일까지 연장이 가능하며, 여기에 상고수리가 되면 45일 내가 상고본안서면의 제출기간이 된다.

그러나 우리는 이와 같이 기간이 짧은데도 연장제도가 없고, 이 기간 안에 상고인이 상고이유서를 제출하지 못하고 하루라도 늦으면 상고법원은 기다렸다는 듯이 변론 없이 이유를 달지 않고 상고기각의 판결을 하며^{민사소송법 제429조}, 판결선고는 하지 않고 판결문의 송달 고지로 끝낸다^{상고심절차에 관한 특례법 제5, 6조}.

상고이유서 제출기간은 실질적으로는 항소심판결에 대한 불복신청기간인데도, 법은 그 기간에 관하여 불변기간으로 한다는 명문을 두고 있지 않다. 그리하여 다수설은 재항고이유서 제출기간과 더불어 상고이유서 제출기간은 상고기간·재항고기간을 불변기간으로 규정한 것을 유추하여 불변기간의 경우처럼 책임에 돌릴 수 없는 사유로 기간을 놓쳤으면 추후보완의 상고이유서를 내는 것을 허용하여야 한다고 본다. 일본의 학설도 그러하고 독일 민사소송법^{ZPO §233}은 상고, 재항고이유서의 제출에 대하여 추후보완신청을 명문화하고 있다.

그러나 우리 판례는 상고이유서 제출기간은 불변기간이 아니므로 추후보완신청의 대상이 아니라고 보고 있다^{대법 81사2}.

사건이 날로 복잡해가고 중요도는 늘어가는 현실에서 세계 유례 없이 상고이유서 제출기간은 짧고 연장제도도 없으며 compact한데 여기에다 책임 없는 사유로 그 제출기간을 도과하여도 추후보완신청은 안 된다고 하니, 시간관념이 강하지 않은 우리 사회에서 억울하다고 생각하는 상고인이 많아지고 변호사도 잘못 이 기간을 넘겨 벼락을 맞아 실권당해 징계문제·손해배상 문제 등 곤혹스런 경우를 당할 때가 많다. 20일의 상고이유서 제출기간은 변호사들로 하여금 시간적 압박과 초조의 스트레스를 주는 악법 중의 하나이다[事例 125] 참조. *

이에 악법의 치유를 위한 헌법소원에 이르렀는데, 헌재 2007헌마532에서는 상고이유서 제출기간 20일을 규정한 민사소송법 제429조에 대하여 상고이유서 제출이 없어도 직권조사사항, 상고장에 상고이유의 기재가 있으면 그 적용대상에서 제외되는 점, 당사자의 책임에 돌릴 수 없는 사유로 제출기간을 준수하지 못한 경우 추후보완은 허용되지 않지만 기간경과 후라도 상고이유서가 제출되면 기간의 신장을 인정하여 상고이유서를 적법한 것으로 인정할 수 있는 점 등에 비추어 헌법 제27조 제1항의 재판청구권의 침해가 아니므로 합헌이라 판시했다. 하지만 이 결정이 상고심에서 국민의 효율적 권리보호를 고려에 둔 결정례인지 의문이다. 사법부의 재판을 헌법소원에서 배제한 것도 문제인데, 사법부 운영의 소송법에 대하여도 헌법재판소가 합헌적 통제를 소홀히 한다는 비판을 받는 예이기도 하다.

적어도 헌법불합치로 갈 사안인데, 합헌으로 결론이 난 지금, 그 기간연장의 입법을 기대할 수는 없다. 다만 헌법재판소가 부득이 기간이 도과한 때에는 기간의 신장의 규정민사소송법 제172조 제1항을 활용하는 방안을 제시하였고, 대법원이 1980. 5.에 광주시내에서 소요가 있었을 때에도 상고이유서 제출기간을 신장한 사례대법 80다918도 있으므로 추후보완제도 대신 기간신장제도를 활용하는 것이 대안이 될 것이다.

| * 졸고, "대법원에 쉬운 접근권", 대한변협신문, 2016. 5. 9.자 참조.

3. 송   달

• 송달은 소장·기일통지서·상소장·판결정본 등 소송서류의 내용을 알 기회를 주기 위하여 통지하는 것이다. 법관으로 하여금 자기 말을 듣도록 할 권리와 더불어 due process의 발현이다. due process에는 공정한 통지(fair notice)를 포함하고 있기 때문이다.

• 미국의 당사자송달주의(personal service)와 달리 법원의 직권송달주의

• 송달실시기관은 우편집배원과 집행관(전자송달·로봇송달시대가 되는 만큼 일자리가 줄어들 전망)

• 교부송달의 원칙

송달받을 사람에게 직접 서류의 등본·부본을 교부하는 방법이다. 우체통에 넣는 방법이 아니다(한번 송달에 3,700원). 그러나 다음의 편법이 존재한다.

1) 보충송달

송달받을 자를 송달장소에서 못 만났을 때에 다른 사람에게 하는 대리송달이 있다. 송달받을 자의 사무원·피용자·동거인으로서 사리변별의 지능이 있는 사람에 교부, 여기의 동거인은 송달받을 자와 동일세대에 속하여 생계를 같이하는 사람이다(판례). 부자 간에도 같은 세대에 속하여 동거관계가 아닌 경우는, 이러한 대리송달은 허용되지 않는다. 여기의 사리변별의 지능자는 반드시 성년자일 필요는 없다.

2) 유치송달

송달받을 사람이 정당한 사유 없이 송달받기를 거부하는 때에 송달할 장소에 놓아두는 송달이다. 거부하는 사람은 본인·대리인, 보충송달받을 자를 포함한다.

• 우편송달(발송송달)^[事例 66]

교부송달은 물론 보충·유치송달이 안 되는 경우, 송달장소의 변경신고의무를 불이행할 때에 기록으로 달리 송달장소를 알 수 없는 경우에 하는 송달이다. 법원사무관 등이 종전에 송달받던 장소에 등기우편의 방법으로 발송하면 송달로 보는 것이다. 도달주의의 송달원칙과 달리 발신

주의 송달이므로 그 요건이 엄격하다. 발송송달이 부적법한 사례가 많다.

- 송달함 송달

법원 안에 변호사 · 대기업용의 송달함을 설치하여 여기에 넣는 방법의 송달

- 공시송달

당사자의 주소 등 행방불명일 때에 통상의 방법으로 송달불능일 때 법원사무관 등이 송달서류 보관＋법원게시판/인터넷을 이용한 공시로 알리는 방법이다. 이는 직권 또는 당사자의 신청에 의하여 법원사무관 등의 처분으로 한다(종전은 재판장의 명령). 최초의 송달은 게시 후 2주 후에, 그 뒤의 공시송달은 게시 다음날에 각 송달의 효력이 발생한다.

- 간이통지방법과 전자송달
- 외국에 하는 촉탁송달(제191조)

그 외국에 주재하는 우리나라 대사 · 공사 · 영사 또는 외국의 관할 공공기관에 송달을 촉탁한다(외국기관 촉탁송달은 체약국가가 지정하는 중앙당국에 직접송달을 촉탁). 다변조약(Hague 조약)이나 쌍무조약이 되어 있을 때에 촉탁송달이 가능하다. 송달 촉탁을 거부하는 외국에서 하는 최초의 공시송달은 공시기간이 국내의 2주간과 달리 2개월(신일본제철 상대의 경매절차에서 일본에 외국 공시송달 시행, 일본군 위안부 사건의 피고인 일본정부가 송달거부로 한국법원은 외국 공시송달)이다.

[事例 66] 소송서류의 송달과 우편집배원

송달은 우편집배원과 집행관이 맡으나, 집행관은 공휴일 또는 야간 송달 등 특별송달을 맡고, 일반적으로는 전국 지리를 잘 아는 우편집배원이 맡는다.

법원에서 오는 소송서류를 반기는 사람은 별로 없다. 특히 피고의 경우가 그러하다. 반갑지도 않은 소송서류를 우편배낭에 넣고 송달받을 자를 찾아나서는 우편집배원에게 여러 직업적인 어려움이 있다.

첫째로 소송서류가 송달되면 절차가 진행되므로 서류수령을 받지 않으면서 지연작전을 펴는 피고 때문에 학을 뗀다는 것이다. 이는 단순히 우편함에 넣으면 되는 보통우편이 아니고 송달받을 피고 등에게 서류를 건네 교부하고 송달통지서_{송달일시·장소·수령자기재}를 작성하여 법원에 제출하는 '교부송달'이기 때문에_{1회 송달료 3,700원} 송달받을 자를 만나야 함에도 만나주지를 않는다는 것이다. 문을 열어주지 않는 자, 도주하는 자, 장기부재자, 심지어 개를 풀어 놓고 욕설을 하는 자 등 각양각색이다.

둘째로 송달받을 자를 만나지 못했을 때에 그의 동거인에게 하는 보충송달의 어려움이다. 여기의 동거인에 대하여 판례는 송달을 받을 자와 사실상 동일세대에 속하여 생계를 같이하는 사람을 말한다고 되어 있다. 따라서 송달받을 자와 같은 집에서 거주한다 하여도 세대를 달리하는 임대인·임차인 등의 관계일 때에는 동거인으로 보지 아니하였다_{대법 83모53, 81다카864}. 그리하여 우편집배원은 우편배낭을 메고 산·달동네에 찾아가 세든 사람에게 소송서류를 송달하려는데 낮에는 벌이를 나가 부재중이므로 집주인을 같은 지붕 밑의 사람이라 동거인으로 보고 그에게 보충송달을 한다. 그렇게 해서 송달통지서를 법원에 제출하면 그 송달은 무효로서 다시 그 산·달동네를 찾아가 유효한 송달을 하라는데 낮에는 집주인만 있고 송달받을 자는 집에 없어 상황이 달라진 게 없으니 어떻게 처신을 해야 할지 황당하다는 것이다. 그래서 두 번째로 집주인에게 교부하면 여전히 무효라 하여 또 송달실시의 재등산(?)을 하게끔 한다는 것이다.

그것이 한 두 명의 우편집배원이 당하는 일이 아니므로 그들이 대법원에 타개를 위한 민원을 제기하는가 하면, 한 때 이들이 집단행동까지 고려했다는 이야기도 있었다. 다만 최근에 이르러 임대인과 임차인과의 관계라도 평소에 등기우편물 등을 수령하는 관계에 있다면 동거인으로 보아줄 수 있다는 판례_{대법 2010다108876}가 나와 우편집배원들의 원성(?)

이 다소 해소된 것 같다. 우편집배원 역시 국가공무원이므로 송달의 잘못으로 손해를 입은 경우는 피해자는 국가를 상대로 배상책임을 물을 수 있다_{대법 2005다4734}.

다만 전자소송시대를 맞아 소송서류의 전자송달로 우편집배원의 일이 적어졌는가 하면, 송달받을 자가 송달장소에 있는지 여부를 휴대폰으로 확인할 수 있는 시대로 바뀌어, 이제는 일이 고되기 때문에 집단행동을 고려할 때와 달리 실업jobless문제 때문에 집단행동에 돌입하는 상황이 되었다. 격세지감隔世之感을 느끼게 하는 일이다.

제 7 절   소송절차의 정지

소송절차의 정지란 소송계속 중에 소송절차가 법률상 진행되지 않는 상태를 말한다. 여기에는 소송절차의 중단과 중지가 있다.

1. 소송절차의 중단

(1) 의   의

소송절차의 중단은 당사자나 소송행위자에게 소송수행을 할 수 없는 사유가 생겼을 경우에 새 소송수행자가 나타날 때까지 법률상 당연히 절차진행이 정지되는 것이다.

(2) 중단사유

• 당사자의 사망(제233조)

대표적인 중단사유이다. 소송계속 후 당사자의 사망인데, 소송물인 권리·의무가 상속의 대상이 될 것이다.[事例 67] 상속인이 상속포기 기간 내에 포기하였거나 권리·의무가 일신전속적일 때에는 예외적으로 중단되지 않고 그 소송은 종료된다.

• 법인의 합병(제234조)

기업이 M&A가 된 경우이다. 영업양도의 경우는 포함되지 않는다.

- 당사자의 소송능력의 상실, 법정대리인의 사망·대리권(대표권)의 소멸 (제235조)

대리권 소멸의 경우는 상대방에 통지를 요한다(제63조).
- 신탁소송에서 당사자인 수탁자의 업무종료(제236조)
- 선정당사자 포함하여 소송담당자의 자격상실(제237조)
- 당사자의 파산선고·회생개시결정(제239조). 개인회생절차가 연 10만여 건에 이르는 마당에 여기의 결정은 중요한 비중의 중단사유가 된다.

→ 위 6가지 중 5가지까지는 소송대리인이 있으면 중단되지 않는다(제238조).

(3) 중단의 소멸

1) 수계신청

당사자의 수계신청이 있을 때는 그 적법여부를 직권조사하여 수계여부를 결정하는데, 결정이 나면 중단된 소송은 다시 진행된다. 수계신청은 사망한 당사자 측뿐만 아니라 상대방 당사자도 할 수 있다(제241조).

2) 법원의 속행명령

당사자 측이 수계신청을 하지 않을 때에, 법원이 사건을 마냥 둘 수 없어 직권으로 계속 진행하도록 명하는 것이다(제244조).

2. 중 지

여기에는 당연중지(법원 사정), 재판중지(당사자에 장애사유) 및 다른 절차와 관계에서 진행부적당으로 중지되는 경우가 있다. 중단처럼 새 소송수행자가 나타나기를 기다리는 것이 아니다.

[事例 67] 당사자인 피고의 사망과 소송승계

피고인 당사자가 소송계속 중에 사망하였다. 그리하여 소송은 중단되고 한동안 중단상태에 있다가 상대방인 원고가 수계신청을 하여 법원이 이를 받아들이면서 소송절차가 속행되었다. 피고의 상속인인 처와 세 자녀를 소환하여 이들을 모두 법정의 피고석에 서게 하였는데, 이들은 만장輓章을 머리에 꽂거나 가슴에 달고 나왔다. 피고들이 하는 말이 우리 남편·아버지가 빚 때문에 소송을 당하고 이로 인한 극심한 스트레스 때문에 병들어 죽게 되어 몸으로 빚을 때운 셈인데, 그것으로 끝난 문제를 놓고 어째서 상속인들이 그 빚을 안으며 소송까지 승계하여 피고가 되어야 하는지 이해할 수 없다며 항의 반, 애원 반으로 나오는 것이었다. 그래서 "새 피고들이 피고였던 아버지의 재산상속을 포기한 일이 있는가. 그런 사실이 있다면 소송승계는 안 되고 끝난다"고 말해 주었다. 그랬더니 피고의 상속인들이 이제라도 상속포기를 한다고 하길래 피고였던 사람이 사망한 지 얼마나 되었는가 물으니 1년 가까이 되었다는 것이었다. 상속포기의 경우 포기기간이 있으며 민법 제1019조 제1항에 의하여 사망으로 상속개시되었음을 안 날로부터 3개월 이내에 하여야 함이 원칙이며, 민법 제1041조에 의하여 이 기간 내에 가정법원에 포기의 신고를 하여야 하는 것이므로 이제는 늦은 것 같다고 했다. 그랬더니 피고들은 우리가 어떻게 그러한 방식을 알고 그 기간 안에 포기할 수 있었겠는가 하며, 재판장이 좀 보아 줄 것을 애소하는 것이었다. 하지만 현재 법이 그렇게 규정되어 있고, 법집행자인 사법부로서는 어쩔 수 없는 일이며 현 제도를 바꾸는 것은 입법자인 국회의 영역이라고 하면서, 재판을 받아야 한다고 했다. 포기기간 내에 가정법원에 신고의 방식에 의해 포기하지 않는 한 단순상속이 되기 때문에 빚도 피고의 지위도 상속되는 것이라고 거듭 설명했다.

행색으로 보아 이러한 법적 상식이 있을 리 없고 상속받은 재산도 없어 보이는 사람들이라 매우 딱한 경우였지만, 1970년 당시의 민법 규정으로는 부득이 피고들에게 상속분대로 아버지의 채무를 갚으라는 판결을 할 수밖에 없었다. 안쓰럽지만 그것이 입법자 아닌 사법관의 한계라는 상념想念을 지울 수 없었다.

그러나 그 뒤 민법 제1019조에 대한 헌법재판소의 헌법불합치 결정이 있었고 그 결정에 따라 동조를 개정하여 이 사례의 피고들과 같이 상속인이 소송하는 채무를 비롯하여 상속채무가 상속재산을 초과하는 사실을 3개월의 포기기간 내에 중대한 과실없이 알지 못하고 단순승인으로 넘어간 경우에는 그 사실을 안 날로부터 3개월 내에 한정승인을 할 수 있도록 하는 내용의 제3항을 신설하였다. 필자가 이 사건 재판을 하던 1970년 후반에 진작 이러한 규정이 나왔다면 그 상속인들에게 이에 따라 한정승인의 조치를 취하도록 유도하였을 것이고, 그렇게 되었다면 이와 같은 사례에서는 상속인인 피고들은 아버지의 상속재산의 한도에서 원고에게 빚을 갚으라는 소위 유보부留保附판결을 하였을 것이다.

한편 생각해보면 상속인들에게 무조건 갚으라는 내용의 판결을 하여 그것이 확정되었다 하여도 당시에 피고들은 무자력이었기 때문에 강제집행이 될 수도 없었을 것이니 위 피고들이 근본적으로 억울할 일은 없을 것이라 생각하며 자위했다.

제3장 증 거

제1절 총 설

Ⅰ. 증거의 필요성

• 재판은 구체적 사실을 소전제, 법규의 존부·해석을 대전제로 하여 3단논법의 논리조작 끝에 권리관계의 존부의 결론을 내리는데, 이 사실관계에 관하여 당사자 간에 다툼이 있을 때에는 법원이 증거에 의한 확정이 필요하다.

• 재판에 있어서는 법률의 해석·적용보다 증거에 의한 사실확정문제 (fact finding)로 승패가 좌우되는 일이 많아 "가장 훌륭한 변호사는 증거이다"라는 말이 있을 정도이다.[事例 68]

• 증거의 수집확보***는 증거없는 허점을 노리는 자나 기억 못하는 채무자에 대한 대비책인 동시에, 분쟁의 사전예방책이 된다.[事例 69] 또 위증·문서위조 등 증거조작에 의한 진실왜곡의 방지도 중요하다.[事例 70] 적극적으로는 증거의 확보, 소극적으로는 상대방의 증거조작의 방지가 소송에서의 경쟁력이다.

---

* 금융상품을 파는 금융기관: 고객과의 사후 분쟁방지를 위하여 먼저 투자계약서에 계약내용을 '듣고 이해하였음', '원금손실위험을 알았음' 등을 고객으로 하여금 각 기재하여 계약서작성을 한 뒤에, 이것도 모자라 투자본부에서 다시 계약체결의 고객에게 확인전화를 하여 듣고 이해하였는가를 묻고 그 대답을 녹취까지 하는 등의 증거확보에 만전을 기하고 있다.

** 지난 9. 30.자로 일본 신일본제철주금과 포스코간의 일본·미국·한국에서 벌어진 포스코의 일본 신일본제철의 전기강판영업비밀과 특허침해를 이유로 한 손해배상 및 제품판매금지청구소송이 4년간 계속되다가 포스코측이 일본제철에 현금 300억엔과 일부지역의 판매금지·로얄티지급을 주기로 하고 소취하합의를 하고 끝을 낸 것은 이미 [事例 52]에서 밝혔다. 이렇게 포스코 측이 크게 양보하게 된 것은 일본 신일본제철 측이 이미 자기내 영업비밀의 유출에 관한 증거를 한 트럭분 수집해놓아 더 진행한들 승소가능성이 없었기 때문이라 한다(조선일보 2015. 10. 17.자).

[事例 68] 가장 훌륭한 변호사는 증거이지 전관예우의 변호사가 아니다

甲, 甲¹, 甲², 甲³ 등 4인이 매매를 원인으로 乙에게 토지이전등기를 하고 순차 丙과 丁에게로 이전등기가 옮겨간 사안인데, 각 등기가 잘못되었다는 사건이다. 甲 등 4인은 그들의 진의와는 어긋나게 A라는 무권대리인에 의하여 乙에게로 매매가 이루어져 그를 원인으로 이전등기가 되고, 이러한 원인무효등기명의자인 乙로부터 丙과 丁으로 순차 넘겨 이전등기가 되었으니 이 역시 원인무효의 등기이므로, 甲 등 4인이 乙, 丙, 丁 3인을 피고로 각 말소등기청구를 하는 사건이었다.

피고 측은 처음 매수인인 乙이 이 토지의 매매대금을 변제하기 위하여 매도인인 甲 측에 수표를 건넸으니 이를 찾아 증거로 내어 놓으면 방어가 된다 하여 이에 열중하였다.

이 사건은 법서를 비롯한 한국 사회과학서적의 대표 출판사인 박영사 博英社의 창업자 안원옥 安洹玉 사장의 이야기이다. 그는 전주사범학교 출신으로 그 지역 초등학교 교사로 재직하다가 뜻을 두고 상경하여 기반 하나 없는 상태에서 신용 하나만으로 저자들의 신뢰를 받아 크게 성공한 출판인이다.

그가 지금의 강남 교보문고 터 1,500여 평을 전전매수하였는데, 강남이 급진적으로 개발되는 과정에서 갑자기 지가가 상승한 탓인지 원래의 소유자 측에서 이는 무권대리

박영사 설립자 안원옥 사장 관련 기사
(매일경제 1982. 12. 15.자, 9면)

인 A의 매각이므로 처음의 매매부터 무효이고 이후의 이전등기 역시 원인무효여서 순차 전득한 매수인들의 등기 또한 무효라고 하며 각 말소등기청구를 하는데, 박영사 설립자가 제일 나중 매수자로서 최종 등기명의인으로 말소 피고가 되었다. 원고 측은 처음의 매매계약 자체를 다투면서 땅 주인이 대금을 받은 일이 없다고 주장함으로써 피고 측이 매매대금을 원고 측에 교부한 사실에 대한 증명이 필요하였다. 처음 매수인 피고 乙은 대금은 수표로 결제하였다는 주장이었고 원고들은 수표의 수령사실을 부인하는 것이므로 쟁점은 수표를 건넨 사실 여부가 되었다. 결국 처음 매수인인 피고 乙이 원고들에게 건넨 수표 원본을 찾아 증거로 제시하는 것이 승소의 길이라고 생각하며 이를 찾기에 나섰다.

수표는 유통증권이므로 전전유통하다가 결제가 끝난 뒤 실효수표 보관창고에 쌓아두었다가 일정한 기간이 지나면 폐기한다. 1980년대 초는 지금처럼 실효된 수표를 정리해 두는 디지털화된 시스템이 아니고, 창고에 들어오는 대로 단순히 쌓아만 두던 시대였다. 피고가 보관소에 조회해 보아야 소용없는 일이어서 자신이 스스로 찾으려고 나섰다. 그리하여 보관창고에 찾아가 창고지기에 애소 끝에 산처럼 쌓였던 수표더미를 1주일 간에 걸쳐 매일 출근하여 샅샅이 뒤지면서 겨우 문제의 수표를 찾아냈다. 안 사장은 찾아낸 이 득의得意의 수표를 매매 성립의 결정적 증거로 제출함으로써 매수한 토지의 6/7지분을 찾는 승소판결을 받아냈다. 그러나 1/7지분은 乙이 甲³에 건넨 수표를 찾지 못해 패소 확정되었다. 원래 이 토지는 4인甲, 甲¹, 甲², 甲³이 선대로부터 상속받은 재산인데, 그 중 3인은 수표로 대금을 받은 것이 증명되어 3인은 패소시키고, 나머지 1인미성년자의 경우 수표를 찾지 못하여 그 원고는 승소한 것인데, 그의 몫은 1/7이어서, 박영사 사주는 결국 6/7 지분 승소를 한 것이다. 하지만 최종 등기명의인인 박영사 사주 丁은 1/7에 대하여 선의취득자였고 자신은 4년, 자신의 선등기명의인 丙이 7년, 합계 11년의 승계등기점유자로서 등기부시효취득^{민법 제245조 제2항}을 주장하였다. 그러나 자신명의의 등기기간이 10년이어야 하고 앞 사람의 등기승계를 합산한 10년으로는 등기부시효취득이 안 된다는 것이 당시의 판례였기에 등기부시효취득 주장이 배척되어 그 부분이 패소되었다.

그러나 그 뒤 대법 87다카2176 사건에서 대법원 전원합의체는 등기부취득시효에 관한 민법 제245조 제2항의 규정에 따라 소유권을 취득하는 자는 10년간 반드시 혼자 명의로 등기되어야 하는 것은 아니고 앞 사람의 등기까지 승계해 10년간 소유자로 등기되어 있으면 된다고 판례를 변경하였다. 박영사 설립자인 안원옥 사장은 평소에 증거인 수표 찾기에 각고의 노력을 했던 이야기를 꺼내며 '증거가 승소'임을 강조하였다. 그러면서 전부승소하였다면 그 자리에 서점까지 내어 서적출판과 판매의 일관사업을 이루었을텐데 그렇게 되지 아니한 것을 생전에 못내 아쉬워하였다. 그에게서 전관예우·친분예우 변호사를 찾는 것만이 승소의 길이 아니라는 교훈을 얻는다.

[事例 69] 증거확보와 무궁화 1호 위성 사건

1995년은 우리나라 인공위성사에 커다란 발자취를 남긴 해이다. 그해 8월 5일 무궁화 1호 위성이 미국 남부 케네디 우주센터에서 미국 맥도널드 더글러스^{Macdonald Douglas} 社의 델타로켓에 얹혀져 발사되었다. 그러나 주엔진에 부착된 보조로켓 중 하나가 분리시스템의 도화선 손상으로 제때에 분리되지 않아 목표궤도 35,786㎞에 6,351㎞나 못 미치는 사고가 발생하였다. 대망의 우리나라 최초의 인공위성이 완전 성공을 거두지 못해 큰 기대에 찼던 온 국민을 크게 실망시켰다. 그리하여 위성을 정지궤도에 진입시키기 위하여 위성 자체가 가지고 있던 추진체를 사용하여 당초에 계획한 10년 수명을 4.5년으로 단축시키는 것으로 겨우 수습을 하였다.

소관 한국통신공사의 무궁화 1호 위성 발사의 실패는 8,000만 달러에 달하는 사업의 실패였기에 감사원은 감사에 착수하였다. 한국통신공사는 위성의 추진체를 제공한 맥도널드 더글러스 社에 대하여 8000만 달러의 손해배상청구가 가능할 수 있는 것처럼 말하여 감사는 이에도 초점을 맞추었다.

우선 이 위성발사프로젝트에 관한 한국통신과 맥도널드 더글러스 社 간에 체결된 계약서를 살펴보았다. 그 계약서는, 몇 백 개나 되는 방대한 영문 계약조항으로 책 한 권 분량에 달하였는데 이를 면밀하게 검토하였지만 발사성공에 맥도널드 더글러스 社가 'guarantee' 한다는 말은 없고, 여기저기를 뒤져보아도 '발사진행'을 'guarantee' 한다는 말이 있을 뿐이었다. 즉 위성발사의 성공 여부에는 보장이 없고 오로지 진행proceeding 만을 보장한다는 것이었다. 결국 한국통신공사 측은 계약서에 그러한 조항이 포함되어 있지 아니한 것도 제대로 챙기지 않고 맥도널드 더글러스 社 측이 제시한 계약서에 서명하였다는 결론에 이를 수밖에 없었다. 따라서 한국통신은 미국회사에 손해배상청구를 해봐야 증거싸움에서 지게 되었으니 소송을 거둘 수밖에 없는 일이었다. 8,000만 달러짜리의 이 계약은 미국에서 체결되었는데 계약협상의 미국 측 대표 20명은 태반이 변호사였는데 반하여, 한국 측은 한국통신의 상전격인 정보통신부 간부 반에 한국통신 간부 반, 변호사는 고작 1명 정도 포함되었을 뿐이어서 마치 '신사유람단' 비슷한 구성이었으니 이처럼 성공보장의 증거가 없어 배상청구를 단념해야 하는 어처구니 없는 결과가 생긴 것이었다.

뒤에 분쟁이 생기면 계약서가 증거가 되고 해결기준이 된다는 그 무서움을 망각한 채 계약서의 작성을 요식행위쯤으로 안일하게 생각하며 불리한 계약에 이른 전형이기도 하였다.

그리스의 선박왕 오나시스와 존 F. 케네디의
미망인 재클린은 재혼을 하면서 작성한 결혼계
약서가 무려 700여 장에 달하였다고 한다. 한국
영화산업의 경우에 동원배역들과 제작진staff과의
18%만이 고용계약서를 작성한다고 하는데, 문제
가 생기면 증거가 없어 서로 당황하며 헤매인다 단

예외가 공연의 히트작인 영화 '국제시장'에서는 모든 배역들과 고용계약체결. 국
제사회에서 적응력을 키우고 경쟁력의 제고를 위
하여 증거챙기기의 소홀과 계약을 경시하고 인간
적인 연緣을 더 중시하는 무사안일의 풍조를 조속
히 고쳐야 할 것이다서울시 관하의 교통방송(TBS)의 김어준 씨는 서

면계약 없이 1회당 출연료 200만 원씩을 받아오다가 2021년 하반기에 이르러서야

출연계약서를 작성하였다고 한다.

존 F. 케네디의 미망인
재클린 케네디 오나시스

[事例 70] 등기필권리증의 위조 사례

부동산의 매도증서에 등기관이 '등기필'을 기입해 주는 등기필권리증
지금은 부동산등기법이 개정되어 등기필정보이 위조된 사례가 있었다. 한번은 학교 동창
이 필자를 찾아와 자기 조부의 땅을 샀다고 하며 매수인이라 칭하는 사
람이 상속인인 자기를 상대로 등기를 넘기라는 소유권이전등기청구소
송을 제기하여 왔다는 것이다. 그 땅의 소재지는 휴전선 인근의 DMZ
근처로 때는 1945. 8. 15. 해방 전 일제강점기였다고 하며 그 증거로 자
신의 조부로부터 넘겨받은 땅문서인 등기필권리증을 첨부하여 제출하
였다는 것이었다. 매수인이라는 원고가 매수한 땅을 등기하지 않고 미
룬 까닭은 해방 후의 혼란기에 이어 6·25 사변, 그리고 DMZ 근처인
점 등의 사정을 내세운다는 것이었다. 이제 소유권이전등기청구권의

시효소멸의 문제도 있었으나 그보다도 갑 제 1 호증으로 내놓은 등기필권리증이 비록 사본이었지만 별로 마모된 흔적이 없었다. 등기필권리증이 가짜일 가능성이 있다고 생각하며 거기에 기재된 조부의 일제강점기 당시의 주소가 실재하는 주소인지 비공식조회를 하여 보았다. 그 주소는 「서대문구 아현정阿峴町」으로 적혀 있었는데, 조회결과 일제시대에 아현정阿峴町은 서대문구에 속해 있지 않고 마포구에 속해 있었으며, 서대문구는 그 때에 아예 없던 행정구역이고 해방 후 새로 생겼다는 것이 밝혀져서 결국 마각이 드러나게 되었다. 그래서 친구인 피고더러 원고가 제시한 갑 제 1 호증의 등기필권리증은 조회결과에 비추어 가짜임이 분명하다고 증거항변을 할 것을 종용하였다. 그는 그대로 하여 원고의 청구를 가볍게 기각시켰다고 한다. 모름지기 재판과정에서는 판사가 신神과 같다고 생각하여 매달릴 것이 아니라, 당사자 자신의 증거찾기·증거항변 등 최선의 노력이 무엇보다 승소의 지름길이다.

우리나라는 살인죄, 최근에 와서 강간·강제추행죄 등을 제외하고 온정주의의 형벌풍조의 만연으로 위증죄, 문서위·변조죄 등 증거조작에 대해 기껏해야 벌금형·집행유예의 솜방망이처벌에 그치고 일벌백계가 없기 때문에, 황당한 증거조작의 범죄로 소송을 통해 소유자 불명으로 보이는 토지를 편취하는 사례가 적지 않다. 특히 6·25 때의 격전지역, 강원도 북쪽의 수복지역 그리고 휴전선 근접지역의 토지가 그 전형적인 소송사기의 표적이 되었던 것 같다. 롯데케미칼 측이 벌인 270억 세금부당환급소송에서 보듯이, 방어력이 허술한 국가도 소송사기의 표적이 되는 일이 있다.

Ⅱ. 위법하게 수집한 증거방법과 기본인권

- 대화상대방의 동의 없는 무단녹음, 산업스파이나 사설탐정을 동원

한 수집정보·GPS정보, 몰래카메라·드론의 촬영물·동영상, 전화도청물, 일기장의 도둑복사물, 인터넷 해킹물 등의 증거능력의 문제이다.

- 우리 판례는 비밀로 녹음한 녹음테이프에 대하여, 자유심증주의를 채택하였음을 들어 위법하게 수집하였다는 이유만으로 증거능력이 없다고 단정할 수는 없다 하여 증거능력을 인정하고(대법 2009다37138), 하급심은 무조건이 아닌 제반조건을 종합하여 증거능력을 살핀다. 이 때문에 민사소송에 있어서 증거수집을 위한 무단 녹음이 성행하여 각급법원 주변에는 녹음을 풀어 녹취서를 만들어 주는 '녹취작성소'가 성업을 이루고 있다. 다만 위법한 증거수집의 경우에는 불법행위가 되어 그 증거수집자에게 손해배상책임을 물을 수는 있다(대법 2004다16280).

- 그러나 독일·미국 등에서는 상대방 동의 없는 무단녹음은 특단의 사정이 있는 경우를 제외하고 상대방의 인격권 등 기본권을 침해하는 불법행위라고 보며, 증거수집이 어렵다는 이유만으로 위법한 증거수집이 정당화되어 증거능력이 인정될 수 없다고 하여 증거능력부정설이 지배적이다.

- 개인정보보호법상 개인정보수집에는 개인의 동의를 얻어야 하고, 수집·이용목적의 범위에서만 개인정보를 이용할 수 있으므로, 무단녹음이 재판증거용이라면 개인정보보호의 원칙에 반한다는 문제가 생길 수 있어 논란거리가 된다.

- 현 정권이 집권하기 전에 어느 나라보다 언론·출판·집회의 자유 등 기본권의 존중과 보호를 강조하던 나라에서 대법원이 기존의 판례를 유지함으로써 오히려 위법한 증거수집을 부추겨 무단녹음의 채증을 먼저하고 소송을 시작하는 아이러니마저 보이고 있다.

Ⅲ. 증거의 종류

1. 직접증거와 간접증거

- 주요사실을 직접 증명하는 증거, 예컨대 계약서, 목격증인, 현장녹

취물·영상물이 직접증거이다. 간접사실·보조사실을 증명하는 증거, 예컨대 과실추단의 음주운전, 어느 증인의 증거력 부정을 위한 다른 증인의 증언, 급작스럽게 여러 개의 보장성 보험가입(대법 2013다69170) 등이 간접증거이다(정황증거).

• 간접증거는 사기·고의·과실 등 내심의 사실, 인과관계, 손해발생은 인정되나 손해액 증명의 곤란 시에 활용가치가 있다.

• 간접증거에는 간접본증과 간접반증이 있다.

2. 본증, 반증, 반대사실의 증거

• 자기에게 증명책임이 있는 사실의 증명을 위한 증거가 본증, 상대방에게 증명책임이 있는 사실을 부정하기 위한 증거가 반증이다.

• 법률상의 추정을 받는 사실을 깨뜨리기 위하여 제출하는 증거가 반대사실의 증거이다.

• 반대사실의 증거는 반증처럼 추정사실에 의문을 갖게 할 정도가 아니라 추정사실을 번복할 만한 완벽한 증명을 요한다. 등기의 추정력은 법률상의 추정력으로 보기 때문에 반대사실의 증거를 대야 한다(등기부에 등기원인인 매매의 기재 있으면 유효추정 — 원인무효라는 반대사실의 증거를 제시해야 등기추정력을 깰 수 있음).

3. 증명과 소명

• 증명(證明)은 통상인이 그 일상생활에서 진실하다고 믿고 의심하지 않을 정도의 고도의 개연성을 말한다. 십중팔구 확실하다는 확신이 섰을 때에 증명되었다고도 본다.

• 소명(疎明)은 증명에 비하여 낮은 개연성, 즉 법관이 일단 확실할 것이라는 추측을 얻은 상태를 말한다.

• 증명은 필요적 변론에 의하는 판결절차에서 요구하며, 그 증명방법은 증인·감정인·당사자본인·서증·검증물·그 밖의 증거 등 제한없다.

• 소명은 결정으로 완결할 절차 즉 기피·보조참가·소송구조신청이

나 가압류·가처분결정에서 요구하며 그 증거방법은 즉시 조사할 수 있는 것(예: 법원 구내에 있는 재정(在廷)증인, 소지하고 있는 문서, 사진 등)에 한한다.

4. 엄격한 증명과 자유로운 증명

• 전자는 법률이 정한 증거방법·법률이 정한 절차에 의한 증명이고, 후자는 법률이 정한 증거방법·절차로부터 해방되는 증명을 말한다.

• 자유로운 증명의 예는 조사송부촉탁, 사실조회결과, 전문서적에서 얻은 지식, 증인진술서나 서면증언서, 정식증거조사절차를 거치지 아니한 전화·e-mail·문자메시지·유튜브와 증인·감정인의 보충질의서 등이 있다. 독일 민사소송법(ZPO)이나 EU소액채권절차법에서는 비용절감의 차원에서 자유로운 증명을 확대시키고 있다.

• 청구원인사실·항변사실은 엄격한 증명대상이고, 직권조사사항인 소송요건·상소요건(다툼있음), 비송사건 그리고 관습법·지방법령·외국법 나아가 경험칙 등은 자유로운 증명대상이다.

제 2 절 요증사실과 불요증사실

Ⅰ. 요증사실(要證事實) — 증거를 댈 필요 있는 사실(증명의 대상)

1. 사 실

여기의 사실은 다툼이 있는 사실로서, 재판결과에 영향을 미칠 사실이며, 이것이 증거조사의 대상이다.

2. 경험법칙

• 우리 경험을 통해 얻어지는 사물에 관한 지식이나 법칙. 여기에는 ① 일반상식적인 경험법칙, ② 전문적인 지식에 속하는 경험법칙, ③ 고도의 개연성 있는 경험법칙(표현증명에 이용)이 있다.

• 사실이나 증거의 평가판단, 간접사실로부터 주요사실의 추단에 이

용된다. 경험법칙 중 전문적인 지식에 속하는 경험법칙은 증명을 요하며, 경험법칙의 적용이 현저히 잘못된 경우는 법령위반처럼 상고이유가 된다. 육체노동자의 가동연한을 60세 → 65세로 연장판결 등(2018다248909 전원합의체)에 보듯이 대법원이 개입

3. 법 규

'법률은 법원이 안다'는 것이므로 당사자의 증명이 필요 없지만, 관습법·지방법령·외국법은 예외이다. 다만 자유로운 증명의 대상이 된다.

II. 불요증사실 ― 증거를 댈 필요가 없는 사실

1. 개 설

불요증사실은,

(1) 당사자 간에 다툼이 없는 사실

• 재판상 자백과 자백간주

(2) 현저한 사실

• 공지(公知)의 사실과 법원에 현저한 사실

(3) 법률상의 추정

법률상의 사실추정과 법률상의 권리추정 등이다. 아래에서는 재판상 자백과 자백간주를 살핀다.

2. 재판상 자백

(1) 정 의

• 변론 또는 변론준비기일에 한 상대방의 주장과 일치하고 자기에게 불리한 사실상의 진술

• 사실상의 진술이 대상이므로, 법률상의 진술은 불리한 것이라도 이에 속하지 않고 권리자백이 된다. 법률상의 진술에는 i) 법규의 존부·해석에 관한 진술, ii) 사실에 대한 평가적 진술, iii) 법률사실의 진술 iv) 선결적 법률관계의 진술이 있는데, i), ii)는 법원의 전권판단사항이므로 자

백해도 구속력이 없고, iii)은 법률상 개념을 사용한 사실진술로 매매·소비대차와 같이 널리 상식적으로 알려진 것이면 자백이 되고, iv) 선결적 법률관계를 인정하는 진술은 권리자백으로 법원에 구속력이 없다는 것이 판례이다(대법 2007다87061). 그러나 그 내용을 이루는 사실에 대하여는 자백성립의 여지가 있다(학설).

• 사실 가운데 주요사실에 한하고 간접사실·보조사실은 자백대상이 아니다.

• 자기에게 불리한 사실상의 진술인데, 여기의 '불리'란 상대방이 증명책임을 지는 사실이냐(증명책임설)와 자기가 패소될 가능성이 있는 사실이냐(패소가능성설)의 학설이 대립한다.

• 상대방의 주장사실과 일치되는 사실상의 진술이므로, 상대방의 진술이 있고 뒤에 시인진술이 보통이나 자신이 먼저 불리한 진술을 하는 선행적 자백이 있다. 상대방 원용 전에는 철회할 수 있다. 상대방의 주장과 완전일치가 아닌 일부일치의 이유부 부인, 제한부 자백이 있다.

• 변론/변론준비기일에 소송행위로서 하는 진술이며, 소송외의 불리한 진술은 재판외 자백으로 구속력이 없다.

(2) 효 력

자기주장에 상대방의 자백이 있으면 증명책임이 면제된다(제288조 본문).

• 법원에 대한 구속력

법원은 그대로 사실인정을 하여야 하고 반대심증이 들어도 그에 반하는 사실인정을 할 수 없다. 이 점이 자백이 유죄인정의 유일증거일 때에 보강증거를 필요로 하는 형사소송[事例 71]과 다르다. 다만 변론주의 아닌 협동주의의 오스트리아법은 자백에 반하는 사실을 인정할 수 있다.

• 당사자에 대한 구속력

일단 자백을 하였으면 자백한 당사자는 임의로 취소할 수 없다. 상대방의 동의가 있거나 진실에 반하고 착오로 인한 것을 증명한 때(제288조 단서)에는 예외적으로 취소가 가능하다.[事例 72]

3. 자백간주(의제자백)

- 상대방의 주장사실을 명백히 다투지 아니한 경우(제150조 제1항, 침묵은 자백이므로 결코 '침묵은 금'이 아님)
- 상대방이 서면예고사실이 있음에도 기일에 불출석하는 경우(제150조 제3항)(단, 공시송달에 의한 기일통지를 받은 경우는 제외)
- 소장을 송달받고 30일 내에 답변서 부제출(제256조, 제257조)의 경우 등이다.
- 자백간주는 법원에 대한 구속력은 있으나 당사자에 대한 구속력은 없어 뒤집을 수 있다. 당사자는 제1심 자백간주에도 사실심인 항소심 변론종결 당시까지 다툴 수 있으며, 답변서를 안 낸 피고라도 판결선고 시까지 원고 청구를 다투는 답변서를 제출할 수 있다(제257조 제1항 단서).

[事例 71] 광주민주화운동 관련 사건과 민형사사건의 재판상 자백 등

1980년 광주민주화운동이 끝나고 1년 뒤인 1981년의 일이었다. 신군부는 1980년 광주민주화운동 당시 광주 일원에 계엄령을 선포하고 시위참가 시민들에 대하여 계엄군법회의에서 재판을 하여 오다가, 1년 만에 계엄령을 해제하고 계엄군법회의의 형사사건을 민간법원인 광주고등법원으로 일괄 이관하였다. 이때 필자가 마침 광주고등법원의 형사부 재판장을 맡아 여러 가지 어려움을 겪었던 경험담이다.

1. 광주민주화운동의 재판 때의 일

한 가지는 광주민주화운동 당시 시위에 참가한 젊은 시민 한 사람을 집회·시위에 관한 법률 위반으로 기소된 형사사건재판을 하던 때이다. 일단 사실심리를 마치고 결심을 하며 최후진술의 기회를 주었다. 그런데 그 피고인이 어찌나 비감^{悲感}하게 진술하던지 온 법정사람들의 심금을 울리기에 충분할 만큼 감동적(?)이었다. 요지는 경상도 군인이 광주에 와서 광주시민을 상대로 총검술을 하는데, 어찌 시민의 한 사람으로서 참고 견딜 수 있을 것인가, 시민으로서 데모를 한 죄밖에 없는데 어찌 죄를 묻는 것인지 알 수 없으며 잡혀서 고문을 당해 상처를 입은 다리를 보여주며 너무 억울하다고 눈물을 펑펑 쏟으며 온 법정을 흥분의 도가니로 몰고 가는 것이었다. 한참 진술하는 도중에 법정분위기가 흔들리는 것 같아 법대 밑을 보니 압송해 온 교도관들이 격정의 눈물을 흘리는 것이고 또 법대 바로 밑 참여사무관 또한 눈물을 감추지 않고 있는 것이었다. 그런가 하면 옆에 앉은 우배석판사 또한 눈물을 손으로 훔치는 것이었으며 만석의 법정도 점차 눈물바다가 되어가는 것이었다. 그대로 방치하면 흥분한 방청인들이 다시 거리로 나갈 위험이 직감이 되어 비장하게 진술을 계속하는 그 피고인의 진술을 끊고 잘 이해했으니 적절히 처리할 것이라고 단호히 말하고 선고기일을 지정하고 그 사건심리를 끝냈다.

그리고는 바로 일시 휴정을 명하고 일단 합의실로 돌아와서는 재판장이었던 필자는 "재판하는 사람이 피고인의 최후진술에 감화되어 눈물을 흘리면 어떻게 하느냐"며 우배석판사를 나무랐다. 그랬더니 대단히 죄송하다고 하면서 필자더러 "부장님은 서울사람이니, 당시 광주의 참혹한 비극을 모를 것"이라고 말하는 것이었다. 그가 바로 하태은 판사로 요절하였는데, 살아있다면 그때의 일을 회고하면서 재판장인 필자가 이해못했다고 하며 추억담을 나눌 수가 있었을 텐데 타계해 못내 애석하다. 이제 명복을 빌 처지이다.

2. 형사사건과 민사사건에서 자백의 차이

또 하나는 전남대학교 학생들의 집시법 위반사건에 대한 것이었다. 법정에서 불구속의 피고인이었는데, 광주민주화운동 당시 도청 앞 금

광주 민주화 운동이 벌어졌던 전남도청 별관

남로에서 시위에 참가한 일이 있는가를 물으니 서슴지 않고 그러한 사실이 있다고 자백하는 것이었다. 그 사건에서 검사는 피고인의 시위참가에 아무런 보강증거를 제출한 바 없기 때문에, 입회검사더러 보강증거를 제시하라고 입증촉구를 하고 공판기일을 1개월 연기하였다. 다음 공판기일에 피고인의 출석 하에 다시 검사더러 보강증거를 내어 놓으라고 촉구하니 당시에 피고인의 시위참가를 본 경찰관을 찾아서 증인으로 대겠다고 하여 또 다시 1개월 연기하였다. 한편 대학생인 피고인은 내가 범죄를 다 자백하였으면 되었지 자꾸 다른 증거를 찾으면서 사람을 오라 가라 한다고 나무라는 조였다. 세 번째 공판기일에도 검사가 증인을 못 찾겠다고 하여 결국 결심하고 선고기일을 정하고 1주일 뒤에 판결선고를 하였다. 결국 '피고인은 무죄'였는데, 자백한 피고인에 무죄가 이상하다고 생각하여 고개를 갸우뚱하다가 잘못 들은 것이 아님을 알았는지 감사의 표시를 하며 법정을 떠났다. 일반인은 민사사건과 달리 형사사건에서 자백이 있어도 보강증거가 없으면 유죄판결을 할 수 없으며 보강증거가 나올 때까지 재판을 끌어야 하는 법리를 알 까닭이 없기 때문에 생긴 해프닝이다. 반면 민사사건에서는 '자백이 증거의 왕'이므로 자백과 반대로 판단할 수 없어 이러한 일은 있을 수 없다.

3. 구시대의 재판

이렇듯 지금은 자백의 효과가 민사사건과 형사사건에 있어 차이가 있다. 그러나 구시대에는 민·형사사건의 구별이 없었던 미분리시대였다. 형사재판에 치중하였으며 민사재판은 이에 준하였기 때문에 형사사건에서도 자백은 증거의 왕이었는가 하면, 민사사건에서도 '네 죄를 네가 알렸다'고 하며 자백강요를 하였다. 민사 피고의 자백을 받아내기 위하여도 '주리'를 틀기도 하였다고 한다. 명당에 조상묘를 써서 그 음덕으로 자신의 출세를 소망하던 도선道詵풍수지리설의 전성시대(?)였던 만큼, 명당 묏자리를 둘러싼 다툼인 산송山訟사건이 단연 많았고, 노비는 권리의 주체가 아닌 그 객체인 물건과 같아 그 인도소송도 적지 않았다고 한다.

호랑이 담배 먹던 시대, 한반도에 호랑이가 창궐하던 시대인 1920년대 함경북도 부령군에서 있었던 일이다. 호랑이 포수가 호랑이를 보고 사냥총을 쏘아 명중시켰는데, 즉석에서 잡히지 않은 채 도주를 하다가 죽은 호랑이를 두 사람이 주워 이를 차지하였다. 그들은 호랑이를 그 포수에게 내놓지 아니하여 그 포수는 두 사람을 상대로 호랑이인도소송이라는 희유의 소송을 제기하여 큰 화제가 되었다. 이러한 사실을 알고 있는 일본순사를 법정의 증인으로 불러 신문조사하여 분쟁을 가렸다. 이렇듯 그 당시도 경찰이 아닌 법관에 의한 재판권이 존중되기는 하였다.

충북 옥천에서 혼수단자를 양가에서 나누며 젊은 남녀의 혼례가 이루어져 신랑이 말을 타고, 신부 집으로 가던 중에 갑자기 산속의 호랑이가 나타나 신랑을 물고 납치해간 사건이 일어났다고 전해온다. 호랑이에 끌려간 신랑은 혼비백산하였지만, 끌려간 산속의 아리따운 아가씨와 연을 맺게 되어 잘 살게 되었다는, 이른바 중혼重婚이 이루어졌다. 처음 신부 측이 하도 억울하여 지금 잘 살고 있는

구시대의 민사재판 광경

신랑과 새 신부를 상대로 중혼이라는 이유로 이른바 혼인취소소송을 제기하였다. 이를 심리한 그 고을 원이 판결하기를, 비록 호랑이가 산 속으로 신랑을 물고가 새 혼인이 이루어졌지만, 이것은 하늘의 뜻으로 보아야 한다고 하면서, 처음 신부 측의 청구를 기각하는 판결을 했다고 한다. 하늘의 뜻, 즉 신치神治시대다운 판결이었다. 물론 지금과 같은 법치法治시대에서는 후혼이 법에 따라 취소사유가 되어민법 제810조, 제816조 처음 신부 측의 당연 승소로 귀결이 될 일이다.

[事例 72] 권위주의시대의 재판상 자백 CASE

1970년 후반기 때의 민사사건 재판시의 일이다. 사건인즉 경기도 파주의 어느 농민이 제기한 농경지인도사건이었다. 그를 甲이라 하고 현재 농경지의 경작자를 乙이라고 하면 甲은 자기가 농경지를 1949년 농지개혁 때 분배를 받아 소유해 왔는데, 乙이 아무런 권원도 없이 10년 동안 점유·경작하여 오고 있다는 것을 청구원인으로 하여 이를 인도받아 마땅하다하며 제기한 소송이다. 그래서 우선 피고더러 요건사실인 원고가 농지분배를 받았다는 사실과 피고가 현재 권원없이 경작하는 사실에 대하여 인정여부를 물으니, 피고는 원고가 주장하는 사실을 모두 시인하는 것이었다. 변호사대리사건에서는 좀처럼 재판상 자백을 볼 수 없는데 본인소송에서는 의외로 솔직하게 자백하는 예가 적지 않다. 그래서 피고가 모두 자백하여 따로 증거조사의 필요가 없어 바로 변론종결하고 선고기일을 정하려 하니, 피고가 격노한 목소리로 원고를 가리키며 이 자가 6·25사변 때에 '빨갱이' 노릇을 한 자로서 완장을 차고 죽창을 들고 다니면서 동리의 우익청년 10여 명을 잡아다가 죽인 살인자요 부역자라고 하는 것이었다. 그런 죄 때문에 동리를 떠나 타향에 가서 피해 살다가 세월이 흘러 그것이 잊혀졌을 시점에 고향으로 돌아와 땅을 찾겠다는 것이 이 사건이라는 것이다. 아무리 군사정권시대이고 반공^{反共}을 국시로 하더라도 민사사건에서 과거 공산주의 활동 이력은 원고의 청구를 배척할 항변사실이 아니므로 이에 대하여 민사재판부가 따로 심리할 성질이 아니었다. 따라서 피고의 자백의 구속력에 따라 원고 승소의 판결을 할 수 있다 해도 다소 신중을 기할 사건이라 보았다. 그렇게 법리적으로 결론을 내면 냉전의 시대에 일파만파의 후유증이 있을 수도 있다고 보았다. 그리하여 직권으로 문제된 농지에 대하여 소재지관서인 파주군청에 그 농지의 분배관계에 대하여 사실조회를 해 보기로 하였다.

그랬더니 사실조회결과가 돌아왔는데, 이 농지는 1949년 농지개혁 당시에 분배대상에서 제외된 농지로 일본인 소유의 농지로서 해방 이후 국가귀속농지가 되었다는 회답이었다. 그래서 피고더러 사실조회결과를 보여주며 홍분만 할 것이 아니라 이를 자세히 보고 답변하라고 하였더니, 원고의 분배농지라고 한 것은 착오이므로 철회한다고 하였다. 진실에 반하고 착오로 인한 자백은 철회가 가능하다.

제3절　증거조사의 개시와 실시

증거조사절차는 증거신청 → 채부결정 → 증거조사의 실시 → 증거조사의 결과에 의한 요증사실의 심증형성으로 이어 나아간다.

Ⅰ. 증거조사의 개시

1. 증거신청
• 변론주의의 원칙 때문에 법원이 직권으로 하는 증거조사는 예외적이고, 당사자의 신청이 있을 때 채택여부, 즉 채부결정 끝에 증거조사를 실시한다.

• 최근에는 증거에 관한 당사자권으로 이의 존중이 당사자의 절차보장이라 보고 있다. 증거신청에는 증명할 사실, 특정의 증거방법(예, 증인 甲), 증명취지(증거와 증명할 사실의 관계)를 표시하여야 한다(제289조, 규 제74조). 증인·당사자신문의 경우는 신문사항, 감정의 경우는 감정사항, 서증의 경우는 사본제출을 요한다. 먼저 증명할 사실을 정확히 특정하고 증거신청을 하여야 하는데, 증거신청부터 먼저하고 뒤에 증명할 사실을 얻어 내려고 하는 것을 '모색적 증명(摸索的 證明)'이라 하는데, 이는 원칙적으로 금지된다.

• 증거신청은 시기적으로 소장이나 답변서제출 시에 동시에 제출할 수도 있고 변론준비기일·변론기일 전에 제출할 수 있으며(제289조 제2항), 변론기일에는 소송진행의 정도에 맞추어 적시에 제출하여야 한다(제146조, 적시제출주의). 단 변론준비기일이 끝난 뒤나 시기에 늦게 제출하여 소송완결을 지연시킬 때에는 실권효(失權效)가 뒤따라 증거신청이 각하된다(제285조, 제149조).

2. 증거의 채부결정(증거결정)

• 증거신청은 당사자가 하되 증거채택여부의 결정은 법원의 직권에 속하는 재량사항으로 보고 있다(이에 대하여 독일은 다르다). 예외적으로 주요사실에 대한 유일한 증거는 반드시 조사하여야 한다.

• 유일한 증거(제290조 단서)는 사건을 기준으로 하지 않고 쟁점을 기준으로 가린다. 사건 전체로 보아 여러 개의 증거신청이 있어도 특정의 쟁점에 관하여는 그 하나 밖에 없을 때에 채택하여 조사하지 않으면 유일증거배척의 위법이 된다.

Ⅱ. 증거조사의 실시

1. 증거조사 실시의 3원칙

(1) 집중심리주의
증인신문과 당사자신문은 쟁점정리 후 집중적으로 행할 것을 요한다

(제293조).

(2) 직접심리주의

• 증거조사는 판결할 법관이 법정에서 직접 행하여야지 다른 사람을 시켜 행하는 간접조사는 안 된다.

• 예외: 법원 밖에서의 증거조사(수명법관, 수탁판사에게 조사 맡김), 외국에서의 촉탁증거조사(대사·공사, 외국의 관할 공공기관에게 맡김)

(3) 당사자공개주의

• 증거조사를 비밀리에 내사하는 형식으로 해서는 안 되며, 증거조사 기일·장소를 당사자에게 고지·통지를 하지 않으면 안 된다. 나아가 증거조사의 결과에 대하여 당사자에게 변론의 기회를 주어야 한다.

증거조사의 실시를 개별적으로 본다.

2. 증인신문

• 증인을 출석 증언시켜 증거자료로 삼는 증거조사. 당사자, 법정대리인 및 당사자인 법인 등의 대표자 이외의 자인 제 3 자는 모두 증인능력을 가진다.

• '증언은 최악의 증거', '증언법정은 거짓말 대회장'이라는 말이 있을 정도로 그 신뢰성에 문제가 있다. 부정확한 관찰·기억에다가 정의보다는 인정·의리를 앞세우는 풍토, 변호사에 의한 증인 동반·변호사실에서 사전 리허설 등 소송윤리의 타락, 위증죄에 대하여 집행유예나 벌금 정도로 관용적인 처벌 등으로 문제가 심각하다.

(1) 증인은 외국인을 포함하여 국민의 한 사람으로서 다음의 세 가지의 공법상의 의무를 진다.

1) 출석의무

• 증인출석요구를 받은 증인은 지정일시·장소에 출석할 의무가 있다. 출석강제를 위하여 정당한 사유 없이 불출석하면 ① 소송비용의 부담과 500만 원 이하의 과태료, ② 7일 이내의 감치, ③ 형사소송법 등에 의한 구인 등의 제재가 따른다. 그러나 이를 실천할 법원의 강한 의지를 보이지 아니하여 이러한 강제조치가 종이호랑이화의 문제가 있다. 중립

증인의 출석기피에 거의 방임적이다.

- 국회 증인의 불출석 시에는 형사처벌(롯데나 신세계그룹회장의 벌금형의 전례 있음), 미국 FRCP 45의 경우 소환(subpoena)불응은 법정모욕죄로 처벌되는 것과 비교교량이 필요하다.

2) 선서의무와 진술의무

- 16세 미만인 사람·선서의 취지를 이해 못하는 사람은 선서면제(제322조), ① 자신이나 친족이 형사처벌이나 치욕이 될 사항, ② 공무상·직무상 비밀사항, ③ 기술·직업의 비밀에 속하는 사항에 대해 증언 거부할 수 있으며(제314조, 제315조), ①의 경우는 선서거부권도 인정된다.

(2) 증인신문에 갈음하는 서면

① 증인진술서(규 제79조 — 자유로운 증명의 대상) ② 서면에 의한 증언(제310조 제1항), ③ 공증인법상의 선서인증(공증인법 제57조의2) — 증언할 사항에 대하여 공증인으로부터 사서증서로서 인증 받는 동시에 공증인 앞에서 진실임을 선서까지 받아 놓는 것인데, 2010년에 새로이 도입되었다.

(3) 증인신문의 방법

1) 당사자 주도의 교호신문(cross examination)[事例 73]

신청한 당사자가 먼저 주신문 → 상대방의 반대신문 → 신청당사자의 재주신문 → 마지막으로 재판장의 보충신문이 그 순서이다. 단 당사자의 신문 중 재판장의 개입신문이 가능하다. 예외적으로 신문의 순서를 변경가능하다(제327조 제4항). 소액사건은 대륙법계에서 채택하는 직권신문제를 취한다.

2) 격리신문

여러 증인이 있을 때에 서로 영향받지 않도록 한 증인의 신문 중에 다른 증인의 격리

3) 구술신문

말로 묻고 답하는 구술주의. 서류제출로 갈음할 수 없다.

4) 원격영상신문

Covid-19 시대 이후 많이 활성화 되었다.

(4) 신문에서의 재판장의 지휘권

재판장은 증인신문에 앞서 인정신문인 증인의 이름·주민등록번호·주소·직업 등의 확인을 하고, 선서를 시킨다. 나아가 재판장은 법 제327조 제5항·규칙 제95조 제2항이 정한 신문을 제한하는 등 신문지휘권을 가진다. 증인더러 "저런 사람이 무슨 공인중개사를 한다고" 등의 막말을 삼가해야 한다. 2016년 개정법률 제327조의 2에서 증인의 편의를 위하여 비디오 등 중계장치에 의한 증인신문을 가능하게 하였다.

[事例 73] 교호신문제의 기형적 운영

우리 민사소송법은 1961년 개정법률로 대륙식의 재판장의 직권신문제에서 영미식의 당사자 교호신문제로 바뀌었다. 당시에 대법원 판사였고뒤에 대법원장 민사소송법의 대가인 故 이영섭 선생은 그의 저서인 1962년 전정판 「신민사소송법」 서문에서 '우리나라 실정과는 동떨어진 교호신문제도를 채용함으로써 모처럼 소송경제를 꾀하려는 혁명적인 움직임을 적지 않게 둔화시키고 있는 것이 유감'이라고 비판하였다. 다른 나라 헌법에는 예가 거의 없는, 국정감사임에도 재벌증인을 줄줄이 불러서 호통까지 치는 신문도 문제려니와, 재판에서 문제되었던 사례 몇 가지를 본다.

1. 장문단답식의 증인신문사항

증인신문사항과 관련하여 직권신문제에서와 달리 증인신청의 당사자 측은 증인신청을 하면서 사전증인신문사항을 제출하여야 한다는 점이다규 제80조 제1항. 따라서 증인신청한 대리인은 자기가 원하는 답변을 유도하기 위하여 증인은 단답식의 '예'나 '아니오'만 하면 되도록 되게 장문의 신문사항을 적어낸다이 비슷한 현상 — 국회의 대정부질문에서도 답변보다 질문 중심, 국회의원 1인당 질문시간 영국의 20배, 국회에서도 유도질문의 사례. 따라서 주신문에서는 허위증언유도의 위험성 때문에 금지하는 유도신문규 제91조 제2항으로 전락하기 십상이다. 심지어 장문단답식의 신문이 되기 때문에 신문을 받는 증인이 어떠한 사항에 답변을 하였는지 몰라서, 나중에 반대신문이나 보충신문과정에서 증인이 질문한 내용도 모르고 답변·증언했다는 마각이 드러날 때가 있다.

다음과 같은 기행이 생겨난다. 소송대리인의 동반증인의 경우가 적지 아니하므로 사전에 증인에게 소송대리인이 법정에서 '네'라고 간단히 대답만 하면 된다고 일러둔 때문인지 어떤 변호사가 증언대에 증인을 세워 놓고 다른 법정에서 심리할 사건의 증인신문사항과 혼동하여 가방에서 잘못 꺼내서 열심히 읽으며 신문하고 증인은 '네, 네'라고 연속의 답변이었다. 분명히 손해배상청구사건인데도 부동산소유권이전등기사건 때문에 준비하였던 다른 법정에서의 신문사항을 변호사가 한참 읽어나가고 증인이 응수·답변하여, 혹시 증인신문사항의 혼동이 아닌가 생각되어 지적하였더니, 그제서야 비로소 죄송하다는 사과를 한다. 그리고는 가방을 뒤져 당해 사건의 신문사항을 꺼내 주신문을 하는데 증인은 마찬가지로 '네, 네'를 계속한다. 하도 어처구니가 없어 증인보고 이 사건이 무슨 사건인지 알고 변호사신문에 '네, 네'만 일관하느냐 개입신문으로 힐문을 한 일도 있었다.

이와 같은 장문단답식長問短答式의 주신문은 ① 참여사무관으로 하여금 신문조서 작성을 편리하게 해주어 환영을 받는다. ② 사건폭주에 쫓기는 재판부로 하여금 사건을 편리하게 정리하는 것도 되어 환영하는 바이므로, 진실발견에 역행의 폐습임에도 용이하게 시정되지 아니한다. 증인신문은 '거짓말 대회장'이라는 말까지 나오게 되는데, 이는 우리 사법의 부끄러운 단면이다.

어찌보면 증인신문에서 사전신문사항을 제출시키지 않고 재판장이 처음부터 신문을 주도하는 대륙식의 직권신문제도가 우리 풍토에서 더

타당한 것이 아닐까. 교호신문제도는 2차대전 후 일본을 점령한 맥아더 정부가 사법제도의 미국화를 위하여 미국식의 민영화구조라 할 adversary system^{당사자주의}으로 개조하기 위하여 도입한 제도이다. 그런데 이를 헤아리지 않고 관 주도형 전통의 우리 사회에서 일본에서 도입된 것을 무작정 모방하였기 때문에 우리 재판운영에서 제대로 적응하지 못하고 시행착오를 거듭한다고 할 것이다.

2. 교호신문제도의 한계

증인신청을 한 당사자대리인이 증인을 놓고 신문사항에 따라 주신문이 시작되었는데, 증인이 신문사항대로 답변해 줄 것을 원하였는데, 그와 정반대의 증언을 계속하는 일도 있다. 신문하던 대리인이 '이 사람 이상하다'하면서 신문사항대로 답변을 기대하며 재차 신문을 해보지만 결과는 마찬가지였다. 이 사람이 이럴 수가 있는가, 아까 나하고 말할 때와는 너무 다르지 않는가 하고 노여워하면서, 이 증인신문을 철회한다고 하고는 법대의 증인 보고는 나가자고 하며 동시에 참여사무관에게는 증인신문조서를 아예 작성하지 말라며 법정을 떠나려고 했다.

증인신문을 위한 법정출석 바로 전에 변호사사무실에서 변호사가 증인을 놓고 예행연습의 리허설을 한다는 말이 헛소문이 아님을 알았다. 이것도 문제지만, 증인신청은 증거조사 착수 전에는 철회할 수 있으나 증거조사가 개시된 뒤에는 상대방의 동의 없이는 그 철회가 허용되지 아니한다. 대리인이 이를 잊은 것 같았다. 그리하여 대리인의 행동을 중단시키고 상대방 당사자에게 이 증인신청 철회에 동의하느냐 물으니 물론 부동의이므로 주신문은 그것으로 끝낸 일이 있었다. 교호신문은 증인신청 당사자가 신문의 주도권을 가진다는 것을 의미할 뿐이고 신문진행의 소송지휘권이 재판장에게 있으므로, 신청당사자가 불리한 증언이 나오면 없었던 것으로 하는 등 마음대로 좌지우지할 만큼 당사자에게 주도권을 부여하는 것은 아니다. 일단 증거조사가 시작된 뒤에는 제출한 증거가 오히려 상대방에게 유리한 증거자료로 쓰일 수 있는 증거공동의 원칙이 있다.

3. 상대방의 반대신문에서의 문제점

우리처럼 교호신문제도를 도입한 일본에서는 미국처럼 discovery제도가 없고 증인신청한 측의 상대방 당사자가 반대신문을 위한 증인과의 사전접촉도 불가능해 반대신문이 소기의 성과를 거두기 어려워 교호신문제도는 입법상의 과오라는 비판이 있다. 주신문을 하는 당사자 측이 제출한 신문사항과 달리 신문사항에 없었던 것을 신문하였을 때는 상대방은 준비 없는 상태에서 기습을 당하는 결과가 되어 매우 곤혹스러워하는 경우도 많다. 이러한 때에 순발력이 없는 대리인은 반대신문에서 제대로 대처·탄핵하지 못하고 넘어간다. 중립증인보다 당사자 측을 철저히 대변하는 증인이 많은 현실에서 반대신문에서 함구하는 증인이 있는가 하면 오히려 증인이 반대신문의 소송대리인에게 욕을 하는 등 격한 감정을 표하기도 하고, 반대신문하는 당사자 측이 증인을 협박하며 신문하는 등 잘 정착되지 못하는 것 같다. 국회에서 야당의원이 대정부질문때 정쟁화政爭化의 모습과 흡사한 면이 있다. 원고 측의 아버지가 주신문의 증인으로 나와 증언 후 피고 측이 반대신문에 들어갔는데 질문 첫마디에 피고 측 변호사 보고 "변호사하려면 똑똑히 하라. 너는 어미아비도 없느냐"라고 야단치며 증언거부의 사태에 이르는 예도 있었다. 그런가 하면 반대신문의 대리인은 신문에 앞서 겁주느라고 "증인은 이마에 별위증 전과 두 개 붙은 것으로 아는데, 이번에 별 3개가 아니 되려면 똑바로 답변하라"고 하는 예도 있었다. 2015년 1월부터는 증인신문에 있어서 전면녹음과 녹취서의 작성으로 조서에 갈음하므로 그 개선을 기대할 수 있을 것이나 과거에는 증인신문조서에 반대신문결과가 제대로 반영되지 않는다는 문제점도 있었다.

결론적으로 현재와 같은 교호신문제도의 유지운영으로는 증인신문을 통한 진실발견에 한계가 있음이 분명하다. 대륙식의 재판장 직권신문제가 옳다고 보이나_{소액사건에서 직권심문제의 채택}, 제도시행 60년이 지난 지금 회귀는 어려울 것이다. 다만 이제라도 미국식의 discovery_{증거개시제도}를 도입하면 교호신문제는 그 진가가 발휘될 것으로 믿는다. 현재 '소제기 전의 증거조사절차'로 한국식 discovery를 도입하려는 마당에 이 점도 고려할 필요가 있다.

3. 감정 ― 전문지식을 이용한 판단보고

• 특별한 지식·경험을 가진 자에게 그 지식·판단을 보고 시켜, 법관의 판단능력을 보충하기 위한 증거조사. 선서를 하고 감정을 시킨다. 사례는 거의 없지만 허위감정죄의 죄책을 물을 수 있다.

• 소송지연책의 감정신청, 감정료 때문에 값비싼 증거조사와 편파감정 등 문제가 있다. 증인과 달리 대체성이 있다하여 감정에 불응하는 감정인을 증인처럼 구인으로 강제할 수 없다.^[事例 74]

• 여기에도 자유심증주의가 적용되어 예를 들면 2개의 감정결과가 판이할 경우 제3의 감정을 명하여 그 중간치를 채용하여야 한다는 증거법칙은 없다.

• '감정인이 판사이다'라는 말(감정재판)이 나올 정도로 '주인'으로서의 법관과 '조력자'로서의 감정인의 관계가 흔들려서는 안 된다.

• 감정증인 ― 특별한 지식을 바탕으로 얻은 사실의 보고자. 예컨대 사고현장목격의 의사. 증인신문절차에 의한다.

• 2016년 3월 개정법은 감정증거조사절차를 대폭 개선하였다. ① 감정인에 대해 비디오 등 중계시설, 인터넷 화상장치를 이용한 신문, ② 감정인의 자기역량 고지의무와 위임금지, ③ 감정결과에 당사자의견진술기회의 부여, ④ 감정인 신문은 증인신문과 달리 법원의 직권신문제 등이다.

[事例 74] 비싼 감정료와 감정지연의 사례

법관의 중립성과 함께 증거조사에서 감정인의 중립성 역시 중요하다. 편파부정: 양당사자로부터 금전을 수수하는 행위, 감정의 하도급 등감정은 막아야 할 것이지만, 감정과 관련하여 또 다른 문제가 있다.

1. 감정료 문제

중앙토지수용위원회의 토지보상금의 재결을 취소해달라는 사건이 있었다. 서울특별시가 도시개발을 위하여 서울 잠실벌의 사유지를 수용하면서 그 보상금으로 100억 원 정도로 재결을 하였는데 이는 시세에 맞지 않으니 증액해 달라는 취지였다. 그리하여 공인감정사를 감정인으로 채택하여 재결토지의 시가감정을 의뢰하였다. 그런데 공인감정사가 요구하는 감정료만 5,000만 원이어서, 대단한 감정이 아니고 「변호사보수의 소송비용 산입에 관한 규칙」에서 정한 것도 소가의 0.5%임에도 그와 같은 액수의 보수를 요구하는 것은 무리라고 생각하였다. 그리하여 부르는 감정료를 깎아 3,000만 원 정도로 하면 적절하겠다고 했다. 이에 감정인은 그 감정료는 감정신청을 한 원고가 예납할 것이고 국고에서 부담하는 것도 아닌데 왜 재판장이 나서서 이를 깎으려고 하는지 모르겠다며 입회사무관을 통해 감정인이 불평을 늘어놨다고 한다. 그래서 소송경제는 국가적 과제로서 소송비용에 재판부가 무관심할 수 없는 것이라 하여 감정인을 설득해 감정료를 3,000만 원으로 인하한 사례도 있었다. EU 소액채권절차법에서는 소송비용절감의 견지에서 감정은 예외적으로만 허용된다.

2. 감정지연 문제

어느 외무부의 중견간부가 외교관 생활을 하면서 주재국 중요인사들과 외교교섭을 하면서 업무상 과음으로 인해 간암에 걸려 사망하는 일이 있었다. 이에 유족들은 이는 공무원으로서 '순직'이 틀림없으므로 공무원연금법에 따라 순직유족보상금 지급신청을 하였다. 그러나 공무원연금공단은 술 때문에 암에 걸린다는 것은 단정할 수 없는 일이므로 그 인과관계를 부정한 끝에 보상금지급신청의 거부처분을 하였다. 그리하여 그 유족들이 그 거부처분취소의 행정소송을 제기하였다. 자연히 과음과 암 사이에 인과관계가 있는가가 쟁점이 되어 이에 관하여 전문가의 감정을 받기로 하였다. 원고 측이 감정신청을 하였지만, 감정인의 지정은 법원의 직권이므로 서울대 의대 교수로 당시 '간박사'로 소문나 간염 백신을 발명한 K 박사에게 감정을 의뢰하였다. 하지만 이 분이 처음에는 감정에 응할 것 같은 태도를 보여 감정기일에 출석할 줄 알았지만 차일피일 출석을 미루어 오고 있었다. 감정신청한 원고 측에 유리한 감정을 해주기가 거북하여 미루는 것도 같기도 하고 달리 대안도 없는 상태였다. 감정지연은 소송지연이 되기 때문에, 어떻게 처리할지 고민하다가 사건기록을 다시 꼼꼼히 검토하여 보았다. 그리하여 의사가 작성했던 간암사망자의 병상일지를 영한사전을 찾아가며 검토하여 보았는데 영문의 전문어로 작성되고 쉽게는 알아볼 수 없게 흘려 써서 읽어볼 엄두를 내지 못하다가 결국 용기를 내어 병상일지를 꼼꼼히 읽어 나갔다. 그랬더니 그의 어머니가 'liver cancer간암'로 사망했다는 기록이 나타났다. 결국 이 사망자에게는 술이라는 원인이라기보다는 가족력이 원시적 요인일 것이라는 심증이 들어 내키지 않은 K 박사의 간암감정을 마냥 기다리며 사건을 끌 수 없어 감정결정을 취소한 일이 있었다. 다른 증거가 있으면 비용·시간이 많이 드는 감정에 의할 필요가 없다는 생각에서였다. 이러한 경우에 감정을 하지 아니하였다고 하여 심리미진으로 대법원에 상고되어도 파기환송되지는 않을 것이라 믿었다.

4. 서 증

문서의 기재내용을 증거자료로 쓰기위한 증거조사를 서증이라 한다. 대표적인 주요증거였으나, paper시대가 저물면서 그 중요도가 녹취물, 영상물로 이동 중이다.

(1) 문서의 종류

1) 공문서와 사문서

공무원이 직무권한 내의 사항에 대해 직무상 작성한 문서가 공문서(공증인 작성 문서 포함), 공문서 이외의 문서가 사문서인데, 공·사문서가 혼재된 공·사병존문서(hybrid형)가 있다. 등기필정보, 확정일자 있는 임대차계약서 등이 그 예이다. 성립의 추정력에 차이가 있다(공문서 부분의 진정성립으로 사문서 부분까지 진정성립을 추정할 수 없다(대법 88다카5836)).

2) 처분문서와 보고문서

법률행위 즉 처분이 그 문서 자체에 의하여 이루어진 문서가 처분문서(계약서, 약정서, 각서, 합의서, 차용증서, 보관증, 유가증권 등. 영수증도 이에 준함), 듣고 보고 느끼고 판단한 바를 기재한 문서가 보고문서(회의록, 상업장부, 진단서 등 각종 증명서, 확인서, 메모 등)이다. 실질적 증거력에 차이가 있다.

3) 원본·정본·등본·초본

원본 – original, 정본 – 원본과 같은 효력의 등본, 등본 – 전체의 copy, 초본 – 일부의 copy, 인증등본 – 인증기관이 공증한 등본(사서증서). 원본·정본·인증등본제출이 서증제출의 원칙이다(제355조).

(2) 문서의 증거력

형식적 증거력과 실질적 증거력. 전자를 갖추었을 때 후자를 검토

1) 형식적 증거력

주장하는 작성자의 의사에 의하여 작성된 것을 문서의 진정성립이라 하고 원칙적으로 형식적 증거력이 있다고 한다. 작성자의 의사와 무관하게 다른 사람에 의한 위·변조가 아닌 것을 뜻할 뿐, 내용의 진정 의미는 아니다.

i) 성립의 인부절차 서증이 제출되었을 때 상대방에 그 진정성립의 인정여부를 물어 보고 답변을 하게 하는 절차이다. 주장사실에 대한 답

변처럼 ① 성립인정, ② 침묵, ③ 부인, ④ 부지 등 4가지가 있다. 부인의 경우는 단순부인은 안 되고 이유부부인만을 허용한다(규 제116조). 상대방이 부인·부지라고 답변하면 제출자가 진정성립에 증명책임을 진다. 처분문서라면 그 성립여부에 의하여 소송의 승패가 좌우되므로 공방의 초점이 될 때가 많다. 그러나 과거와 달리 서증의 인부를 거의 시키지 않고 있다고 한다(미국의 discovery에서 '자백요구' 제도가 있음에 비추어 재검토해야 할 관행). 진정성립의 증명을 쉽게 하기 위해 추정규정이 있다.

ii) 추정규정

• 공 문 서   진정한 공문서로 추정(제356조 제 1 항). 위조의 개연성이 낮기 때문. 다른 증거자료가 없는 상황이라면 그 기재내용대로 증명력을 가진다(대법 2013두3658, 3665).

• 사 문 서   문서에 본인·대리인의 서명·날인·무인의 진정을 증명한 때는 진정한 문서로 추정한다(제358조). 날인이 틀림없다는 증명까지는 가지 않고 도장이 맞다고 할 때에는 도장 찍은 것(날인)이 그 사람의 의사에 기한 것이라 추정하고, 그렇게 날인의 진정이 추정되면 문서 전체의 진정성립의 추정으로 된다는 2단계의 추정을 한다. 이 추정은 또한 문서 전체의 완성상태 즉 완성문서의 추정으로 본다. 도장은 맞는데 날인이 다른 사람에 의해 이루어진 것이 밝혀지면 날인이 명의인으로부터 위임받은 정당한 권원에 의한 것임을 문서제출자가 증명책임을 진다.

문서의 진정성립에 대해서 필적이나 인영의 대조로 증명 가능하다(제359조). 대조에 의한 동일성의 판정은 전문가의 감정에 의뢰가 보통이나 법원의 육안대조(검증)로도 가능하다.[事例 75]

2) 문서의 실질적 증거력

요증사실의 증명에 얼마나 유용한가의 증거가치 = 증거무게

앞서 본 처분문서와 보고문서의 구별이 매우 중요

• 처분문서의 경우는 그 진정성립이 인정되면 그 기재내용대로 처분문서의 법률행위의 존재와 내용을 인정해야 한다. 매매계약서의 진정성립이 인정되면 매매계약이 계약서대로 체결되었다고 추정한다. 진정성립의 추정에는 신중을 기할 것이다. 그러나 그 법률행위의 해석, 행위자

의 의사의 흠 여부는 다르며 법관의 자유심증에 의한다.

• 보고문서의 경우는 그 진정성립이 인정되어도 믿고 안 믿고는 법관의 자유심증으로 결정할 문제이다. 다만 판례에서 공문서인 보고문서에 대해서는 진실이라는 추정력을 인정한 예가 많다. 등기부, 가족관계등록부, 토지대장·임야대장, 일제 때 토지조사부, 임야조사서[事例 76] 확정된 민·형사판결 등이 그렇다.

[事例 75] 무인(拇印)대조 검증사례

대여금청구사건에서 있었던 일이다. 금전을 대여했다는 원고는 증거로 甲 제1호증 차용증서를 제출하였는데, 피고에게 그 서증에 대한 성립인정 여부 즉 인부認否를 물었더니 자기는 차용증서를 모른다고 한다. 그래서 그 차용증서에 적힌 피고의 서명 그리고 무인拇印, 지장도 모르는 일인가 물으니, 그렇다고 하며 '모르쇠'로 일관하는 것이었다. 그렇다면 이 사건에서 피고의 필적과 무인지문, fingerprint의 대조감정을 하여서 동일성을 가릴 수밖에 없다 생각하였다. 그러나 그러한 감정은 시간이 오래 걸리고 비용도 많이 드는 문제여서, 감정채택을 주저하다가 그럴 것 없이 피고더러 법정의 법관석인 법대로 올라오라고 하였다. 피고가 엉거주춤 올라와 섰을 때에 인주와 종이를 주면서 여기에 엄지손가락의 지장을 찍어 보라고 하였다.

그렇게 하여 지문의 동일성의 대조감정을 재판장이 직접 검증할 수 있는 것 같은 태도를 보이니, 피고는 올라섰던 법대에서 엉거주춤 내려서며 솔직히 말하면 갚기는 갚아야 할 돈이지만 현재 형편이 여의치 않다는 말을 하는 것이었다. 그래서 더 이상 차용증서의 지문 등 증거조사 없이 변론종결을 한 뒤에 결론을 내린 사안이 있었다. 재판장이 무슨 전문지식이 있어 지문의 동일성을 판별할 능력이 있는 것도 아니지만, 그럼에도 그러한 능력이 있을 것 같은 제스처를 써서 따로 지문감정비용과 시간을 들게 하지 않으면서 사건의 진상을 쉽게 구명하는 꾀를 내어 보았다. 과장된 비유이지만 '솔로몬의 재판'이 어쩌면 그런 것일지 모른다.

[事例 76] 일제의 토지·임야조사와 사정(査定)의 의미

1910년 한일합방조약이 체결되어 일제가 한반도를 식민지화하기 전까지 전 국토는 왕유지王有地였으므로 개인의 사용권은 별론으로 하되 근대적 의미의 개인소유권제도는 존재하지 않았다. 일제는 1912년 조선총독부 제령制令으로 토지조사령을 제정하여 토지의 조사와 사정에 착수하였다. 토지조사는 연고자의 신고를 받아 지목과 지번을 붙이고 지적을 정하는 한편 사정査定이라는 소유권확정의 처분으로 이루어졌다. 사정에 이의가 있으면 재결裁決로 이어져 판가름하였다. 이러한 토지조사는 1913년 조선총독부임시조사국이 행하여 토지조사부가 작성되었는데 여기에 소유자로 사정·기재되었으면 그 토지에 대한 소유권의 원시취득의 창설적 효력이 생기는 것으로 보고 있다대법(전) 84다카1773 등. 토지조사는 1917년에 마치고 그 결과에 의하여 토지대장이 만들어지고 이어 우리나라에 등기부가 편제되기에 이르렀다. 그러한 의미에서 토지조사사정은 토지왕유시대에서 근대적 사私소유시대로 접어들게 한 전기라 할 수 있다동양의 토지는 모두 패권국인 중국의 황제소유인데, 우리나라는 중국의 번속 조공국이어서, 우리나라 토지는 중국황제의 소유지를 변방 제후인 조선왕이 임대차한 것으로 조공은 임대료 조로 바친 것으로 보는 견해도 있다.

임야에 대하여서도 1918년 조선임야조사령에 의하여 조사에 착수하여 1935년에 조사를 마쳤다. 임야조사서를 토대로 임야대장 → 임야등기부가 편제되었다. 따라서 우리나라의 부동산공부의 원조는 토지조사부 → 토지대장이나 임야대장이므로, 토지소유권자의 유래의 증명방법으로는 현재 국가기록원이 보관하는 토지조사부나 구임야대장에 남아 있는 '사정_{査定}'이나 그 기재가 결정적이다.

(3) 서증신청의 조사절차

1) 문서의 직접 제출(제343조)

원본제출 원칙인데, 예외적으로 원본의 성립·존재에 다툼이 없을 때 사본제출도 가능하다.

2) 문서제출명령

• 대 상   법정제출의무 있는 문서(제344조 제1항) — 인용문서, 인도·열람문서, 이익문서, 법률관계문서에 한정된다. 그러나 2002년 새법부터는 위 문서가 아니라도 소지문서는 모두 제출할 일반적 제출의무로 확대되었다(제344조 제2항). 단 증언거부사유 상당의 문서('직업의 비밀' 등 증언거부사유 등과 같은 것이 적혀있고 비밀유지의무가 면제되지 아니한 문서—대법 2015마4174), 자기전용문서, 공무원 직무관련 문서는 제외하도록 하였다.

• 당사자로부터 제출명령신청이 있으면 그 허부결정을 하는데 판사가 제출거부사유가 있는지를 가리는 과정에서 비밀이 새지 않도록 비공개심리를 하는 것을 'in camera절차'라 한다.

• 제출명령 받고 부제출시의 제재   그 문서의 기재에 대한 상대방의 주장을 진실한 것으로 인정할 수 있다(제349조). 부제출의 상대방이 그 문서로 증명코자하는 사실 즉 요증사실(要證事實)을 인정하느냐에 대하여 자유심증설(판례), 법정증거설, 제한적으로 인정하자는 절충설이 존재한다. 제출명령을 받은 제3자 부제출이면 500만 원 이하의 과태료 부과된다(제351조).[事例 77] 미국의 discovery처럼 제재를 강화해야 한다는 논의가 크게 대두되고 있다.

3) 문서의 송부촉탁

제출의무 없는 문서에 대하여 이를 소지하는 국가기관 등에 보내달라고 부탁하는 것이다(제352조). 정당한 이유 없으면 송부에 협력의무를 진다(제352조의2).

4) 문서 있는 장소에서의 서증조사

문서송부촉탁하기도 어려운 문서(예: 미결수사기록, 기소중지기록)의 경우에 문서가 있는 현장에 가서 서증조사하는 것의 신청이다(제297조). 찾아가는 증거조사로 과거에 '기록검증'이라 하였으나 용어를 바꾸었으며, 법원 밖에서의 서증조사라고도 한다.[事例 78]

[事例 77] 워터게이트 사건과 녹음테이프 제출명령

1972년 공화당 출신의 리차드 닉슨 대통령이 재선을 위한 공작으로 경쟁자였던 민주당 후보의 선거운동본부가 있었던 Washington D. C.의 워터게이트 아파트빌딩에 도청장치를 설치하여 그 선거전략을 입수하려다 발각되는 사건이 있었다.Watergate scandal. 이 사건은 워싱턴포스트의 밥 우드워드와 칼 번스타인 기자의 끈질긴 취재 끝에 그 내막이 알려지게 되었다. 이때에 발각되어 체포된 공화당 측의 공작원들에 대한 재판을 하는 과정에서 이들 공작원들에 대하여 닉슨 대통령이 백악관에서 공작교사敎唆를 하였을 것으로 보고 교사의 증거가 백악관 녹음테이프에 녹취되어 있을 것이라는 것이 이 사건의 담당 특별검사 Coke의 시각이었다. 워싱턴포스트의 기자들의 취재기사로 시작된 이 사건은 급기야 Coke 특별검사에 의해 Washington D. C. 연방지방법원에 백악관 관련 녹음테이프의 제출명령신청까지 나갔다. 사법적극주의자이기도 한 동 법원의 Syrica 연방판사는 닉슨 측의 이의신청에도 불구하고 제출명령을 하였고 제출명령을 받은 닉슨 대통령은 국가안보에 관한 비밀노출을 이유로 들어 제출을 거부하였다. 그러다가 거부가 어렵게 되자 녹음테이프의 copy를 제출하겠다고 하였지만 그것도 Syrica 판사가 받아들이지 아니하여 결국 문제의 녹음테이

도청사건이 있었던 워터게이트
아파트빌딩

사임연설을 하는 닉슨 대통령

프 중 18분 분량의 삭제제출에 이르렀다. 이것은 원본 그대로의 제출이라 볼 수 없는 것이므로 특별검사 Coke는 대통령을 법정모욕죄로 소추할 뜻을 표하였다. 이에 당황한 닉슨은 법무부장관 Richardson에게 Coke의 파면을 지시하였으나 Richardson은 이를 거부하고 스스로 직을 사퇴하였다. 이렇게 되자 사태는 일파만파로 확대되고 의회에서는 대통령의 탄핵논의가 나오면서 결국 닉슨은 치욕의 대통령 사퇴에 이르고 부통령인 제널드 포드에게 대통령직을 승계시켰다. 새 대통령은 취임하자 즉각 닉슨에게 특별사면의 조치를 취하여 사태를 수습했다. 이 당시 미국 연방판사들은 이를 두고 사면권남용이라며 반발을 하였다. 이것이 대통령도 법 앞에 평등하다는 미국의 법치주의의 현주소이다. 역사를 바꾸는 미국 언론의 힘도 크지만 판사의 힘도 무시할 수 없는 것이었다. 다만 대통령에 대한 녹음테이프제출명령이 제1심법관의 명백한 재량권의 남용이 되는지에 대하여 재심사review by mandamus를 받은 것은 사실이다Nixon v. Syrica, 487 F. 2D 700, 707 (D.C. Cir 1973).

[事例 78] 노무현 대통령 탄핵소추 사건과 기록검증

미국 닉슨 대통령에 대한 탄핵논의는 대통령 자진사퇴로 결국 마무리가 되었지만, 우리나라의 경우는 2004년 국회재적의원 2/3 이상의 찬성으로 국회가 노무현 대통령을 탄핵소추하였음에도 불구하고 헌법재판소에서 탄핵심판청구를 기각하며 불발로 끝이 났다. 국회가 당시에 탄핵소추한 이유는 세 가지였다. 공직선거법상 공무원의 선거중립 의무 위반, 대선자금 및 측근비리 그리고 실정에 따른 경제파탄 등이었다. 국회의 탄핵소추 절차에 탄핵 대상인 대통령에 대한 청문절차를 거치지 않고 탄핵결의만이 규정되어 있었던 것이 미국 하원 탄핵소추 결의 절차와 다른 점이었다. 이 점이 우리나라 탄핵소추 절차의 문제점이라고 볼 것이다.

노무현 前 대통령

필자는 당시 민주당 대표인 조순형 의원이 지명하여 탄핵소추를 한 국회 측 대리인 변호사였지만 노 대통령과는 사법연수원에서의 인연 때문에 헌법재판소 법정변론에는 나설 수 없으니 법정 외에서만 활동할 것을 조건으로 국회 측이 주는 착수금을 받지 않고 사건을 수임하였다. 이 사건에서 소추원고인 국회 측_{당시 국회 측 변호인단의 주도는} _{법사위원장이 었던 김기춘 전 대통령 비서실장}이 치중할 쟁점은 둘째 탄핵사유인 대선자금 및 측근비리를 효과적으로 증명하는 것이었다.

그리하여 국회 측 변호인단은 노 대통령 취임 전의 대선자금과 측근에 대한 비리수사를 한 대검 중수부의 수사기록이 있을 것으로 보고 이 기록이 입수되면 둘째 탄핵사유의 증명에 성공할 것으로 보았다. 그리하여 법정에서 대검이 노무현 대통령의 최측근인 안 모·최 모 씨 등의 수사기록의 검증을 한다고 구술신청하였다는 것이다. 여기에서 노무현 대통령의 선거자금 불법수수관계가 밝혀질 것이라는 기대에서였다. 그러나 이 기록검증신청에 대하여 대통령 측 변호사단의 대표격인 수석변호인이 기립하여 이제 기록검증제도는 없어졌다고 하며 채택의 여지가 없다는 증거항변을 하였다. 이에 국회 측 변호인단은 기록검증제도가 지금은 '문서 있는 장소에서 서증조사'로 명칭만 바뀌었을 뿐 그 제도의 실질이 없어진 것이 아니며, 지금의 명칭으로 채택하여야 한다는 반박변론을 하여야 했음에도 엉거주춤하며 이에 제대로 대응을 하지 못하였다. 이 상태에서 헌법재판소 재판부도 긍정적으로 검토할 명분도 서지 않았는지 이름만 잘못 붙인 이 증거신청의 채택보류를 하고 끝맺음을 하였다. 신청명목이 잘못 되어도 실질을 보고 그 증거신청을 재판부가 받아주어야 할 것인데, 그렇지 않고 물리친 것은 현직 대통령에 대한 premium이 아니었는가 하는 생각도 든다. 대통령 재직중이 아닌 취임 전의 축하금과 관계가 있는 증거이므로 사건 관련성^{relevance}이 없다고 보고 채택보류를 했는지도 모른다.

결국 노 대통령의 비리관련 수사자료가 헌법재판소에 미처 현출되지 아니한 상태에서 이 역사적 사건의 변론은 종결되었다고 할 수 있다. 어느 의미에서 이 탄핵사건은 재판부의 심리미진으로 끝난 사건이라 볼 수 있다. 만일 대검에 보관되어 있는 자료가 그대로 현출되어 그것이 탄핵사유의 증거자료로 쓰여 졌다고 하여도 우리 헌법재판소가 탄핵결정을 했으리라고 단정은 할 수 없다. 그러나 보다 더 큰 시련을 재판과정에서 겪었을 것임에 틀림없다. 그러한 의미에서 노무현 대통령에 행운이 따른 것은 사실이다. 피상적 논리와 방어부재 속에서 재적의원 2/3 찬성의 압도적 다수결로 소추한 국회 측이 증거제출권도 제대로 행사하지 못한 채 한 사람 재판관의 반대의견도 없이 좀 허무하게 끝이 났다고 할 수 있다.

그는 대통령 퇴임 후 박연차 뇌물수수혐의로 형사수사를 받으면서 큰 정신적 고통을 받다가 '삶과 죽음이 모두 자연의 한 조각이다. 원망하지마라. 슬퍼하지마라'라는 도통한 듯한 유서를 남기고 자살하였다. 그는 인권변호사로, 법을 만드는 국회의원으로 발전하여 대권까지 잡았다가 범법수사과정에서 인생을 놓은 사람이다. 이를 법으로 잡았다가 법으로 망한 인생이라 할 수 있지 않을까.

노 대통령은 박정희 대통령과는 「개천에서 큰 용」이 된 사례인 점에서 공통적이나 「총으로 잡았다가 총으로 망한」 박 대통령과는 다른 인생의 길이었다. 두 분은 정권세습제인 북한에서 태어났다면 상상도 할 수 없는 일이지만, 민주국가인 대한민국에서 태어났기 때문에 천운

연수원 제 7 기 수료 기념사진(뒤 둘째 줄 왼쪽 11번째가 노 전대통령, 맨 앞줄 왼쪽에서 두 번째가 필자)

을 잡은 점에서 또 다른 공통점이 있다. 대한민국이 기회의 땅임의 확
인이다.

노 대통령은 사법연수원 7기생으로 필자가 연수원 교수 시절에 제자
였으며, 58명 동기생 중 20명이 경기고·서울법대 출신의 어린 수재들
속에서 상고출신으로 고전하며 연수원을 수료하였다. 그러나 그는 항
상 반 중앙에 고정적으로 자리를 잡고 있었으며, 늘 기가 죽지 않고 당
찬 모습이었다.

어느 대중철학자 A 씨가 연수원에서 와서 특강을 한 적이 있었는데,
그는 당시의 연수생들에 대하여 사람은 대사급, 중사급, 하사급 3등급
으로 나누어지는데, 여러분은 중사급에 속한다고 말하였다고 한다. 사
법연수생을 구시대의 중인계급인 '율사'로 오해했던 것 같다. 당시 연수
원생들은 우리를 너무 폄하하여 사기를 죽이려 한다는 불평을 하던 것
이 기억난다. 그 불평이 충분히 이해가 간다. 사법연수원 7기에서 노 전
대통령이 나왔고, 장관진영, 대법관안대희, 김능환, 차한성, 헌법재판관전효숙, 김종대, 조
대현, 사무처장 서상홍, 국회의원과 법원장, 정상명 검찰총장을 비롯한 검사장,

저명학자, 만담장기자 등 자랑스러운 7기생이 많이 배출되었기 때문이다. 특히 노 전대통령의 사후에 묻힌 김해 묘소는 진보좌파 진영의 성지mecca가 되어 추모행렬이 계속 이어지고 있다. 사후 큰 영광이다.

연수원 제 7 기는 아니나 그 뒤에 12기 출신으로 문재인 현 대통령이 배출되었고, 2021년 현재까지도 다음 대통령 잠룡으로 이재명, 윤석열, 홍준표 그리고 원희룡 등이 도사리고 있는 현실이다.

5. 검 증

• 법관이 그 5관(시·청·후·촉·미각)의 작용에 의하여 직접적으로 사물의 성질과 상태를 검사한 결과를 증거자료로 하는 증거조사가 검증이다. 현장을 찾아가는 증거조사이므로 진상파악에 도움을 준다. 백번 듣는 것보다는 한번 보는 것이 낫다는 것百聞而不如一見이 검증인 것이다.[事例 79·79-1]

• 토지·가옥·사고현장·상처·사고차량·선박과 항공기·공해장소 그 밖의 것이 검증물이 된다. 당사자의 동의에 의하여 사진으로 갈음할 수 있다(독일 판례). 동영상 파일은 미국과 달리 문서제출명령의 대상이 아니라 검증물 제출명령의 대상이 된다(대법 2009마2105).

• 검증나갈 때의 법관·법원사무관 등의 여비·숙박비인 검증비는 형사소송에서는 국고부담이나 민사소송에서는 신청당사자가 비용예납을 해야 한다.[事例 80] 그러나 예납검증비는 비현실적으로 저렴하여 문제가 될 때가 있었다.

[事例 79] 국회현장검증 — 희유사례 1

헌법재판소의 제 1 기 재판부시대1988년~1994년에 국회에서 야당 측의 국회의사당과 의장단의 장기농성으로 여당이 쟁점법안을 소위 '날치기' 통과를 한 변칙사실이 있었다. 당시 국회 4선의원이자 법사위위원장을

역임한 한병채 재판관의 적극적 주장으로 야당의
원의 자기네 법안심의결권의 위헌적 침해라 하
여 권한쟁의심판인가를 제기한 사건에서 재판관들
이 국회 날치기 통과의 사고(?)현장을 직접 검증하
는 이벤트가 있었다. 교통사고만이 검증대상이 아
니고 날치기 사고도 사고렸다. 그렇게 보고 검증에

이만섭 전 국회의장

나섰는데 사고현장은 본회의장인지 상임위원회인
지, 어떠한 과정으로 통과의 방망이를 두드렸느냐
등이 검증대상이었다. 당시 국회의장이었던 이만
섭 국회의장이 우리 재판관들을 맞아 자기 사무실
에서 불편한 심기를 토로하며 고성으로 답변하던
모습이 20년이 지난 지금도 기억에 새롭다. 쉽사

조규광 전 헌재소장

리 있을 검증이 아니며, 이는 헌법재판소 제 1 기 재판관들의 헌법재판
의욕이 강했다는 증좌이다. 지금은 그때 낯을 붉히던 이만섭 의장이 초
대 헌재소장인 조규광 소장과 대전 국립현충원에 의좋게 나란히 묻혀
영면하는 인연이 되었다.

[事例 79-1] 성행위실연의 검증·감정 — 희유사례 2*

또 하나의 희대의 검증사례는 1960년 대구에서 있었던 것이다. K씨
의 셋째 딸이 같은 동리에 사는 총각 S씨와 결혼식을 올리고 신혼생활
을 시작하였지만, 결혼 23일이 지났음에도 신부가 시댁으로 갈 생각을
아니하므로 신부댁 부모가 그 까닭을 물으니 신랑 S씨가 남자 구실을
못한다는 것이었다. 신부의 아버지가 신랑 S씨를 불러 대구의 유명한
비뇨기과에 데려가 진찰을 받게 하였지만 성불구자임을 단정할 수 없

* 법률신문사 간, 법조50년 야사, 619면 이하 참조.

고, 신부를 산부인과에 데려가 진찰받은 결과에도 이상이 없었다.

한편 멀쩡한 남자를 성불구자로 매도하여 망신을 주니 이를 더 이상 참을 수 없다고 하여 신랑 S씨는 성기능에 이상이 없다는 대학병원의 진단서를 증거로 첨부하여 신부와 그 아버지 K씨를 상대로 대구지방법원에 혼약불이행을 원인으로 한 손해배상청구의 소를 제기하였다. 제1심법원은 제소한 지 4개월이 지나 청구액을 조금 깎아서 원고승소판결을 선고하였다.

이에 패소한 신부 측은 항소하면서 경북대학교병원 산부인과에서 신랑과 신부가 육체접촉이 없었다는 점과 신부가 여성으로서 신체조건에 별 이상이 없다는 취지의 진단서를 첨부하여 제출하였다.

이처럼 신랑의 성기능에 하자가 있는가에 대하여 양측의 주장과 증거가 엇갈리자, 고심하던 항소심 재판장 L모 부장판사는 두 남녀를 한 방에 넣어 성행위를 실연시키는 희대의 검증·감정의 증거조사결정을 하였다. 제1차로 대구시내 산부인과병원을 검증·감정의 장소로 하고 병원장을 감정인으로 하여 병원병실에서 성행위실연을 시켜보았다. 그러나 별로 성과가 없었다.

그리하여 제2차로 신랑 K씨와 다른 여인과의 성행위의 실연을 시키는 증거조사결정을 하고 이번에는 병원이 아닌 여관방에서 실연을 시키면서 감정인인 의사의 입회 하에 판사 1명과 소송대리인은 50m 떨어진 장소에서 대기하였다. 기상천외의 감정결과이나 결국 성공적(?)으로 실연이 이루어져 신랑 K씨의 성기능에는 이상이 없고 성불구자가 아니라는 결과가 나왔다. 비록 재판부의 고육지책의 증거조사였더라도 전대미문의 검증·감정방법임에 비추어 소문이 확산되지 않을 리 없었다. 이는 분명코 인권유린이라는 여론의 질타를 받을 수밖에 없었다. 헌법 제10조의 '인간으로서의 존엄과 가치를 존중'하지 아니하는 국가작용인 재판활동은 허용될 수 없다는 증거조사의 한계를 제시한 사례이다. 물론 담당재판부의 부장판사는 의원면직 처리되었다.

[事例 79-2] 청사 현장 검증 — 희유사례 3

노태우 대통령* 시절 헌법재판소 개설 초창기의 일이다.

헌법재판소법의 시행 일자가 1988년 9월 1일인데 무관심한 채 넘기다가 시행일자가 지나 언론의 적발 비판을 받으면서 비로소 서둘러 구성에 착수하여, 9월 19일에 겨우 헌법재판소장을 비롯하여 필자를 포함한 6명의 상임재판관, 3명의 비상임재판관을 임명하여 비로소 출범하게 되었다. 청사는 구 헌법위원회 자리였는데, 서울 중구 정동에 있는 법조회관 건물 12층 및 13층 2개 층이었고, 간판은 그나마 정문에 달지도 못하고 12층 엘리베이터 맞은 편에 초라한 판자로 달아놓았다.

그러나 새 청사를 위한 국가 예산이 제대로 확보되어 있다는 소문이 나면서 사법서사협회 측이 자기네 회관의 비어있는 층에 입주하도록 재판소 사무직원을 통하여 로비를 열심히 하는 것이었다.

일감 없는 사무실이나 아침에 출근하면 으레 사무직원들이 나타나서 사법서사회관으로 청사를 하루속히 옮겨야 하며, 서울 시내에 빈 건물이 없어 서둘러야 한다고 재촉하는 것이었다. 헌법재판소가 'Top Court'인데 사법서사회관의 일각을 차지하는 정도라면 그 위상에 문제가 있고 제 몫을 수행하기 어렵다고 보는 필자에게 계속 열심히 독촉하였으나 완강하게 거부 의사를 표시하였다.

양이 질을 결정한다는 Hegel의 말도 생각났다. 만일 그렇게 되면 수원지방법원에 잘 있던 처지에서 자의로 이곳으로 옮겨오며 '쓰레기통에

---

* 헌법재판소의 창설은 그의 업적의 하나로 평가되어 왔으며, 그가 청와대에서 재판관 9명을 점심 초대하는 자리에서 '나는 결코 물태우가 아니다'라고 강조한 것이 기억에 남으며, 인상적이었다. 이 자리에서 조규광 소장은 감히 재떨이를 달라 하며 담배를 태우는 배포를 보이고 하였다.

장미를 피게 하려는 꿈', 즉 무(無)에서 유(有)의 실현은 일장춘몽이 될지도 모르겠다는 생각도 들었다. 그러면서 1, 2개월 시간을 끌던 차에 드디어 사단은 벌어졌다.

헌법재판소장이 상임재판관 전원을 긴급히 소집하는 것이었다. 항상 나에 대해 특별히 호의를 베풀어 오던 소장이 평소와는 달리 갑자기 노기 찬 목소리로 "여기가 이시윤 씨의 재판소도 아니고 나머지 상임재판관이 모두 사법서사회관으로 청사를 옮기는 데 찬성하니 그렇게 할 수밖에 없다"라며 결론을 맺으려 하는 것이었다. 이것은 나에게 청천벽력 같은 충격이어서 이제 헌법재판소를 떠나야겠다는 비장한 각오까지 하였다.

이 마당에 두려워할 것이 없어 오늘 회의는 중차대한 것이니 회의록을 반드시 작성할 것이며, 여기에 나의 소수의견이 있었다는 것을 분명히 기록할 것을 요구하였다. 이렇게 응수하며 긴장 상태가 지속되다가, 그렇게 가고자 한다면 사법서사회관 현장검증을 하자고 제의하였다.

그리하여 사건이 아닌 청사 검증을 위하여 강남 논현동의 사법서사회관에 소장을 비롯한 전원이 출동하여 막상 건물검증을 해보니 막상 사법서사회관은 10층 정도의 자그마한 중형 건물이었다.

게다가 1층은 모 은행지점 점포로 임대를 주고 2층 및 3층은 대한사법서사(법무사)협회 사무실로 이용하고 있는 상황으로 독립건물 전체도 아닌 그 4층부터 7층까지 임대를 준다는 것이었다.

한 층은 법정을 개설하는 데 쓰라는 것인데 법대와 방청석을 설치하기에는 너무 비좁아 지방법원 지원이나 시군법원 법정으로 쓰기에도 적합하지 않아 보였다.

이것을 보고 필자는 소장님께 "여기에서 공개재판을 열 법정을 설치할 수 있겠는가. 이러한 공간에 외국의 헌법재판소장이라도 예방하면 나라의 체면이 무엇이 되겠는가"라고 물었더니 묵묵부답이었다. 그렇게 사건이 아닌 현장검증 결과에 의하여 사법서사회관을 청사로 하는 계획은 무산되었다.

百聞不如一見이라는 말이 있는데 이러한 경우에 딱 맞는 말임을 확인하였다.

갈비 선물까지 왔다갔다 하는 소문도 있던 사법서사회관 건물 로비전은 이렇게 끝이 났고, 청사다운 청사를 물색하는 국면에 들어섰다. 필자가 서울대 재직 시부터 특별한 인연이 있던 서울대 총장 출신의 국무총리 이현재 선생을 찾아가 새 청사 마련에 도움을 간청하였다.

서울 시내의 주요 청사 관리책임은 서울특별시장에게 있었는데, 국무총리는 비록 의전 총리였으나 당시 서울특별시에 대해서만은 총리가 직할하는 시스템이었다.

그래서 총리가 김용래 서울시장에게 헌법재판소를 위해 청사를 마련해 주라는 특별지시를 하였는데, 이에 을지로5가의 사대부고 자리 건물이 비어있어 그곳이 물망에 올랐다.

여기를 헌법재판소에 주라는 총리의 지시에 서울시장은 "이 자리는 중구 구의회 건물로 지목되어 있는 곳으로 헌법재판소가 그 건물을 쓸만한 기구도 못 되는 처지이거늘 무리한 요구를 한다"며 반발하자 총리가 시장에게 "나는 당신의 직속상관이니 내 명령을 따르시오"라고 강압적으로 나가 시장이 할 수 없이 따랐다는 것이다.

이와 같은 우여곡절을 거쳐 헌법재판소가 출범시 서울 사대부고 자리를 청사로 하여 그 체통을 살릴 수 있었다.

사대부고 체육관에 임시법정을 마련할 수가 있었기에 전교조 노동운동 금지사건의 위헌재판을 공개리에 열어 정부 측 정원식 문교부장관과 이수호 전교조 전국위원장이 3시간 반에 걸쳐 위헌 문

이현재 前 국무총리

제를 놓고 열띤 공방전을 벌이며 활약하는 면모를 보이는 등 헌법재판소가 국가의 최고재판소임을 보여주기 시작했다.

이현재 국무총리의 공을 헌재 역사에서 결코 잊어서는 안 될 것이다.

[事例 80] 제1차 사법파동과 검증비문제

1971년 7월 제1차 사법파동이 일어났다. 사연인즉 서울형사지방법원 이범열 부장판사의 재판부가 반공법위반 사건으로 제주도에 출장조사를 나갔는데, 사건담당 변호사로부터 왕복항공료와 숙박비, 술값으로 10만 원 가까이를 받았다는 이유로 검찰이 뇌물죄로 재판장·판사·법원서기 등을 피의자로 구속영장을 신청한 사건에서 비롯되었다.

이에 대하여 서울형사지법 판사들은 법관이 검증 등 외부로 증거조사를 나갈 때에는 의례적으로 해왔던 법조계의 관행^{이와 더불어 판·검사실에 변호사} 가 식사값 대신에 내놓는 '실비'도 관행——[事例 34] 참조에 불과한 것을 가지고 부풀려 현직 법관을 구속하려고 한다며 크게 반발하였다. 이 관행에 문제는 있지만 전에 있었던 대법원의 국가배상법 위헌판결과 형사지방법원의 잇따른 무죄판결에 대한 검찰 측의 보복적 음모로 보고 일제히 항의의 의미에서 사표를 제출하였다.

한편 검찰 측에서는 구속영장신청에 대하여 이미 법원에서 증거인멸이나 도주의 우려가 없다고 하여 기각을 하였는데도 2차로 영장신청을 하였다. 그러자 서울민사지법 판사들도 이를 명백한 사법권의 침해라고 보고 이에 가세하여 사표를 제출하고, 나아가 서울가정법원을 비롯한 거의 전국의 모든 지방법원 판사들의 사표제출로 확산되었다. 한편 서울민·형사판사합동회의에서는 사법권침해 7개 사항의 시정요구와 검찰관계자의 인책요구에 이르렀다. 대법원판사회의에서도 검찰의 사법권침해의 확인결의까지 나왔다. 더 나아가 이는 정치문제가 되어 국회까지 비화되기에 이르러, 검찰은 제주도에 증거조사를 나간 판사들에 대한 구속방침을 철회하고 불기소처분을 하기에 이르렀다. 이 파동 과정에서 대법원장과 박정희 대통령의 면담, 검찰관계자의 인책까지 관철코자 하였으나 그에 이르지는 못했다. 다만 법관의 검증 등 외부 증거조사를 위한 여비와 숙박비 등이 비현실적^{하루 숙박비 1,000원, 당시 하루 여인숙 값도 안 되는 금액}으로 낮게 책정된 것이 근본원인이 되어 이와 같은 불상사가 생겨났다고 보아 사후 대책으로 검증비·증거조사비를 대폭 인상·조정키로 하였다. 이 사법파동으로 인하여 이범렬 부장판사와 파동을 주동한 형사지방법원 일부 판사가 법복을 벗는 후유증은 있었으나, 민·형사사건의 검증비 인상을 통한 현실화의 계기가 되었다. 나아가 행정부가 검찰을 동원하여 사법권의 독립을 침해한 것에 대하여 전국 법관들이 일치단결하여 대응함으로써 우리나라 사법권수호에 의한 민주주의의 발전에 한 획을 그은 의미 있는 사건이기도 하다. 비록 집단행동의 대응이기는 하지만, 사법권은 행정부가 그렇게 쉽게 범접하여 길들이기 식의 제어가 어렵다는 교훈을 남겼다.

그 후에도 몇 차례^{1988년, 1993년, 2003년}의 사법파동이 있었다.

6. 당사자신문

• 당사자본인은 소송의 주체이지 증거조사의 객체가 아닌 것이 원칙이다. 하지만 경우에 따라 당사자본인을 증거방법으로 하여 마치 증인처럼 그가 경험한 사실을 진술케 하는 것이 좋을 수 있다. 그러나 당사자신문을 받은 경우 당사자는 증거조사의 객체로서 진술한 것이므로, 상대방의 방어권이 제대로 보장되지 않아 함부로 판결의 기초로 삼을 수 없기 때문에, 당사자가 변론에서 하는 진술처럼 소송자료는 될 수 없고 증거자료에 그친다.

• 구법상 당사자신문은 다른 증거조사방법으로 심증을 얻지 못한 경

우에 한하여 허용되는 보충적인 것이었다. 그러나 신법은 사건내용을 누구보다 잘 아는 당사자본인을 신문하는 것이 진실발견에 좋다고 하여 보충성의 원칙을 폐지하고 독립한 증거방법으로 하였다. 증인과 당사자 본인을 신문에서 구별하지 않는 미국법(deposition)의 영향으로 보여진다.

• 당사자신문은 증인신문에 관한 규정을 준용한다(제373조. 단 증인과 달리 신문사항의 사전제출을 불허하자는 논의 있음). 그러나 증인신문과 달리 ① 신청 아닌 직권신문[事例81]이 가능하고 ② 증인처럼 구인·감치 등 출석의 강제가 없고, 다만 출석·선서·진술거부 때는 법원은 재량으로 신문사항에 관한 상대방의 주장을 진실한 것으로 인정할 수 있다(제369조). ③ 선서를 하고 허위진술을 하여도 위증죄 아닌 500만 원 이하의 과태료의 제재만 받는다(제370조).

[事例 81] 소송대리인이 있음에도 나서는 당사자본인의 진술

甲이라는 사람이 주채무자 乙이 자력이 없음을 알고 연대보증인 丙만을 피고로 하여 대여금 반환을 청구한 사건이 있었다. 피고 丙은 변호사인 소송대리인을 세웠는데, 그 대리인은 요건사실인 대여사실과 연대보증사실 모두 모르는 사실이라며 부지不知의 답변으로 일관하는 것이었다. 물론 원고 甲이 증거로 제시한 차용증서에 피고 丙이 연대보증인으로서 서명날인을 한 사실이 없다고 부인하였다. 그래서 피고 丙의 소송대리인에게 차용증서의 丙 연대보증은 인장위조로 이루어졌는지 물었더니 그렇다는 대답이었다. 그렇다면 차용증서의 연대보증 부분은 사문서위조 내지 변조가 될 것으로 형사처벌감인데, 형사고소를 제기한 일이 있는가 물으니 그렇지는 않으며, 앞으로 형사고소할 예정이라고만 멋쩍게 진술하는 것이었다. 한편 피고 丙은 방청석에 앉아 심리진행을 보면서 자기대리인이 무엇인가 잘못 진행하고 있다고 안절부절 못하는 모습을 보였다. 결국 많은 비용이 들고 그 결과도 모호할 때가 많은 인장감정에 들어가야 하는 문제가 발생하였다.

그런데 마침 丙의 대리인이 다른 법정에 급히 갈 일이 있어 잠깐 사건 심리를 뒤로 미루어 달라고 하면서 일시 법정을 떠나는 일이 발생하였다. 퇴정 후 그 사건의 피고 丙이 때는 이때다 싶어 나서면서 하는 말이 변호사는 없어도 좋으니 자신이 직접 심리에 임하겠다는 것이었다. 이를 막을 수도 없어 그렇게 하라고 했더니 丙은 사실 자신의 연대보증은 乙의 간곡한 부탁으로 하긴 하였지만, 乙이 甲으로부터 빌린 돈에서 자신은 한 푼 나누어 쓴 일이 없으며 차 한 잔도 그 돈으로 얻어먹은 일조차 없다며 그 돈을 갚을 의무가 없다는 주장이었다. 당사자 丙이 이렇게 솔직히 사건의 진실을 말하니 인장감정 등 더 이상 증거조사의 필요가 없게 되어 변론을 종결하려고 했다. 그런데 그때 마침 丙의 대리인이 돌아왔다. 이 광경을 보고 자기가 잠깐 자리를 비운 틈을 타 丙이 직접 나서 사건을 망치고 있으니 어이가 없다고 하면서, 丙에 대한 흥분을 감추지 않은 채 사건기록을 집어 던지며 나는 이 사건에서 사임하겠다며 떠나는 사례를 경험한 바 있다.

이를 통하여 당사자 입에서 윤색·굴절되지 아니한 진실이 나올 수 있다는 것을 실감하였다. 증인과 달리 당사자신문에는 법원의 직권신문제가 있으니 기왕이면 이를 적절하게 활용하는 것도 좋을 것이다.

7. 그 밖의 증거 ― 디지털 증거

- 신법은 증인·감정인·문서·검증물·당사자본인 등 5가지 증거방법 외에 「그 밖의 증거」를 새 증거방법으로 추가하였다(제374조). 여기에 도면·사진·녹음테이프·비디오테이프·컴퓨터용 자기디스크 그 밖에 정보를 담기 위해 만들어진 물건으로서 문서 아닌 증거를 포함한다.
- 미국 FRCP 34의 전자저장정보물(electronically stored information)을 따

랐다. 디지털시대가 되면서 증거방법이 서증보다 이쪽으로 이동하는 시대가 되었다.

(1) 도면·사진

• 재래식의 도면·사진만이 아니라 정보를 담기위한 영상 도면·사진도 포함된다(규 제120조 3항). 증거조사에 관하여는 감정·검증·서증의 절차를 준용한다(규 제122조). 판례는 사진에 대하여 그 형태·담겨진 내용 등을 종합하여 감정·서증·검증 중 가장 적합한 증거방법을 선택 준용할 것이고, 곧바로 문서제출명령은 잘못이라 하였다(대법 2009마2105).

(2) 문자정보 등(규 제120조)

• 컴퓨터용 자기디스크·USB메모리·Cloud 그 밖에 이와 비슷한 정보저장매체에 기억된 문자정보. 그대로는 읽을 수 없지만 보고 읽을 수 있는 상태를 예정하고 있는 디지털기록이 있는가 하면, 최근에는 전광판·e-mail·문자메시지·카카오톡 메시지 등 직접 읽을 수 있는 SNS 디지털기록도 있다. 이들을 전자문서라 한다. 서증규정을 준용하여 증거조사를 한다(규제120조 1항). 다만 이를 증거로 사용하기 위해서는 원본과 출력문건의 동일성과 출력시까지의 무결성(無缺性)이 증명되어야 한다(대법 2013도2511 참조).

(3) 음성·영상물(규 제121조)

• 이에 관한 증거조사는 녹음테이프·영상물 등을 재생하여 검증하는 방법에 의할 것이다(동조 제2항). 급속한 디지털환경의 변화에 따라 중요 증거가 디지털 증거로 패러다임이 바뀔 전망이다. 목하 영상전성시대가 전개된다. 이제 계약체결을 하면서, 계약서＋체결현장사진＋서로 나눈 대화의 녹음 등으로 투명하게 증거를 확보하고 불리할 때에 무권대리나 설명들은 일이 없다고 딴소리를 할 수 없게 하는 시대가 되었다. 교통사고의 현황도 CCTV의 영상으로 가리는 시대이다.

8. 조사·송부의 촉탁

• 위 6가지 증거에 대한 조사 외에 사실조회(조사·송부촉탁)가 있다. '자유로운 증명'의 증거방법임. 공공기관 뿐만 아니라 개인에게도 조회할

수 있다. 과세정보의 조회도 가능하며 지방변호사회가 회원변호사의 신청에 따라 공공기관에 사실조회도 가능하다.

제 4 절 자유심증주의

• 당사자의 사실주장의 진부를 가림에 있어서는, 변론 전체의 취지 이외 위에서 본 증거조사의 결과인 증거자료로 형성되는 자유로운 심증에 의한다는 것을 뜻한다(제202조). 법관이 사실인정에 있어서 법률이 정해 놓은 증거능력이나 증거력에 구속을 받아야 하는 법정증거주의에 반대된다.

• 이처럼 사실인정은 법관의 자유심증에 맡겨진 일이므로 다수결의 원칙으로 증언을 믿어야 하거나 여론조사나 사회적 합의에 의한 사실확정은 자유심증주의에 어긋난다. 프랑스혁명 후 민·형사소송에 마찬가지로 채택되기에 이르렀다(형사소송에서 20명의 증인 중 19명이 피고인이 살인자라고 하였지만 아니라는 한 사람의 증언을 오히려 믿음으로써 자유심증주의에 따른 외국 사례도 있음).

(1) 증거원인

심증형성의 자료인데 변론 전체의 취지와 증거조사결과

1) 변론 전체의 취지

증거조사결과를 제외한 일체의 소송자료로, 당사자의 주장내용·태도, 주장입증의 시기 그 밖의 변론과정에서 얻은 인상 등 변론에서 나타난 일체의 적극적·소극적 사항[事例 82]을 말한다. 변론 전체의 취지만으로 다툼있는 주요사실을 인정할 수 있느냐(독립적 증거원인설), 증거자료에 보태어 사실인정의 자료로 쓰이는 보충적 증거원인에 그치느냐(보충적 증거원인설)로 갈려지나, 이를 빙자하여 자의적이고 안일하게 사실인정을 할 우려(점치기재판의 우려)가 있다하여 후설이 다수설·판례이다.

2) 증거조사의 결과

증거조사결과에 의하여 얻은 증거자료. 예를 들면, 문서(전자문서 포함)의 기재내용, 감정·검증·본인신문결과와 사진·녹취음성·영상 등. 사실의 진부를 가림에 있어서 증거조사 결과를 토대로 하면 되고, 증거법칙으로부터 해방을 의미하는 자유심증주의는 다음 세 가지가 그 주요 내용이다.

• 증거능력의 무제한   서류위조여부는 반드시 감정으로 가려야 할 것은 아니고, 형사소송과 달리 "들어서 안다"는 전문증거(hearsay evidence)도 증거능력을 인정한다. 다만 무단녹음 등 위법수집의 증거방법은 증거능력에 논란이 있다(제3장 제1절 II.).

• 증거력의 자유평가   증거자료를 믿고 안 믿고의 증거력평가는 자유심증에 맡긴다. 직접 증거와 간접증거 간에, 서증과 인증 간의 증거력에 차이는 없다. 처분문서와 확정된 판결은 특단의 사정이 없는 한 믿어야 하는 예외이다.

• 증거공통의 원칙   증거력의 자유평가 때문에 증거제출자에게 오히려 불리하게 평가될 수 있다.

(2) 심증(증명)의 정도

어느 정도의 확신이면 증명되었다고 하여 사실인정을 할 수 있느냐의 문제이다. 의심을 완전히 배제할 수 없지만 의심에 침묵을 명할 정도의 정확성을 뜻한다. 논리적·과학적 증명이 아닌 역사적 증명 즉 고도의 개연성이 있다는 확신이 들면 증명이 되었다고 본다.[事例 83]

• 손해배상소송[事例 84]에서 증명도 경감 — 공해, 의료과오, 제조물책임 등 현대형 소송에서 인과관계 증명, 손해액의 증명,[事例 85] 역학적(疫學的) 증명(집단적 질환의 기본적 특질을 갖춘 것의 증명)이 그 예이다.[事例 86] 2016. 3. 29. 개정법률 제202조의 2에 의하면 변론 전체의 취지와 증거조사 결과를 종합하여 상당금액을 손해액으로 정할 수 있도록 하였고, 손해액 산정에 법관의 재량권을 부여하였다.

• 자유로운 심증은 형식적 증거법칙으로부터 해방이지 법관이 마음 내키는 대로 사실판단해도 좋다는 것은 아니므로, 논리칙과 경험칙을 어겨서는 안 된다. 자의금지원칙의 관철을 위해 증거의 채택과 불채택의 이유설시의무설이 있으나 처분문서의 증거력 배척, 경험칙상 이례에 속하는 판단, 관련 민사확정판결에서 인정한 사실과 달리 인정할 때 이유

설시의무가 있다는 것이 판례이다.

　(3) 자유심증주의의 예외

　1) 증거방법·증거력의 법정

　증거방법의 한정(대리권 증명은 서면에 의함, 소명에서는 즉시 조사할 수 있는 증거에 한함), 증거능력의 제한(당사자·법정대리인의 증인능력의 부정), 증거력 자유의 자유평가의 제한(변론조서의 증거력, 공·사문서의 증거력 추정, 고의로 증명방해의 경우 불리한 사실인정 등 법으로 제한하는 규정 있음)

　2) 법에서 규정하지 않은 증명방해

　• 고의·과실, 작위·부작위로 소송계속 전·후에 한 쪽 당사자의 증거사용을 곤란·불가능케 하는 행위를 말한다. 이에 대한 제재는 방해자에게 불리한 평가(자유심증설), 방해자에게 요증사실과 반대사실을 증명케 하는 증명책임의 전환(증명책임의 전환설), 상대방의 요증사실 증명 의제(법정증거설) 등이 있으나 판례·다수설은 자유심증설이다. 형사·징계사건에서는 증거인멸죄의 형사책임을 묻지만 그렇지 않은 민사사건에서는 미국에서는 민사책임인 불법행위책임 특히 징벌적 배상판결로 나갈 수 있다.[事例 87]

　3) 증거계약

　자유심증주의를 당사자의 의사로 제약하는 경우. 여기에는 자백계약, 증거제한계약, 중재감정계약, 증거력계약, 증명책임계약이 있으나, 앞의 세 가지만 법관의 자유심증에 의한 사실인정을 제약한다.

　[事例 82] 솔로몬의 지혜와 변론 전체의 취지

　솔로몬은 옛 이스라엘의 제3대 왕으로서 지혜와 여복이 따른 왕으로 알려진 바 있다.그도 인간이었는지라, 죽으면서 '헛되도다. 헛되도다. 모든 것이 헛되도다'라고 말하였다고 한다. 그는 이스라엘 국가상징인 '다윗의 별'의 주인공인 다윗왕의 후계왕이기도 하다.

　솔로몬왕의 통치시절 같은 날 같은 시에 자녀를 낳은 두 부모가 있었다. 그런데 한 부모의 아이가 바로 새벽에 죽었고 한 아이만이 남았는데, 이를 서로 자신의 아이라며 우기고 싸웠다는 것이었다. 이때 마침 솔로몬왕이 나타났기에 누가 아이의 진짜 부모이냐 친자확인청구를 하여, 솔로몬의 심판에 부쳐졌다.

880년 제작된 칼 데 카렌 성서에
그려진 솔로몬의 재판

재판을 담당한 솔로몬은 서로 아이의 부모라고 다투는 것은 마땅치 않으므로 내가 칼로 반씩 잘라 서로 사이좋게 나눠주겠다고 제의하였다. 이때 한 쪽 여인은 좋다고 하며 반으로 나눠 갖는 것에 동의하였지만, 다른 한 쪽 여인은 안 된다고 완강히 거절하며, 그러려면 차라리 상대 여인에게 모두 주라고 하였다. 이것을 듣고 본 솔로몬은 진짜 어머니는 그냥 상대 여인에게 모두 주라고 한 어머니임을 알아차리고 그쪽의 친자임을 확인하는 역사적인 판결을 마쳤다. 흔히 솔로몬의 지혜라면 이러한 솔로몬의 명판결을 말한다.

솔로몬은 이 판결을 하면서 증인의 증언을 듣거나 산파의 출산증명서 등 서증의 증거조사결과로 사실의 진부를 가린 것은 아니며, 어디까지나 당사자의 법정에서의 태도 즉 변론 전체의 취지만으로 판별한 것이라 말할 수 있다. 솔로몬의 이 명판결을 고려할 때에 위에서 본 변론 전체의 취지에 관한 독립적 증거원인설이 타당한 것 같기도 하다. 그럼에도 불구하고 변론 전체의 취지를 지나치게 내세우면, 자칫 '점쟁이 재판'이 될 수 있다.

[事例 83] Anastasia 공주 사건과 증명의 정도

1917년 10월의 러시아 볼셰비키Bolsheviki혁명으로 볼셰비키 적군赤軍이

니콜라이 2세 황제 일가

니콜라이 2세 황제와 황가일족을 체포하여 에카테린부르크로 끌고가 유폐시켰다가 그 이듬해인 1918년에 적군이 그 가옥에 불을 지르고 기총소사를 하여 몰살을 시킨 참사가 있었다. 그 와중에 황제의 4녀인 Anastasia 공주를 어느 적군병사가 극적으로 빼돌려 서방으로 도피시켰다는 데서 사건이 시작되었다. 그녀가 독일로 건너가 Anna Anderson이라는 이름으로 살고 있었는데, 이제 니콜라이 2세 황제의 상속재산에 대한 유일한 상속인이 되었다고 주장하며 독일에 있는 황제가의 상속재산을 찾기 위한 소송을 1953년 경 Hamburg지방법원에 제기하였다. 쟁점은 그녀가 황제의 딸 Anastasia 공주가 틀림없고 구조를 받은 사람임에 틀림없는가 하는 인적인 동일성 여부였다.

문제는 Anastasia 공주를 자처하는 Anna Anderson이라는 여인이 니콜라이 황제가※의 몰살과정을 너무 소상하게 잘 밝혀 가짜라는 의문이 들지 않도록 국면을 이끌고 갔다는 것이었다. 하지만 제 1 심은 동일인이라는 증거부족을 이유로 원고청구를 기각하였고 제 2 심 역시 Hamburg고등법원은 광범위한 증거조사를 거치며 20년 가까이 소송을 끌어왔고 기록만 하여도 두 트럭분이었다고 한다

Anastasia 공주

지문인식에서 홍채print를 데이터베이스화한 지금의 홍채인식시대였다면 달랐을 것이다. 고등법원에서도 항소가 기각되어 제 3 심인 독일통상대법원BGH에 상고가 되었는데, 상고이유로서 중점적으로 주장한 것은, 이 사건은 한 사람의 출생일과 출생장소에 관한 사안이므로 통상의 민사소송의 원칙보다는 신분관계절차인 비송사건

절차로 보아 직권탐지주의에 의할 것이며 인적 동일성에 대해 증명책임을 전환시키거나 엄격한 증명이 아닌 자유로운 증명으로 원고의 증명책임을 완화시켜야 한다는 것이 요지였다.

그러나 BGH는 당사자가 어디까지나 재산상의 청구를 소송물로 하는 것으로 그 인적 동일성 여부는 선결적 쟁점사항에 지나지 아니하는 만큼, 비송사건이 아닌 소송사건의 일반원칙에 따른 변론주의, 증거제출의무와 증명책임의 일반원칙에 의하여야 한다고 하면서 상고이유를 배척하였다.* 한편 주장의 진실성에 대한 확신은 실제 생활에 필요할 정도의 정확성이면 충분한데, 이는 의심을 완전히 배제할 수 없지만 의심에 침묵을 명할 정도의 정확성을 뜻한다고 설시하였다. 이 사건에서는 그러한 확신이 서지 못했다는 항소심판결에 잘못이 없다는 취지로 상고를 기각하였다. 원고인 Anna Anderson은 소송계속 중 구사일생으로 탈출하며 받은 충격으로 정신불안 때문에 병원에 입원 중이라는 이유로 필적감정의 지방법원요구를 거부하였고, 러시아어 지식에 대한 감정요구를 여러 차례에 걸쳐 거부하는가 하면, 탈출 시에 입은 상처에 대해 의사의 조사를 받으라는 법원의 장기간에 걸친 요구도 받아들이지 않았다는 것이다. 그 때문에도 BGH는 진짜인 데 대하여 의심에 침묵을 명할 정도로 정확하지 않다고 본 것 같다. 독일 민사소송법 제286조에도 변론 전체의 취지에 해당하는 '변론의 전체 내용'이라는 규정이 있는데, 이러한 증거조사의 거부가 참작되어 진짜라는 확신이 흔들린 것 같다. 이는 BGH의 1970. 2. 17. 민사 제3부의 판결로 나왔다. 일명 Anastasia 사건[Fall Anastasia]이라 하는 것으로 BGH 53, 245[NJW 1970, 9476]에 실려 있다. 이 사건의 재판과정에서 Anastasia 공주가 황제일가의 총살을

---

* 비송사건을 주제로 하여 개최된 2015년 4월 중국 충칭에서의 한중 민사소송법공동연구대회에서 필자가 폐막강연을 하며 소송사건과 비송사건의 한계제시의 모델 case라고 할 이 Anastasia 공주사건의 BGH 판결을 기론한 바 있다. 좀 더 깊은 연구는, 반홍식, "독일 민사소송법에서의 증거평가와 증명도," 민사소송 19권 1호 9면 이하.

영화 아나스타샤에서 아나스타샤
공주로 분한 잉그리드 버그먼

피해 서방으로 피신하였다는 드라마틱한 이야기로 알려져 화제가 되었다. 이에 잉그리드 버그먼을 아나스타샤 공주로, 율 브린너를 도망시킨 적군병사로 분하여 출연, '아나스타샤 공주'라는 영화로 제작되어 한국에서도 상영된 바 있으며 크게 히트를 쳤다. 당시에 진짜라는 여론몰이가 있었던 것 같지만, 독일 BGH는 초연하게 소신 있는 판결을 하였다. 이 판결이 난 뒤에 '사법정의는 살아있는가'란 영화도 제작되었으며 이 판결이 큰 오판이라는 취지로 비판하며 패소한 Anna Anderson이 쓸쓸하게 법정을 떠나는 드라마틱한 모습을 보여 주기도 하였다.

그러나 이 판결은 오판이 아니었음이 뒤늦게 밝혀졌다.

1991년 보리스 옐친이 러시아 대통령으로 취임하면서 볼셰비키 공산체제를 청산하고 민주체제와 시장경제로 개혁한 뒤, 옛날 볼셰비키 공산당에 의하여 잔학하게 총살당한 비운의 니콜라이 2세의 황족일가의 시신을 발굴하여 제대로 장사를 지내주기로 하였다. 이때 발굴된 시신들 속에 아나스타샤 공주의 유골이 섞여 있었다. 또 2009년에 이르러 Anna Anderson의 DNA를 니콜라이 황제의 황후였던 Alexandra와 혈족관계에 있는 영국의 Philip공의 그것과 비교·감정하였더니 세포 안의 미토콘드리아mitochondria가 서로 다르다는 것이 드러났다. 결국 Anna Anderson은 가짜였다는 것이 분명해졌다.

만일 독일법원이 원고인 Anna Anderson이 진짜 아나스타샤 공주라는 판결을 했다면 역사 속에서 세기의 웃음거리가 되었을 것이다. 가짜에 속지 않는 독일법원은 신뢰할 만한 법원임이 입증되었으며, 이 사건을 통해서 되새길 것은 법원의 재판은 다시 역사의 심판을 받는다는 사실이었다. 혹시 KGB나 다른 어떤 어둠의 세력이 배후에서 상속재산을 탐하여 Anna Anderson이라는 여인을 내세워 벌인 음모극일 가능성이 크다. 아나스타샤 공주는 연좌제로 억울한 최후를 맞았으나 뒤에 이름은 크게 남겼다.

[事例 84] 22,900 볼트의 고압선과 손해배상사건의 파급효

주변거리를 걷다가 보면 다갈색의 애자가 달린 굵은 전선의 고압선을 많이 목격한다. 이는 벽촌 오지까지도 전기가 들어오도록 전 국토의 전기화 과정에서 한전이 전국 방방곡곡에 전주를 가설하던 1970~80년대의 일이다. 한전은 큰 고압선에서부터 감압을 하여 우선 22,900 볼트짜리 중고압선의 전신주를 세워 옮겨오고 그로부터 다시 가정으로 감압된 전력을 공급하는 일반선을 연결시키는 수순을 밟는다.

사람들은 10만 단위 이상의 철탑고압선에는 위험을 느껴 덜 접근하였지만, 22,900 볼트 고압선은 전선이 조금 굵고 전신주가 좀 높았지만 위험표시도 뚜렷하게 되어 있지 아니하여 일반인이 그 위험을 절감하지 못하였다. 그리하여 이 전신주에 겁 없이 접근하였다가 감전사고로 희생당한 사람이 무척 많았다. 정전이 자주 되던 시절이라 이를 고친다는 이유로 군대에서 전기기술을 다소 배웠다는 제대군인들이 동네의 고압선전신주에 올라갔다 감전되어 마치 낙엽처럼 떨어졌던 일이 기억난다. 이러한 사고정보를 잘도 입수하여 한전을 상대로 손해배상소송을 단골로 벌이는 변호사도 더러 있었다. 공기업이니 피고로서 방어력은 약하고 승소하면 강제집행에는 문제없어 더욱 열을 올렸다.

이러한 손해배상사건을 담당하던 1970~80 당대의 판사들은 일단은 한전에 손해배상책임을 긍정하고 공작물의 설치·관리의 하자책임인 민법 제758조 근거, 피해자의 과실을 몇 %로 참작하여 과실상계하고 배상액을 조절하느냐만을 문제삼았다. 그러나 피해자의 전적인 과실을 사고원인이라 보고 한전의 배상책임을 면제하는 예는 거의 없었다. 이렇게 되니 처음에는 피해자의 자업자득인 것을 두고 한전만 나무라며 가혹한 판결을 한다고 원망하다가, 법원이 종전의 입장을 바꾸지 않고 계속 유지하다가 보니 한전 측도 이 고압선주에 대하여 '위험표시'를 하고 나^裸전선을 피복전선으로 바꾸는 등 안전배려의 의미에서 시설개선의 주의를 기울이는 모습을 보이기 시작하였다. 오스트리아 소송법의 아버지인 Franz Klein도 강조한 바이지만 법원의 판결이 개별적인 권리구제와 더불어 사회제도의 개선에 기여한다는 증좌이다_{요사이 자동차 제조회사인 도요타, 현대기아차, 폭스바겐, BMW 등이 제조상의 결함으로 집단소송을 당하면서 각성하는 것 같다}.

일본에서 공해사건 중 유명한 것으로 '미나마타 병' 사건_{이 병에 걸린 여성환자는 기형아를 낳기도 하였다}, '이따이이따이 병' 사건_{통증을 심하게 호소하는 병}이 있었다. 이들 사건에서 공해와 집단질병 발생의 인과관계를 인정함에 있어서 직접증거보다 간접반증이론의 도입 등으로 피해자들의 증명책임을 크게 완화시키는 판결을 하면서 공해시설업계가 크게 각성하였다고 한다. 그리하여 공해방지를 위한 노력을 계속적으로 기울여 세계적으로 공장의 공해방지시설이 제일 잘 되어 있는 나라가 일본이라는 평가가 있다.

얼마 전에 감전사고로 양팔을 모두 잃은 비운의 한전 출신이 이에 좌절하지 않고 각고의 노력 끝에 서예의 거장이 된 인간승리를 TV에서 접하고, 그가 많았던 22,900볼트 중고압선주 희생자 중의 한 사람이었다니 그 당시 재판을 했던 사람으로서 감회가 남달랐다.

고압선은 위험물이나 현대과학문명의 필수품이다. 산간에 고압선을 설치하는 것조차 동네 과격파와 일부 신부·수녀 그리고 시민단체 등이 필사의 저항을 한다. 최근 외신에 의하면 전선 없는^{wireless} 송전_{태양광전지판을 지구권 밖으로 쏘아올려 24시간 발전}의 시대를 열기 위한 연구가 가까운 장래를 목표로 한창 진전되고 있다. 어서 그러한 새 시대의 이노베이션을 바란다.

[事例 85] 역술인 교통사고사망 사건과 손해액의 산정

장안에 꽤 이름 있는 역술인이 대로를 건너다가 교통사고로 사망하면서 유족들이 손해배상청구의 소를 제기한 일이 있었다. 그의 유가족이 사고를 낸 가해자 측을 상대로 손해배상청구를 하는데, 위자료와 더불어 수입상의 손해 즉 일실이익을 청구하는 것이었다.

유가족들은 사망한 피해자는 만 70세로 사망에 이르기까지 월수입이 500만원이었으니, 적어도 80세까지 그 직업을 유지한다는 전제 하에서 앞으로의 10년간의 일실이익을 계산하여 그 사이의 중간이자를 호프만식 계산법으로 공제하고 일시금을 청구하는 것이었다.

물론 가해자에게 과실이 있는 것이 분명하여 배상책임은 인정되었지만, 사망 때문에 생긴 상당인과관계 있는 손해액의 산정이 매우 어려운 사건이었다. 유족인 원고들은 자신들의 아버지가 박정희 정권 당시 권력 실세였던 이후락 씨의 운수도 점쳐주었을 정도로 서울 장안의 소문난 유명한 역술인이었으므로 사고 당시의 1970년 말에 월수입 500만원은 문제가 되지 않는다고 주장한다. 하지만 그 주장사실을 증명하기 위하여 기록수입장부를 제출하는 것도 아니고 단지 망인의 친구라는 사람을 증인으로 신청하는 것이었다. 그를 신문조사하니 월수입 500만원이라는 취지의 증언은 하지만, 남의 수입의 밀행성(密行性)에 비추어 그것을 어떻게 잘 아느냐 물으니 처음에는 언젠가 망인에게서 들었다고 하다가 나중에는 유족인 원고들로부터 들었다는 등 오락가락하는 전문(傳聞)증언이었다.

그렇다면 망인이 몇 살까지 그러한 수입을 올릴 것이냐는 질문에는 건강하니 80세까지 일할 것이라는 막연한 추측증언뿐이었다. 연령이 더 들수록 영험함이 더 깊어진다고 운운한다. 그렇다고 피고 측이 뚜렷한 반증을 세우는 것도 아니었다. 그래서 국세청에 역술인 직업군의 수입에 대한 세무신고사항에 관하여 사실조회를 하여 보았지만 역술인

중에 소득을 신고한 사람은 몇 되지 않았고 그나마 신고액도 면세점에 가까운 소액이었다. 역술인이 평균적으로 일할 수 있는 기간인 가동연한의 통계자료가 있는 것도 아니었다. 이와 같은 경우 원고 측 증인의 증언만을 믿고 원고 주장의 수입상의 손해액을 인정하기도 곤란하고, 그렇다고 수입상의 손해는 있었지만 손해액의 증명이 없다고 아예 이 부분을 전적으로 배척하기도 곤란하였다. 판례는 배상액 산정에 증거가 없다고 청구기각할 것이 아니라, 법원이 직권으로 손해액을 심리·판단하여야 한다고 하지만^{대법 85다카2453; 2010다103451 등}, 직권조사에도 한계를 느낄 수밖에 없다. 이러한 경우 수입상의 손해배상청구 부분을 철회시키고 위자료 부분을 확장청구하게 하여 위자료 산정에서 더 보태주는 것이 옳지 않을까 하는 생각이 들어 실천한 바 있었다.

2016년 개정법률 제202조의 2에서는 이와 같은 손해액의 증명이 곤란한 경우 변론 전체의 취지와 증거조사의 결과를 종합하여 상당액을 손해배상 액수로 정할 수 있다는 재량규정으로 입법적인 해결책을 제시하여 주었다.

[事例 86] 담배소송과 빅데이터 증명의 시도

담배로 인한 폐암·후두암이 발병하였다는 이유로 담배회사를 상대로 제기하는 손해배상소송은 global 소송의 대표격이다.

소송천국이라고 하는 미국에서 세 번의 담배소송의 큰 물결이 있었다고 한다. 첫번째는 1953년에 시작되어 1973년에 끝났다는데, 폐암·후두암에 걸린 흡연자들이 담배회사를 상대로 소를 제기하였지만, 담배회사에 제조자책임의 증거가 없다는 이유로 모두 패소하였다. 두 번째는 1983년부터 1992년까지로, 역시 폐암환자가 담배회사를 상대로 한 손해배상소송이었는데, 개인이 유능한 변호사를 쓰는 담배회사와 힘거운 싸움을 하다가 모두 패소하였으며, 세 번째는 피해자 개인이 원고로 나서는 것이 아니고 흡연 때문에 의료비지출이 현저히 늘어난 주정부가 피해시민을 대신하여 나서는 부권소송^{parens patriae suit}*의 원고가 되어 4개의 담배회사를 상대로 손해배상청구를 하게 되었는데, 이 소송에서는 개인소송과 달리 흡연은 원고 개인의 선택임을 피고 측이 항변 사항으로 삼을 수 없는 상황이 되었다. 그리하여 1998년 11월에 담배회사들이 49개 주정부에 2,465억 달러를 배상해주는 것으로 화해settlement가 성립되어 끝이 났다.

여기에 더하여 미국 오리건Oregon주 법원이 담배회사에 징벌적 배상책임을 인정한 사례도 있었다. 캐나다에서도 온타리오Ontario주가 미국 주정부와 같은 소송을 제기하여 승소한 사례가 있었다. 반면 독일이나 일본에서는 흡연피해자들이 담배소송에서 인과관계를 인정하기가 어렵다는 이유로 패소하였고, 프랑스는 오히려 흡연의 자유를 내세워 담배소송에 냉담하였다.

우리나라에서는 36명의 흡연자와 그 가족들이 국가와 KT&G를 상대로 한 담배소송에서 15년을 끌다가 내려진 대법 2011다22092 판결이 나오게 되었는데 피고회사의 위법성에 관한 쟁점에서는 피고 측에게 제조물책임법상의 결함이 없고 흡연은 자유의사에 의한 선택이라 하면서, 담배가 폐암을 일으키는가의 쟁점에서는 원고들의 흡연과 암 발생의 인과관계에 대한 고도의 개연성 있는 증명이 되지 아니하였다는 취지로 원고 측 패소판결이 나왔다. 2015년 헌법재판소에서도 이와 다를 바 없는 합헌결정을 하였다.

이에 불구하고 2014. 4. 16.에 건강보험공단은 KT&G와 필립모리스 코리아·BAT 코리아(주)를 상대로 흡연으로 인해 건강이 나빠지고, 건강보험료 지출의 증대를 이유로 537억 원의 손해배상청구를 서울중앙지

---

* 졸저, 신민사소송법(제15판), 82, 148면.

방법원에 제기하였다. 이 소송은 일부청구로서 앞으로 소송진행상황을 보아 청구취지를 확장할 것이라 한다. 원고인 건강보험공단은 모 보건 대학원이 18년간 추적한 빅데이터를 활용한 흡연폐해 연구결과, WHO 등 국제기구와의 협력 등을 통해 흡연과 암과의 인과관계, 담배회사의 위법행위 등을 증명한다고 벼르고 있다. 패소판결이 났던 개인담배소송과 달리 건강보험공단의 담배소송이라는 점에서 공방의 양상이 달라질 것으로 보이는데, 증명과정에서 빅데이터의 활용과 WHO 등 국제기구의 동원은 증거조사의 새로운 패러다임의 전환으로 기대된다. 변론도 presentation^PPT변론으로 현대적인 방식에 의했다. 이는 세기의 주목을 받을 국제소송감이며 AI시대 재판의 서막이라 할 수 있을 것이다. 그러나 최고법원에 가서 승소소식은 없다.

[事例 87] DuPont v. Kolon Industry 사건과 긴급입법

다국적기업인 DuPont社가 한국의 Kolon Industry^이하 코오롱를 상대로, '아라미드'라는 방탄·방열섬유의 기술^강철보다 5배 강도가 높은 고강도 첨단소재을 DuPont 출신의 OB 엔지니어 마이클 미첼을 고용하여 기술을 빼내어^뒤에 범행을 자수하여 실형판결을 받았음 아라미드를 생산수출한다는 이유로 미국 Virginia 동부지구 연방지방법원에 손해배상청구소송을 제기하였다. 동 지방법원은 2006년에 제정된 e-discovery에 따라 피고인 코오롱 측에 e-mail 등 컴퓨터 파일의 제출명령을 하였는데, 코오롱 측이 이를 따르지 않고 파일을 삭제한 혐의가 있다하여 증거인멸의 제재로 고의적 침해^Willfull infringement의 경우에 명하는 징벌적 배상금^Punitive damage으로 35만 달러의 배상명령을 하였다. 여기에다 코오롱 측의 기술침해로 인하여 DuPont 이 입은 전보배상금까지 합하여 9억 2천만 달러의 손해배상과 관련제품의 생산자판매금지의 종국판결이 2011년 11월에 있었다. 미국은 재판에서 증명방해의 경우, 우리 법과 같이 방해자 측 당사자에 자유심증으로 사실인정에 불이익을 줄 수 있을 뿐인 미온적인 제재우리 판례·다수설 · 자유심증설에 그치는 것이 아니라, 이처럼 형벌적 성격의 징벌적 배상판결이 나가게 된다. 여기에다 코오롱의 타이어코트지와 에어백 등 주력상품이 가압류되는 사태로 발전하였다.

9억 2천만 달러, 즉 무려 1조원의 배상판결을 받자 코오롱 측은 크게 당황하였던 것 같다. 왜냐하면 미국의 지방법원 판결은 우리나라와 같이 가집행선고를 받지 아니하여도 당장 집행에 들어갈 수 있는 집행력이 생기기 때문에, 당장 우리나라에서 외국 판결의 집행판결민사집행법 제26조을 받아 우리나라의 코오롱 재산에 강제집행을 받을 위기에 처하게 되었다고 판단한 것이다. 그리하여 코오롱 측은 일부 학자들의 도움을 받는 한편, 정부발안에 의하지 아니하고 국회의원의 의원입법으로 외국의 징벌적 배상판결의 효력을 배제시키는 민사소송법 일부개정법률안을 제안하게 하였다고 한다. 이 개정안의 입법과정은 일반 민사소송법 전문가에게도 미리 알려지지 아니하였고 공청회도 개최되지 않은 채 밀행적으로 이루어졌다는 것이었다. 의원입법으로 제안된 지 1개월도 채 안 된 상황에서 법무부·대법원 측이 현재의 통설과 판례로도 외국의 징벌적 배상판결은 우리나라에서 승인될 수 없어 집행판결에 이를 수 없기 때문에 꼭 필요한 것은 아니라는 이유로 개정안에 반대입장에도 불구하고 여야의원의 만장일치로 국회를 통과하였다. 그것이 2014. 5. 20. 민소법개정법률 제217조와 신설된 제217조의2이다. 이와 동시에 민사집행법 제26조의 집행판결의 대상을 확장시키는 개정도 하였다.

이 법률개정으로 코오롱 측이 DuPont과의 소송에서 받은 징벌적 배상판결의 우리나라에서의 강제집행을 입법적으로 막을 수 있게는 되었다. 그러나 그와 같은 입법동기가 된 코오롱의 미국지방법원의 패소판결은 미국 연방제3순회구고등법원에 항소가 되었으며, 여기에서 이 패소판결이 뒤집혀 다시 Virginia 동부지구 지방법원으로 파기환송 reversal되었다. 이 환송판결에서 사건을 재심리함에 있어서 원심판사와 다른 판사로 재판부 구성을 바꾸어야 한다는 조건이 붙은 것은 이례적이다. 결국 코오롱 측이 지레 겁을 먹고 과잉반응을 한 것이 되었고, 국회는 바쁠 것이 없었음에도 쫓기는 듯 절차를 무시한 전격입법을 하였다.

다만 6년째 끌어오던 이 사건은 드디어 코오롱이 DuPont에 2억 7,000만 달러를 지급하는 한편, 검찰에서의 유죄인정합의plea-bargaining로, 8,500만 달러의 벌금을 내는 조건으로 화해settlement가 성립되어 매듭짓기에 이르렀으며 동 법원의 최종적 승인final approval을 받았다. 미국법원에서는 집단소송을 비롯하여 화해성립시에 법원승인을 필요로 한다. 코오롱은 이 배상금과 벌금을 5년에 걸쳐 분납하며, 이제 코오롱은 자가 생산 아라미드의 세계 수출의 길이 열렸다. 이 사건은 당사자 모두의 win－win으로 끝났지만, 재판과정에서 배심원 중 한 사람이 졸다가 제척이 되어 쫓겨나는 해프닝도 있었던 사건이다. 제1심인 버지니아 법원이 '한정인용'의 주문을 낸 사건이기도 하다. 헌법재판소의 '한정합헌, 한정위헌' 결정은 일부위헌인용에 불과한데도 이를 백안시할 것만은 아니다. 더구나 이러한 결정에도 법원에 기속력이 없다는 대법원 판례는 이른바 'global standard'의 무시라고 할 것이다.

제5절 증명책임

1. 개 념

- 변론 전체의 취지와 증거조사의 결과로 요증사실의 진실여부가 가

려지지 않을 때의 일이다. 요증사실이 진실인지 허위인지 가려지지 않은 경우를 진위불명(眞僞不明)이라 하는데, 그때에 그 사실이 존재하지 아니한 것을 전제로 당사자일방에게 돌리는 불이익/위험을 증명책임(Beweislast, 입증책임)이라 한다. 쉽게 말하여 사실에 증거(fact) 없으면 없는 것으로 취급하는 법리이다.

• 재판은 과거의 재현(再現)인 것으로, 시간이 갈수록 진실은 희석이 되고 인간의 인식능력·수단의 한계 때문에 증거조사를 해 보아야 과거의 진실여부를 가릴 수 없을 때에 재판거부도 할 수 없고 마냥 끌 수도 없는 일이다. 이때 어느 일방에게 유리한 법규부적용의 불이익을 부담시켜 판결을 가능하게 하는 것이 증명책임이기도 하다.

• 대여금청구에서 대여사실이 불명하면 그 증명책임이 있는 원고에게 불리하게, 변제사실이 불명이면 그 증명책임을 지는 피고에게 불리하게 판결을 하게 한다.

• 이러한 증명책임을 객관적 증명책임이라 하며, 이는 변론주의 뿐 아니라 직권탐지주의 나아가 형사소송에 있어서도 문제된다.

• 객관적 증명책임에 의하여 진실여부가 불명인 경우에 불이익한 판단 즉 패소를 면하기 위하여 증거를 찾아 대야 하는 행위책임을 주관적 증명책임이라 한다(증거제출책임).* 이는 증거를 당사자가 대야 하는 변론주의절차에서만 문제되고, 법원이 증거를 찾아나서야 하는 직권탐지주의에서는 그 적용이 없다.

---

* 증명책임이 있는 당사자만이 증거제출책임을 지는 우리나라를 비롯한 대륙법계국가와 달리 미국 등의 pretrial discovery는 증명책임과 관계없이 양 당사자의 증거정보 공유가 요구되고 완벽에 가까운 증거 data 수집이 되어 화해추진과 trial(공판) 준비를 하게 되는 정보수집권 보장이다. 한 예로 최근 미국 New York 남부지구연방지법에서 계류되었던 Jones v. Pfizer Inc., et al의 미국 연방증권거래법 위반을 원인으로 한 손해배상의 집단소송의 사례이다. 대표당사자(lead plaintiff)와 피고들 상대의 손해배상소송에서 3년 이상의 discovery가 행하여졌으며, 80명의 당사자와 제3 당사자들이 소환되었고, 그 결과 2,380만 페이지에 달하는 소송서류가 제출되어 양측 당사자의 변호사가 이를 다시 심사·분석을 하여야 했다. 그 뒤에도 65차례에 증인녹취를 행하고 이 사건에 관한 의견제공의 24명의 전문가 증인이 가담했다. 이 밖에 8차례의 약식재판신청과 본안전신청을 내는 등 광범위한 심리가 있었다. 이것은 미국 Pfizer회사에 직접투자하여 그 집단소송의 구성원이 된 한국인 주주의 경험사례이다. 이처럼 미국의 discovery에서는 남긴 편지를 모두 털어내듯 사건내용의 정밀조사가 이루어진다.

2. 증명책임분배의 일반원칙

• 진실여부가 불분명할 때 당사자 중 누구에게 불이익을 돌릴 것이냐의 문제. 형사소송에서는 공소사실이 불분명한 때, 즉 의심스러울 때에는 피고인의 이익으로, 바꾸어 말하면 검사의 불이익으로 돌리는 판결을 함. 민사소송에서는 요증사실이 불분명한 때, 즉 의심스러울 때에는 증명책임을 지는 당사자의 불이익으로 돌리는 판결을 하게 된다.

• 분배의 기준에 관하여 우리 실무에서는 사실의 주장자를 기준으로 주장자가 증명책임을 진다는 주장자증명책임설이 없지 않으나, 보다 구체적으로는 법규의 규정을 기준으로 하여 각 당사자는 자기에게 유리한 법규의 요건사실에 대하여 증명책임을 진다는 법률요건분류설 내지는 규범설이 통설·판례로 되어 있다.[事例 88]

① 권리의 존재를 주장하는 사람은 자기에게 유리한 권리근거 규정의 요건사실(청구원인사실＝권리발생사실)에 대하여 증명책임을 진다. 권리근거규정에는 물권적 청구권, 취득시효, 계약, 사무관리, 부당이득, 불법행위 등의 규정이 있는데, 이에 기한 권리주장자는 그 해당규정의 요건사실에 증명책임이 있다. 그 반대규정의 요건사실까지 증명책임은 없다.

② 권리의 존재를 다투는 상대방은 자기에게 유리한 반대규정의 요건사실(반대사실＝항변사실)에 대하여 증명책임을 진다. 세 가지의 반대규정이 있으므로,

㉠ 권리장애규정의 요건사실인 권리장애사실(예: 불공정한 법률행위, 선량한 풍속위반, 강행법규위반 등 무효사실)

㉡ 권리소멸규정의 요건사실인 권리소멸사실(예: 변제, 공탁, 상계, 면제, 소멸시효, 사기·강박·착오로 인한 취소, 해제·해지 등 소멸사실)

㉢ 권리저지규정의 요건사실인 권리저지사실(예: 기한의 유예, 정지조건, 동시이행항변권, 한정승인, 유치권 등 행사저지사실)에 각 증명책임이 있다.

• 이에 대한 비판적 견해로 위험영역설 또는 증거거리설이 있다.

• 법규의 형식보다도 위험영역을 기준으로 할 것으로, 손해배상사건의 손해의 원인이 가해자의 위험영역에서 발생하였으면 피해자 아닌 가해자가 책임의 객관적 요건인 인과관계나 주관적 요건인 고의·과실의 부존재에 대하여 증명책임을 돌려져야 한다는 것이다. 이와 맥을 같이

하는 증거거리설은 증거와의 거리·증명의 난이도·금반언·개연성 나아
가 실체법의 입법취지 등을 기준으로 하는 견해이다.[事例 89]

[事例 88] Leo Rosenberg(1879 – 1963)

Rosenberg 교수는 일찍이 폴란드 쪽 Breslau대학에
서 Otto Fischer 교수의 지도를 받아 민법규정의 법률
요건을 정할 때에 증명책임의 분배를 고려하여 정하였
다는 전제하에 1900년에 Die Beweislast^{증명책임론}로 법학
박사학위를 취득하면서 법률요건분류설을 창도^{唱導·嚆矢}하였

Leo Rosenberg 교수

다. 그때 그의 나이가 약관 21세 때였다. 그는 세계적
인 정평이 있는 민사소송법과 민사집행법을 묶은 교과서 'Lehrbuch
des deutschen Zivilprozess'를 1927년 초판으로 출간하였는데 1963
년 사망하기까지 9판까지 거듭하다가, 그 제자인 Schwab 교수가 민사
소송법 부분을, Gaul 교수가 민사집행법^{강제집행법} 부분을 각기 승계하여
민사소송법 부분은 Rosenberg/Schwab/Gottwald 공저로 18판에 이
르렀고^{방대한 양의 이 책은 최근 중국에서 4인이 협동하여 번역된 바 있다}, 민사집행법 부분은
Rosenberg/Gaul/Schilken/Becker－Eberhard 공저로 12판에 그치고
있다. Schwab 교수도 필자에게 Gaul 교수의 승계가 시간을 좀 끈다는
말씀을 한 바 있다.

그는 실체법상의 권리는 소송물이 아니라 법원이 자유선택할 수 있
는 법적 관점에 불과하고 청구취지^{신청}나 사실관계가 소송물이라는 신소
송물이론의 원조이기도 하다. 그는 유태인이지만 천재적 학자로 공인
되어 나치정권이 Leipzig 대학 강단에서는 쫓아냈지만, 강제수용소로
까지는 보내지 않았다고 한다. 법학분야에서도 노벨상이 있었으면
Hans Kelsen, Roscoe Pound 등과 더불어 수상자 대열에 포함되었을

것이다.

그는 사회저명인사로서 '늙음이란 처음에는 사람의 이름을 잊고, 다음에는 얼굴을 잊고, 그 다음엔 지퍼 올리는 것을 잊고, 그리고 나선 지퍼 내리는 것을 잊어버리는 것'First you forget names, then you forget faces, then you forget to pull your zipper up, then you forget to pull your zipper down이라는 말도 남겼다.

[事例 89] 법률요건분류설의 한계사례

甲의 아버지 甲₁이 편도 1차선인 한적한 도로를 오토바이로 달리다가 맞은 편에서 오는 트럭과 충돌하여 甲₁이 사망하는 큰 교통사고가 있었다. 甲₁이 사망 후에 甲이 트럭운수회사를 상대로 손해배상청구권을 주장하여 배상소송을 제기한다. 운수회사인 피고 측은 우리 트럭운전사에게는 아무런 잘못이 없으며, 오토바이를 타고 오던 甲₁이 갑자기 중앙선을 넘어서 트럭차선으로 진입하는데 이에 핸들을 꺾기는 했지만 한 발 늦어 사고가 났다며 배상책임을 부인한다. 甲₁의 자살행위나 다름이 없다는 취지로 답변한다. 당시에 사고현장을 본 사람은 트럭운전사와 옆자리의 조수뿐 아무도 없었고 죽은 사람은 말을 할 수 없는 상태이다. 이러한 사건에서 甲은 트럭운수회사를 상대로 한 소송에서 불법행위에 따른 손해배상청구권이라는 권리를 주장하는 사람이므로, 예의 법률요건분류설에 따라 불법행위 규정의 요건사실인 트럭운전사의 과실에 대하여 증명책임을 지우고, 그가 과실증명을 못하면 패소시킨다는 것은 정의와 형평에 어긋난다. 이런 경우가 법률요건분류설의 한계라 할 수 있다.

아무런 증거도 제시할 수 없는 甲에 비해 운전사뿐만 아니라 조수 등 증인들을 갖고 있어서 증거가 편재되어 있는 상태라면, 상대쪽에서, 오히려 자신들에게 과실이 없음을 증명해야 하고 그 책임을 다하지 못면 패소되어야 한다는 것이 법률요건분류설의 반론인 증거거리설이다. 증거에 가까운 쪽의 당사자에게 증명책임을 지워야 한다는 이 증거거리설이 모든 경우에 타당한 것일 수는 없겠으나 증거편재로 인한 증명곤란 등 특별한 사정이 있는 경우 이 설의 설득력을 무시할 수 없을 것이다.

최근에 대법원이 부존재를 증명한다는 것은 사회통념상 불가능에 가까운 반면, 그 사실이 존재한다고 주장·증명하는 것은 보다 용이한 것이어서, 이러한 사정은 증명책임을 다하였는지를 판단함에 있어서 고려되어야 한다고 판시한 바 있다^{대법 2010다60950}. 증명의 난이도를 증명책임의 기준으로 내세웠다는 점에서 주목할 만하다. 금융상품을 판매하는 금융기관이 설명의무의 이행을 증명하기 용이하다는 이유로 금융기관에 증명책임이 있다는 서울중앙지법 2011가합71808 판결도 있다. 이러한 맥락에서 공해사건^{대법 81다558 등 제조물책임사건}에서는 기업에, 의료과오 사건에서는 의사에게^{대법 2005다5867} 일부 증명책임을 지우기도 한다. 새로 도입을 시도하는 집단소송 법안에서는 기업에 증명책임을 돌리자는 내용으로 알려졌는데, 천편일률적이라면 문제가 있다.

3. 일반원칙의 예외

증명책임의 전환과 완화가 있다.

(1) 증명책임의 전환

• 입법에 의해 증명책임을 지는 쪽이 바뀌는 경우

• 과실은 권리근거규정인 불법행위의 요건사실이므로 권리주장자인 피해자의 증명책임사항이지만 가해자로 증명책임이 바뀌는 경우가 그 예이다(민법 제759조, 자동차손해배상 보장법 제3조, 제조물책임법 제4조 1항, 특허법 제130조, 개인정보보호법 제39조, 하도급공정화법, 환경기본법(환경오염·훼손피해) 등).

(2) 증명책임의 완화

1) 법률상의 추정

법률상 추정을 받는 당사자의 상대방이 추정사실과 반대사실을 증명하여야 하기 때문에 증명책임의 전환의 효과가 생긴다. 추정규정을 적용하여 어떠한 사실에서 다른 것을 추정하는 경우가 법률상의 추정이다. 추정규정이 아니라 경험칙을 적용하는 사실상의 추정과는 구별된다. 사실상의 추정은 법률상의 추정과 달리 반대사실의 증명이 아니라 추정에 의심을 품게 할 반증으로 번복할 수 있다.

• 법률상의 추정에는 법률상의 사실추정과 권리추정이 있다. 혼인 중에 잉태한 자에 대한 남편의 친생자추정(민법 제844조 제 1 항), 점유계속의 추정(민법 제198조) 등이 전자에 속하고, 귀속불명한 재산의 부부공유추정(민법 제830조 제 2 항), 차명계좌 명의자에 소유권추정(금융실명제법 제 3 조 제 5 항)이 후자에 속한다.

• 법률상의 추정은 반대사실의 증거로 번복할 수 있지만, 간주(看做＝의제(擬制))는 반대사실의 증거로도 뒤집을 수 없는 점에서 차이가 있다.

• 등기부기재(전제사실)로 진실한 권리상태(추정사실)가 추정되므로 그 추정력의 번복에는 반대사실의 증거를 대야 한다. 등기명의자의 권리추정 → 상대방은 그 원인무효사실의 주장·증명책임 → 증명이 되었으면 명의자는 실체관계부합의 주장·증명책임을 지는 것으로 바뀐다(원고의 주장, 피고의 항변, 원고의 재항변과 같은 관계).

2) 일응의 추정(Primafacie-Beweis) ＝ 표현증명(Anscheinbeweis)

• 고도의 개연성이 있는 경험법칙을 이용한 사실상의 추정으로, 추정의 전제사실인 간접사실을 증명하면 주요사실에 대한 추정이 성립되어 특단의 사정이 없는 한 일단 증명된 것으로 본다. 이러한 추정이 되면 거의 증명된 것이나 마찬가지로 보는 것이므로 표현증명(表見證明)이라 한다. 구체적 사실의 증명이 없어도 사실 그 자체로서 과실이나 인과관계를 시사하는 사태이다.

• 고도의 개연성이 있는(신뢰성 높은) 경험법칙인 경험원칙(Erfahrungs-grundsatz)을 적용한 사실상의 추정이므로 단순한 경험법칙으로 간접사실

에서 주요사실의 추정과는 달리 증명책임이 경감된다(예컨대 차도를 달리던 자동차의 인도나 상가진입의 사고시에 음주나 졸음운전 등 구체적 사실의 증명 없이도 운전자의 과실추정, 의사의 척추수술 직후의 하반신 완전마비시에 의사의 과실추정이나 주위 건물은 이상 없는데 유독 문제 건물의 지붕이 바람에 무너진 것이라면 사고는 그 공작물의 흠에서 기인한 것으로 추정 등임).

• 이는 과실과 인과관계의 증명에서 활용된다.[事例 90] 공무원에게 제공한 뇌물은 일응 그 소속의 국가나 공공단체에 최소한 뇌물액수 만큼의 손해를 준 것으로 추정하자는 논의도 있으나, 통설화되지는 않았다.

3) 간접반증이론과 공해사건 등

• 일응의 추정·표현증명으로 과실이나 인과관계가 증명되었을 때에 이를 뒤집기위해 상대방이 별개의 간접사실을 내세워 증명하는 것이다. 예컨대 차도를 달리던 자동차가 갑자기 인도나 상가진입으로 사고발생의 사실증명으로 일응의 과실추정을 받는 경우, 상대방이 옆차의 충격이나 앞에 어린이의 돌출사실 등 특단의 사정을 증명함으로써 과실추정을 번복시키는 따위가 간접반증. 이는 주요사실(운전자 과실)에 일응의 추정이 생긴 경우, 그 추정의 전제사실(자동차가 차도에서 갑자기 인도로 진입)과 양립(兩立)하는 별개의 간접사실(옆 차의 충격 또는 앞에 어린이 돌출 사실)을 증명하여 일응의 추정(운전자 과실추정)을 번복하는 증명활동을 말한다. 주요사실에 대하여는 반증, 간접사실에 대하여는 본증이 된다.

• 공해소송, 제조물책임소송, 의료과오소송, 환경소송, 산업재해소송 등 현대형소송에서 이의 활용가치가 크다. 이와 같은 소송에서는 피해자에게 손해 결과발생의 인과관계의 증명에 직접 증거나 과학적 증명의 요구는 무리이기 때문에, 인과관계의 고리를 형성하는 여러 간접사실에 대하여 증명책임을 분담하여 원고가 인과관계에 일응의 증명을 했을 때에 가해자인 피고가 이에 대응하여 뒤집을 간접사실을 반증으로 들어 일응의 증명에서 벗어나게 하는 증명기법이다(간접반증이론). 간단히 말하면 원고가 일응의 증명을 한 인과관계(주요사실)를 피고가 반증으로 부정하지 못하면 피고에게 불이익이 되는 법리이다. 특히 공해사건에서 이 법리가 활용되는데, 가해기업의 원인조사가 훨씬 용이하다는 것과 원인은

폐의 염려를 근거로 한다. 이에 관한 leading case가 대법 81다558 판결의 수질오탁으로 바다의 김생육에 피해를 준 진해화학사건이다. 나아가 재첩양식장피해사건(대법 2013다2123) 등에서도 나타난다. 공해사건에서 처음에는 개연성설에 의하다가[事例 91] 간접반증이론(일명 신개연성설)으로 발전한 것이다.

[事例 90] 일응의 추정대상인 사례

고등법원 배석판사로 일할 때의 일이었다. 의사가 페니실린 주사를 접종한 뒤에 바로 왼쪽 다리에 마비증상이 오고 결국 마비가 되어 의료과오라고 하며 의사를 상대로 손해배상청구의 소를 제기한 일이 있었다. 이 사건은 1970년 전반기에 있었던 일로, 제1심에서는 피고의 의료과실의 증거가 없다는 이유로 원고패소가 되어 고등법원에 항소제기를 한 사안이다. 피해자는 어린 중학생으로 왼쪽 목발을 짚고 그 법정대리인인 부×와 같이 법정출석한 본인소송의 당사자였다. 재판장은 손해배상청구권이 있다고 주장하는 원고 측에 의사과실의 증명책임이 있다고 보아 도식적으로 원고 측에 증명촉구를 하는 것이었다. 증거를 제시하라고 시간을 주며 계속 기일연기를 거듭하는 것이었다. 그 당시에는 일응의 추정 내지는 표현증명의 법리가 도입되지 아니하고 판례도 없었던 시절이었다. 필자는 어렴풋이 독일 등에서는 의사의 주사 후 바로 마비현상의 발생 그 자체가 통례상 의사의 과실임을 말해주는 징표이고 간접증거로 보는 법리가 있다는 것을 알기는 했다. 그러나 자신이 있는 것도 아니고 필자의 주심사건도 아니었기에 이런 때에는 재판장과 주심판사가 주도적으로 의논해서 결론을 내는 것이 실무관행이므로 그대로 넘어갔지만 안쓰럽다고 생각된 사례였다. 물론 항소심인 고등법원은 제1심대로 항소기각의 결론이었고, 상고되었지만 결과가 달라졌다는 말은 들은 바 없다. 가해물질이 배출되어 피해자에게 도달, 손해발생 등이 증명되면, 인과관계 성립을 추정하는 법리도 같은 법리일 것이다.

[事例 91] 공해사건의 판례역사와 박정희 대통령

공해사건을 대법원이 처음 다룬 것은 대법 71다2016 판결로 이른바 비료회사인 영남화학사건에서이다. 법원은 이 사건 영남화학의 종업원의 작업기술 미숙으로 많은 유해가스가 누출되었고, 이로 인하여 원고의 과수원의 배나무에 막대한 피해를 입혔다며 불법행위로 인한 손해배상책임이 있다고 판시하였다. 이 사건에서는 다만 영남화학의 시설상의 하자가 있다고 보아 불법행위의 배상책임이 있다고 인정하였지, 공해사건에서 피해인과관계의 증명곤란 때문에 증명책임의 완화까지는 문제삼지 아니하였다.

그러다가 대법 72다1774 판결에서 피해자의 증명곤란을 타개하기 위한 획기적인 판례가 나왔다. 한국전력의 화력발전소에서 다량으로 누출·확산되는 아황산가스로 인하여 원고 과수원의 과실수의 결실이 감소한 데서 비롯된 손해배상사건이었다. 여기에서 대법원은 "공해로 인한 불법행위에 있어서의 인과관계에 관하여 가해행위와 손해와의 사이에 인과관계가 존재하는 상당정도의 가능성이 있다는 증명을 하면 되고 가해자는 이에 대한 반증을 하는 경우에만 인과관계를 부정할 수 있다"고 하여 증명책임을 완화시킨 본격적인 판례가 나왔다. 이는 공해사건에서 개연성설의 채택이기도 하며, 공해피해자에 대한 사법보호의 새 장을 연 큰 의미가 있었다.

이 사건 판례는 개발독재의 박정희정권 때의 일인데, 이제 겨우 생겨난 '산업근대화' 공장에 대하여 공해문제를 논하는 것은 너무도 사치스럽고 배부른 이야기가 아니냐며, 먹고 살기 어려운 현실의 외면, 무시

아니냐는 등 박정희 대통령이 격노하였다는 말이 있었다. 그러나 앞에서 본 국가배상법 제 2 조의 위헌판결 때처럼 산업근대화의 훼방꾼이라 하며 대법원 판사들을 손보지 않을까 하는 우려도 있었으나 정권이 그 정도까지는 가지 않았다.

이 판례를 시작으로 하여 앞서 본 1984년 진해화학사건에서 본 바와 같이 공해사건에서 인과관계의 일응증명과 간접반증이론에 입각한 피해자와 가해자의 증명책임분담론으로 공해사건재판의 선진화를 이끌어 갔다.

제
4
편

소송의 종료

제 1 장 총   설

소송종료 사유는 크게 나누어 당사자의 행위에 의한 종료와 판결에 의한 종료로 분류된다.

- 당사자의 행위에 의한 종료 ┌ 소의 취하
　　　　　　　　　　　　　├ 청구의 포기·인낙
　　　　　　　　　　　　　├ 재판상 화해
　　　　　　　　　　　　　└ 조정
- 소송종료선언

소송이 끝났음을 판결로 밝혀 선언하는 판례법 제도가 있다.

여기의 하나는, 소송종료가 안 되었다고 하며 소송진행을 계속해 달라고 낸 당사자의 기일지정신청이 있었는데, 신청이 이유 없을 때 하는 것이다.

다른 하나는, 법원이 소송종료를 간과한 채 계속 진행하는 경우에, 법원이 직권으로 발견하였을 때 하는 것이다.

특히 상고심에서 파기·환송되었을 때에 환송심에서 환송 후의 심판범위를 오해하여 이미 확정되어 종료된 부분까지 판결하였을 때에, 그 부분은 이미 끝났다고 소송종료선언도 한다.

제 2 장   당사자의 행위에 의한 소송종료

1. 소의 취하

- 소의 취하란 원고가 제기한 소의 전부·일부를 철회하는 법원에 대한 단독행위이다.
- 소의 취하는 제기했던 소송을 거두는 것으로 하는 소급적 철회임에

대하여, 청구의 포기는 자기의 청구가 이유 없다고 자인하는 진술인 것으로 구별된다. 청구의 감축의 성질에 대해서는 다툼이 있으나 청구의 일부포기라기보다 소의 일부취하로 해석한다.

• 소송 외에서 하는 당사자끼리의 소취하계약[事例 92]은 원고가 피고에 대하여 하는 약정인데, '소송상의 합의'에서 본 바와 같이 사법계약설이 현재의 통설·판례이다. 소취하계약을 무시하고 원고가 소를 계속 유지하려고 할 때는, 이를 항변으로 피고가 주장하면 권리보호이익이 없어 원고가 유지하는 소는 부적법 각하된다.

(1) 요 건

변론주의·직권탐지주의 등 모든 소송에서 가능하며, 소제기 후 판결확정시까지이다(제1심 판결선고시까지 할 수 있는 검사의 공소취소와 다름).

• 피고가 본안에 대한 준비서면의 제출·변론준비기일에서의 진술·변론을 한 뒤에는 피고의 동의를 요한다.

주위적으로 소각하판결, 예비적으로 청구기각판결을 피고가 구한 경우는 본안판결은 어디까지나 예비적으로 구한 것이므로 주위적으로는 본안에 들어가지 아니하였다고 보아, 원고가 소취하함에 피고의 동의 불요(대법 2009마1861·1878 등). 일단 부동의 해놓고 철회하며 동의는 안 된다(대법 69다130·132).

• 소취하는 사법(私法)행위와 달리 소송행위이므로 표시주의로 나가므로, 사기·강박·착오 등의 하자를 이유로 민법규정에 의한 취소는 안 된다. 단 형사상 처벌할 수 있는 다른 사람의 행위로 인한 소의 취하는 무효주장을 할 수 있다.

(2) 방 식

원고의 소취하서의 제출이 원칙이나 변론준비기일·변론에서는 구술 취하도 가능하다. 피고의 동의여부도 서면 또는 말로 하게 되어 있는데, 피고가 취하서 받고 2주일 내에 이의 없으면 동의간주

(3) 효 과

1) 소송계속의 소급적 소멸

소송이 처음부터 계속되지 아니하였던 것과 같은 상태가 되므로, 법원

이 이미 행한 증거조사나 판결 등은 실효. 당사자가 한 소송이송신청, 법관기피신청, 소송고지 등도 마찬가지이다. 공격방어방법의 전제로 한 사법행위, 예컨대 계약의 해제·해지·취소는 유지되지만, 상계권의 행사는 예비적인 것에 비추어 소 취하가 되면 실체법상의 효력이 실효된다고 본다(대법 2013다95964).

2) 재소(再訴)의 금지(제267조 제2항)

• 본안에 관한 종국판결 선고 후에 소취하를 해도 판결은 실효되지만, 이미 취하한 소와 같은 소는 제기할 수 없다. 이를 재소금지의 원칙이라 하는데, 동일한 소가 되려면 ① 당사자의 동일, ② 소송물의 동일, ③ 권리보호의 동일(재소를 필요로 하는 사정이 있을 때는 다름)을 말한다.

• 본안에 대한 종국판결 후의 취하여야 함. 소각하 판결 뒤의 소취하는 불포함[事例 93]

• 문제는 항소심에서 소의 교환적 변경 후에 다시 구청구로 원상회복의 변경을 하는 경우이다. 이를 풀어 말하면, 소의 교환적 변경＝신청구의 제기＋구청구의 취하이므로, 항소심에서 이런 변경을 하면 판결 선고 후의 구청구의 취하가 된다. 그럼에도 항소심에서 다시 소변경을 하여 구청구로 돌아가면, 결국 종국판결 선고 후에 소취하하고 다시 동일한 소를 제기하는 것이 되므로 재소금지의 원칙에 저촉된다. 이는 원고의 예상 밖의 불의의 타격이 되므로, 항소심에서 교환적 변경에 대해서는 법원은 석명권으로 주의환기를 필요로 한다. 판례는 교환적 변경에 있어서 신청구가 부적법하여 법원의 판단을 받을 수 없게 되는 경우까지 구청구가 취하되는 교환적 변경으로 볼 수 없다고 한다(대법 73다1449).

[事例 92] 시대적 트렌드인 소취하합의(agreement to dismiss)*

이제 대형소송은 판결까지 가지 않고 소취하합의로 종결짓는 것이 시대의 trend이다. 판결에 상소 끝까지 가다가는 Kodak^{아날로그 필름}, 다우

* 졸저, 신민사소송법(제15판), 567면 이하 참조.

코닝^{인조유방실리콘}의 예처럼 파산몰락의 길로 가는 교훈을 얻었기 때문이다.

1. Apple과 Google 간의 합의

Apple과 Google은 세계 IT산업의 아이콘인 실리콘밸리 기술의 두 거두인 'Tech－Giant'이다^{여기에 더하여 Facebook, Apple, Amazon, Netflix, Google들을 통칭하여 'FAANG'의 시대라고도 한}

Apple의 공동창업자인 Steve Jobs

^다. 이들이 드디어 지식재산권 전쟁에서 서로 간의 휴전을 선언하기에 이르렀다. 이제 서로 간의 소송을 취하하기로 하는 한편 특허 기술의 혁신에도 협력하기로 하였다. 이 취하하는 소송 속에는 Google이 인수한 모토로라 모바일 폰에 관한 소송도 포함된다.

Apple과 모토로라 모바일^{Google인수 ·Lenova에 매각 ··특허는 Google보유}은 2010년 부터 스마트폰 특허를 놓고 소송전을 벌여 왔는데 어느 쪽도 승소하지 못하였다. 모토로라가 소송을 먼저 제기하였지만, Apple은 자기네 아이폰의 특허를 Android system을 쓰는 모토로라 폰 등이 침해하였다고 반소로 맞섰다.

Apple과 Google은 이제 현재 두 회사 간에 직접 벌어지고 있는 소송은 모두 취하하기로 하였지만 이는 특허개혁의 제휴합의일 뿐이고 특허를 서로 교환·사용하는 cross license는 아니다. 이 소취하합의는 여러 기술분야에서 서로 간에 강력하게 경쟁하던 두 회사 간에 적대관계의 청산신호로 평가된다. Apple의 iOS와 Google의 Android 운영체제는 전 세계 스마트폰과 태블릿시장의 대다수를 점유하고 있으며 성장하는 현재의 시장에서 호각세를 유지하고자 하는데, 이번 소취하합의는 시너지효과가 클 것이다. 두 회사는 서로 간에 모바일 지도, online음악과 기타 제품에서 경합상태에 있지만, 이 역시 정돈될 것이다. 2008년 Apple 공동창업자인 Steve Jobs는 Google과의 싸움은 수소핵전쟁thermo nuclear war이라고 선언하였지만, Jobs가 죽고 새로운 CEO인 Tim Cook의 시대가 되자 서로 간의 접점을 찾아 원만히 끝냈다. 소취하합의도 이 시대의 문제해결의 트렌드인 ADRAlternative Dispute Resolution, 대체분쟁해결제도의 일종일 것이다. 이상은 2014. 5. 17.

Apple의 새 CEO인 Tim Cook

Bloomberg 통신 모바일기사를 요약·분석한 것이다. 투쟁의 문화에서 상생과 타협의 문화로 바뀌어가는 중요한 모습의 하나이다. 늘어가는 변호사비용 등 소송의 피로감을 더는 win-win의 길이기도 하다. 구글과 마이크로소프트MS간의 20건의 특허소송도 소취하합의로 끝맺음을 했는데 소송종결과 관련된 화해금은 비공개였다.

이들 Big Tech 간의 소송은 비교적 조용해졌으나, 이들의 시가총액이 무려 5조 달러가 되면서 136개국에서 digital세를 부과받게 되었는가 하면, 독점금지법 위반을 이유로 EU에서 미국부자국가소송에서 엄청난 규모의 소송을 당하는 등 큰 도전을 받는다Absolute power is absolute challeger인가?.

2. 우리 대기업의 국제소송에서의 합의

삼성전자와 Apple 간의 4주 9개국에서 30건을 놓고 벌인 세기의 대소송에서 미국의 소송 일부를 제외하고 모두 소취하기로 합의한 것도 크게 보면 그런 맥락이다. 한국서울, 일본Tokyo, 호주South Wales, 독일Düsseldorf, Mannheim, 네덜란드Hague, 프랑스Paris, 이태리Milan, 영국London, 유럽연합 집행위원회Strasbourg 등 전례가 없고 범세계적world-wide인 대소송은 소취하합의로 끝이 났다. 그 사이의 이와 같은 여러 나라에서 한참 행하여진 일진일퇴의 판결 등은 소취하에 의하여 모두 실효失效가 되었다는 점도 소송사의 한 페이지를 장식할 이야기이다. 소취하합의 형태에는, 삼성과 Apple 간의 소취하합의와 같이 단순히 소취하로 사건을 끝내는 형, 앞에서 본 DuPont과 Kolon Industry와의 소취하합의와 같이 법관의 승인을 얻은 재판상의 화해수반형, 포스코와 신일본제철 간의 소취하합의와 같이 내용도 자세히 공개 안 되는 재판 외의 화해계약체결형이 있다.

[事例 93] 항소심에서 소취하의 종용

판례에서는 법원이 원고들에게 소취하를 종용 내지 강요하였다고 하여 그것만으로 상고이유가 되지 않는다고 하였다[71다361]. 특히 명백히 이유 없는 청구나 보정불능의 부적법한 소에 대하여 강요가 아니라 석명권을 통해 소의 취하를 종용함은 반드시 불허할 일이라 할 수 없다[독일의 다수설]. 이것은 재판장의 실질적인 소송지휘권의 행사에 포함될 수 있는 것이다. 독일 헌법재판소에서는 실익 없는 강제집행의 취하종용은 필요하다고 보았다[BverfGE 42, 64ff]. 무모한 소송을 하는 것을 재판장이 석명권을 통해 가르쳐 주며 그 취하여부를 원고 본인의 자기판단에 맡기는 일이 반드시 전근대의 '원님'이 재판하던 권위주의의 발상이라고는 할 수 없을 것이다.

다만 항소심에서 재판장이 석명권을 통하여 소의 직접취하나 소의 교환적 변경의 종용은 극히 조심하여야 할 일이며 자제할 필요가 있다. 왜냐하면 종국판결 선고 후 소취하가 되어 그 청구에 대하여는 재소금지의 대상이 되어 소권을 잃는 결과가 생기기 때문이다. 그 효과를 예고하지 아니한 채 소취하 등을 종용하는 것은 불의의 타격[surprise]을 입히는 재판이므로, 그 방지를 위하여 종용에 앞서 그 불이익을 사전에 지적 예고함이 마땅할 것이다[민사소송법 제136조 제4항].

2. 청구의 포기와 인낙

(1) 의 의

• 청구의 포기는 변론 또는 변론준비기일에 원고가 자기의 청구가 이유 없음을 자인하는 일방적 의사표시이며, 청구의 인낙은 마찬가지로 기일에 피고가 원고의 청구가 이유 있음을 자인하는 일방적 의사표시이다.

• 소송에서 법원에 대하여 하는 소송행위이므로, 소송 외에서 권리자의 권리의 포기, 의무자의 채무의 승인 등의 사법(私法)상의 법률행위와는 다르다.

• 청구의 포기·인낙의 대상은 소송상의 청구 자체임. 이에 대하여 소송상의 청구를 판단함에 전제가 되는 사실상의 주장이나 선결적 권리를 대상으로 하는 재판상의 자백이나 권리자백과는 다르다. 그보다는 더 불리한 행위이다.

• 청구의 포기는 금전청구에서 예컨대 천원이하의 포기 등 일부포기, 화해·조정시에 '원고의 나머지 청구는 포기한다'는 정도 이외에는 거의 실무상 이용이 없다. 청구의 인낙은 연간 100여만 건의 본안 민사사건 중 350건 정도로 이용도가 저조하다. 소취하합의와 재판상화해·조정과는 대조적으로 이용률이 낮다.

(2) 요 건

소송행위이므로, 소송행위의 유효요건을 갖추어야 하고 대리인에게는 당사자로부터 특별권한의 수여가 있어야 한다. 소송행위인 이상 단순히 사기·강박·착오 등으로 인하였다고 하여 민법의 규정을 적용하여 취소시킬 수 없다.* 또 청구의 인낙이 있은 뒤 피고의 의무불이행으로 민법상의 계약해제의 법리에 따라 해제하지 못한다.

---

* 박정희정권 때에 섬유수출산업과 관련되는 사건에서 어떤 기업인이 다른 동업자들을 상대로 제1심에서 전부 승소한 원고에 대하여 항소심에 와서 중앙정보부의 개입으로 이 원고승소판결의 유지는 '수출입국', '조국의 근대화'의 정책상 용납될 수 없는 일이라고 하여 강박에 의하여 억지로 원고의 청구를 전부 포기하게 한 선례가 있었던 것으로 기억이 난다. 그럴 바에야 원고로 하여금 청구의 포기보다는 효과가 약한 소취하를 강요하였다면 그 결과가 원고에게 덜 가혹했을 것으로 생각된다. 소송법의 지식이 약했기 때문이었을까.

• 청구의 포기·인낙은 당사자가 자유로 처분할 수 있는 권리관계인 변론주의절차에서 허용되며, 직권탐지주의의 가사소송·행정소송에서는 불허. 예비적 병합의 청구에서 주위적 청구를 두고 예비적 청구만 일부 인낙이 허용되는가가 문제되는데, 판례는 예비적 병합의 소송에서 일부 판결이 안 되는 이상, 예비적 청구의 일부 인낙은 무효라고 본다(대법 94다64017). 그러나 주위적 청구가 인용되면 무효로되, 배척되면 유효로 볼 것이다(학설).

• 법률판단을 받으면 패소될 수밖에 없는 청구의 인낙가능의 문제. 안 된다는 반대설이 있으나 청구의 인낙은 법원의 사실인정권만 아니라 법률판단권을 배제시키는 것이므로 가능하다 볼 것이다.

• 변론기일/변론준비기일에서 행하는 것이 원칙이나, 기일에 출석하지 않고 청구의 포기·인낙의 의사표시를 답변서·준비서면 등 서면으로 하고 공증사무소의 인증을 받는 방법의 서면포기·인낙도 가능하다(제148조 제2항, 이용도 낮음).

(3) 효 과

청구의 포기·인낙의 경우 그 조서가 작성되면 포기조서는 청구기각, 인낙조서는 청구인용의 확정판결과 같은 효력이 생긴다(제220조). 이로써 소송은 끝나고(소송종료효), 확정판결과 같은 효력인 기판력·집행력·형성력이 생김. 그 하자가 있을 때는 재심의 방식으로 다투는 준재심의 소의 구제방법이 있을 뿐이다(제461조).

3. 재판상화해와 조정

여기에는 널리 소송상화해, 제소전화해, 조정 등 간주화해가 있다.

(1) 소송상화해

1) 개요 및 성질

• 소송계속 중 양쪽 당사자의 권리관계 주장을 양보하여 소송을 끝내기로 하는 합의를 말한다.

• 소송기일에 하여야 하므로 소송 외에서 하는 민법상의 화해계약(민법 제731조 이하)과 다르며 양보를 전제하므로 단순히 소송을 끝내는 소취

하계약과도 구별된다. 당사자 아닌 제 3 자 개입(관여)의 화해도 가능하다.

• 화해의 장점은 많다. 간이·신속한 분쟁해결방법이며 인간관계의 회복에 좋고 집행의 어려움이 해소된다. 그러나 '좋은 게 좋다' 하여 법치주의를 희석시키고 판결문쓰기 어렵다 하여 그 안일한 도피책이 되는 것은 경계할 일이다.[事例 94]

• 독일은 판결절차에 앞서 화해전치주의이고, 미국 등은 ADR의 장려로 소송사건 중 90%가 화해(settlement)로 끝난다. 중요대형사건이 소송계속 중에 화해로 끝나는 사례가 많다(앞의 [事例 92] 참조). 한 예로, 2015. 7. 초에도 세계적인 에너지기업인 영국의 BP가 2010년 멕시코만에서의 기름유출 사고로 멕시코만을 오염시키는 사고가 나자, 그 인접한 미국 5개주 정부가 제기한 부권(父權)소송에서 187억불을 배상금으로 지급하는 화해가 성립하였다(단일기업이 내놓은 배상금으로 사상 최대). 우리나라도 2012년 조정률 9.6%, 화해율 6.9%로서 날로 상승하고 있다.

• 그 법적 성질에 대해서는 사법행위설, 소송행위설,[事例 95] 양행위경합설 등이 있으며, 판례의 주류는 과거사의 반추를 봉쇄하는 소송행위설(조정에서 다른 취지의 판례 — 대법 2011두1917)이나 학설은 양행위경합설을 취한다.

[事例 94] 호피판사와 화해

이승만 초대 대통령 때 일본과 한일회담이 있었다. 당시 일본 수상이었던 요시다 시게루吉田 茂가 회담을 하는 과정에서 이 박사에게 "귀국에는 호랑이가 많다고 하던데, 요즘에도 호랑이가 출몰하는가"라고 물으니, 이 박사는 "임진왜란 때 귀국의 가토 기요마사加藤淸正가 모두 잡아가서 없다"는 뼈 있는 답변을 하였다는 일화가 있다. 그만큼 이 박사는 반일적이었음에도 일부 인사들은 그를 친일파로 매도한다. 아래에서는 우리나라의 호랑이 가죽 이야기를 들어본다.

일제강점기에 조선총독부 총독 다음의 만인지상 일인지하의 제 2 인자 정무총감政務總監에게 그 아버지가 호랑이가죽을 주고 대가로 아들

1910년 무렵의 김갑순

이 판사가 된 일화가 있다. 그 아버지는 바로 당대 공주에서 소택지개간 등의 토지개발로 3,300만m²에 달하는 토지를 소유함으로써 그의 땅을 밟지 않고는 공주에서 대전으로 나갈 수 없다는 말을 들을 정도의 토지대재벌이었던 김갑순이라는 입지전적인 인물이었다. 이분은 '금판명함'을 갖고 다니면서 일제 고관들과 교제하는 과정에서 정무총감을 알게 되었고 그에게 백두산 호랑이(?) 가죽을 바쳤다고 한다조선총독에게는 금송아지를 헌납. 가죽을 받은 정무총감이 처음에는 대수롭운 물건이 아닌 것으로 알고 그 부인이 넝마주이한테 팔아넘기려 하다가기획 넝마주이가 '너무 귀한 물건이므로 자기처지에서는 살 수 있는 형편'이 아님을 말하여 귀중품임을 깨우치게 하자 이를 바친 김갑순에게 무엇인가 보답하려 했다는 것이다. 그래서 정무총감이 김갑순을 불러 예의 금판명함을 들고가 만났더니 그가 고맙다고 하면서 소원이 있으면 하나쯤 들어 주겠다고 하니, 드디어 김갑순은 '아들豚兒이 있는데 판사를 좀 시켰으면 좋겠다'고 간청하기에 이르렀다.

정무총감의 자리에서 그것이 과히 어려운 일은 아니었지만 절차에서 하자가 없도록 배려했다고 한다. 그리하여 판사 특별임명시험공고를 조선총독부 게시판에 보일 듯 말 듯 조그맣게 내면서 시험을 치렀는데, 용케도 이를 보고 50여 명의 지원자가 몰렸다는 것이었다. 물론 그 아들은 시험에서 말석일 수밖에 없었고 그에게 합격의 편의를 봐주기 위해 응시자 전원을 합격시키는 파격적 조치를 취하였다.

그리하여 김갑순의 아들이 판사로 임명되기에 이르렀는데, 보직은 임명권자의 재량이므로 그를 당시 경성지방법원 판사에 보하였다. 처음이라 판사의 말석인 합의부 좌배석판사가 되었는데, 그가 주심으로 배당받은 사건의 판결문 작성에서부터 막히는 것이었다. 그는 집에 돈은 쌓여 있으니 돈으로라도 판결문작성의 어려움을 해결하려 하였다고 한다. 즉 자신이 소속된 합의부의 재판장이 일본인이었으면, 당시 한반도의 대표적인 고급음식점으로 첨단 서양요리 도입의 명소였던 조선호텔에 며칠 묵게 하며 융숭한 대접을 하고 그에게 자기 주심사건의 판결문 작성을 의뢰하였고, 한국인이 재판장이었으면 장안의 초호화 조선요리점인 명월관에서 며칠 호화파티를 해주고 판결문작성을 맡겼다는 것이다.

1914년 처음 지어진 조선호텔 전경

1909년 안순환이 지은 유흥음식점 명월관
전경(지금의 서울 종로3가 소재)
(한국학중앙연구원 한국민족문화대백과사전 참조)

이것이 소문이 안 날 리 없어 당시의 판사보직권자인 조선총독부는 다른 판사가 없어 판결문작성의 의뢰가 불가능한 판사 한 사람만 배치되는 오지인 단독지원으로 추방 아닌 전직을 시켰다. 그러자 그는 사건은 있는데 판결문작성의 능력은 없으니 무턱대고 양당사자에게 화해를 권고하며 사건을 끝내려고 하였다. 그러나 끝내 판사의 판결문을 받아보겠다고 하며 화해권고에 불응하는 당사자에 대하여는 '관명거역죄'를 운운하다가 그래도 버티는 경우는 자기포켓에서 돈을 꺼내주고 쾌씸하다며 사건을 끝내는 작태로 나갔다는 것이다.

그래서 호랑이가죽을 주고 판사가 되었다하여 '호피판사'라는 이름이 붙여졌는데, 그 뒤 이 호피판사는 판결문작성의 능력부족으로 화해만을 권하는 판사였기 때문에 더 소문이 크게 났다. 판사 중에서 판결문을 못쓰고 화해로만 끝내려는 판사는 이 호피판사와 같다 하여 화해를 선호하는 판사는 '호피판사'라는 대명사가 붙었다. 돈으로 벼슬을 산 후유증의 대표격이다. 이상과 같은 호피판사의 이야기는 일제 시에 경성제대를 졸업하고 일제고등문관시험에 합격하여 경성지방법원판사를 지낸 정통파 법조계의 명사 중의 한 사람인 조평재 변호사로부터 상세하게 전문(傳聞)한 것이다. 일제 말에 이와 같은 희한한 사례가 있어 해방 후 얼마 동안은 화해를 좋아하는 판사에게 호피판사라는 별명이 붙게 되었으며, 이러한 별명이 붙을까 염려하여 필자가 일선 판사 재직시절만 하더라도 판사들이 화해권고를 꺼려하는 분위기였다. 그러나 1987년 김용철 대법원장이 조정을 적극 장려하면서 상황은 달라지기 시작하였다. 이어 통일민사조정법이 시행되고 판결만이 능사가 아니라 대체적 분쟁해결수단인 ADR이 시대적 트렌드가 되면서 그 중요성이 인식되어 이제 화해권고결정, 조정회부 나아가 조정을 갈음하는 결정(강제조정)이 요원의 불길처럼 퍼지게 되었다. 이제 실로 격세지감이 든다.

이와 비슷한 이야기로 한 때 '호피판사'로 영화화된 일도 있으며, 그 판사의 아버지의 과거사를 소재로 모 TV방송에서 연속드라마화 되어 인기를 끌었고 그 드라마에서 주인공인 아버지가 「민나 도로보(みんな泥棒=모두 도둑)」라고 자주 외친 것이 기억에 남는다. 돈이 많이 있으니 염치없이 덤벼드는 자들도 많았던 것 같다.

김갑순이라는 분은 일제 강점기에 토지개발에는 획기적인 업적자였으나, 아들의 개발에는 크게 악수를 둔 것이다.

[事例 95] 재판상 화해에 일본 兼子 一 (가네꼬 하지메) 견해의 영향 — 소송행위설史

원래 재판상 화해에 대하여 민법상의 화해계약과 다른 소송행위라는 주장은 1890년대의 독일의 지방법원 판사였던 Paul의 저서에서 비롯되었다. 그러나 1911년 Lehmann의 'Der Prozessvergleich'에서 비판을 받은 이후 거의 망각되다시피 한 학설이 되었다. 그러나 이 설이 2차대전 이후 일본의 대표적인 소송법학자인 兼子 一 박사에 의하여 번역적 도입이 되면서 전후의 일본학계를 크게 풍미하였다兼子 一 박사가 Paul의 저서에서 밝힌 견해를 일본어로 번안한 것을 필자가 1960년 말에 독일에서 공부하며 확인하였다.

1961년 5·16 군사정변 후 사법부가 개편되어 조진만 대법원장이 취임하면서 1925년 일본고등문관시험 사법과 합격동기이기도 한 兼子 一 박사의 소송법이론에 심취되어 그의 견해를 따랐다는 설이 있다동 시험에서 차석·수석인 관계라고 전해온다. 이는 조진만 court의 첫 작품으로 대법 4293민재6에서는 "소송상의 화해는 … 순연한 소송행위로 볼 것이라 함은 본원이 취하는 견해"라고 하면서, 종전의 양행위경합설을 바꾸었다.

이 견해는 이미 독일이나 일본에서 빛을 잃은 지 오래되었건만, 우리나라에서는 오히려 판례법이 된 형편이다. 1980년에 '가등기담보 등에 관한 법률'의 기초자인 故 김정현 변호사당시 서울고법 부장판사, 그는 함경도 출신이고 강한 dynamic이 있어 금나라 태조 '아골타'라는 별명이 있었다는 이 설이 강행법규

故 김정현 변호사

의 탈법수단으로 악용되는 실무상의 폐해를 통감하고 이를 가등기담보법의 한도에서나마 입법으로 배제하는 법조문을 넣으려고 시도하였다. 당시 동료였던 필자에게 이를 부탁하여 그 조문까지 만들어 주었으나, 국회법사위 심의과정에서 법원행정처가 공식적으로 소송행위설은 20여년이나 지속되어 온 일관된 판례이며 이제 판례법화 되었다고 강력히 반대하여 결국 실패로 돌아갔다그는 집합건물법까지 기초한 공로자이며 「競賣實務要論」의 저자이기도 한 역동적인 인물이었다.

그러나 간혹 사법행위설 내지 양행위경합설과 입장을 같이하는 민법상의 화해계약과 같은 재판상 화해의 창설적 효력인정, 화해와 동일한

효력의 공유물분할 조정의 경우에 재판상의 분할이 아닌 협의분할임을 전제로 하여 민법 제187조의 '판결'과는 같지 않다는 취지의 판례^{대법(전)} ^{2011두1917}를 내는 등 소송행위설과는 양립되지 않는 엇박자가 나온다.

2) 화해의 요건은 대체로 청구의 포기·인낙의 그것과 대동소이

- 대리인이 화해함에는 본인으로부터 특별수권이 있어야 하고(제56조 제 2 항, 제90조 제 2 항), 당사자가 처분할 수 있는 권리관계인 변론주의에 의한 절차이어야 한다. 재심사건, 행정소송, 선거관계사건 등 직권탐지주의에서는 이를 불허한다. 판례는 소송행위이기 때문에 강행법규에 반하거나 사회질서에 반하여도 무효가 아니며 사기·강박·착오로 인하여 민법에서처럼 취소하여 무효화 안 된다고 본다. 민법의 계약해제의 법리가 통하지 아니한다.
- 판례는 소송행위설의 입장과 달리 조건부화해가 된다고 보나, 학설은 반대이다.

3) 효과에 있어서는 청구의 포기·인낙과 같이 조서가 작성되면 확정판결과 같은 효력이 있음(제220조)

- 법원은 화해내용에 불간섭이 원칙이나 주주대표소송, 증권관련 집단소송에서는 화해성립에 법원의 허가를 요한다(미국법에서는 fair, reasonable, adequate 3가지 요건의 구비 때에 법원의 허가).
- 소송종료효, 집행력·형성력이 생기는 것은 다툼이 없으나, 기판력에 대하여는 논란이 있다. 판례는 확정판결처럼 무제한 기판력이 있다고 보며, 그 하자를 다툴 길은 재심의 사유가 있을 때에 재심절차에 준하는 준재심의 소(제461조)뿐이라고 본다. 그러나 학설은 소송상화해에 실체법상의 무효·취소사유가 없을 때에 한하여 기판력이 있다는 제한적 기판력설이 유력하다. 이는 재심사유 있으면 준재심의 소에 의할 것이나, 실체법상의 하자가 있으면 기일지정신청이나 화해무효확인의 소가 가능하다는 입장이다.
- 법원의 직권에 의하는 화해권고결정의 제도가 있다(제225조 제 1 항).

이러한 법원의 결정서정본을 송달받고 2주일 내에 이의신청을 하지 아니하면 그 결정은 재판상화해와 같은 효력이 있으며, 널리 활용된다(제231조).

(2) 제소전화해

소송계속 전에 소송예방용으로, 지방법원 단독판사 앞에서 화해신청을 하여 화해에 의하여 분쟁을 해결하는 것이다.

• 제385조 제 1 항은 화해신청은 민사상 다툼이 있을 때에 한다고 했는데, 여기의 '다툼'은 현실의 분쟁이라고 보는 현실분쟁설과 장래의 분쟁발생의 개연성이 있을 경우까지 포함된다는 장래분쟁설의 대립이 있다. 실무운영은 장래분쟁설에 의하는 것 같지만, 하급심판례는 제도남용의 방지의 견지에서 현실분쟁설에 의하는 일부 하급심판례도 나왔다.

• 일방이 우월적 지위를 이용하여 약자를 울리는 것의 방지를 위하여 화해대리인의 선임권을 상대방에 위임금지, 대리권조사를 위한 본인출석명령제도(제385조)를 두었다.

• 판례는 특히 제소전화해에서 민법상의 화해계약처럼(민법 제732조) 새로운 권리관계의 창설적 효력을 인정한다.

• 제소전화해제도는 임대인이 임차인과 사이에서 계약종료시에 법원의 명도판결 없이 명도집행을 하는 편법적인 이용이 허다하다는 문제점이 있다. 신청건수의 폭주로 인한 처리지연으로 신속하게 끝내는 forum shopping 현상도 나타난다. 나아가 강행법규의 탈법,[事例 96] 재판상 다투지 못하게 하는 재판청구권의 박탈 등 제도외적 남용의 대표적인 예로도 꼽히고 있다.

[事例 96] 강행법규 탈법의 제소전화해의 사례(악용례 2)

사채업자는 비싼 이자를 받고 돈을 빌려주면서 담보로 채무자의 가옥에 가등기를 설정하고 만일 변제기에 못 갚으면 채권자 앞으로 가등기에 기한 본등기를 넘겨주며 바로 그 가옥을 채권자 앞으로 명도한다는 가등기담보계약을 하고, 이 내용에 대해 제소전화해를 하여 화해조서를 만들어 놓는다. 돈을 빌렸던 채무자는 변제기일에 가서 대여원리금을 준비하고 갚으려고 연락했으나 연락이 되지 않는다. 그래서 채권자가 어디 떠나 있는가 정도로만 생각하고 방심하고 있는 사이에 집행관은 제소전화해조서를 집행권원으로 하고 집행문까지 부여받은 집행력있는 정본을 갖고 채권자의 명도집행이라 하며, 사는 가옥에 명도집행을 착수한다. 채무자는 변제기가 지난 뒤에 빚을 한 번 독촉한 바 없는데 담보가옥에 대한 집행이 무슨 일이냐며 집행저항을 하지만 집행관은 집행보조자를 통하여 가재도구를 꺼내면서 가옥집행을 강행한다. 집행관은 집행권원과 집행문을 갖추면 무조건 집행하는 형식주의로 공무를 처리하는 기관이지, 그 이상도 이하도 아니라며 집행관의 직무한계만 말하는 것이다. 다만 변제기에 채권자가 변제수령을 거절하였다는 것의 법률효과는 판사가 따질 일이지 집행관의 소관이 아니라고 한다. 참고로 채권자가 변제를 받지 아니할 때에는 민법의 공탁제도가 있으니 채무원리금을 법원에 공탁을 하고 공탁서를 받아 청구이의의 소를 제기하면서 명도집행정지를 시켰으면 좋았을 것인데 아쉽다고만 한마디 한다. 변제기에 변제의사가 있었던 채무자가 이러한 process를 알 리가 없었다. 더구나 채무는 원리금합계 1억 원인데 가옥의 시가는 2억 원이다.

위와 같이 채무자의 부지불식간에 빚 대신에 가옥이 명도집행 당한 것도 억울한데, 빚의 원리금을 훨씬 초과하는 가옥을 채권자가 빚 대신 대물변제로 가져가는 폭리행위가 제소전화해제도의 남용으로 이루어지는 현실이어서 과거에 논란이 많았다. 그러나 제소전화해를 한 이상 1억 원 빚에 2억 원짜리 가옥을 대물변제하기로 하는 약정은 강행법규인 민법 제607조·제608조 위반이라고 무효를 주장할 수 없었다. 제소전화해의 기판력에 의하여 차단되기 때문이다. 그러나 이러한 제도악용의 폐단은 1984년부터 시행된 가등기담보 등에 관한 법률이 시행되며 다소 시정되었다.

(3) 조정 — 간주화해 등

• 조정은 제 3 자(상임조정위원·조정위원회·조정담당법관·수소법원 등)가 개입하여 화해로 이끄는 점에서 당사자 스스로 자율로 하는 전형적인 화해와 차이가 있다. 이러한 조정이 ADR(대체적 분쟁해결제도)의 풍조 때문에 엄청나게 퍼지고 있으며, 앞서 본 바와 같이 법원조정률이 지금은 오히려 화해율을 능가하는 형편이다. 민사본안사건에서 심판과정에서 적어도 한 번은 조정을 권고하는 것이 실무이다.

• 화해와 실질이 다르지 아니하므로, 조정의 효력은 재판상 화해와 같은 기판력, 집행력, 창설적 효력이 있다고 한다. 다만 공유물분할의 조정은 공유관계소멸의 창설적 효력을 부정한다(대법 2011두1197). 그러나 조정조서의 내용이 강행법규에 반한다는 이유로 무효라고 할 수 없으며, 조정의 하자는 준재심의 소에 의한 구제방법 이외에는 없다(대법 2009다104960). 간주화해에는 이와 같은 법원의 조정 이외에 각종의 행정조정위원회의 조정이 있다(이에 옵티머스 라임펀드 등 사고에 대한 금감원 조정은 크게 주목받는다. 조정신청자만이 아니라 비신청자에게도 사실상 미치는 절대효).

• 민주화운동희생자에 대한 보상금결정도 화해로 간주되는 것이므로 그 결정은 기판력이 있고 기판력의 범위는 그가 입은 소극적 손해, 적극적 손해 이외에 위자료에도 미치는 것으로 본다(대법(전) 2012다204365).

제 3 장 종국판결에 의한 종료

I. 재판일반

• 이는 재판기관의 판단 또는 의사표시로서 소송법상 일정한 효과가
발생하는 법원의 소송행위인데, 가사비송사건이나 헌법소송에서는 '심
판'이라 한다.

• 재판의 종류에는 판결·결정·명령이 있는데, 판결이 중심이며, 결정·
명령은 성질에 반하지 아니하는 한 판결에 관한 규정을 준용한다(제224조).

판결과 결정·명령의 차이

사 항	판 결	결정·명령
주 체	수소법원의 재판(결정포함)	재판장·수명법관·수탁판사의 재판(결정 제외)
심리방식	필요적 변론	임의적 변론(필요하면 심문)
소송비용의 재판	필요	원칙적으로 불필요 (가압류·가처분은 다름)
알리는 방식	법정선고	상당한 방법의 고지(송달)
불복방법	항소·상고	이의·항고·재항고
대 상	중요사항 (종국적·중간적 판단)	절차의 부수·파생사항, 집행·보전처분, 도산절차
기속력	있음	원칙적으로 없음
이유기재	필요	생략가능

II. 판 결

1. 판결의 종류

• 판결의 종류는 크게 당사자 간의 중간쟁점을 정리하는 중간판결,

사건의 전부·일부를 그 심급에서 완결하는 종국판결로 나뉜다.

(1) 중간판결

1) 중간판결 사항은,

- 독립한 공격방어방법
- 중간의 다툼 — 상소심의 환송판결은 중간정리의 중간판결이 아니라 한 심급의 종결인 종국판결
- 원인판결 — 청구의 원인과 액수 두 가지가 쟁점이 된 경우에, 원인이 인정될 때 그것만 먼저 하는 판결. 특허침해의 손해배상소송에서 이의 이용이 있다(대법 2010다65818).

2) 효 력

- 판결한 심급의 법원을 구속하는 기속력 뿐, 기판력·집행력은 없다.
- 독립하여 소송비용재판의 불허·상소불허, 종국판결과 함께 상소

(2) 종국판결

사건을 완결시키는 범위에 의하여 다음과 같이 분류

1) 전부판결

- 사건의 전부를 동시에 완결시키는 종국판결, 1개의 판결이므로 판결 중 일부에 대한 상소라도 나머지 부분도 확정차단과 이심의 효력

2) 일부판결

- 사건의 일부를 다른 부분에서 분리하여 먼저 끝내는 종국판결
- 일부판결여부는 법원의 재량이나 일부판결이 안 되는 경우가 있다. 본소·반소가 동일목적의 형성청구인 때(원·피고 서로 이혼청구), 합일확정소송 등. 실무상 활용은 없다. *합일확정소송＝필수적 공동소송, 독립당사자참가·공동소송참가, 예비적·선택적 공동소송
- 일부판결의 경우에 남겨 둔 부분의 나머지 판결을 잔부판결이라 한다.

(3) 추가판결

- 법원의 과실로 청구 중 일부의 재판을 빠뜨린 경우, 그 부분에 대하여 빠뜨린 심급에서 하는 종국판결이다. 판결주문의 판단사항의 누락(재판누락)이지 판결이유의 판단사항인 공격방어방법의 누락(판단누락)은 아니다.

• 위 일부판결을 할 수 없는 소송에서 재판누락은 있을 수 없고 판단누락이 있을 뿐이다.

• 추가판결은 그 전의 판결과는 별개로 상소기간도 개별적으로 진행한다.

(4) 종국판결에는 실체문제와 관련 없는 것과 관련 있는 것이 있다.

• 소송판결 — 실체문제에 들어가지 않고 그 이전에 소·상소를 각하하는 판결로서, 소송요건·상소요건의 흠이 있는 경우에 행한다. 보정할 수 없는 흠이 있으면 무변론 각하. 소송종료선언도 성질상 이에 속한다.

• 본안판결 — 청구가 실체상 이유 있는가 여부를 재판하는 종국판결. 청구인용·기각 판결이 있고, 소의 유형에 대응하여 이행·확인·형성의 판결이 있다.

2. 판결의 성립

판결절차는 판결내용의 확정 → 판결서의 작성 → 선고 → 송달의 순서로 이루어진다.

(1) 판결내용의 확정

심리가 판결하기에 성숙한 때에는 변론을 종결(결심)하고 판결내용의 확정에 들어간다.

판결내용은 단독제는 1인 법관의 의견에 의해 정하게 되나, 합의제는 합의체의 구성법관의 합의에 의하는데 과반수의 의견으로 정한다. 대법원재판서에서는 대법관의 의견표시를 요한다(법원조직법 제15조).[事例 97] 헌법재판소 결정도 같다. 전원일치의견, 다수의견, 반대의견, 보충의견 등이 나올 수 있다.

(2) 판결서(판결원본)

1) 판결서의 기재사항(제208조 제 1 항)은 다음과 같음

① 당사자와 법정대리인

② 주문

• 판결의 결론부분인데, 일반논문과 달리 이유보다 선행적 기재

• i) 본안주문, ii) 소송비용부담자, iii) 원고승소판결에 가집행선고

등의 순서로 기재

• 소송판결일 때에는 '이 사건 소를 각하 한다'로, 청구기각일 때는 '원고 청구를 기각 한다'로, 청구인용판결일 때에는 원고의 청구취지에 맞추어 주문을 낸다.

• 청구인용판결의 주문은 간결·명확을 요한다. 모호하면 기판력의 객관적 범위 불명 나아가 집행력의 내용도 불명해져서 집행이나 등기불능에 이르기 때문이다.

③ 청구취지 및 상소취지[事例 98]

• 제1심은 소장기재의 청구취지, 상소심은 상소장기재의 상소취지를 표시하고, 원고 전부승소의 경우는 '주문과 같다'고 기재

④ 이 유

• 주문이 정당하다는 것을 인정할 수 있을 정도로 당사자의 주장, 그 밖의 공격방어방법에 관한 판단을 표시한다(제208조 제2항). 법률적용에 있어서 그 이론적 근거·적용법조를 명시할 필요 없다. 이유를 밝히지 않거나 이유모순은 상고이유, 판결에 영향 있는 판단누락은 재심사유가 된다(제424조 제1항 제6호, 제451조 제1항 제9호).

⑤ 변론종결날짜(결심날짜)

⑥ 법원

⑦ 법관의 서명날인

2) 이유기재가 힘들어 소송촉진에 지장이 되어 그 생략·간이화의 특례

항소심 판결에서 제1심판결의 인용(제420조), 소액사건판결, 배상명령, 상고심리불속행·상고이유서부제출에 의한 상고기각 등은 이유 생략할 수 있다. 또 무변론판결, 자백간주·공시송달판결은 기판력의 범위확정에 필요한 정도의 사항과 상계항변이 있으면 그 판단사항만을 표시하면 된다(제208조 제3항).

[事例 97] 재판에 관여한 대법관 등의 침묵의 자유(?)

법원조직법 제15조는 대법원재판서에는 합의에 관여한 모든 대법관이 의견표시를 하여야 한다고 규정하고 있다. 따라서 대법원의 재판서에는 전원일치의 의견, 다수의견, 반대의견, 보충의견 등이 나올 수 있다. 헌법재판소법 제36조 제 3 항에도 심판에 관여한 재판관은 결정서에 의견을 표시하여야 한다고 규정되어 있다. 독일 법원조직법 제195조는 법관의 의견표시의 거부는 허용할 수 없는 것으로 규정하고 있다. 프랑스 민법 제14조는 '법의 침묵, 불명확 또는 불충분을 구실로 판단을 거절하는 재판관은 재판거절로서 책임지고 소추된다'고 규정하고 있다.

적어도 대법원의 대법관이나 헌법재판소의 재판관은 재판이나 심판에 관여한 이상 재판서나 결정서에 의견표시 없이 침묵하는 자유는 없다고 봄이 상당할 것이다. 대법원에는 아직 그 예를 찾을 수 없으나, 헌법재판소에는 기권의 사례가 있었다. 그 하나는 국제그룹해체사건의 위헌결정^{헌재 89헌마31}이고, 또 하나는 서울시교육감 곽노현 씨의 사후수뢰죄에 대한 합헌결정^{헌재 2012헌바47}인데, 논의의 여지가 있다.

미국 연방대법원의 백인역차별 사건에서 합헌 7, 기권 1, 반대 1로 나온 일이 있다. 미국법은 대륙법과 달리 법관의 침묵의 자유인 기권이 허용되는 것 같다.

하급법원에서는 관여법관의 소수의견 표시가 허용되지 아니하므로, 소수의견의 법관이 판결서에 서명하면서 날인을 거꾸로 하여 불만을 표시한 예도 있었다^{[부록 2] 참조}.

[事例 98] 조진만 court의 혁신사

1961년 5·16 군사정변이 있은 뒤에 사법개혁을 하면서 판사 위에 판사 없다하여 '대법관'제도를 '대법원 판사'로 바꾸고 조진만 변호사를 대법원장으로 하여 15명의 대법원 판사로 새 진용을 짜서, 조진만 court가 출범하면서 사법부에 신풍을 진작시켰다.

그 하나가, 민사판결에 들어가는 노고가 너무 커서 소송촉진에 저해요인이 된다하여, 독일이나 일본의 판결서의 '사실 및 쟁점Tatbestand und Streitspunkt을 기재하는 대신에 청구취지만 기재하면 되고, 이어 판결이유 판단에 들어가면 되도록 민사판결서작성을 간략화시키는 민사소송법개정을 하였다.

판결문 한글화 확립에 관한 신문기사
(동아일보 1995. 4. 20.자 기사)

다른 하나는, 판결문작성을 한글타자화로 급진전시킨 것이었다. 종전에 종서로 쓰던 관행을 횡서로, 국한문혼용 → 한글전용화로, 먹지를 대고 골필로 쓰는 필경筆耕 → 한글타자기로 판결문을 작성하는 변혁을 하며, 조서도 마찬가지로 필경에서 한글타자화되었다.* 종래 행정부·입법부는 물론 지방자치단체 등의 공문서는 필경에 의지하였는데, 사법부가 시범을 보이면서 이를 뒤따라 하게 되어 국한문혼용의 필경시대를 청산하고 한글타자시대가 개막된 것이다. 이러한 의미에서 조진만 대법원장은 우리나라 한글문화를 grade-up시키는 데 획기적 견인 역할을 한 것이라 하겠다. 해방 후 꼽은 한국 100명의 명사 중에 법조출신 2명이 포함되었는데, 김병로 대법원장과 함께 이분이 들어갔다.

다만 그는 형사재판은 참된 재판이 아니고 민사재판이 재판의 본포本鋪

---

* 소송기록과 씨름해야 하는 판사들은 방대한 기록을 넘기며 엄지손가락이 다치지 않도록 사무용 '골무'를 끼우는 것이 관행이 되어 있었는데, 당시는 기록이 digital화하는 시대는 아니였던 만큼 이것까지는 고치지 못하였다.

라 생각하면서 유능한 법관을 민사재판에 배치하고 형사재판을 경시하여 인사 면에서 소홀히 한 면이 있었다^{유전무죄, 무전유죄의 비난 받는 이유의 하나일지 모른다}. 민사판결서는 하급심재판장이 배석판사의 판결초고를 수정·가필하듯이 대법원 판사의 판결초고를 뜯어 고치는 열의를 서슴지 않아 대법원 판사들의 체면을 구기게 하고 곤혹스럽게 한 일도 있었다 한다.

군사정권이 들어선 시대적 특수성이 있어 불가피한 일이었는지 모르지만 민사재판 중심으로 사법부를 운영하여 형사재판에서 검찰세^{檢察勢}만 강화되는가 하면 '국법질서 확립의 주재자'라는 법관의 소명의식을 희석시켜 검사의 구형을 경감하는 몫에 그쳐 온정주의 형벌의 풍조를 만연시키는 문제점도 있었다. 그러나 사후에 국립묘지를 마다하고 법조출신 아들과 더불어 가족묘지에 고고^{孤高}히 묻혀있다.

(3) 판결의 선고
• 판결선고기일은 변론종결일로부터 2주 내, 특별한 경우에도 4주일을 초과할 수 없다(제207조).
• 1심 판결은 소제기일로부터 5월 이내, 항소심판결과 상고심판결은 기록송부를 받은 날로부터 각 5월 이내에 선고하여야 한다(제199조). 이는 훈시규정이나 헌법 제27조의 '신속한 재판을 받을 권리'의 존중의 의미에서 독일 같은 입법적 보상조치가 필요하다(지연된 햇수마다 1,200 유로의 비재산상의 국가보상).
• 선고는 공개된 법정에서 재판장이 판결원본에 의하여^[事例 99] 주문을 낭독하여 행한다(제206조). 이유의 간략한 설명은 필요한 때에 한한다.
(4) 판결의 송달
• 선고 후 재판장은 판결원본을 법원사무관 등에게 바로 교부하여야 하며(제209조), 법원사무관 등은 판결정본을 작성하여 판결 원본을 받은 날로부터 2주 이내에 당사자에 송달하여야 한다(제209조, 제210조). 상소는 판결서 송달 전에도 할 수 있지만 송달받은 날로부터 2주 이내에 하여야 한

다(제396조, 제425조). 이 점이 재판선고일로부터 계산하여 7일인 형사판결의 상소기간과는 근본적으로 다르다[事例 99-1].

[事例 99] 판결원본에 의한 판결선고의 의미

제206조의 판결원본에 의한 판결선고는 미리 판결문을 완성하고 선고한다는 취지이다. 그럼에도 주문만 내어 놓아 선고하고 판결이유를 선고 시에 달지 못하는 예가 적지 아니하였다. 과거에 판결이유를 달기 어려워 한 때 선고를 해 놓고 판결이유를 내보내는 데 1년이나 끌면서 지연시키는 사례도 있었다. 그 사이에 주심판사가 인사이동이 있어서 다른 곳으로 전근하여 뒷수습이 어려운 경우도 있었는가 하면, 판결이유를 내보내지 못하고 끄는 사례는 대법원에도 있었다고 한다. 이것이 문제되어 한 재판부의 재판장, 좌우배석판사가 모두 좌천되는 일도 있었다. 판결 이유달기가 얼마나 어려운가의 방증傍證이다.

여기에서 희랍의 의성 히포크라테스Hippocrates의 유명한 말, '인생은 짧고 예술은 길며, 기회는 놓치기 쉽고, 실험은 불확실하고, 판단은 어렵다'는 말을 상기할 필요가 있다.

물론 결론인 주문을 내는 것은 힘들지 않지만, 판결이유를 포함한 판결문 작성은 어려워 판사직이 큰 고역이라는 것은 과거의 정설이다시피 되어 있었다. 1945년 8·15 해방으로 일본인 판사들이 물러가고 그 공백상태를 메꾸기 위하여 임시 방편으로 법원서기 또는 검찰관 서기 출신에 대하여 형식적인 특임시험을 거치게 하여 몇 개월의 교육 끝에 판검사로 특별 임명한 일이 있었다.

히포크라테스

이들 중에 대표적인 분으로 전주지방법원 군산지원에 소속된 '원님판사'라고 하는 S 판사가 있었다고 한다^{법조 50년 야사, 120면 이하}. 이분은 판사재임 중에 한 건의 판결문도 쓰지 않은 채 자기의 입회서기에게 모두 맡겼고, 심지어 의제자백^{자백간주} 사건조차 쓰지 못해 결심하고 1년을 끌다가 당사자의 탄원 때문에 겨우 뒷수습이 되었다는 말도 있다.

앞서 말한 바와 같이 조진만 대법원장의 판결서의 간소화 방안이 나오기전까지는 판결서에 주문 외에 사실과 쟁점, 증거설시 및 이유를 일일이 구체적으로 나열하여야 했기 때문에 더 어려움이 있었다. 이 때문에도 판사 아닌 검사를 택한 법조인도 있었다.

그때와 비교하면 특히 지금은 판결서가 너무 간략화되었다. 상하급심을 막론하고 판결이유의 간략화 경향이다. 특히 항소심판결은 항소기각을 할 때에 거의 제 1 심판결문의 전면인용^{引用}이나 덧붙여 짜깁기로 나가고, 상고심에서는 심리불속행기각의 판결은 이유를 생략하다시피 하고, 속행 본안심리의 경우에도 뚜렷한 근거의 제시도 없이 상고이유가 없다고 몇줄로 간략화하는 경향이다. 법관의 고민의 흔적이 보이지 아니하며 재판을 받을 권리를 존중하지 않는다는 섭섭한 마음이 들게 한다. 그러다 보니 '판단누락'으로 사후에 재심 제기가 적지 않게 된다. 법관의 이유설시의무^{Begründungspflicht}의 위반, 알 권리의 침해 나아가 법적 근거의 제시 없이 국가가 불이익을 입힌다는 점에서 법치주의를 어기는 일이 아닌가 생각된다. 전체 사건의 70.5%인 2/3 이상을 차지하는 소위 소액사건^{2,000만원 이하}에서 이유기재의 생략^{소액심 제11조의2 제 3 항}은 '묻지마 재판'이란 점에서나 '네 죄를 네가 알렸다' 식의 구태여서 위헌성의 문제가 있다. 실질적으로 다른 나라의 예인 small claims에 비추어 소액이라 하기에 너무 큰 중액사건^{소가 3,000만 원까지}에서 그리하기 때문에 간단히 넘길 문제가 아니다.

[事例 99-1] 상소기간에 대한 형사소송과 민사소송의 차이

필자가 춘천지방법원에서 근무할 때의 일이다. 어떤 민원인이 법원에 나타나 한바탕 야단하다가 법원 옥상 3층의 국기계양대의 깃대로 올라가려는 소동을 벌인다는 이야기를 듣고 사연을 듣고 보니 사연인즉, 민원인이 춘천지방법원 단독판사로부터 실형선고를 받아 이에 불복 항소를 준비하다가 항소기간을 놓치고 형이 확정되어 이제는 불복할 수 없는 상태가 되었기 때문이라는 것이다. 항소기간을 놓친 까닭은 법정에서 징역형을 받고서 이에 불복을 위하여 어느 사법서사에게 항소기간에 관하여 상담을 하니, 그 사법서사지금의 법무사의 말이 이제 곧 법원으로부터 징역형의 판결서가 송달되어 올 것이니 송달을 받고 2주간 내에 항소를 제기하면 된다고 하여 그 말만을 굳게 믿고 판결서의 송달의 날만 기다렸으나 판결서가 자기에게 송달되어 오지 아니하였다. 그래서 법원에 직접 찾아가 담당직원에게 물으니 항소기간은 벌써 지나 형은 이제 다툴 수 없도록 확정되고 이미 종결된 사건으로 형사기록은 벌써 형집행을 위해 검찰로 넘어갔음을 알려주었다는 것이다. 이 말을 듣고 세상에 이러한 어처구니없는 일도 있는가 하고 원망과 분노로 가득차 항의소동을 부린다는 것이다.

이러한 해프닝은 분명히 사법서사의 법률상담의 잘못으로 비롯된 것이다. 그 사법서사가 형사사건의 항소기간을 민사사건의 그것으로 혼동하여 상담해준 것이다. 형사소송법 제343조 제 2 항과 제358조의 7 일이 상소의 제기기간은 재판을 선고한 날로부터 진행한다고 규정되어 있는 데 대하여, 민사소송법 제396조는 그 제기기간이 판결서가 송달된 날로부터 2주일로 규정되어 있어 형사와 민사가 달리하였음에도 형사사건을 민사사건과 마찬가지로 알고 범한 대실수이다. 형사소송에서는 판결선고로 그치고 피고인에게 판결서의 송달을 하지 않은 것도 모른 무지의 소치이다.

　이처럼 형사소송의 상소기간을 민사소송의 상소기간과 혼동하여 피해를 보는 일이 종종 있는 것 같다. 형사소송법에서 민사사건과 달리 상소기간을 재판에 송달일이 아닌 법정에서의 재판선고일로부터 계산하는 것이 잘못이라 하여, 헌법재판소에 헌법소원을 낸 일도 있었다. 이에 헌재 1995. 3. 23. 92헌마1 결정에서는 법원이 형을 선고받은 피고인에게 재판서를 송달하지 않는다고 하여 국민의 알 권리를 침해한다고 할 수 없고, 형사소송에서 상소기간을 재판서 송달일이 아닌 재판선고일로부터 계산하는 것이 과잉으로 국민의 재판청구권을 제한한다고 할 수 없다 하여 이 규정이 위헌이 아니라고 판시하였다.

　문제는 형사소송의 상소기간을 민사소송의 상소기간과 혼동한 사법서사의 법률상담 잘못 때문에 상소기간 내에 상소하지 못하고 실권한 경우 피해자에 구제책은 있는가이다. 이 경우에 형사소송법 제345조에 따라 상소할 수 있는 자가 자기가 책임질 수 없는 사유로 인하여 그 기간 내에 상소를 못한 경우에 해당시켜, 민사소송법의 상소의 추후보완과 같은 상소권 회복청구를 할 수 있는가는 지금까지는 논란이 되는 문제였다. 그런데 2012년에 마침 독일에서는 민사소송법 제233조 제2항에서 법률상담Rechtsschutzberatung이 잘못된 경우 과실이 없는 것으로 추정하여 상소의 추후보완이 가능하다는 규정이 신설되었다. 독일의 형사소송법도 그와 맥을 같이 하여 법률상담의 잘못은 상소권회복청구 사유로 법개정을 하여 입법적 해결을 하였을 것으로 보인다.

　이제 와서 생각하니 그때의 사법서사의 법률상담의 잘못에 기인한 것이 분명하다면 자기의 책임질 수 없는 사유로 상소기간 내에 못한 것이니 형사소송법 제345조에 따라 상소권 회복청구를 하라고 넌지시 조언할 수 있었던 것이 아닌가?

3. 판결의 효력

선고와 동시에 판결법원에 대한 효력인 기속력, 확정에 의한 당사자에 대한 효력인 형식적 확정력, 확정에 의한 법원 및 당사자에 대한 효력인 기판력(실질적 확정력), 집행력, 형성력 및 법률요건적 효력인 반사효 등이 있다.

(1) 기 속 력

• 선고하면 판결한 법원은 철회·변경을 할 수 없고 그대로 따라 주어야 하는 효력, 즉 불가철회성으로 이해해오고 있다. 선고 바로 뒤에 내용상 오류를 발견해도 그 판결을 한 법관은 고칠 수 없어 당황하는 일이 있다(지금처럼 인터넷 등으로 투명화하지 못했던 과거에는 선고직후 오판을 발견하고 승소측 변호사에 찾아가 선고를 철회한다고 하며 '한번만 보아 달라'고 애소 부탁하는 판사도 있었다고 한다).

• 일부판결·중간판결했을 때의 뒤의 잔부·종국판결에 대한 구속력과 다른 법원에 대한 구속력을 포함한다. 상고법원이 사실심인 원심법원의 사실인정에 구속, 상급법원의 파기환송판결에 하급심기속, 이송결정의 구속력, 헌법재판소의 위헌결정에 법원기속(헌재 제47조 제 1 항) 등

• 기속력 때문에 판결선고 후 판결내용의 실질적 변경은 못하지만(미국·일본의 변경판결제도는 다름), 표현상의 잘못·계산상의 착오는 판결법원이 고칠 수 있음. 판결의 경정(更正)이라 하는데, 당사자의 주소누락, 별지목록·별지도면의 누락, 손해금 등의 계산착오 등은 경정의 대상이 된다.

(2) 형식적 확정력 — 상소기간의 도과 등 불복상소로 취소불가능성

판결 중 일부불복의 경우에 나머지 부분은 어느 때 확정되느냐의 문제에 대하여 학설에는 변론종결시설이 있으나, 판례는 상소심 판결선고시설을 따른다.

(3) 실질적 확정력 — 기판력

1) 의 의

당사자와 법원을 규율하는 새로운 규준(規準). 당사자에 대한 불가쟁력(不可爭力＝다툴 수 없는 효력). 법원에 대한 불가반력(不可反力＝다른 내용의 판단을 할 수 없는 효력)

2) 기판력의 구속력의 법적 성질

① 실체법설 — 당사자 간의 실체법상의 권리관계의 변경을 시키는 효력

② 소송법설 — 소송법상의 효과로 후소재판의 법관이 이를 따라야 하는 구속력

- 모순금지설 — 후소법원이 전에 판단한 것과 모순된 판단금지(판례)
- 반복금지설 — 일사부재리(一事不再理)로 다시 변론·증거조사·재판의 금지(학설)

3) 기판력의 정당성의 근거

법적안정설 외에 다툴 기회를 주었는데 제대로 다투지 않고 다시 다투려 하는 것은 안 된다는 절차보장설이 있다.

4) 기판력의 작용

① 전소의 소송물과 동일한 후소의 제기일 때 기판력의 수호를 위해 작용

② 전소의 기판력 있는 법률관계가 후소의 선결관계일 때

③ 전소의 기판력 있는 법률관계와 후소가 모순관계일 때에도 마찬가지로 기판력 수호를 위해 작용한다.

선결관계의 예로,

- 전소에서 원고의 소유권 확정판결이 났으면 후소가 소유권에 기한 인도청구일 때 피고는 원고의 소유권부인을 못하고, 법원은 이와 달리 판단을 할 수 없다.
- 전소에서 이전등기이행청구가 패소판결이 되었을 때, 후소에서 원고가 피고의 이전등기의무가 존재함을 전제로 그 이행불능을 이유로 전보배상청구를 하면 허용되지 않는다.

모순관계의 예로,

- 원고의 소유권확인판결이 난 뒤 피고가 자기에게 소유권 있다는 확인청구는 안 된다.

5) 기판력 있는 재판

- 확정된 종국판결 — 본안판결·소송판결 모두 기판력이 있다.
- 결정·명령 — 가압류·가처분결정은 한정적인 기판력. 소송비용확정결정 등 실체관계의 종국적 해결의 것은 기판력 있다. 소송지휘결정이

나 비송사건의 결정은 기판력이 없다.

 • 확정판결과 동일한 효력 있는 조서 ── 청구의 포기·인낙조서·화해
조서·조정조서 등은 기판력(판례)

 • 외국의 확정판결 ── 외국판결이 국내에서 승인받을 수 있으면 기판
력이 있다(제217조, 217조의2). 외국판결이 글로벌 시대에 증가 추세

 승인요건으로,

  ⅰ) 국제재판관할권 ── 우리나라 기준으로 판단(국제사법 2조 참조)
  ⅱ) 송달의 적법성과 적시성(공시송달이나 피고의 응소기간이 짧으면 안 됨)
  ⅲ) 공서양속에 위반 안 될 것[事例 100] ── 내용적 공서에 반하거나(우리나라
의 헌법적 가치와 정면적으로 충돌하는 경우 등), 절차적 공서에 반하지(우리나
라 판결과 저촉되는 외국판결, 방어권침해의 판결) 않을 것이다. 2014년 개정법
제217조의2는 외국의 배상판결 등이 우리나라 법률이나 국제조약의 기본질서
에 현저히 반하는 결과를 초래하는 경우 즉 징벌적 배상판결은 승인받을 수 없
도록 하였다.

  ⅳ) 상호보증 ── 외국에서 우리나라 판결을 승인의 예가 없어도 승인할 것
이라고 기대상태면 충족

[事例 100] 공서양속위반 이유로 일본판결의 기판력을 부인한
사례 ── 일제 징용피해자들 손해배상청구사건

 일제 징용피해자들이 미쓰비시 중공업을 상대로 손해배상소송을 일
본 현지에서 제기하였으나, 일본 하급심을 거쳐 동국 최고재판소에 이
르기까지 소멸시효의 완성, 1965년 한·일 청구권 협정의 대일청구권자
금에서 해결된 문제라고 하여 원고들의 패소판결로 끝났다. 그러나 원
고들은 동일사건을 국내법원에 제기하였는데, 하급심은 위 일본법원의
패소확정판결의 효력을 승인하여 그 기판력으로 원고들의 청구를 배척
하였다.

 이에 원고들은 대법원에 상고하였는데, 대법 2009다22549 판결에서
원고들이 일본법원에서 패소판결을 받았지만, 그 판결이유에는 일본의

한반도와 한국인에 대한 식민지배가 합법적이라는 인식을 전제로 한 부분이 포함되고 있고 일제강점기의 강제동원 자체를 불법이라고 보고 있는 대한민국헌법의 핵심적 가치와 정면으로 충돌하는 것이어서 이러한 일본판결의 승인은 안 된다고 하여, 일본판결의 기판력을 인정한 원심판결을 파기하고 부산고등법원으로 환송하였다.

　이 대법원판결은 일본정부에 엄청난 충격을 준 것 같다. 환송받은 부산고법은 한일청구권협정에서 개인의 청구권까지 해결된 것이 아니고 유효하다는 전제 하에서 원고들의 배상청구를 인용하였으며, 이 판결이 다시 대법원에 상고되었다. 이 판결이 대법원에서 다수의견으로 상고기각이 되어 확정되었다<small>소수의견에서 배상문제는 한국 정부와 해결할 몫이라 했다</small>. 이것이 한일정부 간 큰 반목과 갈등의 단초가 되어 일본의 중요부품 수출금지, 이에 대응한 지소미아 협약 파기 등의 문제로 확전되는 양상을 보이며 양국간에 갈등과 반목은 깊어만 간다<small>미쓰비시 승소자들이 미쓰비시의 특허권·상표권에 압류명령과 매각명령을 받은 단계에 있다</small>. 일본정부는 협정의무위반이라 하여 중재위원회를 거쳐 국제사법재판소<small>ICJ</small>에 제소할 가능성을 배제할 수 없다.

　이러한 일제 강제동원피해자들의 일본회사 상대의 손해배상소송은 반일에 열을 올리는 중국이 벤치마킹을 하여 중국인 노동자와 그 유족이 일본회사를 상대로 배상청구하는 등으로 한중노동자들의 공조연대 소송으로 확산되는 상황이다. 이제 단순히 국내의 재산권 등 사적 분쟁의 해결을 위하여 출발한 민사소송제도가 이처럼 국경을 넘어서 국가<small>transnational</small> 간 외교공세의 수단으로도 활용된다는 평가가 있다.

[事例 101] 소송이 비즈니스의 일부인 시대 ─ 사내변호사의 등장

　최근의 예로, 우리나라 30대 기업이 피소당한 손해배상 등 소송건수는 5,400여 건, 소가가 9조 6천억 원여기에 삼성과 Apple간의 10억불의 특허소송은 제외에 달하고, 1,000억 원 이상의 대형소송을 당하는 기업만 15개에 달한다. 이들 그룹의 연간 순이익은 50조 5,000억 원인데, 그 중 19%가 소송대상으로 되어 있다는 결론이다. 그러므로 20% 가까운 이익이 소송으로 결정되므로 소송은 이제 비즈니스의 중요부분이 되었다고 할 것이고, 소송제기나 승패가 상장기업의 주가를 좌우하는 시대가 되었다.

피소금액 중 으뜸은 삼성으로 2조 7천억 원 정도로 28%의 비율을 점하고, 2위가 포스코로 2012년 신일본제철주금이 기술비밀유출을 원인으로 한 배상청구액 1조 원을 포함하여 1조 3,880억 원에 달한다[事例 42]에서 보는 바와 같이 신일본제철의 청구부분은 소취하합의.

3위는 코오롱인데, 미국의 듀폰사 v. 코오롱인더스트리로 듀폰사가 코오롱의 영업비밀침해를 원인으로 낸 9,500억 원의 배상청구를 비롯하여 그 외 49건을 포함하여 1조 원에 이른다. 미국의 버지니아 동부지구 연방지방법원의 판결이 있었다가 항소되어 항소심에서 파기환송되어 왔다앞의 [事例 87] 참조. 그 뒤 동 지방법원에서 코오롱 측이 듀폰사에게 2억 7천500만 달러를 주고 화해로 끝을 냈는데, 매우 다행스러운 일로서, 이후 코오롱의 주가는 크게 상승하였다.

4위가 현대그룹 9,930억 원60건, 5위가 대림그룹 5,500억 원139건, 그다음이 대우건설 → 현대자동차 → 두산 → 금호아시아나 → LS그룹의 순. 피소당한 소송의 소가는 평균 18억 원에 달한다. 이상은 2014. 5. 8. CEO스코어데일리의 조사결과를 참고·분석한 것이다.

웬만하면 3심까지 가는 3심중심주의의 현실에서 심급대리의 원칙 때문에 3심인 대법원에 가기까지 매 심급마다 지출되는 변호사보수만도 엄청날 것이다. 비즈니스세계에서 소송천국이 되어가는 느낌이며, 이제는 웬만하면 대기업 측이 비용절감의 차원에서 사내변호사를 고용하려 한다.

외국의 에이나, 폴라로이드 v. Kodak 기술비밀침해소송 사건으로 20여 년간이나 끄는 소송에 골몰하면서 digital camera의 새 시대에 적응도 못하고 소송은 Kodak의 패소로 확정되어 변호사비 등을 포함하여 20억 달러를 폴라로이드에 지불하였다. 결국 도산에 이른 것은 유명한 이야기이다. 다우코닝은 인조유방에 넣는 silicon이 유방암을 유발한다는 이유로 집단소송을 당해 판결까지 가서 32억불의 배상금을 지급하였으며 이로 인해 파산보호조치chapter 11를 받았다뒤에 오판임이 밝혀졌지만.

영국의 BPBritish Petroleum는 BP소속 시추선 딥워터 호라이즌Deepwater Horizon호의 폭발에 의한 멕시코만 해저 유정의 기름유출사고로 멕시코만 주변의 미국 주정부들에 의한 배상청구소송에서 화해금으로 20여조 원을 치러 미국 역사상 최대 배상의 기록을 남겼고, 이로 인하여 BP의 주가는 엄청난 폭락을 했다.

다음은 30대 그룹상장사 중 3개회사가 빠진 나머지 27개 그룹상장사 계류 중인 소송현황이다.

27개 그룹상장사계류중인 소송현황

금 액 순 위	그룹명	주요 소송건수	건수 비중	소송금액 (십억원)	금액비중
1	삼성	2,323	43.10%	2,695	28.10%
2	포스코	41	0.80%	1,388	14.50%
3	코오롱	50	0.90%	1,000	10.40%
4	현대	60	1.10%	993	10.40%
5	대림	139	2.60%	550	5.70%
6	대우건설	179	3.30%	491	5.10%
7	현대자동차	200	3.70%	420	4.40%
8	두산	8	0.10%	390	4.10%
9	금호아시아나	91	1.70%	219	2.30%
10	LS	36	0.70%	216	2.30%
11	동부	1,274	23.60%	202	2.10%
12	한화	156	2.90%	171	1.80%

금 액 순 위	그룹명	주요 소송건수	건수 비중	소송금액 (십억원)	금액비중
13	LG	117	2.20%	158	1.60%
14	KT	232	4.30%	135	1.40%
15	현대중공업	36	0.70%	113	1.20%
16	GS	79	1.50%	94	1.00%
17	SK	65	1.20%	92	1.00%
18	효성	31	0.60%	58	0.60%
19	한진	105	1.90%	49	0.50%
20	롯데	45	0.80%	47	0.50%
21	CJ	67	1.20%	36	0.40%
22	대우조선해양	18	0.30%	34	0.40%
23	신세계	8	0.10%	12	0.10%
24	현대백화점	12	0.20%	8.8	0.10%
25	OCI	6	0.10%	7.3	0.10%
26	동국제강	11	0.20%	2.7	0.00%
27	미래에셋	4	0.10%	0.4	0.00%
	계	5,393		9,580	

출처: http://www.ceoscoredaily.com

이처럼 외국회사를 상대로 한 국제민사소송 사건 등 외연이 확장되며, 계속 증가추세이다.

(4) 기판력의 범위

1) 기판력의 시적 범위(표준시의 기판력)

• 종국판결은 사실심의 변론종결 당시까지 제출한 사실 · 증거 자료를 기초로 한 산물이므로, 그 시점에서의 권리관계의 존부의 확정이 기판력이다. 따라서 사실심의 변론종결시가 기판력의 표준시가 된다(무변론판결은 선고시가표준시). 기판력은 이 표준시 현재의 권리관계의 존부판단에만 생기므로, 표준시 전의 과거의 권리관계는 물론 표준시후의 장래의 권리관계를 확정한 것이 아니다. 환언하면 시간적으로 과거도 미래도 아닌 현재의 권리관계에 한정하는 것이 기판력이다(그러한 의미에서 과거의 탐구도 미래의 예단도 아닌 것이 기판력).

• 기판력이 생긴 뒤에는 변론종결시점에 존재하였으나 제출되지 아

니한 공격방어방법은 제출권을 잃는데, 이를 기판력의 실권효·차단효라 한다. 예컨대 소유권확인소송에서 패소판결이 난 뒤에 이제 생각난 취득시효의 완성사실의 주장, 대여금청구소송에서 패소한 피고가 이제 생각난 소멸시효완성의 주장은 다시 문제삼아 다툴 수 없다. 단 판례는 상계항변, 한정승인(상속포기는 다르다)은 예외적으로 차단 안 된다고 한다.

• 표준시 전의 사실이라도 공격방어방법이 아닌 청구원인사실은 실권하지 않는 것으로 봄이 판례(소유권이전등기소송에서 매매를 원인으로 하여 패소 뒤에 상속을 원인으로 등기원인을 달리한 경우)의 태도이다.

• 표준시 후에 발생한 새로운 사유(사정변경)는 다르다. 예컨대 조건미성취로 청구기각이 되었으나 후에 조건이 성취된 경우는 기판력을 받지 않는다. 그러나 변론종결 후의 법률·판례의 변경·위헌결정은 여기에 포함되지 않는다.

• 장래의 이행판결에서 표준시의 예측이 빗나가 뚜렷한 사정변경이 생긴 경우, 예컨대 표준시에 노동능력상실자가 뒤에 노동능력이 회복된 경우 청구이의의 소로 집행력을 배제할 수 있고, 표준시의 임대료가 대폭 폭등한 경우(9배 상승한 사안) 차액추가청구가 가능하다(대법 92다46266).

• **정기금판결에 대한 변경의 소**가 2002년 신설. 매년·매달 얼마씩의 정기금의 지급을 명하는 판결이 확정되었을 때에 그 액수산정의 기초된 사정이 현저하게 바뀐 경우에 장차 지급할 정기금의 액수를 바꾸어 달라는 소(제252조). 판례는 공시지가 2.2배 상승, m²당 임대료 2.9배 상승 정도는 형평을 크게 해칠 특별사정이 아니라고 본다.

2) 기판력의 객관적 범위(판결주문의 기판력)

• 판결주문에 포함된 것에 한하여 기판력이 생긴다(제216조 제1항). 소각하판결은 소송요건의 흠에, 본안판결은 소송물인 권리관계의 존부에 관한 판단에 기판력이 생긴다. 전후소송의 동일성이 문제된다.

• 전후소송의 ① 청구취지가 다를 때. 소송물이 달라 기판력이 미치지 않는다. 진정한 등기명의의 회복을 위한 소유권이전등기청구와 원인무효를 이유로 소유권이전등기청구는 청구취지는 달라도 소송목적과 법적 근거가 같아 소송물이 동일하다고 보아 서로간에 기판력이 미치는 예

외(대법(전) 99다37894), ② 청구취지는 같지만 청구원인의 권리만 다를 때. 구소송물이론은 권리가 다르면 소송물이 다르다 하여, 임대료 상당의 청구를 하면서 전소는 불법행위로 인한 손해배상청구권의 주장, 후소는 같은 청구를 부당이득반환청구권의 주장일 때에 소송물이 달라 후소에 기판력이 미치지 않는다. ③ 청구취지는 같지만 사실관계가 다른 경우. 채권자가 같은 목적을 이루기 위하여 주장한 채권의 발생시기와 발생원인을 달리하는 때이다. 구소송물이론은 소송물이 서로 달라 기판력이 없다고 한다(대법 2012다68217). 대여사실이 있고 그 지급을 위해 어음을 발행한 경우인데, 전소에서는 어음발행사실만을 원인으로 청구하고, 후소에서는 대여사실을 원인으로 같은 금전청구를 한 때에 신소송물이론은 목적이 같아 동일소송물이고 전소의 기판력을 받는다(신소송물론 내에서 실권효 범위 밖이므로 기판력에 저촉 없다는 견해도 있음).

• 일부청구와 잔부(나머지)청구의 기판력관계

일부청구긍정설은 잔부청구에 기판력 없다. 일부청구부정설은 잔부에 기판력 있다(미국의 예). 절충설인 명시설은 일부청구임을 명시한 경우면 잔부에 기판력이 없다(우리 통설·판례).

• 주문 아닌 판결이유의 판단

주문에만 기판력 있다는 규정의 반대해석으로 판결이유의 판단에 기판력 없다. 당사자의 관심은 주문인 결론부분인 점, 오판시정의 기회보장, 공격방어방법 중 이유 있는 것의 선택판단의 이점 때문에 판결이유에는 무기판력이 원칙이다.

따라서 판결이유 속의 ① 사실관계, ② 선결적 법률관계[事例 102](단, 주요쟁점이 되었던 선결적 법률관계에 쟁점효인정의 쟁점효이론 있음), ③ 항변(단, 상계항변은 예외(제216조 2항)), ④ 법률판단 등에 기판력이 없다.

[事例 102] 선결적 법률관계와 기판력

안이준安二濬 변호사는 지금은 고인이 되었지만, 재세시在世時에 일본의

故 안이준 변호사

유명 민법학자인 와카츠마 사카에我妻 榮(1897~1973) 교수의 민법교과서 시리즈를 우리나라 건국 초기에 번역·출판하였으며 서울의 유수한 대학의 민법교수이기도 하여 많은 제자법학도를 둔 분이다. 이 분은 변호사로서 민사사건에서 명성을 크게 얻었던 분이기도 하다.

필자는 그 분의 제자뻘이 되는데, 한번은 필자가 고등법원에 근무할 때에 찾아와 민사소송법 전문이라고 해서 자문을 구한 일이 있었다. 자신이 원고 소송대리인이 되어 어떤 토지에 대하여 소유권에 기하여 원인무효의 등기말소청구소송을 제기하여 맹렬한 법정투쟁을 하였지만 그 소송에서 선결적 법률관계인 원고의 소유권에 관하여 증거를 제대로 제시하지 못하였고 등기명의자인 피고의 등기추정력 때문에 패소하고 말았다는 것이었다. 이 소송이 모두 끝난 뒤에 일제강점기에 그 토지에 대해 작성한 토지조사부土地調査簿를 찾아내었으며, 거기에 자신이 대리한 원고의 선대가 소유자로 사정査定되어 있는 것을 발견함으로써 결정적인 증거를 찾아냈다는 것이다. 형사판결의 경우는 판결확정 후 새로운 문서 증거가 나타나면 그 판결에 대한 재심청구를 할 수 있는데형소법 제420조 제5호, 민사사건에서는 판결확정 후 새 증거문서의 발견은 재심사유가 안 되는 것이 분명하니, 어떻게 하면 좋겠는가 조언을 부탁하는 것이었다.

그래서 전소의 패소확정판결의 소송물은 판결 주문의 판단사항인 소유권이전등기말소청구권이지, 판결이유에서 판단된 소유권 그 자체는 아닌 것으로 이는 전소의 선결적 법률관계에 그치니,* 이제 후소로서 소유권확인청구를 해도 전소의 기판력저촉은 없을 것이라고 했다. 자

---

* 본 사례처럼 후소의 소송물이 전소의 소송물이 아니고 그 선결적 법률관계인 경우는 전소의 기판력이 직접 후소에 미치지는 않지만, 반대로 전소의 소송물이 후소의 선결적 법률관계인 경우 전소의 기판력이 후소에 미친다는 점에 주의를 요한다.

신도 그러한 생각을 해본 바 있는데, 그것이 확실한가 재차 질문하는 것이었다. 그래서 전소＝소유권이전등기말소청구, 후소＝소유권확인청구이기 때문에 후소에 기판력이 미치지 않으며 이런 후소제기에 문제없다는 수많은 판례가 있다고 했다. 상식적으로 좀 이상하다는 표정을 지으며 판사실을 떠났다.

얼마 뒤 이 분을 다시 만났더니 필자에게 조언받은 대로 그 토지에 대한 등기말소소송에서는 패소했지만 이제 새 증거를 갖고 소유권확인소송을 제기하여 승소판결을 받아 기쁘다고 말하는 것이었다.

3) 기판력의 주관적 범위(당사자 간의 기판력)

① 당사자 사이

기판력은 당사자 사이의 효력이고, 제 3 자에게 미치지 않는 것이 원칙(제218조 1항). 이를 기판력의 상대성의 원칙이라 한다. 당사자에게만 소송수행의 기회가 부여된 채 심판하였기 때문에 그러한 기회가 없는 제 3 자에게 소송결과를 받도록 강요함은 제 3 자의 절차권 침해가 되기 때문이다. '절차보장 없는 곳에 판결효력 없다.' 제 3 자, 대리인, 보조참가인, 공동소송인에 마저 기판력이 미치지 않으며, 단체가 받은 판결은 대표자·구성원에 효력 없다. 형식적 당사자로 내세운 자가 받은 판결이 실질적 당사자에게 기판력확장여부가 문제된다. 법인격부인의 법리[事例 103]에 의하여 형해화된 법인이 당사자일 때에 배후의 숨은 개인 또는 실질적인 동일 법인(이름이나 간판세탁자)에 미치는가이다(판결은 법인으로 났지만 법인은 재산 없는 껍데기이고, 법인의 탈을 쓴 개인의 재산은 많을 때 그 개인에게 판결의 집행력을 미치게 할 수 있는가). paper company가 받은 판결이 그 물주인 개인에 미치는가도 문제이다. 판례는 절차의 명확·안정을 중시하는 소송절차 및 강제집행절차의 성격상 그러한 확장이 없다고 한다. 그러나 학설은 반대이다(법원칙의 허점을 이용하는 꼼수를 쓰는 자에 신의칙 적용). 다만 법인이 껍데기일 때에, 법인만이 아니라 배후자까지 공동피고로 하여 제소하고 판결받으면 문제없을 것이다(최근 판례).

② 당사자와 같이 볼 제 3 자

ⅰ) 변론종결 뒤의 승계인　　변론종결 전의 승계인은 소송을 승계하지만, 종결 뒤의 승계인은 기판력을 승계한다(제218조 제 1 항). 소송물인 권리의무 자체의 승계인(소유권확인의 소에서 소유권양수인, 채무의 면책적 인수인 등)뿐 아니라, 당사자적격의 이전원인이 되는 계쟁물의 권리이전(건물철거판결 후에 건물매수인·등기취득자 등)을 포함한다. 그러나 2014년 최근 판례(대법 2013다53939)는 동일한 소송물, 선결문제, 모순관계의 승계인만이 해당되고 계쟁물의 양수인은 포함되지 아니한다는 취지인 듯한데, 문제가 있다.

• 소송물인 청구가 대세적 효력의 물권적 청구권일 때는 피고의 지위 승계자는 승계인이나, 대인적 효력밖에 없는 채권적 청구권일 때는 승계인이 아니다(대법 2002다64148 등). 소유권이전등기판결은 이행판결이고 민법 제187조의 '형성'판결이 아니므로 등기하기 전 그 자체로서는 대세적 물권이 생기지 않는다. 따라서 甲이 그 상대의 이전등기소송을 제기하여 승소확정판결을 받은 뒤에 그로부터 판결 등기이전을 하지 아니한 사이에, 乙이 丙에게 등기이전을 하여 주었다면, 甲은 丙에 대하여는 기판력을 주장할 수 없게 된다.

• 패소한 피고의 점유·등기승계인이 원고에 실체법상 대항할 고유의 방어방법이 있을 때에는 기판력을 받지만 집행력은 물리칠 수 있다는 형식설(다수설)이 있는가 하면, 근본적으로 승계인이 아니므로 기판력·집행력을 받지 않는다는 실질설(판례)로 갈린다.

ⅱ) 추정승계인(제218조 제 2 항)　　당사자가 변론종결 전에 승계한 경우는 승계인에게 기판력이 미치지 않는 것이 원칙이나, 당사자가 변론종결 전에 승계하여도 승계사실을 진술하지 않으면 변론종결 뒤에 승계가 있은 것으로 추정하여 기판력을 받게 하는 것이다.

ⅲ) 청구의 목적물의 소지자(제218조 제 1 항)　　특정물인도청구의 대상이 되는 특정물을 당사자나 변론종결 뒤의 승계인을 위하여 소지한 자에 기판력이 확장(명의신탁의 경우 명의수탁자 포함)

ⅳ) 소송담당의 경우의 권리귀속주체(제218조 제 3 항)　　회생회사관리인이 받은 판결은 회생회사에, 선정당사자가 받은 판결은 선정자에게 미

친다. 주주대표소송에서 주주가 받은 판결은 회사에 각 미친다. 채권자
대위소송에서 채권자가 받은 판결은 채무자가 알았을 때는 채무자에게
미친다는 것이 판례(대법 74다1664)이나, 반대설이 있다.

ⅴ) 소송탈퇴자(제80조, 제82조)

③ 제 3 자에게 판결효가 확장되는 예외로서 가사소송, 회사관계소송,
행정소송 등 특수소송을 들 수 있다.

[事例 103] 법인격부인론 사건

1974. 5. 8. 서울고등법원은 72나258 판결에서 그 동안 학계·법조계
에서 논란이 많던 법인격부인론을 정면으로 받아들이는 판결을 선고하
였다. 사안인 즉 어느 회사가 어음과 수표를 甲에게 발행하고 돈을 꾸
었다가 뒤에 부도가 나자, 甲이 원고가 되어 그 회사의 대표이사인 개
인을 피고로 하여 그 대여금을 청구하는 사건이었다.

담당재판부의 재판장이었던 노병인 부장판사는 법인격을 악용한 구
조적 비리척결의 소명의식을 갖고 새 판례를 내고자 하였다. 향판鄕判으
로 있다가 경판京判이 된 기회를 잡아 혼신의 힘을 다하여 명판결을 내고
자 하였다. 판지判旨는 "현행법이 주식회사 설립에 관하여 준칙주의를 채
택하고 그 설립이 용이한 틈을 타서 피고가 스스로 대표이사가 되고 피
고 가족친지를 피고회사 기관으로 정하여 실질에 있어서 피고 마음대
로 운영할 수 있는 주식회사를 설립하고 이를 법률적 형식, 환영幻影 또
는 장막으로 사용하면서 배후에서 회사의 실질운영을 피고 자신의 자
의로 하고 채무는 극소자본의 유한책임을 가진 형해
에 불과한 회사가 부담하고 실리는 기업주인 대표이
사 개인이 추구하는 등 그러한 법형식의 남용은 법
추구의 구체적 실질적 정의에 반하고 신의성실의 원
칙에 위배된다"고 하였다. 그러므로, 그러한 "명목상

노병인 부장판사

의 회사를 상대로 거래하여 불측(不測)의 손해를 입은 상대방에 형식에 불과한 회사명의로 거래된 특정채권채무에 관하여 그 주식회사의 법인격을 부인하고 회사라는 법률형태의 배후에 실존하는 기업주인인 피고의 채무로 간주하여 부담하게 하여야 한다"고 했다.

이러한 법인격부인론에 의하여 패소한 피고는 상고하였는데, 대법원은 대법 74다954 판결에서는 원심이 채택한 법인형해론의 타당성여부를 논하기에 앞서 우선 문제된 주식회사의 실태가 형해(形骸)에 불과한 것으로 보기 어렵다 하면서, 원심에 사실오인의 위법이 있음을 이유로 이 법인격부인론의 판결을 파기하였다. 이러한 매우 중요한 법률문제에 대해 가부간의 정면판단의 예봉을 피하고 사실오인으로 원심판결을 파기한 것은 유감이다. 당시 원심 재판장이 소명감은 투철하였지만 자타공인의 학구적인 법관이란 평가까지 받아온 터이라면 대법원은 좀 더 신중하게 모처럼 제기한 큰 문제에 좀 더 성의 있는 해답이 있지 아니하였는가라는 말도 나왔다. '태산명동서일필(泰山鳴動鼠一匹)'이라는 말이 있다. 태산이 크게 진동하여 큰 변혁이 일어나는 것 같았지만, 쥐새끼 한 마리가 튀어 나온 것에 지나지 않은 일이 되었다. 예고는 엄청났으나 결과는 보잘 것 없었던 셈이다.

그 뒤 대법 93다44531 판결은 일본 최고재판소의 판결을 모델로 하여 절차의 명확·안정을 중시하는 소송절차 및 강제집행절차의 성격상, 乙회사에 대한 판결의 기판력 및 집행력의 범위는 강제집행면탈의 목적으로 설립되었으며 그 회사와 실질적으로 동일하다고 하는 甲회사에까지 확장되지 아니한다고 하여, 소송법분야에서 법인격부인론을 받아들이지 아니하였다. 그러다가 2000년대에 들어와 재산과 회계업무가 혼용되어 법인은 이름뿐이고 개인영업에 불과하여 법인격이 형해화된 경우, 법인격의 남용은 별론으로 하고 법인 배후의 개인에 대해서도 회사의 행위에 대하여 책임을 물을 수 있다하여 실체법분야에서 법인격

형해론을 대법원판례가 받아들이고 있다^{2007다90982 등}. 적어도 이 한도에서는 실체법상의 책임만이 아니라 소송법상의 책임인 기판력도 확장해야한다. 소위 바지사장을 내세워 법인이란 탈을 쓰고 그 뒤로 개인이 숨어 세제혜택을 입으며 판결채무·조세채무 등의 책임을 피하는 부조리가 한국처럼 공공연히 성행하는 사회도 없는데 이 문제에 마냥 만심慢心하고 넘어갈 일은 아닐 것이다. '순직純直한 개인＝무한책임, 주식회사＝유한책임, 법인의 탈을 쓴 개인＝무책임' 이러한 구도는 타파되어야 할 것이다.

(5) 판결의 그 밖의 효력

- 집행력
- 형성력
- 법률요건적 효력

반사적 효력은 세 번째 효력 중의 하나이다. 판결 받은 당사자와 실체법상 특수의존관계에 있는 제3자에 미치는 효력으로, 찬반양론이 있다.

(6) 판결의 무효

기판력에 의한 법적 안정성 때문에 판결의 무효는 예외적인 경우

1) 판결의 부존재

법관의 직무상 판결이 아닌 경우, 선고하지 않은 판결

2) 무효의 판결

치외법권자(면제자)나 실재하지 않거나 사망한 자에 대한 판결, 소취하 후의 판결 등. 또 판결내용의 불명으로 집행·등기 불능의 판결 — 기판력은 있으나 집행력 없는 일부무효로서 신소제기의 이익이 있다.

3) 판결의 편취

상대방이나 법원을 속여 부당한 내용의 판결을 받은 경우. ① 성명모용판결, ② 소취하합의에 불구하고 이행하지 않고 받은 승소판결, ③ 공시송달에 의한 판결편취, ④ 자백간주(의제자백)에 의한 판결편취 등이 있음

그 구제책은 ①의 경우는 상소·재심, ②의 경우는 상소의 추후보완·

재심 — 무권대리인의 관여에 준하고, ③의 경우는 상소의 추후보완·재심(제451조 제 1 항 제11호), ④의 경우 학설은 재심(제451조 제 1 항 제11호)설이나 판례는 다르다. 이렇게 난 판결은 온전한 당사자에 판결송달이 아니고, 그 송달무효이기 때문에 송달시로부터 진행되는 항소기간이 진행되지 않는 미확정판결이 되며, 2주일이 아니라 어느 때나 항소할 수 있다는 항소설이 구제책이다.

4. 종국판결의 부수적 재판

본안재판(본안주문) 다음에 이어 부수적으로 소송비용의 재판과 가집행선고가 뒤따른다.

(1) 소송비용의 재판

1) 소송비용 [事例 104]

당사자가 현실의 소송에서 지출하는 비용 중 법정범위에 속하는 비용

① 재판비용 — 당사자가 국고에 납입하는 비용

• 인지대 — 재판수수료인데 1,000만 원 미만은 소가×5/1000, 그 이상 고액일수록 체감. 10억 이상 소가×3.5/1000 ＋ 555,000원

• 송달료, 증인·감정인 등 여비·일당·감정료·숙박비, 법관 등의 검증출장 일당·여비·숙박비 등

• 수익자인 당사자의 예납원칙, 불이행이면 그 행위를 하지 않을 수 있다.

② 당사자비용 — 당사자가 지출하는 비용. 소장 등 작성료 즉 서기료, 당사자의 여비·일당·숙박비, 변호사보수. 변호사보수는 계수한 일본법과는 달리 1981년부터 소송비용산입제를 실시. 별도의 소송 없이 소송비용확정신청으로 패소자로부터 상환 받을 수 있다. 변호사보수의 소송비용산입에 관한 규칙이 있다.

2) 패소자부담의 원칙

3) 소송비용확정절차

패소자가 부담할 소송비용의 액수를 정하는 절차인데, 이는 전속관할인 제1심 법원에 서면으로 신청해야 한다. 사법보좌관이 결정으로 재판하며, 확정결정을 받으면 이를 집행권원으로 하여 상대방으로부터 강제

집행하여 받아낼 수 있는데, 크게 활성화되었다(변호사 세운 측이 승소 시에 거의 이 절차를 시작한다).

4) 소송비용의 담보

- 우리나라에 주소·사무소와 영업소를 두지 아니한 사람이 원고가 되어 소송을 제기할 때, 그리고 원고의 청구가 이유 없음이 명백한 때 법원이 담보제공명령을 하여 행한다.

- 원고가 법원에 공탁하여 담보제공한 돈을 뒤에 되돌려 받으려면, ① 담보사유의 소멸, ② 담보권자인 피고의 동의, ③ 피고에게 일정한 기간 내에 권리행사최고를 하였음에도 피고가 기간 내에 권리의 불행사의 사유가 있어야 한다. 돌려달라는 취지의 취소신청을 하여 담보취소결정을 받아야 한다(제125조).

[事例 104] 과외소송비용 — 전관예우비 + 로비비 + 몰래변호비

소송에서 이기면 상대방으로부터 법정변호사보수를 포함하여 인지대·송달료·감정료 등 소송비용을 받아낼 수 있고, 패소하면 상대방이 지출한 소송비용을 물어 주어야 한다. 이는 판결확정시가 아니라 그 뒤 소송비용확정결정이 사법보좌관으로부터 나온 뒤의 일이다. 그 때의 소송비용은 민사소송비용법·동 비용규칙·변호사보수규칙으로 정하는데, 그 비용은 그리 대단한 것은 아니다. 이를 기준으로 한 비용만으로는 '송사 3년에 기둥뿌리 빠진다'는 말까지 나올 수 없다. 그러나 상당수의 소송당사자가 이 법에 정해진 법정비용 외의 비용을 지출하는 까닭에 그러한 말이 나오는 것이 아닌가 싶다. 아래에서 든 사례는 결코 변호사업계의 일반화된 것은 아님을 부언한다.

과외소송비용의 한 예는 전관예우 변호사비 및 브로커비. 실례로 어느 큰 병원을 경영하던 병원장이 병원건물의 명도소송의 피고로서 소송을 당하였다. 그 분의 말을 좀 자세히 들어보니 승소가능성이 없어 보여 되도록 화해하는 방향으로 가는 것이 좋겠다고 하였다. 그러나 그의 승소욕이 대단하여, 우선 갓 법복을 벗은 고법부장판사 출신의 변호사를 선임했던 것이다. 아마도 '전관예우'를 기대하여 그렇게 했던 것으로 생각된다. 소가 20억 짜리 소송에서 1990년 초인데 변호사보수로 1심에서 5천만 원, 패소 후 2심에서 5천만 원, 그래도 미련이 남아 3심에서 5천만 원 합계 1억 5천만 원을 지출했다고 한다. 그런데 연패로 확정되었다.

한편 이것만이 아니라 '대법원장의 일가친족에 부탁비, 즉 로비비도 썼다고 하는데, 이것 역시 1심 5천만 원, 2심 5천만 원, 3심 5천만 원 합계 1억 5천만 원을 썼다는 후문이다. 필자가 알기에 당시의 대법원장은 그 선대가 3대독자이므로 일가친족이 별로 없는 사람으로 아는데, 무슨 친족이냐고 물었더니 매우 가까운 근친이라고 칭하던 자가 있더라는 것이다. 그 사람이 대법원장에게 부탁하여 승소시켜 준다는 감언이설에 속아 그렇게 된 것 같은데, 돈은 받고 약속과 달리 완패에 이르렀으니 그 사람으로부터 준 돈은 되찾아야 할 것이 아니냐고 물었더니, 이제 그 사람의 종적이 묘연하여 찾지 못하겠다는 것이다. 법원주변을 도는 브로커의 함정에 빠져 사기를 당한 것이다. 큰 병원의 원장까지 지낸 인텔리가 전관예우 기대의 변호사에게 3차례 준 고가의 변호사보수, 3차례에 걸쳐 건넨 브로커비 등 모두 설사 이겨도 돌려받기 어려운 법정 외 소송비용이라고 할 것이니, 이 때문에 소송은 과비용 dystopia^{실낙원}라는 말이 나온다. 변호사가 고법부장판사출신이기에 그 정도이지, 대법관 출신이었다면^{5개월 개업} ^{에 16억 보수의 전대법관 예에 비추어} 전관예우수임비는 훨씬 더 컸을지도 모른다.

두 번째는 교제비. 독일제약계와 합작투자, 부동산투자 때마다 크게 히트를 쳐서 많은 돈을 번 매우 똑똑하다는 사람이 수용된 자기토지의 보상금이 적다하여 그 증액 20억 원을 더 청구하는 행정소송을 제기하였다. 현직 국회의원 겸 변호사인 사람에게 변호사약정금과 별도로 교제부탁비 5천만 원을 주어 안심이 된다고 말하는 것이었다. 그 교제비는 그 분이 김대중 대통령과 잘 아는 사이이므로 김 대통령에게 부탁할 것이며 김 대통령은 대법원장에게 잘 처리하라고 지시하게 되고 대법원장은 담당판사에 압력을 넣을 것이니 승소에 문제없을 것이라는 어처구니없는 말을 하였다. 이처럼 이루어질 수 없는 헛꿈을 믿고 쫓는 사람과 이러한 사람을 유혹하는 자 때문에 소송에 들이지 않아도 될 비용이 늘어난다. 물론 소송도 지고 돈도 날린 허망한 사례들이다.

세 번째는 몰래변호사인 장외 변호사비. 소송사건에 정식으로 선임되어 변호사회를 거쳐 법원·검찰에 위임장을 낸 변호사는 그대로 두고, 장외의 '몰래변호사'를 두는 경우이다. 이는 표면에는 나타나지 않으며 담당 법관과 특수한 줄이 닿는 변호사 등을 세워 이면으로 전화부탁 등으로 암약하는 등, 이러한 변호사들이 받는 교제비조의 보수는 승소하거나 잘되면 그대로 굳고 잘 안되면 반환하는 조건부 보수 약정이다. 상응하는 세금도 안 내는 이러한 변호사를 이용하다 보면 이겨도 비용 때문에 '상처뿐인 영광'일 수밖에 없다. 변호사법 제29조 위반으로 징계감이다. 형사처벌 등의 논의가 있다. 고위직 검사나 판사 출신에게서 문제된다. 전화·문자메시지·이메일 등 기일외 변론을 금지하는 민사소송규칙 제17조의 2가 제정되었다.

「변호사보수의 소송비용산입에 관한 규칙」상의 보수액＊

소송목적값(만원)	·　보·　수
1,000까지	8%
1,000 초과~2,000	80만원＋1,000만원 초과분×7%
2,000 초과~3,000	150만원＋2,000만원 초과분×6%
3,000 초과~5,000	210만원＋3,000만원 초과분×5%
5,000 초과~7,000	310만원＋5,000만원 초과분×4%
7,000 초과~10,000	390만원＋7,000만원 초과분×3%
10,000 초과~20,000	480만원＋1억원 초과분×2%
20,000 초과~50,000	680만원＋2억원 초과분×1%
50,000 초과~	980만원＋5억원 초과분×0.5%

＊ 이 규칙은 처음 필자가 고법부장판사 당시에 고법판사였던 전 이강국 헌법재판소장과 공동으로 기초한 바이다.

실제소송가액별 변호사보수(단위: 원)

소송가액	실제보수
1,000만	100~300만
3,000만	300~500만
5,000만	500~800만
1억	500~800만
1억 5,000만	1,000~2,000만
2억	1,000~2,000만
5억	1,000~2,000만

자료출처: 2015년 서울지방변호사회 설문조사.

(2) 가집행선고

미확정의 원고승소판결에 미리 강제집행할 효력을 부여하는 재판이다. 판결확정 전에 승소한 원고에 선집행으로 신속한 권리실현에 도움이 되게 하는 것이다. 영미법계는 제1심 판결에 바로 집행력이 생기기 때문에 따로 없고 대륙법계에만 있는 제도이다.

1) 요건으로, 재산권의 청구에 관한 판결로 널리 집행할 수 있는 경우일 것을 요한다. 이혼청구 등 신분상의 청구도 불허(동시에 하는 재산분할 청구도 같다). 국가를 피고로 하는 국가소송에서 가집행선고를 불허하였으나 헌법재판소가 위헌결정(헌재 88헌가7 그리스는 헌법에 국가에 대한 가집행선고의 금지를 두었으나, 헌법 개정으로 폐지). 원칙적으로 집행력을 낳는 이행판결이 대상이며, 확인·형성판결에서는 할 수 없다. 가집행선고를 붙이지 않을 상당한 이유가 없어야 하는데, 가집행이 피고에게 회복할 수 없는 손해를 줄 염려가 있을 때 여기에 해당된다(건물일부철거청구, 점포명도청구 등).

2) 선고의 방식은 법원의 직권에 의한다. 원고를 위하여 미리 집행함으로써 피고가 입을 손해담보를 제공 또는 무담보부로 선고할 수 있는데, 어음·수표청구에 대해서는 무담보부로 하여야 한다. 법원은 원고를 위하여는 가집행선고를 하면서, 피고를 위하여는 원고의 채권전액을 담보제공하면 가집행면제선고를 할 수 있게 하였다(거의 이용 없다).

3) 가집행선고 있는 판결은 확정판결처럼 선고와 동시에 집행권원이 되고 집행력이 생겨 강제집행에 착수할 수 있다. 피고가 집행을 막으려면[事

例 105] 집행정지의 결정을 별도로 받아야 한다(제501조, 제500조). 가집행은 본집행과 달리 확정적 집행은 아니나(해제조건부 집행) 가압류와 달라 종국적 만족까지 갈 수 있다.

4) 가집행선고 있는 판결이 상소심에 올라가서 그대로 유지되면 좋지만, 상소심에서 원고패소로 바뀌어 실효되었을 때는 원고가 가집행으로 가져 간 물건을 피고에게 돌려주어야 하는 원상회복의무를 진다.[事例 106] 또 가집행의 집행 때문에 피고가 입은 손해에 배상책임을 진다. 이를 가집행선고의 실효에 의한 원상회복 및 손해배상의무라고 하는데(제215조 제 2 항), 일종의 무과실책임이고 법정채무이다. 다만 실효되어도 소급적 실효가 아니므로 그 전에 피고의 부동산이 경매집행되어 제 3 자가 경락취득했을 때에 그 제 3 자의 소유권취득에 영향이 없다.

피고가 이러한 원상회복·손해배상청구에는 두 가지 길이 있는데, 하나는 원고 상대로 별도의 소제기의 길이고, 또 하나는 기왕에 피고가 제기한 항소심철차에서 원고승소판결의 변경과 함께 병합하여 원상회복·손해배상청구를 하는 길이다(가지급물 반환신청). 후자는 피고의 예비적 반소의 성질을 띤다.

[事例 105] 건물일부철거 판결에 가집행선고의 예

1950년 후반기 서울 종로구 서린동 청계천변에 6층짜리 서린호텔이 건립되어 있었다지금은 철거, 더 높은 빌딩이 들어섬. 그 당시로는 꽤 현대화된 고층건물로 꼽혔다. 그 옆의 땅주인이 이승만 박사 집권시에 세도가인 경무대 경찰서장이었던 곽 모였던 사람으로 서린호텔 부지가 자기 땅과 접해 있었는데, 호텔 부지의 일부가 자기 땅을 침범하였다고 하여 그가 서린호텔을 상대로 침범한 땅 부분만큼의 지상 6층 건물 부분의 일부철거를 구하는 소를 제기하였다.

그 사건은 소송물가격이 적어 지방법원 단독판사의 관할사건이 되었다. 담당판사는 용감하게(?) 호텔 건물 일부가 침해된 남의 땅 위에 건

축된 것이니 6층 건물 중 해당부분의 일부철거를 명하는 판결을 하고 여기에 가집행선고까지 붙여서 장안의 큰 화제가 된 일이 있었다. 물론 항소심에서 원고의 철거청구는 권리남용이라 하여 뒤집히고, 그에 앞서 1심의 가집행선고는 건물 일부의 철거 집행은 건물 전체의 도괴를 뜻하며 이는 회복할 수 없는 손해로 보고 집행정지결정이 났다.[*]

[事例 106] 가집행선고의 일부실효로 받은 돈 반환의 사례 — 인혁당사건

유명한 인혁당人革黨사건 피해자들이 정부인 국가상대의 손해배상사건에서 제1심에서 490억 원을 지급하라는 승소판결에, 가집행선고가 붙어 피해자들인 원고 측은 490억 원을 국고에 가집행하여 미리 지급받아 갔다. 그런데 대법원에 상고되어 배상금이 감액되면서 가집행선고가 일부 실효됨으로써 피고 측인 국가가 그 한도 내의 과다 지급된 배상금반환原狀回復청구소송이 피해자들을 상대로 제기되었는데, 이에 모 일간지 2013. 4. 3.자는 다음과 같이 보도하였다.

「정부가 인혁당 사건 피해자 측에 과다 지급된 배상금 환수소송에서 잇따라 승소하고 있다.

2일 서울중앙지법 민사합의20부는 정부가 인혁당 사건으로 7년간 억울한 옥살이를 한 故 이재형2004년 사망 씨 유족 4명을 상대로 낸 부당이득금 반환소송에서 "미리 지급받은 23억 원 중 14억 원을 정부에 돌려주라"며 원고 승소 판결했다.

인혁당 사건이란 1974년 중앙정보부가 "북한의 지령을 받은 '인민혁

[*] 가집행선고는 의사표시를 명하는 소유권이전등기이행 같은 청구에는 판결확정이 되어야 집행력이 생기므로(민사집행법 제263조), 가집행선고 불허로 보는 것이 통설이다. 그런데 이러한 사건에 가집행선고를 붙인 판사에 대해 과거 깐깐했던 조진만 대법원장은 수첩에 기록해 놓았다가 인사상 불이익을 주었다고 한다.

명당'이 민청학련전국민주청년학생총연맹을 조종해 대한민국을 전복하려 했다" 고 발표하며 이해찬 전 총리 등 관련자들을 기소한 사건을 말한다.* 이 중 8명이 국가보안법위반, 반공법위반 등 혐의로 사형선고를 받았다. 당시 대법원이 확정판결 후 20시간 만에 형을 집행한 것을 두고 '사법 살인'이라는 비난을 받았다. 이재형 씨는 1975년에 징역 20년 및 자격 정지 15년이 확정돼 7년을 복역하다 석방됐었다.

이후 과거사위원회를 통해 인혁당 사건이 불법체포와 구속, 고문 등 으로 조작됐음이 밝혀졌다. 이를 근거로 2002년부터 피해자 및 유족들 은 법원에 재심再審을 청구했고 무죄판결로 누명을 벗었다. 정부는 피해 자들이 제기한 손해배상소송에서 제1심의 가집행선고를 붙여주어 원고 측이 정부 측으로부터 승소판결로 인해 490억 원의 손해배상금을 지급 했다.

그런데 2011년 대법원이 문제를 제기했다. 인혁당 사건에 대한 유죄 판결이 확정된 1975년부터 지연손해금을 계산하다보니 손해배상의 위 자료원금보다 지연이자가 더 많고, 배상액이 지나치게 많다는 점이 지 적된 것이다. 이는 이명박 정부 들어 법무부가 적극 다투었던 결과로서 대법원은 "불법행위 이후부터가 아니라 항소심 변론종결 이후부터 이 자를 계산하라"고 판단했다. 손해금에 대한 지연이자의 계산에 있어 그 기산점에 잘못이 있다 하여 490억 원을 배상하라는 원심판결이 일부 파기되어 일부 실효되기에 이르렀다. 이에 정부 측은 피해자 측을 상대

* 원래 1964년 제1차 인혁당 사건이 있었으나 몇 피고인을 제외하고 대부분 무죄로 끝이 났는 데, 그로부터 10년 뒤인 74년 제2차 인혁당 사건이 다시 제기된 것이다. 제2차 인혁당 사건이 경천동지의 큰 사건으로 박정희 유신정권 하의 비상계엄령 선포시였으므로 1·2심 모두 군법회 의(비상보통, 비상고등)의 심리를 거쳐 대법원에 상고사건으로 올라왔다. 1975년 대법원에 상 고되었을 때에 필자는 서울고법판사로 있었는데, 반쯤은 '빨갱이'이지만 나머지는 억울한 사람 들이라는 소문이 돌았다. 이 사건의 상고심 주심은 이병호 대법원 판사였는데 방대한 기록을 놓 고 노심초사한다는 말도 들려왔다. 41명의 피고인 중 39명은 원심비상고등군법회의의 판결대 로 확정시키고 2명만은 파기·환송하였다. 그 뒤 얼마 안 되어 주심 대법원 판사도 뇌암으로 타 계하였다.

로 가집행해서 미리 가져 간 배상금의 일부원상회복청구소송을 제기한 것이다. 이 소송에서 정부 측인 국가가 승소하면 피해자 측이 가집행선 고로 미리 초과지급받은 130억 원을 돌려받게 된다」는 것이 요지이다.

인혁당사건은 정치적으로는 물론 형사사건에서 민사사건에까지 파 급효과가 컸던 유명한 큰 사건이다.

제
5
편

병합소송

併合訴訟

원·피고 각 1인, 청구 1개인 단일소송의 반대개념으로 다음과 같이 나누어진다.

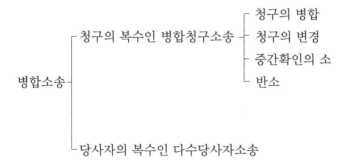

제1장 병합청구소송(청구의 복수)

1. 청구의 병합

- 원고가 하나의 소송절차에서 여러 개의 청구를 하는 경우를 말한다. 소의 객관적 병합이라 한다. 소의 주관적 병합인 공동소송에 대응. 청구의 병합은 청구＝소송물의 복수로 묶인 경우이므로, 청구를 뒷받침하는 공격방법의 복수(소유권확인청구를 매매·상속 등 여러 가지 취득원인 주장, 부당이득반환청구에서 원인 없는 근거로 계약의 불성립·무효·취소 등 여러 가지 주장)와 다르다.

1) 병합요건으로 ① 같은 종류의 소송절차(본안사건과 가압류·가처분사건, 통상의 민사사건과 행정소송이나 가사소송사건의 병합불허. 단 부작위 의무이행의 소＋

간접강제 신청은 허용, 2013다50367), ② 공통의 관할권, ③ 관련성은 불필요이나 선택적·예비적 병합은 다르다.

2) 병합의 모습으로 ① 단순병합, ② 선택적 병합, ③ 예비적 병합이 있음

① 단순병합 ― 다른 병합된 청구가 이유유무를 불문하고 병합된 청구 모두에 대해 차례로 심판해 달라고 하는 경우. 병합의 대부분이 여기에 해당한다.

② 선택적 병합 ― 병합된 여러 청구 중 어느 이유 있는 청구 하나를 선택하여 인용해 달라는 병합. 하나의 목적을 위한 여러 개의 청구권·형성권 경합의 경우에 인정된다(손해를 불법행위채권과 부당이득채권을 바탕으로 하는 경우, 이혼을 부정행위와 혼인계속을 할 수 없는 중대사유로 청구하는 경우). 청구권경합이 아닌 법조경합의 경우나 선택채권에 기한 청구는 제외한다(청구의 복수가 아니라 바탕이 된 실체법상의 권리가 1개인 청구이기 때문). 다만 선택적 병합은 신소송물이론에서는 배제. 왜냐하면 구소송물이론과 달리 신소송물이론에 따를 때 청구취지(목적)가 하나이고 청구원인(권리)만이 여러 개인 경우는 청구(소송물이) 1개인 단일소송이지, 청구가 복수인 병합청구소송이 아니기 때문이다.

③ 예비적 병합 ― 여러 개의 청구를 하면서 심판의 순위를 붙여 주위적 청구가 인용될 것을 해제조건으로 하여 예비적 청구에 대해 심판해 달라는 병합. 주위적 청구와 예비적 청구는,

첫째로, 서로 양립할 수 없는 관계여야 한다. 따라서 흡수포함관계라면 따로 예비적 청구를 하지 않아도 주위적 청구의 심판 범위에 포함되므로, 주위적 청구와 예비적 청구로 따로 나누어 판단할 필요가 없기 때문에 안 된다(예컨대 주위적 청구로 무조건의 소유권이전등기청구, 예비적 청구로 금전 지급을 받음과 상환조건으로 소유권이전등기청구를 하는 경우).

둘째로, 논리적 관련성이 있을 것(주위적 배상청구와 관련성이 없는 예비적 배상청구는 단순병합으로 보정을 요함, 2005다51495. 주위적 청구로 가옥명도, 예비적 청구로 그와 관계 없는 대여금을 구하는 경우). 논리적 관련성이 없는 경우는 주위적 청구가 인용되어도 승소한 원고가 뒤에 예비적 청구로 하였던 것을 다시 제기할 수 있어서 분쟁이 재연될 수 있다. 예비적 병합이 부적절

하다.

• 먼저 매매계약무효청구를 하고 그 이유 있으면 매매로 넘어간 매매목적물의 반환청구를 하는 경우, 뒤 청구는 앞 청구와 종속적 관계이나 원고가 1개가 아니라 2개의 승소판결을 구하므로, 1개의 승소판결을 구하는 진정예비적 병합이 아니고 부진정예비적 병합이라 한다. 소유권이전등기청구와 함께 이행집행불능일 때에 대비하여 대상(代償)청구(전보배상청구, 민법 제395조)를 할 때도 두 개의 판결을 구하는 경우이므로 같다.

3) 종국판결

• 단순병합의 경우, 청구전부에 대하여 전부판결을 하는 것이 보통이나 변론의 분리·일부판결·추가판결을 할 수 있다.

• 선택적·예비적 병합의 경우, 여러 청구가 불가분으로 결합되어 변론의 분리·일부판결·추가판결은 할 수 없다.

• 선택적 병합에서 원고승소시는 이유 있는 청구 하나만 선택하여 판단, 나머지는 판단불요. 그러나 원고패소시는 청구 전부 배척하는 판단을 요한다.

예비적 병합의 경우는 주위적 청구가 이유 있으면 그것만 판단하고 예비적 청구는 판단할 필요 없지만, 주위적 청구가 이유 없으면 기각으로 매듭짓고 예비적 청구의 판단을 요한다.[事例 107]*

• 선택적 병합에서 원고패소시키면서 어느 하나의 청구를 판단하지 아니한 때는 재판누락이 아니라 판단누락. 이 경우는 상소를 제기하여 누락부분에 대하여 상소심에서 다툴 것이지, 재판누락이라 하여 추가판결의 대상(제212조)으로 볼 것은 아니다. 예비적 병합에서도 같은 법리이다.

[事例 107] 주위적·예비적 청구 모두 기각한 답답했던 사건

광주에 천주교유지재단법인이 운영하는 중·고등학교가 있었다. 그런데 인근에 사는 甲이라는 사람의 소유 토지가 그 학교운동장의 일부

---

* 판결이 항소되었을 때의 심판의 대상은 졸저, 신민사소송법(제15판), 708·709면 참조.

로 편입된 것이 판명되었다. 그 때문에 甲과 학교 측 간의 분쟁이 계속되다가 결국 그 편입된 甲의 토지와 乙천주교유지재단의 기본재산인 임야와 서로 맞바꾸기로 하는 교환계약을 체결하였다. 그 계약에 따라 甲은 천주교유지재단에게 그 토지에 대한 이전등기를 하여 주었으나, 乙 재단법인은 교환목적의 임야는 재단법인의 기본재산이므로 이를 甲에게 넘겨주면 기본재산의 변동이 생겨 법인정관의 변경사항이 되므로 민법 제45조, 제42조 제 2 항에 의하여 주무관청의 허가를 받아야 하는데, 그 허가를 받기 쉽지 아니하고 현재는 위 임야는 다른 재단에 넘겨주어 이행불능이라고 한다.

그리하여 甲은 乙 재단법인을 상대로 주위적으로 甲에게로 교환을 원인으로 한 소유권이전등기청구를 하고, 예비적으로 등기이전이 이행불능 되면 그 이행에 갈음한 그 값만큼의 전보배상청구를 하였다.

이 사건은 대법원까지 올라갔는데, 특히 이 사건에서 甲의 소송대리인은 이 교환계약이 주무관청의 허가를 얻지 못하였다는 점을 고려하였음인지 물권변동을 일으킬 주위적 청구인 소유권이전등기의 청구보다도 계약의 이행불능을 원인으로 한 예비적 청구인 전보배상청구에 역점을 두고 상고이유의 논지를 폈다. 이에 대한 대법 73다1975 판결의 판지는 다음과 같다.

재단법인의 기본재산의 처분은 정관의 변경을 초래하므로 정관의 변경이 주무관청의 허가사항임에 비추어 주무관청의 허가를 얻지 아니한 그 기본재산의 처분은 그 효력이 없다고 하는 것이 판례임을 밝히고, 이 경우 채권계약으로서 유효한 것이라 인정한다면 주무관청의 허가 없는 기본재산의 처분을 금하는 법의 취지가 몰각되는 결과가 생길 수 있으므로 물권계약으로는 물론 채권계약으로서도 그 효력이 유지될 수 없다고 판시했다_{대법 73다544 판결}. 이 사건 교환계약에 있어서 채권계약으로서는 유효하다는 전제 하에서 전보배상을 구하는 예비적 청구도 이유 없다고 하여 두 청구 모두 이유 없다고 한 것이었다.

이 사건은 필자가 재판연구관으로 모시던 대법원 판사의 주심사건이었는데, 농지매매계약에 있어서 소재지관서의 농지취득자격의 증명을 얻지 못한 경우에 물권계약으로는 무효이나 채권계약으로는 유효하다는 대법(전) 64다564 판결의 입장과 같이, 재단법인의 기본재산의 매매·교환 등 처분계약에서도 물권계약은 무효로되, 채권계약은 유효라고 하여 이 사건 주위적 청구는 기각하되 예비적 청구는 받아 주는 것이 어떤가하는 사견을 가졌었다. 그러나 재판연구관은 연구를 보조하는 조력자일 뿐 배석판사처럼 합의의 표결권은 없어 그 이상의 의견개진 없이 지시대로 판결서만 작성한 바 있다. 연구관이 대법관과 다른 의견을 공식적으로 내어 놓아 고집하면 후유증이 따를 수 있다고 한다. 그래서 연구관은 '노비'라는 말도 나오는데 지나친 과소평가인가_{당시는 대법}

관당 2명씩, 현재는 대법관당 10명씩 총 120명으로 연구관 전성시대.

예비적 청구인 목적부동산에 갈음한 전보배상청구마저도 최종적으로 이유 없이 안 된다고 하였으니, 자기 토지가 학교운동장에 들어간 원고의 처지에서 어떻게 권리구제의 길을 찾아야 하는가 답답할 것이라는 생각이 들었다. 천상 원고는 학교 측과 맺은 계약의 무효라 하여 운동장토지에 대해 학교 측에 넘긴 등기말소의 청구를 하고, 나아가 운동장 일부 토지의 인도청구소송과 더불어 사용료 상당의 손해배상을 새로 제기하는 길밖에 없을 것이다. 하지만 운동장 인도판결이 난다한들 어디 인도집행이 쉬울 것인가 생각하니 필자는 답답한 마음뿐이었다. 피고가 천주교유지재단이었기 때문에 종교인의 양보도 기대해보았으나, 소송이라는 자비 없는 전장戰場에서는 그러한 것은 없었다.

2. 청구의 변경

1) 소의 3요소는 당사자·법원·청구이기 때문에, 당사자의 변경(임의적 당사자의 변경), 법원의 변경(소송의 이송)도 널리 소의 변경이 되지만 제262 조에서 말하는 소의 변경은 아니다. 여기의 변경은 당사자·법원은 그대로 두고 청구, 즉 소송물만의 변경을 뜻한다. 형사소송과 같은 법원의 공소장변경의 요구제도(형소 제298조 제 2 항)는 없지만, 법원이 제출된 소송자료에 비추어 청구의 변경이 바람직하다고 보면, 석명권을 통하여 변경 종용은 할 수 있다(당사자가 청구취지 등을 변경하지 아니하는 경우, 변경의사 있는지 석명을 요한다는 것에 대법 2013다69866).

2) 소송물은 청구의 취지와 청구원인으로 구성되므로 청구취지나 청구원인의 변경이 청구의 변경이 된다. 청구취지에서 소의 종류(확인의 소→이행의 소), 심판의 대상과 범위를 바꿀 때가 해당된다. 다만 청구의 확장은 청구의 변경이나 청구의 감축은 차라리 소의 일부취하로 볼 것이다. 청구원인의 변경에서 실체법상의 권리 즉 법률적 관점만의 변경이 있을 때에는 신소송물이론에서는 공격방법의 변경에 그치나 구소송물론은 청구의 변경으로 본다.

3) 변경의 모습

① 교환적 변경 — 구청구에 갈음하여 신청구를 제기하는 것이다. 신청구의 추가 + 구청구의 취하가 통설·판례. 때문에 변경되기 전의 구청구에 대하여 피고가 본안응소를 하였을 때에는 변경에 피고의 동의가 필요하다. 변경에 의한 신청구가 부적법하게 될 때는 교환적 변경으로 보면 안 된다.

② 추가적 변경 — 구청구 + 신청구의 병합 변경에 의하여 병합관계가 단순병합, 선택적 병합, 예비적 병합의 형태로 될 수 있다.

4) 변경의 요건

① 청구의 기초가 바뀌지 아니할 것. 학설의 대립(이익설, 사실설, 병용설)이 있다. 구청구와 신청구 간에 청구원인은 같은데 청구취지가 다른 경우, 한 쪽이 다른 쪽의 변형물·부수물인 경우, 같은 목적인데 법률적 구

성을 달리하는 경우, 같은 생활사실·경제이익에 관한 것인데 분쟁의 해결방법을 달리하는 경우(판례) 등을 서로간에 청구의 기초가 같다고 본다. 이 요건은 사익적 요건

② 소송절차를 현저히 지연시키지 않을 것. 2회에 걸쳐 파기환송 후 항소심변론종결시에 비로소 청구의 변경 등은 소송절차를 현저히 지연시키는 경우에 해당한다.

③ 사실심에 계속되고 변론종결 전일 것. 항소심에서 교환적 변경을 하고나서 다시 변경에 의하여 구청구의 부활은 재소금지의 원칙에 저촉된다. 항소심에서 교환적 변경이 있으면 신청구에 대하여 제 1 심의 입장에서 재판한다. 원고가 전부승소한 경우 더 늘리기 위하여 하는 항소는 항소의 이익 없는 것이 원칙이나, 묵시적 일부청구에서 전부승소한 경우는 예외적으로 허용된다.

④ 소의 병합요건을 갖출 것(제253조)

5) 변경절차

청구의 변경은 서면에 의하여야 한다. 청구취지의 변경은 서면에 의할 것이다(제262조 제 2 항). 청구원인도 서면설이 있으나 법규정의 해석상 구술설이 옳다(판례·다수설). 변경서는 상대방에 바로 송달해야 한다. 시효중단·기간준수의 효과는 변경서의 제출시 발생한다.

6) 소변경의 간과를 상소심에서 발견시

① 교환적 변경의 간과 ─ 구청구에 대해서는 판결 취소·소송종료선언, 신청구는 추가판결.

② 추가적 변경의 간과 ─ 누락된 신청구만 추가판결

3. 중간확인의 소

소송계속 중 본소청구의 판단에 선결적 법률관계의 존부에 대하여 기판력 있는 판결을 받기위해 본소청구에 추가하여 제기하는 소이다(제264조). 원고의 가옥명도청구소송에서 선결관계인 소유권에 대해 추가적으로 제기하는 소송 따위. 중간확인의 소는 원고의 경우는 소의 추가적 변경으로, 피고의 경우는 반소의 제기로 같은 목적을 이룰 수 있어 그 독자

적 의미가 약하다.

4. 반 소

1) 본소 계속 중에 피고가 그 소송절차를 이용하여 원고에 대해 제기하는 소. 맞소송(counterclaim)이라고도 한다. 반소는 본소의 단순한 방어방법이 아니고 방어방법 이상의 적극적 내용이 포함되어야 한다. 소유권확인의 본소청구에 소유권부존재확인의 반소는 부적법하다.

반소는 피고가 원고상대로 한 소임이 원칙이다. 그러나 다른 나라에서는 다양한 변종을 허용하고 있다. 같은 공동소송인에 대한 청구(교체청구 crossclaim)만이 아니라, 피고가 원고만이 아닌 제3자도 반소피고로, 제3자가 피고와 함께 반소원고가 되어 원고를 반소피고로 하는 제3자 반소(Dritt-Widerklage)를 인정한다. 미국에서는 강제반소제도를 두고 있다.

2) 반소의 모습

• 본소청구가 인용되든 기각되든 관계없이 반소청구에 대하여 심판을 구하는 단순반소와 본소청구가 인용될 때에 대비하여 조건부로 반소청구에 대하여 심판을 구하는 예비적 반소가 있다(원고가 매매를 원인으로 이전등기청구, 원고의 청구가 인용될 때를 대비한 피고의 잔대금지급청구의 반소). 예비적 반소는 조건부이므로, 본소청구가 각하·취하되면 반소청구는 소멸되고, 본소청구가 기각되면 반소청구는 판단불요.

• 피고의 반소에 원고의 재반소(再反訴)도 요건이 충족되면 허용된다.

• 원고 이외의 제3자를 추가하여 반소피고로 하는 제3자반소는 허용되지 않지만, 피고의 반소가 필수적 공동소송이 될 때에 제68조의 필수적 공동소송인 추가의 요건을 갖추면 허용된다(최근 필자의 이러한 견해를 받아들여 판례화된 것에, 대법 2014다235042·235059·235066).

3) 반소의 요건

• 상호관련성 ― 본소청구와 상호관련성을 요한다. 서로 청구원인이 같거나 대상·발생원인의 주된 부분이 공통적인 경우. 甲은 乙에 대하여 甲의 특허침해의 손해배상의 본소, 乙은 甲에 대하여 乙의 특허침해의 손해배상의 반소 같은 것(삼성 대 애플 간의 소송의 예)이나, 차량충돌사고에

서 서로가 상대방의 과실이라 주장하여 원고는 손해배상의 본소제기에 피고도 손해배상의 반소[事例 108]

• 본소의 방어방법과 상호관련성 ─ 반소청구가 본소의 항변사유와 대상·발생원인에 있어서 공통성이 있는 경우. 원고의 대여금청구에 피고가 반대채권을 갖고 상계항변을 하며 그 초과 채권 부분의 이행을 구하는 반소. 민법 제208조 제2항의 '점유권에 기인한 소는 본권에 관한 이유로 재판하지 못한다'는 규정의 뜻은, 점유의 소에 대해 피고가 본권으로 방어 못한다는 뜻이지(점유권에 기한 인도청구의 본소에서 피고가 자기에게 소유권이 있다는 항변을 못한다는 뜻), 본권에 기한 반소를 제기 못한다는 뜻은 아니다.

• 본소철차를 현저히 지연시키지 않을 것. 반소가 본소지연책으로 남용되는 것을 막기 위한 것이다.

• 본소가 사실심에 계속 중이고 변론종결 전일 것. 항소심변론종결시까지이고 상고심에서 제기는 안 된다(가집행선고가 실효되는 경우의 가지급물반환신청은 예외). 항소심에서 반소의 제기는 상대방의 심급이익을 해할 우려가 없을 경우나 상대방의 동의를 얻은 경우일 것(제412조 제1항)[事例 109]

• 반소가 본소와 같은 종류의 소송절차에 의할 것과 다른 법원의 전속관할에 속하지 않을 것이다.

4) 반소의 절차

반소장의 작성에는 본소에 관한 규정에 따른다(제270조). 인지액은 소장과 같은 액수를 납부하여야 하나 본소와 목적이 같을 때는 그 차액만 납부하면 된다.

반소요건의 불비이면 반소를 부적법각하할 것이라는 각하설이 판례이나, 독립의 소로서 요건을 갖추었으면 본소와 분리하여 심판할 것이라는 분리심판설이 다수설이다.

[事例 108] 유조차와 기차의 충돌 사례

차단기도 설치되어 있지 아니한 기찻길 건널목에서 건널목을 지나가던 유조차와 마침 그곳을 통과하던 기차가 충돌하는 큰 사고가 났다.

유조차는 차량이 완파·소실되었고 그 차에 타고있던 운전수 등 인명피해까지 입는 큰 손해를 입었고, 기차 측은 외국에서 도입한 기차 한 동이 대파되는 큰 사고였다.

　유조차 측이 2억 원의 손해가 났다고 하여 기차 측을 상대로 하여 제기한 손해배상의 본소청구에 대하여, 기차 측은 200억 원 상당의 피해가 있었다며 200억 원 배상의 반소로 대응을 한다. 과실은 쌍방 모두 있었으나 유조차 측의 과실이 2/10이라면 기차 측은 8/10 정도로 보여졌다. 과실의 비율대로 형식논리대로라면 원고의 본소청구는 2억 원×0.8＝1억 6천만 원의 한도에서 인용할 것이고, 피고 측의 반소청구는 200억 원×0.2＝40억 원의 한도로 인용할 수밖에 없는 것이었다. 원고는 1억 6천만 원을 받는 대신 40억 원을 물어주어야 하기 때문에 '혹을 떼려 하다가 큰 혹을 붙이게 되는' 결과가 되는바, 이와 같은 결론이 과연 옳다고 할 것인가를 고민한 일이 있었다.

　과실상계의 법리를 비교법적으로 보면 배상액을 정함에 있어서 피해자의 자기과실의 비율만큼 배상액을 감경·참작하는 이른바 비교과실제comparative negligence를 채택하는 국가가 있는가 하면, 피해자와 가해자의 과실을 교량하여 사고기여가 더 큰 쪽이 전액배상하고 적은 쪽은 면책이 되는 기여과실제contributory negligence에 의하는 국가도 있다미국은 주에 따라 그러함. 미국은 연방국가로 주마다 각자의 민법을 따르기 때문에, 국제사법이 미연방 내에서도 적용된다. 따라서 미국법에서 국제사법conflict of laws이 큰 비중을 차지한다. 이 사안과 같은 경우를 생각하면 차라리 우리 법제가 기여과실제를 채택하지 않고 있는 것이 아쉬웠다. 그랬더라면 별 부담 없이 원고본소는 전액 2억 원 인용, 피고반소는 전액기각으로 끝났을 것이다. 그러나 우리 민법 제763조, 제396조는 "불법행위에 관하여 불법행위채권자에게 과실이 있는 때에는 법원은 손해배상의 책임 및 그 금액을 정함에 이를 참작하여야 한다"고 규정하여 쉽사리 결론을 내기 어려웠다. 다만 이러한 현행법 하에서 원고의 본소청구는 그 과실 비율대로 20% 감하여 1억 6천만 원을 배상금으로 받아줄 것은 분명하다. 그러나 반소청구는 반소원고의 80% 과실은 반소피고의 배상금을 정하는 데 참작할 것이 아니라 그 과실이 매우 큰 것임을 고려하여 아예 배상책임 자체를 물을 수 없는 것으로 정리할 수 있는 것이 아니었는가 생각되었다.

[事例 109] 항소심에서의 반소에 동의가 문제되었던 사례

원고 종중이 그 종중임야를 관리하는 산지기를 상대로 종중제실을 내어 놓으라는 명도소송을 제기하였다. 제 1 심에서 원고종중에 승소판결이 난 데 대하여 피고인 산지기는 항소하였다. 그러나 나아가서 피고는 원고종중을 상대로 20년 점유시효취득을 원인으로 관리임야에 대한 소유권이전등기이행의 반소를 항소심에서 제기하는 것이었다.

항소심 변론기일에서 원고소송대리인은 피고가 반소까지 제기하니 적반하장이라고 규탄만 할 뿐이었고, 피고의 반소제기의 적법여부에 대하여서는 아무런 주장을 하지 않는 것이었다. 아무래도 피고의 반소는 무리한 청구인 것 같아 피고의 주장책임인 취득시효의 요건인 '자주점유'에 해당사실을 주장하는지 피고에게 석명을 구하였다. 즉 그 임야를 소유자와 같은 지배의사를 갖고 점유하여 왔는지, 종중 총유의 임야인데 단지 관리를 맡아 점유해 왔는지를 물었다. 물론 주인일 의사는 없었으며 관리인으로 점유를 계속하여 왔는데 할아버지, 아버지, 자신 3대에 걸쳐 60여 년 공연·평온하게 관리·점유하여 왔으므로, 20년 시효가 3번 완성되었지만 맨 뒤의 시효 20년만 주장한다는 것이었다. 이에 원고 소송대리인은 피고의 주장에 흥분하여 파렴치한 사람이라고 비판만 하는 것이었다. 그래서 이번에는 원고대리인에게 피고의 이 반소 제기에 동의하느냐고 석명을 구하여 보니, 원고 측은 부동의라는 것이었다. 이제 되었다고 하며 변론종결을 하려하니 피고가 오히려 60년간 점유관계를 증명하겠다고 나오는 것이었다. 그러나 이는 항소심에서 상대방의 동의 없는 부적합한 반소이므로 본안심리로 나아갈 성질의 반소가 아니므로, 이와 관련된 증거신청을 각하하고 그대로 변론종결 끝에 선고기일을 정한 바 있었다.

제 2 장 다수당사자소송(당사자의 복수)

하나의 소송절차에서 1인의 원고 대 1인의 피고의 단일소송이 아닌 3인 이상의 당사자가 개입하는 분쟁형태. 도표로 요약되는 바와 같이 복잡다단하므로 복잡소송(complex litigation)이라 한다.

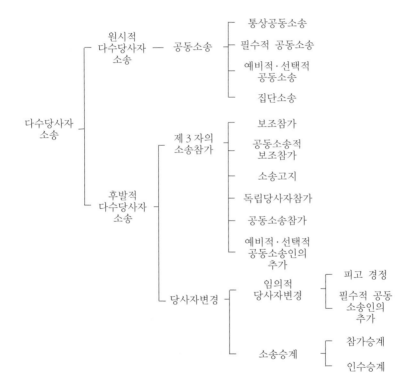

제 1 절   공동소송

Ⅰ. 의 의

하나의 소송절차에서 여러 사람의 원고 또는 피고가 관여하는 소송형태. 소의 주관적 병합이라 한다. 공동소송의 일반요건으로는 주관적으로 공동소송인끼리 권리·의무의 공통(합유자·공유자 소송 등), 권리·의무 발생원인의 공통(같은 사고 피해자들의 손배소송 등), 권리·의무와 발생원인의 동일 종류(아파트 분양계약자들에 대한 분양대금청구 등)일 것을 요한다(제65조). 객관적으로는 청구의 병합이 따르므로 병합요건(제253조)을 갖출 것을 요한다.

Ⅱ. 공동소송의 종류

공동소송의 종류에는 통상공동소송과 필수적 공동소송이 있다.
(1) 통상공동소송
통상공동소송은 공동소송인끼리 합일확정을 필요로 하지 않는 공동소송, 즉 공동소송인끼리 이기고 지고를 같이 하여야 하는 것이 아닌 공동소송이다. 판결결과가 구구하게 나와도 되는 공동소송

공동소송인 독립의 원칙이 적용된다(제66조). ① 소송요건의 개별심리, ② 소송자료의 불통일 — 한 사람의 소송행위는 유리·불리를 가리지 않고 다른 공동소송인에 영향 없다. ③ 소송진행의 불통일 — 한 사람에 대한 사망 등 사항은 다른 공동소송인의 진행에 영향 없다. ④ 당사자의 지위의 독립 — 각 공동소송인은 자신의 소송관계에서만 당사자, ⑤ 재판의 불통일 — 공동소송인 사이에서 공격방어방법의 차이에 따라 판결결과가 구구하게 나올 수 있다.

다만 공동소송인 간의 증거공통의 원칙에 따라 한 공동소송인의 제출증거는 다른 공동소송인을 위한 유리한 증거로 쓸 수 있다. 다만, 학설에서는 다툼이 있으나 판례에서는 공동소송인 간의 주장공통의 원칙을 부

정한다.

(2) 필수적 공동소송

필수적 공동소송은 공동소송인끼리 판결이 구구하면 안되는 합일확정이 필수적이어야 하는 공동소송. 여기에는 고유필수적 공동소송과 유사필수적 공동소송이 있다.

1) 고유필수적 공동소송은 여러 사람이 소송까지 공동으로 하여야 하는 경우(소송공동+합일확정). 실체법상의 관리처분권이 여러 사람에 귀속되었으므로 소송수행권도 같이 행사하여야 할 경우

① 형성권의 공동귀속(공유물 분할청구소송은 원하는 공유자가 나머지 공유자 전원을 공동피고로 하여야)

② 합유물(조합소송)이나 총유관계소송. 단 공유관계 소송은 관리처분권이 공동귀속의 경우가 아니므로 필수적 공동소송 안 됨(예외 있음)[事例 110]

2) 유사필수적 공동소송은 여러 사람이 소송공동까지는 요구되지 않는 필수적 공동소송(합일확정만). 판결의 효력이 직접 제3자에 확장되는 관계의 소송(회사·가사관계소송 등), 판결의 반사효가 제3자에 미치는 소송(채권자대위소송) 등이 있다.

• 이처럼 필수적 공동소송은 실체법상 관리처분권이 수인에게 공동귀속의 경우와 소송법상 판결의 효력이 제3자에게 확장되는 소송에 한정되기 때문에, 이론적으로 필요하고 실천적으로 요청된다고 하여 필수적 공동소송이 되는 것은 아니다. 여러 사람 사이에 권리·의무 공통, 권리·의무 발생원인의 공통, 여러 사람에 승소하지 않으면 소송의 목적을 달성할 수 없는 경우라도 필수적 공동소송은 아니다.

3) 필수적 공동소송의 심판은 공동소송인끼리 연합관계이므로, 구구한 판결을 해서는 안 되고 합일확정의 판결만 허용된다. 다만 소송요건은 각 공동소송인 별로 독립심사한다.

• 한 공동소송인의 흠이 있으면 고유필수적 공동소송은 소송 전부각하, 유사필수적 공동소송에서는 일부각하. 고유필수적 공동소송에 빠진 공동소송인이 있으면(예: 공유물분할청구에서 공유자 일부가 빠졌을 때) 그 보정방법에는 i) 빠진 공동소송인에 대한 별소의 제기+기존 공동소송에 변론병합,

ii) 필수적 공동소송인의 추가(제68조) iii) 공동소송참가(제83조) 등이 있다.[事例 111]

• 소송자료의 통일 ─ 한 사람의 소송행위 중 유리한 것은 전원에 대하여 효력이 생기고, 불리한 것은 전원이 함께 하지 않으면 안 된다(제67조 1항). 유리한 것이기 때문에 한 사람 출석은 전원출석, 한 사람 상소기간을 지켰으면 전원이 지킨 것이 된다(답변서도 한 사람이면 됨). 불리한 것인 자백, 청구의 포기·인낙, 화해는 전원이 함께 하여야 한다. 대신 상대방당사자의 행위는 유리·불리를 막론하고 한 사람에 대하여 행하여도 공동소송인 전원에 미친다(제67조 제 2 항).

• 소송진행의 통일 ─ 변론분리·일부판결은 허용되지 않으며, 한 사람에 대한 소송절차의 중단·중지는 전원에 대하여 중단·중지의 효과가 생기고, 한 사람만이 상소를 제기하여도 전원이 확정차단·이심(移審)의 효과가 생긴다. 상소제기하지 아니한 공동소송인은 단순한 상소심 당사자일뿐이다.

• 재판의 통일 ─ 본안에 관한 재판결과가 구구하게 나올 수 없다. 일부판결이 안 되므로 추가판결도 있을 수 없다.

[事例 110] 공동소유관계*와 필수적 공동소송관계

공동소송물인 총유물, 합유물, 공유물에 관한 소송이 필수적 공동소송관계인가는 그 관리처분권이 공동소유자에게 공동귀속하느냐의 여부에 달려 있다.

* 우리의 1958년 공포 1960년 시행의 신민법이 기초될 당시에 공동소유의 형태를 총유, 합유, 공유 등 3가지로 분류하여 입법화에 기여한 사람은 대한민국 건국 초기의 대표적인 민법학자 晴軒 김증한 서울법대 교수였다(1920~1988). 그는 신민법 기초위원들에게 민법전 연구위의 연구결과를 제시하면서, 독일의 Otto von Gierke의 "Gemeinschaftsrecht"(공동소유권론)에 대하여 깊이 있는 연구를 한 끝에 공동소유의 형태는 이 세 가지로 유형화될 수 있다는 것을 간파하여 이를 우리 민법 물권편에 반영시켰다. 우리 민법이 독일법을 통한 일본민법을 계수한 것은 사실이나, 독일·일본 민법에서는 미처 생각하지 못하여 법제화하지 못한 것을 우리 민법에서 받아들였다 하여 대외적으로 자랑스러운 입법이라 평가되었다. 故 김증한 선생은 그 업적을 크게 기려 2015년 9월 제 1 회 법원의 날에 국민훈장무궁화장이 추서되었다.

공동 소유물	관리처분권의 주체	소송수행권의 행사	필수적 공동소송 여부
총유물	법인 아닌 사단/구성원 전원(대법 95다21303, 민법 제276조)	결의에 의한 대표자 행사/구성원 전원의 공동행사	대표자 단독수행이면 단일소송/구성원 전원 수행이면 필수적 공동소송
합유물	합유자(조합원)전원(민법 제272조, 제273조)	합유자 전원의 공동행사	필수적 공동소송
공유물	지분권의 범위에서 각 공유자(민법 제263조)	각 지분권자의 단독행사	필수적 공동소송 아닌 통상공동소송

그런데 1998년 출범한 민법전면개정위원회가 법무부자문기관으로 구성되어 그 개정심의할 때의 일인데, 우리 민법의 물권편의 '합유合有' 가 채권편의 조합계약과의 조율이 잘되지 않는 것 같다고 하여 폐지하자는 일부 위원들의 제의가 있었다.

동 위원회의 위원장이었던 필자는 합유규정의 입법경위를 잘 모르는 젊은 학자들에게 앞 page 하단의 주*와 같은 우리 민법기초 시의 사정을 설명하고 합유제도는 우리 민법의 모처럼의 창의적인 입법이므로 더 발전시키는 것이 옳지 대*민법학자가 쌓은 업적을 무턱대고 무산시킨다는 의미에서 폐지는 후진으로 할 도리가 아님을 강조하였다. 그리하여 이는 심의논의에서 제외되었는데, 민법의 합유규정은 합유관계소송이 고유필수적 공동소송이 될 수밖에 없는 법적 근거를 제시하여 주기 때문에 소송법상 그 존재의의도 지대하다 하겠다. 지금도 존치시킨 것은 잘한 일이라 생각한다.

故 김증한 교수

[事例 111] 고유필수적 공동소송인의 일부탈락

甲마을 주민 30명이 조합체를 이루어 乙마을에 수도시설공사를 하는

데 개입하여 그 공사에 필요한 비용과 노력을 각 1/3씩을 제공하되, 수도시설이 완공되면 乙마을에서는 생산되는 수돗물 1/3을 甲마을 30명에게 공급하여 주기로 하는 약정을 하였다. 甲마을 주민들은 약정대로 비용과 노력을 대어서 수도시설을 완공시켰지만, 막상 乙마을에서는 수돗물이 넉넉지 못해 甲마을 사람들에게 공급할 어력이 없다고 그 공급을 거부하는 것이었다.

그리하여 甲마을 조합원들이 乙마을을 상대로 생산수돗물 1/3을 제공해 달라는 액체인 물인도의 희한한 소송이 있었다. 이러한 수돗물 인도청구가 주장자체로 이유 없는 소송이 될 수는 없고 원고가 승소하여도 피고마을이 임의이행을 하지 않으면 강제집행이 기술적으로 어려울 것이라고 생각하면서 본안심리에 착수하다보니 원고가 된 甲마을 사람이 30명이 아니라 29명으로 조합원 전원이 아님이 드러났다. 그와 같이 된 경위를 원고 측에게 석명을 구하였다. 그랬더니 조합원 30명인 것은 틀림없으며 모두 소송의 원고가 되어야겠지만 그 중 한 사람은 매우 똑똑한 새마을 지도자로 그를 증인으로 삼기 위해 원고단에서 빼어 놓았다는 것이었다.

조합원소송은 앞서 본 바와 같이 고유필수적 공동소송으로 조합원전원이 소송공동을 하여야 하는데 1인이 빠진 것으로 나타나 그대로이면 부적법각하하여야 할 소송이 되었으니, 이를 보정하여 빠진 1인을 추가하여 적법한 소송으로 보정시켜야 할 상황이 되었다. 그것이 제 1 심에서 발견되었다면 제68조의 필수적 공동소송인의 추가제도에 의하여 추가하도록 원고 측에 촉구할 것인데, 제 2 심인 항소심에서 발견되었으므로 제68조의 추가는 제 1 심변론종결시까지만 허용됨에 비추어 그에 의할 수도 없어 매우 난감하였다. 결국 제 2 심에서 빠진 공동소송인을 추가시키는 길인 제83조의 공동소송참가를 시키는 것^{뒤 제 4 절 5. 공동소송참가 및} _{[事例 119] 임의적 당사자변경제도 신설의 경위` 참조}을 답이라 보고, 원고 측에 그 방법에 의한 추가를 촉구한 바 있다.

Ⅲ. 공동소송의 특수형태

여기에 예비적·선택적 공동소송과 추가적 공동소송이 있다.

1. 예비적·선택적 공동소송(제70조)^[事例 112]

  • 공동소송의 일종으로서, 공동소송인의 청구나 공동소송인에 대한 청구가 서로 예비적이거나 선택적 관계에 있는 형태를 말한다.

  • 공동소송인의 청구나 공동소송인에 대한 청구가 서로 법률상 양립할 수 없는 관계에 있고 어느 것이 인용될 것인가 쉽게 판별할 수 없을 때에 필수적 공동소송의 규정을 준용하여 서로 모순 없는 통일적인 재판을 구하는 경우이다. 예비적·선택적 청구＋공동소송(앞에서 본 청구의 복수로서 객관적 병합인 예비적·선택적 병합에다 당사자의 복수로서 주관적 병합인 공동소송이 결합)

  • 2002년 신법에서 신설된 독일·일본에 없는 자랑스러운 제도로 크게 활성화되고 있다.

(1) 소송형태의 유형

  • 수동형과 능동형

피고 측이 수동적으로 공동소송인이 되는 경우(원고가 A, B 중 한 사람을 주위적 피고, 다른 사람을 예비적 피고로 하여 제기하는 경우인데, 가장 흔한 형태)가 있고(제70조 제1항 후단의 '공동소송인 가운데 일부에 대한 청구와 다른 공동소송인에 대한 청구'에 해당될 때), 원고 측이 능동적으로 공동소송인이 되는 경우(원고 A, B 중 한 사람은 주위적 원고, 다른 사람은 예비적 원고로 나서 한 사람의 피고에 대해 청구하는 때)가 있다(제70조 제1항 전단의 '공동소송인 가운데 일부의 청구와 다른 공동소송인의 청구'에 해당될 때).

  • 예비형과 선택형

전자가 예비적 공동소송으로, 주위적 피고에 대하여 먼저 청구하고,

그 이유 없으면 예비적 피고에 대하여 인용해 달라는 것이고, 이와 달리 순서를 붙이지 않고 피고 A나 B에 대한 청구 중 이유 있는 것을 선택·인용해 달라는 것이 후자인 선택적 공동소송이다.

- 원시형과 후발형

소제기 당초부터 예비적·선택적으로 제기된 경우가 전자인 원시적 공동소송이고, 당초에는 한 사람을 피고로 하였다가 소송계속 중 다른 피고적격자가 발견되면 그를 예비적·선택적 당사자로 추가하는 경우(대법 2007다86860)가 후자인 후발적 공동소송이다.

(2) 요 건

1) 공동소송인에 대한 청구나 공동소송인의 청구가 소로 양립할 수 없어야 한다. 甲의 A에 대한 청구와 甲의 B에 대한 청구 중 어느 하나의 청구가 인용되면 다른 청구는 기각될 관계에 있어야 하며, 두 청구 모두 인용되거나 기각될 수 있으면 안 된다(부진정 연대채무자들에 대한 예비적 공동소송, 대법 2006다47677).

2) 청구끼리 양립하지 않는 관계이면 소송물이 동일하지 아니하여도 된다. 예컨대 주위적 피고에 대하여는 원인행위의 무효를 이유로 말소등기청구, 예비적 피고에 대하여는 원인행위가 유효한데 그 이행불능이라는 이유로 전보배상청구 등(대법 2005다49430).

3) 청구끼리 법률상 양립할 수 없는 경우일 것. 계약체결자나 불법행위자가 A 아니면 B 아니면 C 식의 투망식 청구는 안 된다. A 아니면 B, B 아니면 A일 수밖에 없다는 서로가 필연적인 상호결합관계일 때가 법률상 양립할 수 없는 관계

4) 공동소송의 일종이므로, 공동소송의 주관적·객관적 요건(제65조, 제253조)이 충족되어야 한다. 예비적·선택적 공동소송의 추가는 제1심변론종결시까지 가능하다(제70조, 제68조 제1항).

(3) 심판방법

제70조는 제67조 내지 제69조의 필수적 공동소송에 관한 규정을 준용

- 소송자료의 통일

공동소송인 중 한 사람의 유리한 행위는 그 전원에 미치고, 불리한 행

위는 공동소송인 전원이 함께 하여야 함이 원칙이다(제67조 제 1 항 본문). 단 예외적으로 불리한 행위라도 청구의 포기·인낙·화해 및 소의 취하는 각자 단독으로 할 수 있다(제70조 제 1 항 단서).

• 소송진행의 통일

변론의 분리·일부판결은 안 되는 것이 원칙. 다만 청구의 포기·인낙, 화해조정을 갈음하는 결정(강제조정)·화해권고결정 등은 제70조 제 1 항 단서에 비추어 일부공동소송인이 허용될 수 있기 때문에 이때에는 그 부분만의 분리확정시키는 것이 가능하다(대법 2006다57872 등). 공동소송인 중 한 사람이 상소하면 전원에 대하여 확정차단이 되고 상급심으로 이심되어 심판의 대상이 된다. 또 불이익변경금지의 원칙이 배제된다.

• 모순 없는 판결

필수적 공동소송에 관한 준용으로 주위적 피고에 대한 청구와 예비적 피고에 대한 청구 모두 인용되는 것과 같은 서로 모순되는 판결은 허용될 수 없다. 다만 예비적 청구의 병합의 경우와 달리 주위적 피고에 대한 청구이유 있고, 예비적 피고에 대한 청구이유 없을 때에, 이유 없는 청구에 대한 판단 없이 놓아두어서는 안 된다. 그 기각판결을 하여야 한다. 그러한 의미로 제70조 제 2 항은 "모든 공동소송인에 관한 청구에 대하여 (차례로) 판결하여야 한다"고 규정하고 있다. 주위적 피고에 대한 청구인용을 해제조건으로 예비적 피고에 대한 심판청구의 대체적(代替的) 병합이 아니고, 순위적 단순병합이라 할 수 있다.

2. 추가적 공동소송

소송계속 중 원고 측이나 피고 측에 당사자가 추가되어 공동소송으로 되는 경우. 현행법이 인정하는 것은 제68조의 필수적 공동소송인의 추가와 제83조의 공동소송참가이다. 그 밖에도 학설은 긍정적이나 판례는 소송계속 중 당사자의 추가는 (법에 명문규정이 있는 경우 외에는) 안 되는 것으로 본다.

[事例 112] 예비적 공동소송제도가 입법화되기 전의 사례

임대건물을 임대인에게 명도하고 떠나간 임차인 甲이 임대인 乙과 새로 이 건물을 매입한 양수인이 된 丙을 상대로 자기 임대보증금의 반환청구를 하는 소송이 있었다. 2002년 신민사소송법에서 예비적 공동소송제도를 신설하기 전에, 우리 판례는 예비적 공동소송 즉 소의 주관적 예비적 병합이 부적법하다고 일관하여 왔다. 이 점을 고려하였음인지 甲이 乙을 주위적 피고, 丙을 예비적 피고로 청구하지 못하고 乙·丙을 연대채무자인 것처럼 하여 통상 공동소송을 제기한 것이었다.

乙·丙이 보증금전액에 대한 연대채무자라면 어느 정도는 원고 甲에 대하여 공동피고 乙·丙이 서로 협력하는 소송관계일 법한데, 乙·丙은 적대관계에서 보증금반환채무에 대하여 서로 책임을 전가하는 것이었다. 피고 乙은 피고 丙에게 문제의 건물을 매각·양도할 때에 피고 丙이 보증금반환채무를 인수하기로 하고 그 액수만큼 丙에게서 받을 건물매각대금을 감하여 주었다고 주장하는 것이었고, 피고 丙은 자기가 乙에게서 건물을 매수양도받았지만 乙이 매각대금전액을 받았으며 임차인 甲에 대한 보증금반환의 책임문제는 전혀 거론조차 한 일이 없다고 부인하는 것이었다. 피고 乙·丙끼리 서로 법정에서 흥분하여 욕을 하면서 그렇다고 이에 관한 어떠한 서증제출도 없이 적대관계로 싸우는 것이었다. 원고 甲은 피고 乙·丙이 서로 싸우는 것을 잠자코 바라만 보고 있다.

이 소송은 형식은 통상 공동소송이지만, 실질은 피고 乙에 대한 청구와 피고 丙에 대한 청구가 서로 양립할 수 없는 관계의 예비적 공동소송으로 보고, 당시의 판례대로라면 부적법각하감이라 보았지만, 원고에게 왜 이와 같은 형태의 소송을 제기하게 되었는가를 물었다. 그랬더니 원고 甲은 먼저 임대인 乙에게 찾아가서 보증금을 돌려달라고 했더니 임대건물을 매각하면서 양수인인 丙에게 채무인수를 시켰으니 丙에게 가서 추심하라고 하고, 그래서 丙에게 찾아 갔더니 전 주인인 乙의 임대보증금관계는 자기는 모른다고 乙에게 찾아 가라고 서로 미루니 乙·丙 둘 중 한 사람은 보증금채무자임에 틀림없다고 보고 변칙이지만 乙·丙 연대로 이 소를 제기하게 되었다고 하는 것이었다. 두 사람 중 누가 진정한 채무자인가를 가릴 곳은 법원이라 생각해서 제기한 것이 이 소송의 취지라는 것이었다. 이러한 형태의 소송은 현재의 판례는 허용하지 않는다고 하여 단순 각하판결하는 것은 아무래도 안이한 사건처리로서 원고에게 가혹하므로 법정이 끝난 뒤에 판사실로 조용히 불렀다. 여전히 乙, 丙은 서로를 채무자라고 하며 싸우는데 끝날 것 같지 아니하며, 그럴 것 없이 甲, 乙, 丙 3자 각 1/3씩 양보하는 것이 어떠냐고 제의했더니, 모두 이의없이 동의하여 재판상 화해를 성립시켜 종결지었다. 육두문자를 쓰다시피 하던 乙, 丙이 서로 악수하면서 甲까지 3인이 저녁에 대포를 같이 마시자며, 재판장인 필자도 합석을 제의받았다. 물론 제의에 동의하지는 아니하였지만, 3자 서로 만족하는 분쟁해결에 법관으로 보람을 느낀 사례였다.

필자는 이 case를 통하여 이러한 형태의 소송을 판례가 부적법하다고 본다면 입법적 해결으로라도 수용해야 할 것임을 절감하였다. 법원이 이러한 형태의 분쟁에 대하여 문전에서 외면하고 각하하는 것은 case manager로서의 법원의 책무에 맞지 않고 분쟁해결의 사회적 수요를 외면하는 것이라 생각하였다. 그러던 차에 2002년 민사소송법을 전면 개편하면서 필자는 그 기초에 관여하지 않았지만 지론대로 이 제도를 신설한 것에 대하여 누구보다도 환호하고 싶었다.

현대형 분쟁의 다양성을 고려하여 유연하게 해결할 틀을 만들었다는 의미에서 우리 소송법사에서 한 획을 그은 발전적 쾌사이다. 대법관으로 발탁된 이기택 판사가 입법에 적극 참여하였다 한다.

제 2 절   선정당사자

여러 사람이 공동소송인이 되어 소송을 하여야 할 경우에 생기는 문제이다. 모두 소송에 나설 것이 아니라 그 가운데 모두를 위하여 소송수행할 당사자로 선정된 자를 선정당사자라고 한다. 선정당사자를 선출한 자를 선정자라고 한다. 이해관계인인 전원이 모두 소송당사자로 나서면, 변론 복잡, 송달사무의 폭주, 다수자 중 어느 누구에 발생한 사망 등 소송중단의 사유로 소송진행이 한 없이 번잡해지는 문제점이 있다. 따라서 대표자를 뽑아 소송의 단순화·간편화를 위하여 이 제도를 채택하였다.[事例113] 증권관련 집단소송 등 몇 가지 이외는 집단소송 일반에 관한 법제화가 되지 아니한 현황에서 제소하는 피해자들이 그들 대표자로 선정당사자를 내세우고 나머지 피해자는 선정자로 한발 물러서 지켜보게 하는데 의의가 있다. 모델이 된 일본보다 우리나라에서 더 널리 활용되고 있다. 집단소송의 반발 등 소송천국이 되어 간다는 증좌이다.

선정당사자와 이를 뽑은 선정자의 관계는 대리관계가 아니고 소송수행권의 신탁관계이다. 때문에 선정당사자는 선정자의 대리인이 아니라 자기 이름으로 하는 소송수행자이다.

(1) 선정요건(제53조)

- 공동소송을 할 처지의 여러 사람이 있을 것
- 여러 사람 사이에 공동의 이해관계가 있을 때 뽑을 수 있다.

다수자 서로 간에 공동소송인이 될 관계에 있고 또 중요한 공격방어방법을 공통으로 하는 경우라면 공동의 이해관계가 있다고 볼 것이다. 공동소송에 관한 규정인 제65조 전문에 해당하는 권리·의무의 공통이나 권리·의무 발생원인의 공통의 경우에는 서로 간에 공동의 이해관계가 있다고 보아 선정당사자를 뽑을 수 있을 것이다. 그러나 제65조 후문의 권리·의무의 동종이나 권리·의무의 발생원인의 동종일 경우는 해당되지 않을 것으로, 원칙적으로 선정당사자를 뽑을 수 없다. 단, 이 경우에도 여러 사람이 상대방과 다투는 쟁점이 공통적일 때는 달리 볼 것이다(대법

99다15474).
- 공동의 이해관계 있는 사람 중에서 선정할 것

제3자를 끌어다 선정당사자로 세우면 안 된다.

(2) 선정의 방법

대리권을 주는 것과 유사한 단독적 소송행위임. 소송능력이 필요하며, 선정을 할 때에 조건을 붙이면 안 된다. 선정의 효력은 특단의 사정이 없으면 소송종료시까지 계속된다(대법 2003다34038). 선정은 각 선정자가 개별적으로 하여야 하며, 다수결로 할 수 없다. 선정당사자의 자격은 법원에 서면증명을 요한다(선정서의 작성제출).

(3) 선정의 효과

- 선정당사자의 지위

선정자의 대리인이 아니고 당사자 본인이므로, 소송대리인에 관한 제90조 제2항의 제한을 받지 않는다. 따라서 소취하(소취하합의도 같음, 대법 2011다105966), 화해, 청구의 포기·인낙, 상소의 제기를 할 수 있다. 소송수행에 필요한 모든 사법상의 행위도 할 수 있다(변호사보수에 관한 약정은 다르다. 대법 2009다105246). 선정자들이 여러 사람의 선정당사자를 선정한 경우는 그 소송관계는 필수적 공동소송으로 된다.

- 선정자의 지위

소송계속 후 선정을 하면 선정자는 당연히 소송에서 탈퇴한 것으로 본다(제53조 2항). 선정당사자가 받은 판결은 선정자에게 미쳐(제218조 3항), 그 판결로 선정자를 위해 또는 선정자에 대하여 강제집행을 할 수 있다(승계집행문 필요). 판결서에 당사자 표시에서는 선정당사자만 표시하고, 그 말미에 선정자 명단을 붙인다.

- 선정당사자의 자격상실

선정당사자의 사망·선정의 취소, 공동의 이해관계의 소멸도 자격상실 사유. 여러 선정당사자 중 일부의 자격상실로 소송절차가 중단되지 않으며, 다른 선정당사자가 소송을 수행한다(제54조). 선정당사자 전원이 자격을 상실한 경우는 다르다(제237조 제2항).

선정당사자의 자격유무는 당사자적격의 문제이므로 직권조사사항이다.

따라서 무자격의 선정당사자가 받은 판결은 선정자에게 미치지 아니하며, 무효인 판결이다. 다만 판례는 무자격의 선정당사자라도 선정자 자신이 선정하였다면 그에 의한 인낙을 하였을 경우에 재심사유는 아니라고 보았다(대법 2005다10470).

[事例 113] 동부이촌동 집단수재민 사건 — 법관에게도 주먹은 가깝고 법은 멀다

용산구 동부이촌동이 지금은 서울에서 지가가 가장 높은 지역 중 하나로 각광을 받는 곳이지만, 한강치수사업이 본격화되기 이전에는 거의 모래사장이었던 곳으로 여름만 되면 한강물이 넘쳐 홍수로 인한 단골 수재지역이었다.

이 지역은 여름철이 되면 기천 명의 사람들이 몰려 홍수철이 돌아오는 때를 기다리는 족속들이 있는 것이 큰 사회문제가 되었다. 이들이 여름에 비가 많이 내려 한강이 범람하여 홍수가 나면 자기의 가건물이 침수가 되어 수재민이 되고 수재구호대상자가 되는데 이에 재미들린 단골 수재민들 때문에 당국을 매우 곤혹스럽게 하였다. 그리하여 당국은 국유지인 한강하천부지를 무단점거하고 무허가건물을 설치한 이들 단골 수재민들에 대하여 먼저 가건물을 철거한다는 계고처분을 하고, 스스로 철거하지 아니하면 행정대집행으로 불도저로 철거집행을 할 태세였다.

요사이 같으면 일부 언론과 시민단체^{전철연} 등의 후원으로 집단농성시위로 반발을 할 것이나 그때만 하여도 사회분위기가 온건, 평화적인 편이었으며, 제도권에서 문제를 해결하려는 편이었다. 그리하여 한 동리를 형성하다시피 했던 가건물의 주인들인 이촌동 주민 2,000여 명이 이 집단철거를 저지하기 위하여 국가와 서울특별시를 공동피고로 하여 하천부지 점유권확인의 소를 제기하는 것이었다.

이들 2,000여 명이 원고가 되어 한 사람의 변호사를 공동소송대리인으로 세웠지만, 거의 전원이 법원으로 몰려와서 방청하는 바람에 이를 수용할 수 없는 좁은 법정은 아수라장이 되다시피 하였다. 원고 소송대리인의 소장의 청구취지나 청구원인에 따른 진술이 있었고, 뒤따라 피고들 대리인의 답변의 차례가 되었는데 '인산인해'를 이룬 방청석의 당사자들의 욕설과 함성이 쏟아지니 신변의 위협을 느껴 겁을 먹은 상태에서 답변을 제대로 못하는 것이었다. 재판부가 점유권을 주장한다면 적법한 점유권원이 무엇인가를 묻는 석명권행사에 방청석의 원고 본인들이 노골적으로 불만의 곱지 않은 눈초리를 보내 소송지휘도 어려운 상황이었다.

그리하여 우리 재판부는 원고대리인에게 2,000여 명의 원고 중에서 대표감 몇 사람을 선정당사자로 세워 그들이 재판진행의 상황을 지켜보게 하고 나머지 당사자들은 좁은 법정에 무리하게 몰려올 것이 아니라 생업에 충실하는 것이 좋겠다고 간곡히 당부한 일도 있었다. 법관은 다중의 당사자가 법정에 출정하여 그 위세를 과시할 때에는 물리적 방어력이 없는 처지가 되므로 어쩔 수 없는 두려움을 느낀다. 법관에게도 '주먹은 가깝고 법은 멀'기 때문이다. 예전 6·25 전쟁 상이군인들이 집단부락을 형성한 시절이 있었다. 이 부락원 100여 명이 집단소송을 벌인 사건에서 법정에 서서 때로는 위협적으로 목발을 들고 흔들었기 때문에 담당재판부가 법정에 들어가는 것에 두려움을 느끼던 일도 있었다.

제 3 절   집단소송[事例 114]

• 오늘날 대량생산, 대량소비·재해에 따른 집단피해의 사회구조 하에서 소액의 피해자가 양산되는 실정이다. 이를 전통적인 소송의 틀에서

는 대응하기 어렵다고 할 현대형의 구제책인 집단소송이란 새 패러다임이 등장하고 있다. 그 효시가 미국의 대표당사자소송(class action)으로, 피해집단 중에서 대표자가 나서 피해집단에 속하는 총구성원을 위하여 일괄하여 소를 제기하고, 일거에 전체의 권리를 실현시키는 소송형태이다. 제외신청(opt out)을 한 구성원을 제외하고 모든 구성원에게 판결의 효력이 미치며, 손해배상청구가 특색이다.

이에 대하여 독일형의 단체소송(Verbandsklage)이 있는데, 단체가 소액피해자의 구제를 위하여 나서 가해자에 대한 침해중지의 부작위청구의 소를 수행한다.*

• 현행 제도권의 집단소송   이러한 미국형의 대표당사자소송은 증권관련집단소송제도의 신설로 부분적 채택을 하였고 독일형의 단체소송은 소비자기본법에서 소비자단체소송으로, 개인정보보호법에서 개인정보단체소송으로 각 부분적으로 도입되었다. 이들 소송에서는 소제기 후 소송허가결정을 받아야 한다(허가결정에 긍정적인 판례로는 대법 2013마1052·1053. 로얄 뱅크 오브 캐나다의 ELS 사건, 2016. 6. GS건설 분식회계사건 등). 소송허부결정에 대법원의 재항고결정이 날 때까지는 본안소송의 심리를 미룰 수 밖에 없어 집단소송의 심리가 늦어지는 문제가 있다(즉시항고에 집행정지의 효력 때문). 이 밖에 상법의 주주대표소송, 지방자치법의 주민소송 등 법제화된 집단소송의 예가 있다.

• 한국형 집단소송   입법의 공백으로 규제 없는 지금의 한국형 집단소송은 일부변호사가 인터넷카페 등을 통하여 집단피해자를 공모하여 국가나 기업 등을 상대로 하는 공동소송의 형태로 행하여지는데, 집단행동이 시대상의 반영인지 공전의 성황을 이룬다. 투기성 기획소송, 정치공세로 악용, 견실한 기업활동에 위협 등 남소의 우려와 다수의 피해자에 대한 소송요건 특히 피해자의 실재여부와 피해액의 개별산정으로 심리에 엄청난 재판인력이 소모되는 등 해결하여야 할 문제가 있다. 이와 같은 한국형 집단공동소송을 방치만 할 것이 아니라 조속한 대응입법으로

---

* 일본형은 여기에 손해배상청구를 가미한 것으로, 졸저, 신민사소송법(제15판), 780면.

건전한 집단소송제도의 기틀의 마련이 요망된다. 징벌적 배상제도의 확대와 더불어 집단소송의 통일적 입법이 주요현안이다. 다만, 집단소송의 입법에 있어서 기업에 비친화적 입법(증명책임의 전환 등)만이 능사는 아닐 것이다.

[事例 114] 집단행동의 효시인 망원동 집단수해 사건과 변호사 조영래

1984. 8. 31.부터 연 3일간 중부권의 집중호우로 서울시 마포구 망원동 유수지의 수문상자가 무너지고 한강물의 역류로 망원동 일대 주택지가 물에 잠기는 큰 수해가 발생하였다. 이에 먼저 망원동 주민 21명이 서울특별시와 현대건설을 공동피고로 하여 손해배상청구소송을 제기하였다.

이에 제 1 심법원은 피고 현대건설에 대한 청구는 기각하고, 피고 서울특별시에 대하여서만 영조물의 설치·보전의 하자를 이유로 청구를 인용하여 배상판결을 하였다. 이 사건은 상급심으로 올라가 여기에서도 서울특별시에 배상책임이 있는 것으로 판결 확정이 되었다^{대법 90다카}¹⁰⁵²⁷.

이 사건의 제 1 심판결이 난 뒤 배상청구권의 소멸시효 완성 1주일을 앞둔 1987년 9월에 망원동 주민 7,000여 세대 24,000여 명이 전심절차인 국가배상심의회를 거쳐서 제소하였으니, 이 사건이 우리나라 집단소송의 효시가 되었다.

이 집단소송을 승소로 이끈 주인공은 불세출의 인권변호사인 조영래 변호사이다. 그는 부천경찰서 권인숙 양 성고문 사건을 파헤치며, 인권변호사로 공전의 큰 활약을 하였다. 그는 '거리에서의 민주화'보다 '제도권에서의 민주화' 투쟁을 시도하였기 때문에 '온유한 투사 조영래'

故 조영래 변호사

로 평가되기도 한다. 1988년 전두환 대통령의 국제그룹해체 사건에 대한 위헌소송을 제기하여 대리인으로 혼신의 힘을 쏟았다. 그 사건의 주심 재판관이었던 필자를 찾아왔을 때에 그는 몹시 기침을 하여 건강을 조심하라고 말했던 것이 그와의 마지막 대화였다. 결국 그는 위헌선언으로 성공을 이끌어 냈지만 결과를 보지 못한 채 43세를 일기로 타계하였다.* 그가 일관하여 위헌선언을 이끌어내고 양정모의 원상회복의 법원 소송까지 수행하였다면 결과는 어떠했을 것인가. 헌재의 위헌결정으로 승소한 양정모 측의 일반법원에서의 원상회복소송이 그렇게 쉽게 좌절되지는 아니하였을 것이라는 추측이다. 물론 법원 측이 헌재결정의 기속력을 존중하였는가의 의문도 있다. 우리나라 민주발전사와 재판사의 기념비적인 인물임에 이의가 있을 수 없을 것이다.

그는 경기고를 거쳐 서울대학교를 수석으로 입학하였고 그가 법대생으로 한일협정반대의 데모를 주도하면서 과거의 서울대 학생운동의 중심을 문리대에서 법대로 옮겨오기도 하였다. 그에게는 그러한 막강한 리더십과 카리스마가 있었다. 그가 서울대 데모를 주도할 당시 서울대 캠퍼스는 종로구 동숭동에 있었으므로, 그 관할 경찰서가 동대문 경찰서였는데 여기에 가장 엘리트 경찰서장을 배치하여 그를 불러 회유·설득하여 데모를 막아보려고도 시도하였지만, 오히려 경찰서장이 그에게 설득을 당하는 해프닝도 있었다는 말이 잊혀지지 않는다.

노태우 대통령 시절 지방자치단체장을 임명제에서 선거제로 새로이 바꾸면서 범야권이 그를 서울시장 단일후보로 내세울 계획이었다고도 한다. 그러나 천재가 요절하는 것은 불변의 진리였는지 애석하게도 타계하여 불발의 아쉬움을 남겼다. 서울지방변호사회는 그의 공적을 기

* 이범준, 「헌법재판소, 한국 현대사를 말하다」, 115면 이하 참조.

려 조영래인권상제도를 마련하여 2015년부터 시상하였다. 그는 우리 사회의 민주화운동의 선봉장으로 평가 받아 그 뒤에도 동상도 세워지고 시상도 뒤따랐다.

제 4 절   제 3 자의 소송참가

현재 계속 중인 소송에 제 3 자가 자기이익을 옹호하기 위하여 관여하는 것을 말한다. 甲, 乙 간의 소송에 丙이 개입하는 것이다.

제 3 자의 소송참가는 다음과 같이 구분할 수 있다.

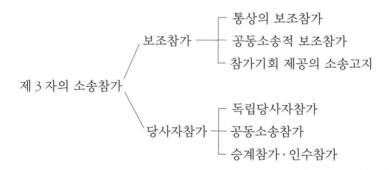

1. 보조참가

다른 사람의 소송계속 중 소송결과에 이해관계 있는 제 3 자가 한 쪽 당사자의 승소를 돕기 위하여 그 소송에 참가하여 주장·증명을 하는 것을 말한다. 보조참가하는 제 3 자를 보조참가인 또는 종된 당사자라 하며, 승소보조받는 사람을 피참가인 또는 주된 당사자라 한다. 보조참가인은 자기이름으로 판결을 구하지 않는 점에서 당사자는 아니나 자기이름과 계산으로 소송수행을 하는 점에서 대리인과 다르다.

(1) 요건(제71조)

- 다른 사람의 소송계속일 것. 상고심에서 허용되나 가압류·가처분 절차 아닌 일반 결정절차에서는 불허한다(판례).
- 소송결과에 대하여 이해관계를 가질 것 ＝ 참가이유

판결결과가 자신의 법적 지위에 영향을 미칠 경우. 이것은 본 소송의 결과인 승패, 즉 판결주문에 영향을 받는 관계일 때를 뜻한다(특히 피참가인이 패소되면 그로부터 구상이나 손해배상청구를 당할 처지인 때). 판결주문이 아니고 판결이유 속에서 판단되는 중요쟁점에 영향받을 경우는 아니다(교통사고의 공동피해자 중 한 사람의 배상청구에 다른 피해자의 보조참가는 부정). 이해관계는 법률상의 이해관계. 간통을 이유로 이혼소송을 당한 자가 패소하면 그 뒤에 공동불법행위자라고 하여 손해배상소송을 당할 상간자(相姦者)도 그 예. 그러나 사실상·경제상 이해관계는 불포함한다.

- 소송절차를 현저히 지연시키지 아니할 것(제71조 단서)
- 참가인에게 다른 구제수단이 있어도 허용

(2) 참가절차

- 서면 또는 말로 참가의 취지(원피고 중 어느 쪽 승소보조의 명시)와 참가이유를 명시하여 본소송계속의 법원에 신청(제72조 제1항). 참가신청은 상소의 제기 등 참가인으로서 할 수 있는 소송행위와 동시에 할 수 있다. 참가이유의 유무는 당사자의 이의 있을 때에 조사가 원칙(제73조 제1항)이고, 당사자가 이의 없이 변론하면 이의신청권을 상실한다(제74조). 이의 있는 경우에는 참가이유를 소명하여야 한다(제73조). 다만 신법은 당사자의 이의신청이 없는 경우라도 필요하다면 직권으로 참가이유를 소명시킬 수 있다(제73조 제2항).[事例 115] 참가인은 어느 때나 참가신청을 취하할 수 있다.

(3) 참가인의 지위

- 당사자의 승소보조자일 뿐으로, 당사자도 공동소송인도 아니다. 소송비용 이외는 참가인의 이름으로 판결 받지 않는 종속적 지위. 그러나 당사자에 준하는 절차관여권이 있으므로 기일통지나 소송서류의 송달에서 그를 빼놓으면 안 된다(이 점은 독립적 지위).

• 참가인은 피참가인의 승소를 위하여 필요한 소송행위, 즉 주장·증거신청, 상소의 제기·이의신청을 할 수 있다. 그러나 지위의 종속성 때문에 ① 소송정도에 따라 피참가인도 할 수 없는 행위(제76조 제1항), ② 피참가인의 행위와 어긋나는 행위(제76조 제2항), ③ 피참가인에게 불리한 행위인 소의 변경·확장행위나 반소, 피참가인의 상계권 등 사법상(私法上)의 권리행사는 안 된다.

• 참가인에 대한 판결의 효력　　참가인은 당사자가 아니므로 기판력·집행력은 미치지 않으며, 기판력과는 다른 특수효력인 참가적 효력이 미친다(제77조). 즉 피참가인이 패소하고 나서, 피참가인이 참가인 상대의 제2차 소송을 할 때에 형평상 참가인은 피참가인에 대한 판결내용이 부당하다고 다툴 수 없는 구속력을 받는다.

이러한 참가적 효력은 ① 주관적으로 피참가인과 참가인 사이에만 미치고 피참가인의 상대방과 참가인 사이에는 미치지 않는다(제77조).

② 객관적으로 기판력과 달리 판결주문에 대해서 뿐 아니라 판결이유 중 패소이유가 되었던 사실상·법률상 판단에도 미친다.

③ 피참가인의 패소시에 미치는데, 참가적 효력이 배제될 수 있는 경우(제77조)가 있다.

④ 전소가 확정판결이여야 하지 화해권고결정에는 참가적 효력이 인정되지 않는다(대법 2012다78148).

[事例 115] 보조참가신청의 남용

삼성전자 v. Apple 특허침해소송은 우리나라 서울중앙지법에서 먼저 제기된 바 있다. 다른 나라와 달리 이는 Apple의 선제소송이 아니라, 삼성이 홈그라운드인 우리나라에서 먼저 제기하였고 Apple은 반소로 맞선 바 있다. 이 숙명의 라이벌 간의 소송도 미국을 제외한 모든 국가에서 삼성과 Apple 간 소취하 합의에 의하여 이제 끝이 났지만, 우리나라 소송과정에서 Apple에 부품공급업체인 인텔Intel과 퀄컴Qualcomm이 보조참가신청을 하였다. 여기에 상대방인 삼성 측은 참가에 이의신청을 하지는 아니하였다. 독일이나 일본법은 참가에 이의신청이 없으면 참가이유에 대하여 소명을 시키지 않지만, 우리나라는 직권으로 필요하면 참가이유를 소명시키는 독특한 법제이다. 우리나라 법원이 인텔과 퀄컴에 참가이유에 대하여 직권으로 소명을 요구하지 않은 것은 이들 참가인의 보조참가신청이 남용이라 볼 여지가 없었던 때문인 것 같다. 직권소명의 요구는 제3자가 참가이유가 없음에도 사실상 소송대리를 할 목적이나 소송지연의 목적으로 보조참가신청을 하는 등 제도남용의 경우에 행하는 것이기 때문이다.

2. 공동소송적 보조참가

소송결과에 단순한 법률상의 이해관계가 아니라 판결의 효력이 미치는 제3자가 보조참가하는 경우(제78조). 당사자적격을 가진 자에 의한 참가인 제83조 공동소송참가와 달리 당사자적격은 없으나 판결의 효력을 받는 처지의 제3자라면 단순참가인과 달리 참가인에게 피참가인과 관계에서 필수적 공동소송인과 같은 소송수행권의 부여가 제도의 목적이다.

(1) 해당될 경우

본소재판의 효력이 참가인에게도 미치는 경우이다. ① 제3자가 소송담당을 하여 판결을 받은 경우는 그 권리귀속 주체에 판결의 효력이 미치므로(제218조 제3항), 권리귀속주체가 참가하면 공동소송적 보조참가됨(회생회사관리인의 소송에 회사의 참가, 채권자대위소송에 채무자의 참가, 주주대표소송에 회사의 참가(단 판례는 공동소송참가로 본다) 등). ② 행정소송·가사소송·권한쟁의심판과 헌법소원심판청구 등은 판결의 효력이 제3자에 미치므로 적어도 제소기간이 지난 이후에는 이러한 참가가 가능하다.[事例 116]

(2) 공동소송적 보조참가인의 지위

참가인은 피참가인과 관계에서 필수적 공동소송에 준하는 소송수행권을 가진다(제78조, 제67조 등). 단순보조참가인과 다른 점은,

① 참가인은 유리한 행위이면 피참가인의 행위와 어긋나는 행위를 할 수 있

다(참가인이 상소제기한 경우에 피참가인이 상소권포기·상소취하하여도 된다). ② 참가인의 상소기간은 피상속인에 종속하지 않고 독자적으로 계산. ③ 참가인에게 소송절차의 중단·중지사유가 있으면 소송절차는 정지

[事例 116] 행정소송에서 보조참가의 실태

행정소송 특히 항고소송을 제기한 원고적격자는 그 처분을 한 행정청을 피고로 하여 소를 제기하게 되는데, 피고인 행정청은 공기관인 만큼 소송에서의 방어에 무성의한 경우가 많다. 이와 같은 경우에 원고패소로 행정처분이 유지되면 이익을 얻게 되고, 패소하면 큰 불이익이 돌아올 처지인 제3자가 자기이익의 수호를 위하여 행정청인 피고를 승소시키고자 피고 편에 보조참가할 필요가 있게 된다. 피고가 패소하면 단순보조참가의 경우처럼 판결의 참가적 효력이 돌아올 경우가 아니라 자신이 직접 패소판결을 받은 것처럼 판결의 효력을 받게될 제3자인 이상 이러한 제3자는 단순보조참가의 지위에 그칠 수 없어, 법이 이들에게 공동소송적 보조참가인이라는 강한 지위를 부여했다.

예를 들면 어느 기업의 고용주 丙이 그 소속 근로자에 대한 해고처분을 하였는데, 그 근로자 甲이 지방노동위원회를 거쳐 중앙노동위원회에 부당노동행위 구제신청을 하였을 때에 중앙노동위원회가 구제신청 기각의 심판을 하였다고 가정하자. 그리하여 甲이 기각판정을 한 중앙노동위원회위원장을 피고로 하여 판정취소청구의 행정소송을 제기한 경우라면, 그 고용주 丙은 이 행정소송의 당사자적격이 없어_{당사자적격지: 해고근로자외 중앙노동위원회위원장} 소송당사자는 될 수 없지만 이 소송의 결과인 승패가 자신의 승패와 마찬가지 처지의 제3자가 된다. 그런데 피고인 중앙노동위가 답답하게도 소송에서 적극적 방어의 성의를 보이지 않는가 하면 방어태도도 효과적이 아닐 때에 방청석에 앉아 좌시만 할 수 없는 고용주 丙은, 피고인 중앙노동위 편으로 이 소송에 참가하여 그쪽의 승

소를 위하여 적극 관여하게 된다. 이렇게 되어 행정소송에서는 피고는 형식적 당사자이고 참가인이 실질적인 당사자로 될 때가 많다. 따라서 피고인 행정청이 마치 제3자로 방관자적 태도를 보이고 원고와 참가인 사이에 쟁투화하는 경우가 많다. 심지어는 참가인이 피고인 행정청에 유능한(?) 소송대리인을 선임하여 주는 등 재정적인 후원을 하는 경우도 없지 않다.

이러한 행정소송의 참가의 실질을 고려하여 판례는 행정소송법 제16조와 제17조의 참가 모두 공동소송적 보조참가로 보고^{대법 2011두30069}, 행정소송의 일종인 특허심결취소소송의 참가도 같이 보아^{대법 2012후1033}, 그 소송상의 지위를 보호하려고 한다.

3. 소송고지

소송계속 중에 당사자가 소송참가할 이해관계에 있는 제3자에 대하여 소송계속되었다는 것을 통지하는 것을 말한다. 고지하는 사람을 고지자(告知者), 고지받는 제3자를 피고지자(被告知者)라 한다. 피고지자에게 참가의 기회를 주고, 고지자가 패소되었을 때에 피고지자에게 참가적 효력을 미치게 하려는 데 제도적 목적이 있다. 교통사고를 당한 피보험자가 보험회사 상대의 보험료청구소송을 제기하였을 때에, 보험회사가 가해자에게 소송고지 등

• 요건(제84조)으로는, 당사자 간에 소송계속 중인데, 여기의 소송절차는 판결절차를 의미하고 일반결정절차는(가압류·가처분절차는 별론) 포함되지 않는다.

고지할 사람(고지자)은 소송당사자인 원·피고가 원칙이나, 보조참가인이나 고지 받은 피고지자도 고지할 수 있다. 이를 연쇄고지라 한다. 예를 들면 토지매수인 B가 진정한 소유자인 A로부터 타인의 물건의 매수라 하여 추탈배상소송(민법 제569조 이하)을 당하였을 때에 자신의 매도인 C에

게 소송고지를 한 경우라면, C는 다시 자기의 매도인(前 매도인)인 D에게 연달아 소송고지를 할 수 있다.

고지받을 수 있는 사람(피고지자)은 그 소송에서 패소하면 손해배상의 담보책임(매매나 도급의 하자담보책임)이나 구상청구를 당할 처지의 제3자가 해당. 이에 나아가 A의 계약상대방 당사자가 B 아니면 C일 때에 일단 B 를 피고로 소제기한 A는 C에게도 소송고지가 가능하다(택일적 채무자에게 소송고지, 독일판례·통설).

• 소송고지의 방식은 소송고지서라는 서면을 법원에 제출하여 한다 (제85조).

• 효 과

피고지자가 보조참가를 하지 아니하였다 하여도 고지자가 패소하였을 때는 보조참가인과 같은 참가적 효력을 받는다(제86조). 본소판결의 결론 의 기초가 된 사실상·법률상의 판단과 상반된 주장을 할 수 없다. 뒤에 고지자가 피고지자에 제2차 소송을 제기하였을 때 피고지자가 반드시 패 소한다고는 할 수 없다. 참가적 효력이 생기지 않는 경우가 있기 때문. 고 지자와 피고지자의 이해관계가 대립되는 사항에는 참가적 효력이 생기지 않는다(대법 85다카2091 등). 본소판결의 중요한 이유 아닌 방론 등으로 판단 된 사항이나 참가적 효력의 배제(제77조)의 법리가 적용될 경우도 마찬가 지로 볼 것이다.

어음·수표법상의 권리인 경우는 소송고지에는 시효중단의 효력이 생 기지만, 일반채권의 경우에는 시효중단사유로서의 민법상의 최고(민법 제 174조)의 효력뿐이다. 그 시효중단의 효력발생시기는 소송고지서를 법원 에 제출할 때이다(대법 2014다16494).

4. 독립당사자 참가[事例 117]

다른 사람 사이의 소송계속 중 원·피고 양쪽 혹은 한쪽을 상대로 자기청 구를 하여 함께 심판을 구하는 참가이다. 본소송당사자의 승소보조자가 아 니라 당사자로 참가하는 점에서 보조참가와 다르고, 또 본소송당사자와 대 립견제관계에 서는 점에서 그와 연합관계에 서는 공동소송참가와 구별된다.

소송구조에 대하여 다툼이 있으나, 양당사자대립구조의 예외적인 형태로서 원·피고, 참가인 사이에 대립견제관계의 3면적인 1개의 소송관계로 보는 3면소송설이 일반적이다(반대설 있음).

(1) 참가요건

① 다른 사람 사이의 소송이 계속 중일 것. 소송절차라면 일반민사소송을 말하고, 행정소송에서는 안 된다. 참가신청은 신소제기의 성질을 가지므로 법률심인 상고심에서는 안 된다는 것이 판례이다.

② 참가이유

• 하나는, 제3자가 소송목적의 전부·일부가 자기의 권리임을 주장하는 경우(권리주장참가, 권리자경합소송이라 할 수 있다). 원고가 자기의 소유라고 주장하는 목적물에 대하여 참가인이 오히려 자기가 그 소유권자라고 주장하는 경우가 해당. 부동산의 2중매매에 있어서 한 매수인 A가 매도인 乙을 상대로 이전등기청구를 하는 경우에 진정한 매수인은 A가 아니고 B자기라고 하면서 乙 상대의 이전등기청구를 위한 소송참가하는 경우도 포함될 것이다(주장자체로 본소청구와 참가인의 청구가 양립할 수 없는 관계). 단, 이중매매의 경우에 참가인 丙이 피고 乙에 대하여는 권리이전청구, 원고 甲에게는 甲이 乙에게 권리없다는 부존재확인청구를 하는 경우, 그 부존재확인청구는 확인의 이익이 없다고 하여 부적법한 참가라고 본다(대법 2009다71312).

• 다른 하나는, 제3자가 소송결과에 따라 자기의 권리가 침해된다고 주장하는 경우(사해방지참가)도 참가이유가 된다. 甲·乙간의 매매가 통정허위표시인데 그럼에도 甲이 乙을 상대로 매매를 원인으로 계약이행을 구하는 경우에 甲에 대한 채권자 丙이 甲·乙에 대하여 각 매매계약의 무효확인청구를 구하기 위하여 참가하는 경우가 그 예이다. 다만 최근의 판례(대법 2012다47548)는 참가인 丙이 참가의 원인이 된 甲·乙간의 매매계약이 사해행위라고 하여 그 취소를 구하는 참가는 허용되지 않는다고 본다(그렇게 되어 사해해위취소의 판결이 난들 판결의 효력은 상대적 효력 때문에 수익자인 甲에게 미칠 뿐 채무자인 乙에게 미치지 아니하므로 甲·乙간의 법률행위 자체에 영향이 생길 수 없다는 이유).

- 참가취지는 참가인이 원·피고 양쪽을 피고로 하는 것처럼 각기 자기청구를 하는 것이 원칙이며, 이를 쌍면참가라 한다. 그러나 2002년 신법은 원·피고 한쪽만을 상대로 자기청구를 하는 편면참가도 된다고 하였다.
- 참가신청은 본소청구에다가 참가인의 청구를 병합제기하는 것이므로, 제253조의 청구의 병합요건을 갖추어야 한다.

(2) 참가절차

참가신청에는 보조참가의 방식을 준용하여 참가취지와 이유를 밝히고 (제79조 2항), 원·피고 양쪽에 신소의 제기라는 의미에서 자기청구에 대한 청구취지와 원인을 서면기재하여 제출함이 원칙이다(참가신청서는 ① 참가취지 ② 청구취지 ③ 청구원인의 순으로 기재). 소제기시와 마찬가지로 시효중단·기간준수의 효력이 있다. 소장에 준하는 인지를 납부한다.

(3) 4면참가의 허부[事例 118]

판례는 일단 독립당사자참가가 있은 뒤 또 다시 제3자가 본소의 당사자를 상대로 참가할 수 있는가의 문제에서, 제2참가인이 원·피고만을 상대로 한 중첩적 독립당사자참가는 허용되지만, 제2참가인이 제1참가인까지 상대로 판결을 구하는 4면소송까지는 허용되지 않는다는 태도 (丙₂ → 丙₁ 청구는 불허). 그러나 학설은 절차의 번잡·지연의 염려가 없으면 원·피고·제1참가인·제2참가인 등 4자 서로간 권리관계를 일거에 합일확정하는 4면참가도 허용할 것이라 한다.

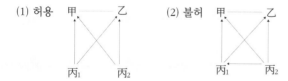

(1) 허용   甲   乙   (2) 불허   甲   乙
           丙₁   丙₂   丙₁   丙₂

(4) 참가소송의 심판

참가신청의 요건과 참가인청구의 소송요건을 각 직권조사한다. 원·피고, 참가인 3자 간이 동일권리관계를 에워싸고 벌이는 분쟁을 서로 모순 없이 해결하려는 소송형태이므로, 모순 없는 해결을 위한 필수적 공동소송에 관한 제67조의 규정을 준용한다.

1) 소송자료의 통일

원·피고, 참가인 중 한 사람의 유리한 소송행위는 나머지 1인에 대해서도 그 효력이 생김. 예컨대 참가인이 주장하는 주요사실을 원고만이 다투고 피고는 자백해도 피고가 다툰것과 같은 효력이 생긴다. 그러나 불리한 것이면 두 당사자 간에도 효력이 발생하지 않는다(제67조 제 1 항 준용, 참가인의 피고에 대한 청구를 피고가 인낙하였다 하여도 원고에게 불리하다면 참가인과 피고 사이에서도 무효가 됨).

2) 소송진행의 통일

변론기일 등은 공통으로 정하여야 한다. 3자 중 한 사람에 사망 등 중단·중지의 사유가 생기면 전체소송이 정지된다. 변론의 분리·일부판결은 불허.

3) 모순 없는 본안판결

3자 간의 본안에 관한 다툼을 하나의 소송절차에서 모순 없이 1개의 전부판결로 끝내야 한다. 본소청구와 참가인청구 모두를 동시에 재판하지 않고 잘못 일부판결을 했다면 나머지 잔부에 대해 추가판결로 보충할 수 없고, 판단누락으로 보고 상소로 시정할 것.

4) 판결에 대한 상소

3자 중 1인이 상소를 하면 상소하지 아니한 나머지 당사자에 대한 판결부분도 부적법각하판결이 아니면 상소심으로 이심(移審)되는 것이고 분리확정되지 않는다. 이때 상소하지 않았으나 상소심으로 이심되는 당사자의 지위는 '단순한 상소심 당사자'이다. 상소하지 아니한 당사자에게 불이익변경금지의 원칙이 배제된다. 즉 원고 승소, 피고·참가인 패소 시에 참가인만이 상소해도 상소하지 아니한 패소 피고에게 유리하게 피고승소로 변경될 수 있다. 이처럼 불복한 바 없는데도 이익을 받는 당사자가 생기는 것(=이익변경금지원칙의 부적용)은 합일 확정의 원칙 때문이다.

(5) 단일소송·공동소송으로 환원

3면소송이었던 독립당사자참가가 ① 본소의 취하·각하(취하에는 참가인의 동의요함), ② 참가의 취하·각하(취하에는 참가인의 본안응소 후에는 원·피고 양쪽의 동의요함(제266조 제 2 항)), ③ 종전 당사자의 소송탈퇴(제80조 상대방당사자의 승낙요함)의 경우는 3면소송이 붕괴. 그러나 판결의 효력은 탈퇴자에게 미친다(제80조 단서).

[事例 117] 학교법인 연세학원의 기부금 사건

재력가인 K모 씨는 사망하기 전에 우리은행에 예치한 예금채권 100억여 원에 대하여 학교법인 연세학원에 기부하는 내용의 자필증서에 의한 유언민법 제1066조을 하였다. 그런데 동인이 죽고 나서 그의 상속인 7인이 우리은행에 그 예금채권을 자기네 상속재산이라 하며 찾으려하니 우리은행 측은 예금주가 이미 연세학원에 유언으로 양도한 채권이라 하며 이를 거부하였다.

그리하여 K 씨 상속인 7인이 우리은행을 피고로 한 예금채권 반환의 소송을 제기하게 되었으며, 이것이 학교법인 연세학원에 알려지면서 연세학원은 소송의 목적인 예금채권은 자기네의 권리라고 주장하며 학원 측으로 반환하라는 청구를 하며 이 소송에 독립당사자참가를 하였다. 쟁점은 피고은행의 예금채권이 K모 씨의 예금채권임에 틀림없지만, 그의 유언에 의하여 연세학원에 유효하게 유증이 되었는가 여부였다. 더 구체적으로 살피면 K모 씨가 생전에 민법 제1066조의 자필증서에 의한 유언으로 그 예금채권을 연세학원에 유증한다는 것을 밝혔는데, 자필증서에 의한 유언방식을 제대로 갖추어 유효하게 하였는가 하는 것이 쟁점이 되었다. 왜냐하면 민법 제1066조 제 1 항에 의하면 "자필증서에 의한 유언은 유언자가 그 전문과 연월일, 주소, 성명을 자서自書하고 날인하여야 한다"고 규정하고 있는데, K모 씨의 유언장에는 그의 날인이 없었던 것이었다.

학교법인 연세학원은 유언장에 유언자의 날인이 없었음에도 제1·2·3심에서 자기네 귀속채권이라고 계속하여 주장하였지만, 대법 2006다

25103, 25110 판결에서 "유언자의 날인이 없는 유언장은 자필증서에 의한 유언으로서의 효력이 없다"고 하면서 K모 씨의 유언에 의하여 연세학원이 유언양도를 받았다고 볼 수 없다하여, 참가인 연세학원은 3심까지의 인지대만 8,700여만 원을 납부한 채 패소확정되었다.

그 뒤 연세학원이 유언장에 '날인'이 없다는 이유로 패소된 것에 불복의 취지로 자필증서에 유언자의 날인을 요하게 한 민법 제1066조 제1항은 유언의 자유를 과도하게 제한하는 규정이므로 위헌이라는 취지의 헌법소원을 냈다. 하지만 헌법재판소는 2008. 3. 27. 결정으로 이를 받아주지 아니하였다.

유언의 방식은 그만큼 요식적이고 경직되어 있다^{판결문에 관여 법관의 서명이 빠지면 취소사유가 되는 것과 같은 맥락, 일본 최고재판소는 최근 자기네의 재래식의 날인도 효력 부정}. 그만큼 위조의 개연성도 크기 때문이다.

[事例 118] 단국학원의 원조학교 토지 사건

이 사건은 단국대학교 설립자의 부친이었던 박기홍 씨가 운영하던 일제 말 장훈심상소학교^{이하 장훈소학교}의 교정부지 등 토지를 놓고 일어난 그 소유권분쟁 사건이었다. 원래 장훈소학교는 일제강점기인 1920년 초 유지 수인에 의하여 설립된 오랜 역사의 학교였는데 1935년 초에 천안의 거부 박기홍 씨가 거금을 출연하여 인수하여 단독 경영하여 왔다. 그러나 학교는 일제가 2차대전 말 전쟁군수물자의 조달에 바빠 부자들에게 행한 소위 공출^{供出}강요를 당하는 바람에 재정난에 쫓겨 1945년 해방 직전에 폐교되고 말았다. 해방 후 폐교된 학교교정부지 약 600여 평은 유휴지가 되어 이 곳에 38°선 이북에서 피난해 온 월남민들이 텐트를 치고 살던 곳이 되기도 했다. 6·25사변이 끝나고 정국이 안정기에 들어선 1950년 후반기에 이르러 무주물이 되다시피 한 이 땅이 개발기에 접어들며 땅값도 뛰면서 서로가 이 땅의 소유권을 주장하고 나서는 등 토지소유권을 찾겠다는 소송이 제기되었다.

이 소송에 먼저 원래 장훈소학교 해방 전 운영자인 박기홍 씨의 호주상속녀인 딸 박정숙 씨_{그의 동상이 단국대 교정에 서 있었음}가 소송목적인 이 토지의 소유권을 주장하며, 이 소송에 독립당사자참가를 하여 제 1 참가인이 되었다. 이어서 원조 장훈소학교의 후신이라고 자처하는 재단법인 장훈학원도 자기네가 소유권자라 하여 독립당사자참가를 하는 제 2 참가인으로 나타났다. 나아가 학교법인 단국학원이 자신이 장훈소학교를 운영하였던 박기홍 씨에 명의신탁을 해둔 것이니 자기네가 진정한 소유권취득자라 자처하며 제 3 참가인으로 등장하였다.

한편 제 3 참가인 학교법인 단국학원은 제 1 참가인인 박정숙 씨에 대하여 그 소송내에서 소유권이전등기청구를 하였으며, 원심인 서울고등법원은 이 땅은 박기홍 → 박정숙 → 단국학원으로 소유권이전이 되었다고 보아 이 청구를 받아들여 제 1 참가인에게 제 3 참가인 앞으로 소유권등기 이행을 명하는 판결을 하였다.

이에 대법원은 참가인_{제 1 참가인과 제 3 참가인} 사이에 아무런 소송관계가 성립할 수 없고 법원은 이러한 청구에 대하여 판결할 수 없다 하여 참가인 사이의 이 등기이행판결이 위법하다고 보고 더구나 이 사건 계쟁토지 제 5 목록까지의 토지 중 3·4·5 목록 중에 전답이 있는데, 이는 농지개혁법에 의하여 정부가 매수하여 농민에게 분배된 것이라면 재단법인 단국학원은 소유권을 상실할 수밖에 없다 하여 단국학원이 이긴 판결을 파기하였다. 이것이 대법 4290민상308~311 판결이다_{세 차례의 참가신청 때문에 308에서 311까지 사건번호가 연속으로 붙음}. 이 판결에서 제 1 참가 후 제 2 참가·제 3 참가 등 연달은 겹치기의 중첩적 참가는 부적법하다고 보지 않으면서, 단지 참가인 상호간의 소송관계의 성립을 부인함으로써 4면·5면 소송에 대한 부정적인 입장을 취한 것이다. 원래 이 사건을 처음 제기한 원고의 소송 계속 후에 계쟁토지의 소유권자라고 주장하는 자가 셋이나 더 나타나 제 1 참가인, 제 2 참가인, 제 3 참가인으로 소송에 가입함으로써, 참가인들끼리 다투라고 하며 원고는 소송탈퇴하였고, 제 1 참가인에 대한 제 3 참가인의 소유권이전등기청구에서 제 1 참가인이 패소하였음에도 제 1 참가인은 상고하지 않고, 제 2 참가인만이 상고하였던 특이한 사건이었다.

만일 참가인들 상호간의 청구를 인용한 원심인 서울고법 판결이 대법원에서 유지되었다면 독립당사자참가의 경우에 3면소송에서 4면소송으로 구조변혁도 가능하다는 leading case가 되었을 뻔하였다. 지금의 단국대학교는 엄청난 규모지만 그 모태는 조그만 초등학교였으며, 그 출발과정에서 복잡다단한 소송진통과 함께 이와 같은 이채로운 판례도 나오게 한 계기가 되었다.*

5. 공동소송참가

• 타인간의 소송계속 중 그 판결의 효력을 받을 제 3 자가 원고 또는 피고와의 공동소송인의 입장에서 참가하는 것을 말한다. 판결의 효력을 받는 제 3 자의 참가인 점에서는 공동소송적 보조참가와는 공통적이나,

---

* 일제시대는 만석지기는 하늘이 낸다는 말이 있었던 때이다. 단국대학교 설립공로자인 천안부자 박기홍 씨도 그중 한 사람이었다. 그보다는 차원이 다른 10만석을 한 사람으로는 민영휘, 김연수, 문명기 외 이회영 씨 등 4인이 있었는데 이회영 선생에 관한 이야기이다. 다른 세 분은 일제시대 군용기를 헌납하는 등 친일행위를 하였지만, 이분은 서울 명동 일대의 엄청난 재산을 팔아 만주 땅에 독립투사의 양성을 위한 신흥무관학교를 세웠다. 그런데 우당 이회영 선생의 후손인 이규창 씨 등이 선대의 뜻을 이어받아 해방 후 귀국하여 지금의 경희대학교의 전신인 '신흥대학'을 설립하였다. 그러나 신흥재단에서 고황재단으로 바뀌는 과정에서 학원이사회결의무효확인 등 운영권 분쟁사건에 말려들어 민사소송의 회오리 속에서 큰 시련을 겪었다. 그리하여 이규창 씨가 당사자가 된 사건이 초기의 대법원 판례집에 나타나 있다. 소송사건에서 패소가 원인인지는 잘 모르겠으나 학교의 운영권이 다른 사람에게 넘어가게 되면서 '신흥대학'이란 명칭도 유지 못한 채 교육사업이 후계되지 못한 것이 아쉽다. 이렇듯 소송의 승패가 사람의 운명과 사업의 성패를 좌우하는 것이었던가. 그러나 이회영 가문에서 훌륭한 인물이 많이 나와(이시영, 이종찬, 이종걸, 이철우 등) 가문의 영광은 계속되고 있다.

승소보조자 아닌 공동소송인인 당사자가 되는 점에서 다르다.

• 소송계속 중이면 상고심에서도 가능하다 하지만(학설), 판례는 상고심에선 안 된다고 본다. 참가하는 제3자는 별도의 소제기를 할 수 있는데도 현재 계속중인 소송을 이용하여 공동소송인으로 참가하는 것이므로 자신에게 당사자적격이 있는 것이 참가의 필수요건으로 본다. 채권자대위소송시에 채무자, 선정당사자를 내세운 경우의 선정자, 주주대표소송시에 회사(판례는 허용)가 하는 이와 같은 참가는 중복소송이 되어 허용되지 아니한다.

• 제3자가 피참가인인 당사자 한쪽과 합일확정의 관계라야 한다. 참가인은 피참가인이 받은 판결의 효력이 미칠 관계에 있어야 한다. 참가함으로써 참가인이 피참가인과 유사필수적 공동소송관계가 될 때에 해당된다. 최근 판례는 채권자대위소송 계속 중 다른 채권자가 동일 채무자를 대위하여 하는 공동소송참가 신청도 허용된다고 했다(대법 2013다30301·30325). 나아가 참가인과 피참가인이 고유필수적 공동소송관계로 될 때에도 포함된다고 볼 것이다. 제68조에 의해 고유필수적 공동소송에서 새로 마련된 누락된 공동소송인의 추가 제도는 제1심에서만 허용되므로, 상소심에서까지 허용되는 공동소송참가는 여전히 누락자 보정제도로서 의미가 있을 것이다.

• 공동소송참가는 공동소송적 보조참가와 달리 단순한 소송상의 신청이 아니고 소제기와 같은 실질이므로, 원고 측의 참가에는 소장에 준하는 인지를 붙여야 하는 부담이 있다(민사소송 등 인지법 제6조). 이 점이 공동소송적 보조참가와 다르다.

[소송참가형태 4가지의 비교]

참가형태	의의	참가이유	참가인의 지위와 판결의 효력
보조참가 (제71조)	당사자 일방의 승소를 위한 참가	판결 효력을 받지 않지만 소송결과에 이해관계	• 종된 당사자이므로 피참가인에 불리한 행위 불허 • 피참가인 패소 시 참가적 효력뿐

참가형태	의의	참가이유	참가인의 지위와 판결의 효력
공동소송적 보조참가 (제78조)	판결 효력이 미치는 자의 보조참가	당사자적격은 없으나 판결효력을 받을 이해관계	• 종된 당사자이나 필수적 공동소송인에 준하는 지위 • 당사자와 같은 판결 효력
독립당사자참가 (제79조)	종전당사자를 상대로 한 대립견제관계의 당사자참가	소송목적인 권리 주장 참가 소송목적인 사해행위 방지참가	• 당사자로서 완전한 소송수행권 • 당사자와 같은 판결 효력
공동소송참가 (제83조)	종전당사자 일방과 필수적 공동소송인 관계의 당사자 참가	종전당사자의 일방과 합일확정관계	• 소제기와 같은 실질, 완전한 소송수행권 • 당사자와 같은 판결효력

제 5 절 당사자의 변경

같은 소송절차에서 제 3 자가 소송에 가입하는 기회에 종전당사자가 탈퇴하는 것이 널리 당사자의 변경이다. 신당사자가 탈퇴당사자의 지위를 승계하지 않는 임의적 당사자의 변경과 탈퇴자의 지위를 승계하는 소송승계가 있다.

1. 임의적 당사자의 변경

• 판례는 당사자의 표시정정은 폭넓고 유연성 있게 인정하지만, 당사자의 동일성을 바꾸는 임의적 당사자의 변경은 엄격하게 제한하고 있었다.
• 1990년 개정법률에서 비로소 당사자의 교체인 피고의 경정제도와 당사자의 추가인 필수적 공동소송인의 추가제도를 신설하여 판례의 부정적인 태도를 입법으로 다소 완화시켰다.[事例 119] 임의적 당사자의 변경은 법의 규정은 없어도 소송경제상 원칙적으로 적법시하는 독일과는 대조적이다.

(1) 피고의 경정(제260조)

원고가 피고를 잘못 지정한 것이 분명한 경우에 적격자로 바꾸고 고치는 것이다. 판례는 청구취지나 청구원인의 기재내용 자체로 보아 원고가 법률평가를 그르치거나 또는 법인격의 유무에 착오를 일으킨 것이 명백하여 피고를 잘못 지정한 때가 해당된다고 본다. 뒤에 증거조사 결과 판명된 사실관계로 미루어 피고의 지정이 잘못된 경우는 포함되지 않는다는 태도를 취한다(학설은 반대). 피고의 경정은 원고의 신청에 의하여야 하고, 제1심변론종결시까지로 시기제한이 있다. 경정허가결정이 나면 구피고에 대한 소는 취하한 것으로 보며, 신피고에 대한 신소의 제기이므로 경정신청서의 제출시에 시효중단·기간준수의 효과가 발생한다(제265조).

(2) 필수적 공동소송인의 추가(제68조)

• 고유필수적 공동소송에서 공동소송인으로 될 자를 일부 빠뜨림으로써 당사자적격에 흠이 생긴 경우에 빠뜨린 공동소송인을 추가하여 보완함으로써 적법하게 만드는 것이다. 원고 측이든 피고 측이든 추가가 허용되지만 원고 측의 추가에는 신당사자의 동의를 요한다.

• 추가신청권은 원고 측에 한정되며, 제1심변론종결시까지 허용된다. 추가결정이 나면 처음 소제기로 시효중단·기간준수의 효력이 소급된다. 예를 들면 공유물분할청구의 소에서 원고가 공유자전원을 피고로 하지 않고 그 중 일부를 빼놓은 경우에 보완책이 된다.

• 다만 공유물분할청구의 소에서 공유자가 그 지분 일부를 소송계속 중 제3자에 이전하였을 때는 그 제3자를 참가승계나 인수승계로 소송에 참가가 안 되었다면 그 소는 부적법하다(대법 2013다78556).

• 이 제도는 예비적·선택적 공동소송인의 추가에도 준용된다(제70조, 제68조).

[事例 119] 임의적 당사자변경제도 신설의 경위

임의적 당사자변경인 피고의 경정과 필수적 공동소송인의 추가제도는 1990년 민소법 대개정시에 신설된 새 제도이다. 개정작업은 법무부가 주관하였는데, 개정위원회는 법관 3명^{이서선, 필자, 진성규}, 변호사 3명^{유현석,}
^{이재성, 최광률}, 대학교수 3명^{김홍규, 정동윤, 송상현} 그리고 법무부 법무실장 등 10명
으로 구성되었다. 이 제도는 위원 중 한 사람이었던 필자의 완강한 주
장에 의하여 관철되었다. 당시 나와 같은 법관 출신 일부 위원은 대법
원판례가 임의적 당사자변경을 근본적으로 불허하니 이를 받아들일 수
없다는 입장이었다. 이분들은 대법원판례를 금과옥조로 생각하며 판례
는 어디까지나 'lawmaker'인 국회가 제정하는 성문법의 보충기능에 불
과함을 의식하지 않는 태도였다^{판례지상주의}.*

　그러나 필자는 실제 재판경험을 통해 당사자변경의 허용은 입법으로
관철시킬 중요한 과제로 보았다. 실제 재판에서 피고를 잘못 지정하여
피고적격 없는 자를 상대로 한 잘못된 사건이 적지 않았으며, 원고가
이를 깨닫고 새 피고로 바꾸겠다고 하며 이를 받아달라고 하는 일이 적
지 아니하였다. 그러나 재판부로서는 대법원판례 때문에 임의적 당사
자변경^{피고경정}을 받아주지 못한다고 하니, 원고는 그러한 대법원판례가
어떻게 있을 수 있는지 이해할 수 없다는 것이었다. 그 때문에 원고로
서는 기존의 소를 취하하고 다시 새 피고를 상대로 소송을 제기할 수밖
에 없다면, 새 소송의 제기에 드는 소장작성료, 인지, 송달료 등 비용은
면제되는가를 반문하는 것이었다. 그런 것은 없고 완전히 새 소송을 제
기하는 것처럼 시간·노력·비용을 다시 들여야 한다고 하니, 원고는 어
이 없다는 표정을 지으며 욕설 직전까지 갔다가 참는 것을 몇 번 경험
한 바 있었다. 요사이 같았으면 재판장에게 욕설을 퍼붓고, 재판장은
막말로 대응하는 해프닝이 있을지도 모르는 일이다.

　이러한 실무경험과 함께 청구나 법원도 변경이 가능한데 당사자변경

---

* 부동산실명법의 제정 과정에서 명의신탁 제도에 대해 대법원 판례가 이를 유효하게 본다는 이
유로 반대 입장을 내어놓은 법무부 측의 주장이 있었던 것은 판례지상주의의 풍조가 아니었
던가?

을 불허하는 도그마는 global standard의 외면도 되어 입법개선을 시도한 동인이 되었는데, 필자의 고집에 반대하던 위원이 그렇다면 제 1심변론종결시까지로 허용범위를 제한하자고 하며 절충안을 내어 겨우 타협이 되어 현재와 같은 개정법률이 성립되었다. 하지만 가사소송법 제15조나 행정소송법 제14조의 판례의 해석*처럼 그 허용을 사실심(항소심)의 변론종결시까지로 입법화하지 못한 아쉬움은 남아 있다.

2. 제 3 자의 소송승계

• 소송계속 중에 소송상의 지위나 소송목적인 권리관계의 변동으로 제 3 자가 종전 당사자가 하던 소송을 승계인수 받게 되는 것을 말한다. 변론종결 전의 승계인은 소송자체를 승계, 변론종결 후의 승계인은 소송결과인 기판력을 각 인계받게 되는 점에서 양 제도의 공통적인 면이 있다.

• 소송승계의 하나는 당사자의 사망 등 포괄적 승계원인의 발생과 동시에 법률상 당연히 바뀌게 되는 당사자변경인 소송승계이고, 다른 하나는 소송물의 양도 등 특정승계원인이 생겨 관계당사자의 신청에 의하여 생기는 당사자변경인 소송승계이다. 전자가 당연승계, 후자가 소송물의 양도에 의한 신청승계이다.

(1) 당연승계

관련당사자의 신청이 없어도 당연히 소송상의 지위가 넘어가는 경우인데, 그 대표적이 경우가 ① 당사자의 사망(특별한 경우가 아닌 한 사망해도 소송이 없어지지 않는 원칙), ② 법인 등의 합병(새 법인으로), ③ 수탁자의 업무종료, ④ 소송담당자인 당사자의 자격상실(주주대표소송 중 주주의 지위상실 등), ⑤ 선정당사자 전원의 사망·자격의 상실, ⑥ 파산의 선고·해지 또는 회생절차의 개시·종료결정 등이다.

---

* 행정소송의 피고경정과 관련하여 판례(대법 95누1378)는 사실심변론종결시까지 허용한다.

(2) 소송물의 양도(신청승계, 소송하는 물건을 팔아먹는다고 하여 구시대는 형사처벌이었으나, 지금은 계약자유 때문에 허용)

당사자의 지위가 당연히 바뀌는 것이 아니고 참가승계신청이나 소송 인수신청이 있을 때에 바뀌게 된다.

1) 참가승계(제81조) ― 승계참가

소송계속 중에 소송목적인 권리의무가 제 3 자에게 넘어간 경우에 그 제 3 자가 독립당사자참가의 방식으로 소송참가하여 새로운 당사자로 소송승계 받는 경우. 예를 들면 주주인 甲이 신주발행무효의 소를 제기하여 그 소송계속 중 丙이 甲으로부터 주식을 양수받는 경우나 공유물분할청구소송이 계속 중에 공유자의 일부가 그 공유지분을 다른 사람에게 양도한 경우에 양수인이 이와 같은 방법으로 소송승계를 받을 수 있다. 승계참가라고도 하는데, 주로 권리승계가 된 때 이용하나 의무가 다른 사람에게 인수된 경우도 포함된다.

2) 인수승계(제82조)

• 소송계속 중 소송목적인 권리·의무가 다른 사람에게 넘어간 경우에 종전 당사자의 신청에 의하여 승계인인 제 3 자를 소송에 끌어들여 인수시키는 경우. 의무인수시에 인수자를 종전 당사자가 강제로 끌어들이는데 주안을 둔 제도이나, 권리양수된 경우에도 이 방식을 쓸 수 있다.

• 인수승계에는 소송목적인 채무를 구채무자에 갈음하여 신채무자가 인수하여 피고적격자가 바뀌는 교환적 인수(예: 면책적 인수)가 있고, 소송목적인 채무를 전제로 새로운 채무가 생김으로써 새로운 피고적격자가 생겼을 때에 그를 끌어들이는 추가적 인수(예: 중첩적 인수)가 있을 수 있다. 판례는 교환적 인수에 한정하고 추가인수를 시키는 것에 소극적이다(건물철거소송 중 피고가 그 건물에 입주자를 넣었을 때에 입주자를 새 피고로 추가시켜 퇴거청구하는 것 불허). 그렇게 되면 종전 당사자는 별도의 소를 제기하여야 하는 소송불경제를 감수하여야 하고 변화하는 소송상황에 적절한 대응을 못하게 된다. 분쟁해결의 1회성에 반하는 판례이다.

3) 참가·인수승계의허가결정이 났을 때에 피승계인인 전주(前主)는 상대방의 승낙을 얻어 소송탈퇴할 수 있으며, 탈퇴하여도 판결의 효력은

그에게 미친다(제82조 제3항, 제81조, 제80조). 탈퇴하지 않은 전주(前主)와 승계인은 통상공동소송인의 관계가 아니라 필수적 공동소송인의 관계이므로 판결결과가 다를 수 없다는 것이 최근 판례(대법(전) 2019. 10. 23, 2012다46170)이나, 의문이 있다.

제
6
편

상소심절차

1. 총 설

상소란, 재판이 확정되기 전 당사자가 상급법원에 대하여 재판이 잘못되었다고 그 취소·변경을 구하는 불복방법이다. 상소에는 항소·상고·항고 세 가지가 있다. 항소는 제1심판결에 대한 불복방법이고, 상고는 제2심판결에 대한 불복방법이며, 항고는 판결 아닌 결정·명령에 불복방법이다. 모두 상급법원에 불복신청하는 것이므로 동급법원에 불복신청인 이의신청과 구별된다. 우리나라는 선진국과 달리 소송은 삼세판 싸움이라는 의식구조 하에서 상소율이 유례없이 높아(미국은 불과 2%), 제1심절차에 못지않게 상소심절차는 중요하다. 제1심중심주의라기보다 제3심중심주의이다. 상고율이 유례없이 높고, 상고심 판결이 날 때까지는 사실상·법률상 집행을 멈추고 기다리는 풍토 때문이다. 또 금전지급청구의 피고가 상소심에서 패소하면 무조건 연 12%의 지연손해금 부담의 위험이 따르므로 상소를 막는 효과도 있으나, 자신있는 원고는 일부패소임에도 연 12% 고율의 지연이자의 혜택을 노리므로 이것이 상소를 조장하는 부작용도 있다.

(1) 상소요건

• 상소가 제기되어도 일정한 요건을 갖추어야 상소의 이유유무에 대하여 본안심리를 한다. 이는 상소의 적법요건으로서 상소요건이라 한다.
그 적극요건으로는,

1) 상소의 대상적격(선고 전의 재판(단 결정은 송달고지 전에도 가능), 중간적 재판, 다른 불복방법이 있을 때는 적격 아님)

2) 방식에 맞는 상소의 제기(상소장이란 서면의 제출과 소정인지납부 - 1심의 1.5배(항소), 1심의 2배(상고)인데, 소송구조결정을 받으면 지급유예됨)와 상소기간의 준수(판결정본의 송달로부터 2주, 결정·명령의 고지일로부터 1주)

3) 상소의 이익

소극적 요건으로는 상소권의 포기와 불상소의 합의가 없어야 한다.
• 상소요건은 소송요건과 마찬가지로 직권조사사항
• 이 중에 상소의 이익에 주의. 권리보호이익의 특수형태로서, 불복의

이익으로 무익한 상소권행사의 견제장치

　－ 판결주문이 판결신청인 청구취지보다도 양적·질적으로 불리한 경우에 불복의 이익이 있다고 본다(형식적 불복설). 따라서 자기 원대로 전부승소한 당사자는 원칙적으로 불복의 이익이 없으며 청구의 확장·반소의 제기를 위하여 상소할 수 없다. 예외적으로 묵시적 일부청구의 경우는 전부승소자라도 나머지청구의 확장을 위하여 상소의 이익이 있다고 보며, 재산상의 손해는 전부승소·위자료청구는 일부패소의 경우에 위자료 때문에 항소하여도 항소심에서 재산상의 손해에 대하여 청구의 확장을 허용(대법 94다3063)

　－ 판결주문이 청구취지의 신청보다 불리할 때를 기준으로 하므로(주문기준의 원칙), 주문이 아닌 판결이유가 자기주장보다 불리할 때는 원칙적으로 상소의 이익이 없다. 단 피고가 상계항변이 이유 있다는 판결이유로 승소한 때는 예외적으로 피고에게 그 이익이 있다.

　(2) 상소의 효력

　• 확정차단의 효력

　상소가 제기되면 재판의 확정을 차단하게 되고 원재판은 확정되지 않는다(제498조).

　• 이심의 효력

　소송사건 전체가 원 법원을 떠나 상소심으로 이전하여 계속되게 된다.

　• 상소불가분의 원칙

　원판결의 일부에 대하여 상소한 경우라도 판결의 전부에 대하여 확정차단의 효력과 이심의 효력이 생긴다. 다만 통상공동소송에서는 공동소송인 독립의 원칙 때문에 예외이다. 상소불가분의 원칙 때문에 원판결의 일부만 상소하여도 뒤에 상소취지의 확장으로 심판의 범위를 확장할 수 있으며, 피항소인도 자기의 패소부분에 대하여 독립항소를 하지 아니하였더라도 부대항소를 할 수 있다.[事例 120]

[事例 120] 삼성가의 소송과 일부항소

삼성의 창업자 이병철 씨의 장남 고 이맹희 씨와 차녀 이숙희 씨가 삼남 이건희 씨와 삼성에버랜드를 상대로 건희 씨가 다른 사람이름으로 명의신탁해둔 상속주식을 자신의 단독명의로 돌렸다고 하여 상속회복청구소송을 제기한 것은 너무나 유명한 일이다. 전자소송에 의하였기 때문에 소장인지대가 10% 디스카운트되었음에도 소가 4조여 원에 제1심 인지대만 127억 원에 달하였다. 제1심에서 패소한 뒤에 이숙희 씨는 불복항소를 하지 아니하여 공동소송인독립의 원칙에 의하여 그 판결부분이 분리확정되어 끝나고, 이맹희 씨만 불복하여 항소를 제기하였다. 항소심인지는 1심보다 50% 더 가산이 되어 제1심 판결 중 110억 원 부분에 대하여서만 일부불복의 일부항소를 제기하였다. 인지대를 아끼기 위한 편법이었을 것이다. 그렇게 되었다고 하여도 상소불가분의 원칙에 의하여 이맹희 씨의 1심 패소부분 전부가 확정되지 않고 모두 항소심으로 이심移審이 되어 넘어오게 된다. 이러한 법리를 이용하여 나머지 패소부분 전부가 아닌 그 일부만을 불복항소한 뒤 항소심에서 심판대상을 더 늘려 110억 원에서 1조 원으로 늘리는 항소취지일부확장을 하며 공세를 강화하였다. 결국 그가 항소심에서 납부한 인지대가 44억 원에 이르게 되고, 항소심재판장은 조정권유를 하였지만 이건희 씨 측의 불응으로 판결에 이르고 이맹희 씨의 항소는 기각으로 끝이 났다. 이맹희 씨는 상고까지 하지 않았지만 인지대 1심 127억＋2심 44억＝171억 원을 날리고 변호사에 들인 추정보수 약 100억여 원도 찾을 수 없게 되었으니 故 이맹희 씨의 입장은 dystopia였을 것이다. 그 때문인지 부채가 많아 그 유족이 한정승인을 하였다고 한다. 승소한 이건희 씨가 변호사보수상환을 위한 소송비용확정신청을 한다면 그의 재산상의 피해는 더 클 것인데, 이것까지 갔다는 말은 없다.

일본의 어느 신문 2015. 2. 26.자 보도에 의하면 일본의 꽤나 큰 가구 기업 회장이 그 장녀인 사장과 경영상의 갈등을 벌이다가 그녀를 회사에서 축출하기 위한 민사소송을 제기한다고 대서특필하였다. 롯데 형제간의 한일 두 나라에 걸친 소송도 실질은 아버지와 차남 간의 쟁투로 보여진다. 소송에는 이제 국경이나 혈족관계 등 막는 장벽이 없는 시대가 되는 것 같다.

2. 항소심절차

항소는 지방법원판사나 지방법원합의부가 한 종국판결에 대하여 다시 유리한 판결을 구하기 위하여 항소법원에 불복신청을 하는 것이다.

지방법원단독판사의 제 1 심판결 중 소가 1억원 이하이면 지방법원 항소부가, 1억원을 초과하면 고등법원이 항소심으로 심급관할을 하고, 지방법원합의부의 제 1 심판결에 대하여는 일률적으로 고등법원이 항소심 급관할권을 가진다. 항소심절차는,

항소장제출 → 항소장심사 → 석명준비명령 → 항소이유서의 제출 → 항소심리 → 항소심판결의 순으로 진행된다.

(1) 항소장의 제출

① 당사자와 법정대리인 ② 제 1 심판결의 표시 ③ 제 1 심판결에 대한 항소의 취지를 기재하여 제 1 심법원에 제출(제397조)

• 항소취지의 기재례(피고의 경우):

'원판결을 취소한다.

원고의 청구를 기각한다.

소송비용은 모두 원고의 부담으로 한다'라는 판결을 구함

(2) 재판장의 항소장심사 등

• 항소장이 제 1 심법원에 제출되면, 바로 그 제 1 심(원심)법원의 재판장이 항소장의 필요적 기재사항의 기재, 소정인지의 납부를 심사하여 그

흠이 있으면 보정명령을 한다. 보정명령은 법원사무관 등에게 대신 시킬 수 있다(개정법률). 보정하지 않으면 제1심소장처럼 항소장각하명령을 한다. 항소기간의 도과도 심사대상이 된다. 항소장이 항소기록과 함께 항소심에 송부되면 항소심재판장은 항소장을 다시 심사한다.

• 심사에 통과되면 석명준비명령(항소이유서의 제출)을 명한다. 민사소송규칙 제126조의2에서는 항소이유서 대신에 항소인에게 처음 준비서면을 제출하도록 규정하고 있다. 제출된 항소이유서(준비서면)는 피항소인에게 그 부본을 송달하며, 피항소인은 이에 대한 답변의 준비서면을 제출한다. 이렇듯 항소제기 후 항소인과 피항소인 간에 서면교환 후에 항소심본안심리(변론)가 열린다.

(3) 항소의 취하와 부대항소

• 항소인은 제기했던 항소를 철회하는 항소취하를 할 수 있다. 소의 취하(판결 확정시까지)와 달리 항소심의 종국판결 선고 전까지 할 수 있다(제393조). 항소의 일부취하는 허용되지 아니하며, 항소취하는 원판결을 소급적으로 소멸시키는 소의 취하와 달리 원판결을 그대로 확정시킨다. 항소심에서 소의 취하보다 더 불리하다.

• 부대항소

— 피항소인이 항소인의 항소에 의하여 개시된 소송절차에 편승하여 자기에 유리하게 항소심의 심판의 범위를 확장시키는 것. 원고가 1,000만 원 청구하여 600만 원만 인용되고 400만 원은 기각된 경우에 400만 원 패소부분에 원고만이 항소기간 내에 항소하여 피고의 항소권이 소멸된 후라도, 피고는 자기패소부분 600만 원에 대하여 부대항소로 유리하게 변경을 구할 수 있다. 피고의 항소기간의 도과 후의 항소는 부대항소.

— 부대항소는 독립항소와 달리 확정차단·이심의 효과가 없으므로 항소라기보다 특수한 구제방법이라는 비항소설이 통설이나(독일 판례도 같음), 실무는 독립항소와 같은 인지를 납부한다. 부대항소장을 제출하지 않고 원고는 청구취지확장서, 피고는 반소장의 제출로 부대항소에 갈음할 수 있다.

— 부대항소기간은 항소심변론종결시까지이다(제403조). 불이익변경금

지의 원칙이 배제되고, 주된 항소의 취하·각하에 의하여 효력이 상실한다(제404조). 항소인의 주된 항소가 부대항소의 제기로 항소인이 제1심의 승소부분까지 위협받을 상황이면 주된 항소를 취하하면 된다(부대항소의 종속성).

(4) 본안심리

• 항소가 항소의 적법요건(상소요건)을 갖추지 못하였으면, 그 흠을 보정할 수 없는 한 변론 없이 소를 각하할 수 있다(제413조). 그렇지 않으면 항소가 이유 있느냐의 여부에 관한 본안심리를 한다. 제1심소송절차를 준용(제408조). 필요하다면 항소심에서도 변론준비절차에 회부할 수 있다. 항소심에서 변론은 제1심판결에 대한 불복의 한도에서 하며(제407조), 항소심의 판결도 불복의 한도 안에서 한다(제415조). 제1심판결 중에 불복하지 않은 것은 항소심의 심판대상이 되지 않는다. 예를 들면 주위적 청구기각·예비적 청구인용의 제1심판결에 피고가 자기패소의 예비적 청구부분에 항소한 경우는, 항소심에서 주위적 청구는 제외되고 예비적 청구에 심판의 범위가 국한된다. 그러나 필수적 공동소송, 독립당사자참가, 공동소송참가, 예비적·선택적 공동소송 등 합일 확정 소송에서는 다르다.

• 우리나라 항소심은 처음부터 다시 시작하는 복심제가 아니라, 제1심변론의 연장속행이므로, 제1심의 소송자료에다가 새로운 자료를 보태어 심리하는 속심주의(續審主義. 그러나 실무운영을 사후심으로 해야 한다는 주장 있음)이다. 따라서 불복신청에 필요한 한도에서 제1심의 변론결과를 진술하여야 한다(변론의 갱신). 여기에 보태어 종전의 주장을 보충·정정하고, 제1심에서 제출하지 않은 새로운 공격방어방법을 제출할 수 있다(변론의 갱신권).

(5) 항소심의 종국적 재판

앞서 본 항소장 각하명령과 항소요건의 흠 때문에 하는 항소각하판결 외에 본안판결로는 항소기각판결과 항소인용판결이 있다.

1) 항소기각판결

항소가 이유 없어 원판결을 유지하는 경우인데, 제1심판결이 정당하거나 이유가 부당하여도 다른 이유로 정당할 때에 한다(제414조). 제 1 심 판결이 정당하다고 할 때에는 제 1 심판결의 이유기재를 그대로 끌어다 쓰는 인용(引用)판결을 한다. 재판부담도 경감되고 제 1 심중심주의를 위하여 요사이는 거의가 인용판결을 하는 경향이나, 이는 1심보다 50% 인지대도 더 받는 항소심에서 패소자를 실망시키는 무성의로 평가될 수 있으므로 자제가 좋다. 피고가 상계항변에 의하여 이긴 경우는 판결주문은 항소기각 아닌 원판결취소＋청구기각의 판결을 한다.

2) 항소인용

• 항소가 이유 있을 때에는 판결로써 원판결을 우선 취소. 제 1 심판결이 부당하다고 인정한 때(제416조)와 제 1 심판결의 절차가 법률에 의하지 아니한 때에 한다(제417조, 원판결에 관여한 바 없는 법관이 판결서에 서명날인 또는 관여한 법관의 서명이 빠진 경우 등). 원판결을 취소한 뒤에 소 자체의 응답의 형태에는,

① 자판(自判) ② 환송 ③ 이송인데, 제 1 심에 갈음하는 소에 대한 종국적 해결인 자판이 원칙이다. 이 점이 원판결을 취소(파기)한 뒤 원심으로 환송이 많은 상고심과 대조적이다(법률심인 미국의 항소심도 파기환송(reversal)이 원칙). 환송은 취소할 원판결이 소각하판결일 때에 원심으로 환송해야 하는 필수적 환송(제418조)을 해야 하나, 제 1 심에서 본안판결을 할 수 있을 정도로 본안심리가 잘 된 경우와 당사자의 동의가 있는 경우는 예외적으로 환송 아닌 자판할 수 있다(동조 단서). 이송은 전속관할을 어긴 경우(임의관할위반은 항소이유 아님)에 관할 제 1 심법원으로 이송(제419조)

• 불이익변경금지원칙(제415조)[事例 121]

- 항소심이 원판결을 취소하고 항소인용할 때의 준칙이다. 제 1 심판결 중 누구도 불복신청하지 아니한 부분에 대하여는 이익으로든 불이익으로든 바꿀 수 없는 것을 뜻한다. 원하지 않는 것은 재판하지 않는 처분권주의(제203조)의 항소심에서의 발현. 불복신청의 한도를 넘어서 제 1 심판결보다 더 유리하게 바꿀 수 없고(이익변경의 금지), 불복하는 항소인에게 제 1 심판결보다도 불리하게 바꿀 수 없다(불이익변경금지). 판결주문을 항소인에게 불이익하게 변경 못한다는 것이지, 판결이유는 불이익하게

변경할 수 있으나 단 상계항변의 이유판단은 예외이다(판결 이유도 불이익 변경금지 = 상계 패소한 원고의 항소에 수동채권 부존재로 이유변경 못함). 또 항소하지 아니한 피고 측의 상계주장이 이유 있다고 인정된 때에도 불이익변경 금지원칙의 예외이다(제415조 단서).

　　－ 예외적으로 이 원칙이 직권탐지주의의 절차에서, 나아가 직권조사 사항에서도 배제된다. 또 비송사건과 같은 성질의 형식적 형성소송에서는 적용 안 된다. 예비적·선택적 공동소송, 독립당사자참가소송도 예외. 소각하판결에 원고항소의 경우에 본안에서 이유없어 청구가 기각될 사안이라고 보여질 때에 원고청구기각을 할 수 있는가가 논란이 된다. 판례는 이때에 항소기각설이나, 학설로는 항소기각은 잘못된 1심 소각하판결을 확정시킨다는 이유로 청구기각설이 유력하다.

　　3) 주문예: 제 1 심판결이 일부정당·일부부당하여 항소가 일부만 이유 있는 경우는, 제 1 심판결을 변경하는 주문례와 제 1 심판결 중 부당한 부분만을 취소하는 주문례가 있다. 실무상 변경주문례가 많다. 항소심에서 소의 교환적 변경을 하면 원판결은 실효되므로 원판결취소나 항소기각의 여지가 없고, 항소심은 제 1 심이 된 입장에서 심판한다.

[事例 121] 법관의 항소심에 대한 의식구조

　　사법행정에 관하여 비교법적으로 보면, 대법원장이 전국의 각급법원을 일원적으로 통괄하는 집중형centralized system과 각급법원의 자율에 맡기는 비집중형decentralized system이 있다. 우리나라나 일본은 전자에 속하며, 대법원장이 '제왕적 지위'라는 평을 들을 수 있도록 Hierarchy적인 관료화체제인 반면, 미국 연방대법원은 후자에 속하며 민주화되어 있다. 미국에서는 연방지방법원에서 고등법원으로 가는 것은 한 법원에서 다른 법원으로 전직하는 절차를 밟아 사퇴서를 내고 새로 취임절차를 밟는다. 그러나 우리나라에서는 지방법원에서 고등법원에 가는 것은 행정관료조직에서 과장단독판사→ 국장지법부장→ 차관고법선임판사으로 이동하는 것처럼 한 조직 내의 승진일 뿐이다. 따라서 관등만 높아진 것이지 직장과 직업이 달라진 것이라는 생각이 없다. 이러한 관료제 영향 때문인지 승진 고법판사는 제1심절차에 대한 관계에서 항소심절차의 특수성에 둔감하여, 항소심은 제1심을 한 번 더 되풀이하는 것 이상도 이하도 아닌 복심(覆審)으로 생각하는 경향이 있다.

첫째로, 상소불가분의 원칙에 이해부족 등. 항소인이 제1심판결 중 일부만 불복항소하였을 때에 제1심판결의 그 일부만이 아닌 전부가 항소심으로 넘어오고 판결전부가 확정차단의 효력이 생기는 것을 간과하는 것을 많이 보았다. 따라서 판결일부에 대하여 불복을 하였으면 불복하지 아니한 나머지 판결부분은 그대로 확정되어 끝난 것으로 착각을 하는 경향이다. 나머지 판결부분은 판례에 의하면 항소심판결의 선고시에 가서야 확정되는데도 그러하였다. 반면 상소불가분의 원칙을 제대로 이해하여 사건전부가 이심되는 것을 알면서도, 항소심의 심판대상도 또한 사건전부인 것으로 착각하여 항소로 불복하지 않은 부분까지도 심판을 하려고 드는 헛수고도 있다. 예를 들면 원고의 1,000만 원 1심청구에 대하여 600만 원 청구인용, 400만 원 청구기각의 판결에 원고만이 자기패소부분 400만 원에 대하여 항소하였는데, 피고가 패소부분 600만 원까지도 심판의 대상으로 생각하여 사건 전부에 대해 새 심판을 시도하는 사례도 나타난다.

고등법원으로 승진하여 온 어느 판사가 제1심판결 중 원고가 일부 패소부분만에 항소를 하고 피고는 자기패소부분에 승복의 의사인지 독립항소는 물론 부대항소를 한 바 없는데, 항소심 변론종결 후 관여 법관 사이의 합의과정에서 원고의 청구전부를 기각하여야 하겠다는 견해를 내놓는 것이었다. 원고승소부분은 왜 건드려 다시 심판하려 하느냐 하니, 원고청구가 근본적으로 잘못된 것이니 그렇게 할 수밖에 없다는 대답이었다. 항소심은 불복상소한 당사자의 불복한도 내에서 심판해야 하는 것임을 상기시키니^{제407조}, 그때서야 비로소 깨닫고 불복하지도 아니한 부분까지 검토하느라 판결서작성 전날밤 공연히 철야하다시피 했다고 후회하는 판사도 있었다. 고등법원 재판장 7년간을 통하여 이를 한두 번 경험한 것이 아니다.

둘째로, 이익변경금지의 원칙의 간과. 이 원칙은 형사소송법^{제368조}에도 있다.* 甲이 乙을 상대로 이혼과 위자료청구소송에서, 乙이 두 청구 모두 패소되었는데도 위자료패소부분의 취소를 구하는 항소취지를 내어놓는다. 그렇다면 제 1 심판결에 대한 불복한도인 위자료부분만을 심판의 대상으로 하여 그 당부를 심판할 것인데, 이혼부분도 잘못이라 하여 두 가지 모두 원판결을 취소하고 원고의 청구 모두 기각하고자 한다. 그러나 이것은 불복한 피고가 원하는 이익을 넘어 더 많은 이익을 주는 것이 되어 이익변경금지의 원칙에 저촉된다. 이러한 일은 항소심이 제 1 심처럼 판결하면 되는 것으로 오해한 데서 비롯한 것이다.

셋째로 환송받은 법원의 심판범위의 혼동. 상고심에서 파기환송되었을 때에 생긴다. 예를 들면 예비적 병합청구에서 항소심은 주위적 청구의 기각, 예비적 청구의 인용판결이 났을 때에 피고만이 상고를 제기하여 상고법원에서 파기환송되었다면 주위적 청구부분은 상고심의 판결

---

* 기업형 자격증위조단 사건을 재판한 일이 있었다. 미국어권, 서울대 졸업장, 박사학위증 등 고객이 원하는대로 비싼 값으로 진짜처럼 위조하여 판매하는 조직범죄단이었다. 보통의 회사처럼 사장, 전무, 상무 등 임원이 있고, 총무부장 등 일반직원들을 두고 본격적으로 위조 활동을 하다가, 수사당국에 의하여 일망타진의 적발로 재판에 회부된 사건이었다. 그런데 제 1 심 지방법원에서는 이들 사장을 비롯한 4명의 간부직원이 모두 초범이고 개전의 징이 있다고 보아 실형이 아닌 집행유예를 선고하였다. 그런데도 이 너무 가벼운 판결에 검사의 항소는 없었고 피고인들만 항소를 제기하여 온 사건이어서, 피고인들에게 왜 항소했느냐, 그러한 범죄가 없었다는 것이냐 물었더니, 답이 그렇게 되기는 하였지만 형이 무거워서 더 관대하게 선고유예를 받기 위한 목적이었다는 것이다. 하도 어이가 없어 당신네들 미국이라면 수십년의 징역형인데 한국이니까 다행한 일이요, 검사의 항소가 없으니 집행유예 이상으로 불이익한 재판으로 항소심에서 변경할 수 없게 된 것을 다행으로 알라고 꾸짖었다. 형사소송법에도 있는 불이익금지의 원칙을 말한 것이다. 선고유예를 받을 자료를 다음기일에 찾아오라고 야단을 쳐서 보냈더니 필자를 엄벌주의자로 보았는지 그 기일에 모두 결석하는 것이었다. 판사가 막말을 한다고 비판받는 요사이 세태라면 통하지 않을 말을 했던 것이 아닌가.

선고와 동시에 이미 확정이 되어 끝난 부분이 된다. 따라서 남은 부분은 예비적 청구부분 뿐이고 그것만 환송심 심판의 대상으로 하면 될 것인데, 아직도 주위적 청구와 예비적 청구의 병합상태로 붙어 계속 중인 것으로 착각하여 주위적 청구까지도 환송받은 법원이 판결하는 일이다. 주위적 청구·예비적 청구가 항상 붙어 다니는 것은 아니다.

[事例 122] 고등법원 부장판사와 대법원판례의 부재

과거에 고등법원 부장판사 자리는 적어도 승진율 3:1 정도로 동료법관을 물리치고 올라가는 자부심 가질 만한 자리, 차관급*이나 검사장 동급의 보수와 기사 딸린 승용차, 최소한 각급법원장의 보장은 받고 관운이 좋으면 대법관이나 헌법재판관으로 발탁될 수 있는 일반 법관이 선망하는 자리이기도 하며, 그 자리에서 법복을 벗어도 일류로펌에서 엄청난 변호사 보수 제의를 받는 퇴직보장의 자리이기도 하다. 그러나 이것도 이제는 과거지사이고, '고법 부장판사'라는 제도 자체가 없어졌으며, 기사 딸린 승용차마저 사라졌다. 이제는 선임판사일 뿐이다.

변호사 보수면에서 대법관 출신보다 서울고법 부장판사가 상종가를 친다는 말도 있었다. 그러나 빛에는 그림자가 있는 법. 엄청나게 밀려오는 항소사건 수, 쉬운 사건은 이미 제 1 심에서 일단락되었기 때문에 해결하기 만만치 않은 고심할 사건들뿐이다. 판사경력 15년 이상의 배석판사로 재판부가 구성되므로 재판장으로서 배석판사의 컨트롤 또한 만만치 않다. 법원장실에서는 각 재판부의 미제사건통계표를 돌리면서

---

* 1970년 후반기까지는 고등법원 부장판사의 호봉에는 1호봉·2호봉이 있어서 1호봉은 행정부 차관의 대우였으나 2호봉은 1급공무원의 대우였다. 그런데 당시 이영수 법원행정처 기획실장의 강력한 추진력으로 1·2호봉의 차등을 없애 단일호봉화함으로써 모든 고법부장이 차관급으로 격상되었다. 이제는 한때가 된 과거의 고법부장들은 그의 공적을 알는지 모른다. 필자가 처음으로 민사소송규칙을 기초할 때에 그분과 협동작업을 한 바도 있었다.

미제사건 줄이기의 경쟁을 붙이므로 심적 압박도 적지 않게 받는다.

이것들 보다 더 큰 압박은 제 2 심의 재판인 만큼 자신의 판결이 바로 제 3 심의 법관인 대법관에 의한 재심사로 능력평가에 직면하게 되므로 여기서 저평가되어 파기율이 높아지면 더 이상 법관으로 출세길이 막한다는 점이다. 판결선고일 전날이면 배석판사들이 써놓은 판결서의 검토를 위하여 철야하며 수정가필하는 경우도 적지 않다. 때문에 법관 중에 고법부장판사가 물심양면으로 가장 스트레스 많이 받는 자리라는 말도 나온다.

사실심의 막바지로 판례가 없고 뒷받침하는 학설도 없어 개척자적인 전인미답(?)의 경지에 당면할 때도 적지 않다. 제 1 심판결처럼 상급법원을 믿고서 밀어놓을 일은 못된다. 소가가 크지도 않고 언론에 주목받는 사건도 아니다. 주심판사와 깊이 토론하고 다른 동료들과 의견교환하며 고민을 하다보면 참신한 아이디어(?)가 나름대로 나와 이러한 때이면 직업적 성취감도 생기고 대법원의 확인을 받아 대법원 판례로 굳히고 싶은 의욕도 생긴다. 이에 저자가 경험한 한 가지 사례를 소개한다.

한 단독주택의 소유자가 자기집 앞 개신교 교회를 상대로 하여 제기한 손해배상소송 사건이었다.

청구원인사실은 원고의 집 앞 교회에서 새벽 4시가 되면 종소리가 울려대고 교인들의 기도곡 그리고 찬송가 소리로 인하여 새벽잠자리가 불편한 불면증에 시달리는 피해를 본다는 것, 또한 단층집 앞에 불법 4층 높이 교회탑의 그림자 때문에 자기 집의 일조^{日照}가 방해받아 정신적 고통을 받는다고 하여 위자료청구를 한 것이었다. 이것만이 아니라 자기집 마당에서는 교회탑의 그림자 때문에 일조방해로 겨울이 되면 해가 오전 11시에 떴다가 오후 1시가 되면 지게 되는가 하면, 겨울이면 마당에 쌓인 눈이 녹을 사이가 없어 얼음판이 되다시피 하여 자기집 값은 주변에 비하여 반값으로 저평가되니, 집값 하락의 재산상의 손해도 병합청구도 하는 것이었다.

현장검증을 나가보니 사실관계가 원고 주장과 어긋나지 않고 또 주변 부동산의 소개업자의 증언도 그집의 값어치가 주변에 비하여 떨어진다는 것은 사실이었다. 새벽 일찍의 소음공해와 주택가의 유난히 우뚝선 교회탑에 의한 일조방해로 인한 정신적 고통은 그 방해가 제거될 때까지 매년 일정액의 위자료를 지급하라고 명하는 것은 큰 문제가 되지 아니하였다. 그러나 자기 마당의 일조방해로 인한 지가 하락 부분 상당의 손해배상은 간단한 문제가 아니었다. 유사한 case가 한두 건이 아닐 것이므로 그대로 하락가대로의 배상판결을 하면 일파만파의 파장도 예상되었다. 고민 끝에 다음과 같은 생각을 하여 결론을 냈다. 즉 집값하락은 집의 교환가치의 하락을 뜻하는 것으로 이는 장래에 집을 매각처분할 때에 현실화되어 발생할 수 있는 손해로서 매각하는 것도 아닌 현시점에서 손해발생이 확정적일 수 없고 그 사이에 변수도 있을 수 있는 것이라는 이유로 이 부분 청구를 기각하였다. 결국 사용가치의 하락 주장은 위자료로 조금 받아주고 교환가치의 하락손해의 주장은 전적으로 배척한 우리 재판부 판단에 대하여 대법원의 견해는 어떤지 타진해보고 싶은 마음이 들었다. 그러나 원피고 양측이 같이 변호사를 세운 사건임에도 각기 상고하지 아니하여 확정되었다.

또 고등법원 부장판사 쯤 되면 판사 25년 정도의 경력이라 자부심도 생겨 공감이 가지 아니하는 대법원판례에 반대판례를 내어 도전하고픈 의욕도 생긴다. 그리하여 대법원에 가서 전원합의체의 판결을 받아 종전 판례를 뒤집는 길로 이끌어 법관으로서 직업적 보람을 갖고 싶을 때가 있을 수 있다. 법발전의 몫을 하고 싶은 의욕이다.

독일의 2012년 민사소송개혁법에서 채택한 상고허가제에서는 이와 같이 법률문제가 원칙적인 중요성을 가진 경우, 법의 지속적 형성·판례의 통일 등을 위하여 상고법원의 재판이 필요한 경우에는 항소심법원은 상고하여 종국적 판단을 받아보라고 상고허가를 내어 주는데 Zulassungsrevision, 이해할 만한 입법례이다.

일반법관, 고법부장, 대법관 등 마치 카스트 같은 법관 세계의 계급제는 문제가 있다. 고법부장으로 도약한 법관의 우월감, 승진에 낙방한 법관의 좌절감, 이것은 법관 세계의 극도의 위화감을 조성한다. 승진이 되지 않으면 법관으로서 미완성으로 평가 받는 데서 오는 실의와 좌절감이 뒤따르는 것이다. 법관 위에 법관 없고, 법관 밑에 법관 없다. 법관 그 자체가 알파요 오메가이다_{관료화의 전형}. 담당사건의 전문성에 차이가 있다고 볼 뿐이다. 필자는 2017년 11월 10일 중앙일보 10면 인터뷰에서 고등법원 부장판사 자리를 없애는 것이 위화감 해소의 길이라 하고, 우리 사법의 전진이라고 말한 바 있다. 김명수 대법원장은 이러한 뜻을 받아들였는지, 2018년부터 고법 부장승진제를 없앴다. 사법의 참신한 개혁으로 쌍수를 들고 환영할 일이다.

3. 상고심절차

- 상고는 항소심의 종국판결에 대한 대법원의 상소이다. 따라서 고등법원(지부포함)과 지방법원항소부가 항소심으로서 한 판결이 상고의 대상이 된다(당사자 간에 비약상고의 합의가 있으면 제1심판결에 상고가능 — 연세대병원의 '김할머니'의 존엄사 사건을 놓고 비약상고의 논의 있었으나 합의되지 않아 불발 사례). 2심인 항소심판결에 대한 불복신청이므로 3심인 최종심절차이며, 법률심인 것이 특징이다. 적어도 법률심인 상고법원에 올라오기 전에 법관에 의한 사실적·법률적 측면에서 한 차례의 심사를 받을 기회가 부여되지 아니하면 위헌이 된다(헌재 92헌가11 — 특허항소심을 특허청으로 한 특허심결사건).
- 상고제도의 주된 목적은 오판으로부터 당사자의 권리구제와 법령해석·적용의 통일[事例 123]이므로, 가능하면 하나의 법원이 상고를 담당함이 바람직하다. 그러므로 대법원에 대하여, 권리구제형보다도 정책형

을 표방하며 이와 별도로 경미한 사건담당의 상고법원을 두는 안이 국회 상정이 되었다가 19대 국회 폐원과 함께 폐기되었으나 부활가능성이 있다. 이는 법령해석의 통일에 차질을 빚고 과거 고등법원 상고부 설치와 마찬가지로 4심제화할 수 있으며, 헌법 제101조 제 2 항의 대법원의 최고법원성의 위반 등 위헌문제가 생긴다.

[事例 123] 사실상의 4심제

구 군사정권시대에 4심이 있다는 말을 들은 바 있다. 자기가 빌려 준 값비싼 기계에 대한 반환청구소송이었던 것 같은데, 원고가 1·2·3심 많은 비용·노력·시간을 소모하며 법정투쟁을 벌였으나 결국 허사로 돌아가 대법원에서 최종적으로 패소확정되었다. 그 뒤 원고였던 甲은 청와대 경호실에 너무도 억울하다고 하며 직소하였다고 한다. 차지철 씨가 경호실장이었던 시대인지는 불명이나 초헌법적 권부였던 경호실은 이 직소를 받아들여 피고였던 乙을 불러들여 위협적으로 甲에게 반환할 것을 명하여 이에 굴복할 수밖에 없는 乙로부터 문제의 기계를 돌려받았다는 것이다. 乙은 1·2·3심 甲에게 돌려주지 아니하여도 된다는 승소판결을 받았지만, 그 판결은 휴지가 되는 굴욕을 감수하여야 했다. 결국 청와대 경호실이 대법원 위에서 최종심의 역할을 하였으며, 강제집행절차를 밟을 필요 없이 그 명령으로 기계를 곧바로 인도받았으니 청와대가 집행기관을 겸한 셈이 되었다.

권력분립은 형식뿐이고 재판은 법원의 전유물專有物임을 전제로 한 사법권 독립이 허울뿐이었던 권위주의시대의 씁쓸한 모습이었다.

최근에도 3심까지 끝난 사건이 재심도 아닌 재조사·감찰을 거론하는 사례도 있는 것 같은데, 법치주의와 사법권 독립과는 양립될 수 없는 일이 아닐 수 없을 것이다.

(1) 상고이유

상고심은 법률심이므로 상고에는 법령위배가 있다는 주장이 바탕이 되어야 하며, 상고심에서는 상고이유를 내세워야 한다.

• 일반적 상고이유(제423조)

상고대상인 원판결에 판결에 영향을 미친 헌법·법률·명령 또는 규칙의 위반이 있는 경우라야 한다. 상고법원이 법률심인 이상 사실인정의 과오는 포함되지 아니하나, 경험법칙위배의 경우는 상고이유가 된다. 상고이유가 되지 않는 사실인정의 과오와 상고이유가 되는 법령적용의 과오 즉 법률문제는 그 구별이 쉽지 않다. 다만 사실에 대한 평가적 판단(과실, 선량한 풍속, 불공정행위, 신의칙위반 등)은 법률문제이다.^[事例 124]

법령위반의 형태를 기준으로 할 때에 판단상의 과오 즉 실체법위반의 경우가 있고, 절차상의 과오, 즉 절차법규를 위반한 경우가 있다(심리미진도 포함). 전자는 상고이유에 지적이 없어도 상고법원은 직권조사해야 한다(제434조). 그러나 후자는 당사자가 상고이유로 주장한 경우에 한하여 조사

• 절대적 상고이유(제424조)

원판결의 결과에 영향유무에 관계없이 상고이유가 되는 경우. 판결법원구성의 위법, 판결에 관여할 수 없는 법관의 관여, 전속관할 위반, 대리권의 흠, 변론공개규정에 어긋날 때, 이유의 불명시·이유모순 등

[事例 124] 롯데호텔 터 사건과 법률문제여부

지금의 서울 중구 소공동 롯데타운이 형성되기 전 그 자리에는 반도호텔, 중국음식점 아서원雅敍園, 국립도서관, 산업은행 등이 위치해 있었다. 그 중 하나인 아서원에 관한 소송사건으로, 원 소유자인 중국인이 신모 씨에게 매도하면서 체결된 매매계약에 관한 것이었다.

1972년 4월 25일 대법원은 지금의 롯데호텔 자리인 중국음식점 아서원의 건물과 대지에 관한 판결을 선고하였다^{대법 71다2255}. 아서원은 당시 국내에서 가장 큰 중국음식점이고 고급요리집으로 알려져 있었는데,

1969년 2월 18일 아서원의 건물과 대지를 소유주인 중국인이 신 씨가의 일원인 피고에게 매도한 행위가 민법 제104조의 '불공정한 법률행위'에 해당되어 무효인지 여부가 쟁점이 되었다. 이에 대법원은 그 계약이 무효라고 인정한 서울고등법원의 제 2 심판결을 파기하였다. 제 2 심법원의 내용은 다음과 같은 것이었다. 즉 쟁점이 된 건물과 대지에 관하여 소유권이전등기를 마친 중국인 노서 씨가 1969년 1월경 외국인토지법에 의한 허가 없이 상속등기를 하고 아서원 주주들의 공동소유인 재산을 횡령하려고 한다는 내용으로 고소당하자, 노서 씨의 아들인 노××이 외국인토지법상 허가가 없는 경우 3년 내에 양도하지 않으면 안 되고 위와 같은 고소사건이 제기되어 신문보도 등 때문에 빨리 처분하지 않으면 안 되겠다는 생각을 하며 쫓기는 듯 노서 씨와 합의하여 1969년 2월 18일 시가 2억 7,000만 원 정도인 건물과 대지를 신모 피고에게 시가의 1/4도 안 되는 대금 6,000만 원에 헐값으로 매도하였다고 인정하였다. 그런 다음 이러한 매도는 당사자의 궁박, 경솔, 무경험으로 인하여 현저하게 공정을 잃은 법률행위로서 무효라는 내용의 판결이었다.

그러나 대법원은 이러한 제 2 심판결에 대하여 궁박, 경솔, 무경험을 인정하기 어렵다고 보았다. 이 사건 매도인인 노서 씨의 대리인 노××은 중국 본국에서 초등학교를 졸업하고 한국에서 수년간 중국요리점을 운영한 바 있는 39세의 장년이어서 경솔, 무경험이었다고 보기 어렵고, 매도인 노서 씨는 아서원에서 매월 배당금을 받아 생활하여 생활이 궁박하다고는 보기 어려우며, 노××와 신모 피고는 약 2개월 이상의 시일을 소요하면서 매주 1회 정도 만나 충분한 숙려 끝에 계약조건과 가격을 결정한 사실이 인정된다고 하여, 제 2 심법원의 판단처럼 민법 제104조의 '불공정한 법률행위'라고 볼 증거가 없다고 했다^{법원사, 611면}. 이 사건 부동산을 시가의 1/4 정도에서 매수하였다 하더라도 그것만으로 매매계약이 무효라고 하기 어렵다고 했다. 불공정 행위인가의 여부 판단에는 매도인의 경솔·무경험은 매도인 대리인을 기준으로, 궁박상태는 매도인 본인의 입장에서 판단할 것이라 했다.

이 사건 법률심인 대법원은 사실심의 전권인 사실인정의 문제에 개입하여 사실심처럼 나간 것도 같고, 어떻게 보면 사실관계에 대한 평가적 판단을 한 것으로 보이는 사례이기도 하다. 상고심이 법률심으로서 사실인정문제는 사실심의 전권이라 하여 관여할 수 없게 되어 있지만^민_{소 제432조}, 실제로는 사실문제와 법률문제의 한계가 불명하여 적지 아니한 사건에서 관여하고 또 관여할 길도 열려 있는 것이 현실이다. 어떻든 중국인 노서 씨는 아서원 땅을 헐값으로 팔았고 신 씨 측은 헐값으로 취득한 것은 사실인 것 같다. 1970년대만 하여도 우리나라에 와 있던 중국인^{화교}은 서양사람처럼 외국인으로서 대접을 제대로 받지 못하던 시대이기도 하였다.*

이 사건을 승소로 이끈 피고는 신격호의 동생인 춘호 씨였는데, 형인 격호 씨의 소공동 롯데타운의 왕업에 간과할 수 없는 큰 몫을 한 것으로 보인다. 그러나 라면 제작의 경업자관계 등으로 반목의 골이 깊어져 있다는 말이 있다. 돈은 피보다 진한 것인지 모른다.

(2) 상고심의 구체적 절차

상고심절차에는 항소심의 소송절차에 관한 규정이 준용되며_(제425조, 규 제135조), 상고심절차에 관한 특례법의 적용도 받는다. 나아가 제1심의 소송절차에 관한 규정도 상고심에 재준용된다.

구체적으로는 상고장의 제출_(서면제출·1심인지의 2배 납부) → 재판장의

---

* 당시에 외국인에 대한 사정당국의 수사는 중앙정보부의 사전승인을 요하게 하는 규정이 있었는데도 서울지검은 이를 무시한 채 지금의 프라자 호텔 뒤의 작은 규모의 차이나타운의 중국인 아편굴에 대하여 마약소탕의 개가를 올린 바 있다(하일부 검사). 이에 중앙정보부가 자기네 승인없는 수사를 하였다고 하여 검찰을 크게 질타하였다는데, 검사는 서양사람만이 아니라 중국인도 외국인에 틀림없음을 이제서야 알았다고 하며 멋쩍게 사과하였다는 말이 있었다.

상고장의 심사 → 소송기록상고심송부와 기록접수통지 → 20일 기간 내에 상고이유서의 제출[事例 125] → 피상고인 송달 → 10일 이내에 답변서의 제출 → 상고요건·심리속행사유의 심사 → 상고이유의 심리 → 상고심의 종료

[事例 125] 짧은 상고이유서 제출기간과 변호사의 고뇌

변호사의 상고심 수임사건은 상고인 당사자 명의로 일단 상고제기를 하고 나서 한참 있다가 선임할 변호사를 찾아오는 경우가 많아서, 내용이 생소하며 20일의 상고이유서 제출기간을 맞추기에 너무 짧다고 느끼는 것이 보통이다. 게다가 짧은 20일의 기간을 자칫 잘못하면 넘겨버리기 쉬워 변호사사무실의 긴장기간이기도 하다.

필자가 20일의 짧은 상고이유서 제출기간을 넘겨 크게 곤혹을 치른 일이 있었다. 원·피고 쌍방의 상고사건에서 피고 측 위임을 받았는데, 필자는 원고 측의 상고사건에 대하여는 답변서를 직접 작성하였지만, 피고 측 상고사건의 상고이유는 젊은 asso변호사에게 그 이유요지만을 말하고 작성 및 제출은 그가 하라고 지시하였다. 그런데 이 젊은이가 부주의로 제출기간 이틀을 넘긴 것이었다. 기간도과의 사실을 양심상 숨길 수도 없는 일, 피고에게 이를 솔직히 알리고 사죄와 동시에 수임료 반환 등의 타협을 제의하였다. 그러나 피고는 이를 수용하지 않은 채 연일 강경하게 항의하며 필자를 핍박하는 것이었다. 젊은 변호사의 과실이라고 솔직히 털어놓을 수도 없는 일, 변호사의 일이 이렇게도 크게 스트레스 받을 수 있는 것임을 실감하였다. 독일이나 미국처럼 넉넉한 기간에 연장제도까지 두면 아무 문제없을 일을 가지고 변호사의 행복추구권(?)에 큰 타격을 입히고 있는 것이다. 문제의 수임사건은 피고의 상고는 기간도과로 상고기각, 원고의 상고는 본안기각이 되어 상고

심에 가서 달라진 것이 없어 필자가 위기를 간신히 모면하기는 하였다.

헌법재판소가 이 짧은 기간에 대하여 합헌이라고 경경히 넘긴 이제는 입법개선의 길밖에 없다. 과거에 쌍불취하제도가 변호사를 괴롭히는 나쁜 제도로 꼽혔지만 1990년 민소법 개정으로 시원하게 해소된 것처럼 말이다. 법을 고쳐서 상고심에 쉬운 접근easy access을 할 수 있도록 해야 한다.[事例 65] 참조 중요 개정할 사항이다. 우리 헌법재판소가 헌법불합치결정을 내릴만 한데도 헌법재판소는 법원관계 문제에는 다소 관대한 것 같다.

(3) 상고불속행제도(약칭, 심불기각제도)

• 1994년 상고심절차에 관한 특례법에서 채택한 제도로서, 상고인 주장의 상고이유에 중대한 법령위반에 관한 사항 등이 포함되어 있지 않으면 상고이유의 당부에 더 본안심리를 하지 아니하고 상고기각을 하는 제도이다. 남상고의 방지와 과중한 재판부담의 경감이 주된 목적이다. 헌법위반이나 헌법의 부당해석, 명령·규칙 또는 처분의 법률위반 여부에 대한 부당판단, 대법원판례 위반, 대법원판례의 부존재 또는 변경의 필요, 중대한 법령위반에 관한 사항 등이 심리속행사유로, 이에 해당하지 않으면 심리불속행의 상고기각이 된다. 이유불명시·이유모순을 제외한 절대적 상고이유(제424조)도 심리속행사유이나, 가압류·가처분 사건과 재항고 사건의 중대한 법령위반은 속행사유에서 제외하였다.

• 심리불속행의 상고기각판결은 ① 판결이유의 기재를 생략할 수 있으며(이것이 대표적인 헌법상의 쟁점이나, 헌법재판소에서 위헌의 설득력 있는 소수의견에 불구하고 다수의견은 합헌), ② 판결선고가 아닌 송달로써 고지를 갈음, ③ 대법원전원합의체 아닌 소부(少部)에서만 할 수 있고, ④ 4개월 이내에 처리하여야 한다.

(4) 상고심의 종료

① 상고장각하명령, ② 상고각하판결(상고요건의 흠), ③ 상고기각판결— 상고가 이유 없을 때 또는 상고가 이유 있으나 다른 이유로 원판결이 정

당하다고 인정되는 때(제425조, 제414조), ④ 상고인용판결 ― 이때는 원판결을 우선 파기하고 사건에 대하여

- 원심으로 되돌리는 환송,
- 전속관할위반의 경우에 관할권 있는 법원에 이송,
- 파기자판(自判)으로 사건을 끝내는 재판을 한다. 항소심과 달리, 원판결파기시에 사건에 대한 자판보다 환송의 예가 단연 많다.

(5) 파기환송판결의 기속력

상고법원인 대법원에서 원판결이 파기되어 원법원으로 되돌아왔을 때(환송)에, 환송받은 법원은 상고법원이 파기이유로 한 법률상 및 사실상의 판단에 기속(覊束)(제436조 제 2 항, 법원조직법 제 8 조)

- '사실상의 판단'에도 기속받는다고 규정되었지만, 상고심이 사실심이 아니므로, 직권조사사항·절차위배·재심사유에만 국한되고, 다른 본안에 관한 사실판단에는 기속되지 않는다. 따라서 환송 후에 본안에 관하여 새로운 증거·보강된 증거에 의하여 본안에 관하여 새로운 사실인정을 할 수 있다.
- '법률상의 판단'은 이와 달라 원칙적으로 기속을 받는데, 여기에는 사실에 관한 평가적 판단도 포함된다. 명시적으로 설시한 법률상의 판단뿐 아니라, 파기사유로 명시적 설시는 하지 않았지만 그와 논리적·필연적인 관계의 법률상의 판단에도 기속력이 생긴다. 파기환송되었다고 하급심이 반드시 결론을 바꾸어야 하는 제약은 없다. 파기사유로 된 잘못된 견해만 피한다면 다른 가능한 견해에 의하여 환송 전의 판결과 같은 결론의 판결을 하여도 기속력을 어긴 것은 아니다.[事例 125-1]

[事例 125-1] 파기 3번, 17년간의 중곡동 땅 사건과 조선왕조 마지막 왕자 ― 대법원 3차 파기환송사건

다툼의 대상이 된 토지는 서울 성동구 중곡동 일대의 20만 평 가까운 주택지인데, 이는 구한말 순종의 동생인 의친왕 이강李堈공의 장남인

의친왕 이강

이건李鍵의 소유였던 것으로, 처음은 동인이 해방 후 사건 원고와의 재판상 화해를 하여 원고 앞으로 소유권이전등기가 되었다. 그런데 등기를 넘겨받은 원고는 이를 사건 피고에게 매도하고 계약금만 받은 상태에서 피고에게로 소유권이전등기를 하여 주었다. 한편 계약금만 건넨 피고는 원고와의 계약을 해제하고 원소유자인 이건으로부터 이를 직접 매수하였으며, 원소유자인 이건이 일찍이 재판상 화해로 원고에게 등기를 넘겨 준 것은 명의신탁이라 하면서 이건이 이를 해지통보하였다고 주장하였다. 이에 원고는 피고를 상대로 피고명의로 넘긴 소유권이전등기말소청구를 1962년에 제기하여 대법원에서 1968. 6. 25. 선고 67다1776 판결로 원고승소의 확정판결이 났다.

그러나 그 뒤에 이러한 원고승소의 확정판결에는 재심사유가 있다고 하여 피고가 '재심원고'가 되고 원고를 '재심피고'로 하여 재심의 소를 제기하였으나, 3심인 대법원은 피고의 재심청구를 인용하여야 한다는 취지로 원심판결을 파기환송하였다. 이에 환송받은 2심법원은 피고의 재심청구기각의 종전결론을 바꾸지 아니하는 판결을 하여 피고가 재상고하였던 것이며, 이에 대법원은 재심청구인용취지로 2차로 파기환송하였다.

그러나 2차 환송받은 서울고법은 환송이유가 법률판단의 잘못이라기보다 사실판단의 잘못을 지적하는 것 같아 종전의 2심결론대로 재심청구를 기각하였다. 이에 피고가 재재차 상고 → 대법원 3차 파기환송에 이르고, 드디어는 환송법원이 재심청구인용 → 대법원에 원고상고 → 대법원 상고기각. 그러면서, 무려 10심급 가까이를 거듭하였다. 고등법원이 몇 차례에 걸쳐 대법원판결에 반하는 하극상(?)을 한 '평풍판결'의 대표적 사례로 꼽을 수 있는데, 1962년 처음 시작된 소송이 1979년에 종결되면서 무려 17년이란 장기간 이전투구泥田鬪狗를 거듭한 사례이기도 하다.

소송혐오의 대표사례가 되어 모 일간지에 승소피고와 인터뷰까지 실릴 정도였다. 승소피고의 말은 승소액 700억 중 유형·무형의 비용으로 절반 가까이 썼기 때문에 이겨봐야 '상처뿐인 영광'이었다는 것이었다. 당시 제 2 차 대법원 파기환송시에 환송받은 2심재판부의 주심판사였던 필자에게 법원출입 Intelligent Officer가 판결선고 전날에 '우리 부장이 관심있는 사건이니 결론을 미리 알려달라'는 전화연락을 하기에 「판사는 판결선고 전에는 처에게도 비밀로 하며, 그것이 본분이다」라고 말한 일이 있었다. 여기저기 인맥, 친맥도 많이 동원되었던 사건이었던 것 같다. 하급심이 불복을 거듭하는 사건이라면 대법원이 그 중간쯤에 파기자판으로 종지부를 찍었어야 할 사건인 것 같은데, 왜 자판하지 않고 환송만 거듭하는지 의아한 생각도 드는 사건이었다.

'핑퐁재판'으로 17년이라는 시간이 흐르며 송사가 거듭되는 동안 일찍이 재심 전 소송에서 승소한 원고로부터 이 토지를 매수하여 그 위에 주택을 짓고 살고 있는 500여 세대의 사람들이 재심승소의 피고에게 집단반발을 하며, 이에 쫓긴 피고가 선의취득자에게 자기권리를 포기한다는 선언을 하기에 이르렀다. 지금까지 자기 말대로 쓴 막대한 비용을 합하면 '소송으로 흥한 자, 소송으로 망한다'라는 말이 상기되기도 한다.

이 사건은 조선왕조의 왕손인 이건이 해방 후 일본으로 귀화함으로써 이 토지가 외국인토지법의 적용을 받아 그 해석이 문제되었던 사건이기도 하다. 어떻게 보면 이건 씨가 중곡동 땅을 원고에게 양도한 것을 피고에게 또 매도함으로써 이중매매 때문에 꼬인 요인이 되었다 할 것이므로, 왕손의 부적절하고 쓸쓸한 처신이 남긴 후유증이기도 하다.

2013. 5. 21.자 중앙일보 기사에 의하면, 일본의 시즈오까静岡에 있는 유명한 전통여관인 초세이칸朝生館에 대하여 보도하면서, 이건에 관하여

다음과 같이 소개하였다. 「고종의 다섯째 아들 의친왕 이강의 장남 이건李鍵(1909-1990)이 한 때 이곳에 머물렀다. 고종의 장손자이자, 영친왕의 조카인 이건은 일본육군장교로 근무하다가 모국이 해방된 후 일본에 귀화1955년했다. 모모야마 겐이치桃山虔一라는 일본인으로 문구점·팥죽장사 등을 하며 기구한 생을 마쳤다.」 재일동포 소위 '자이니치在日'*로 살았던 사람 중 한 사람의 애환이기도 하다.

이 사건은 17년 만에 끝난 대표적 장기전이나, 일제 강제징용피해자들의 신일본제철주금을 상대로 한 손해배상사건도 먼저 일본법원에 제소했다가 패소한 뒤 우리나라 법원에 와서 다시 제소하여 대법원에서 파기환송의 판결이 나고 환송심판결에 다시 상고하여 계속되는 등 17년간 소요되는 기록을 냈다. 햇수로 중곡동 사건과 쌍벽을 이룬다. 그 사이에 일부 당사자가 사망하는 일이 일어나고 있다.

론스타의 한국정부를 상대로 한 국가간투자소송ISD 47억7천만 달러 청구 사건도 이제 9년 이상을 끌며, 장기전에 돌입할 상황이다.

4. 항고절차

• 항고란 판결 아닌 재판인 결정·명령에 대하여 상급법원에 하는 독립의 간이한 불복방법이다. 결정·명령에 대한 불복방법이지만, 상급법원에 하는 것이므로, 결정·명령을 한 같은 심급법원에 불복하는 이의신청과는 다르다.

• 항고는 모든 결정·명령에 대하여 허용되는 것이 아니고, 성질상 불복할 수 있고 또 법률이 인정하는 경우에 허용된다. 이를 도식화하면 다음과 같다.

---

* 이범준, '일본제국 vs 자이니치'(2015), 북콤마.

[항고제도]

종류	대상· 불복법원	제기기간	집행정지의 효력	준용절차	상고심절차에 관한 특례법
통상 항고	신청기각의 결정·명령에 항고법원	기간제한 없음	없음	항소절차에 준함	부적용
즉시 항고	명문규정이 있는 결정· 명령에 항고법원	송달 1주 내	있음	위와 같음*	부적용
재 항고	제2심과 항소· 항고법원의 결정·명령에 대법원	즉시항고 사항이면 위와 같음	즉시항고사 항이면 있음	상고절차에 준함	적용되나 일부배제
특별 항고	불복할 수 없는 결정· 명령에 대법원	송달 1주 내	없음	상고절차에 준하되, 헌법위반과 명령· 규칙이 헌법·법률 위반여부의 판단이 항고이유	부적용

* 집행법상의 즉시항고에는 별도의 명문규정 있어야 함(민집 15조)

재심절차

재심절차

(1) 재심의 의의

• 재심이란 이미 확정된 종국판결에 재심사유에 해당하는 중대한 흠이 있는 경우에 그 취소함과 동시에 종결되었던 사건의 재심판을 구하는 비상의 불복신청방법

• 불복방법의 일종인 점에 상소와 유사하나, 판결확정 후에 하는 것이므로 상소처럼 확정차단의 효력이 없고, 같은 심급의 재심사라는 점에서 상급심으로 넘어가는 이심(移審)의 효력이 없다. 결코 4심제는 아니다.

• 중국이나 북한은 2심제에 의하므로, 재심이 3심의 구실을 한다. 재심은 예외적이고 한정적인 제도이나, 판결불신·지나친 승부욕 등 때문인지 세계에서 유례가 없을 정도로 재심사건이 폭주. 조선시대에 세 번의 소송을 거친 사건은 수리하지 않는다는 삼도득신법(三度得伸法)이 있었지만, 3심제도로 실체적 정의를 유린할 수 없다는 데 미련을 두어 재심을 한정 없이 허용하였다고 한다(고을 원이 바뀔 때마다). 흘러간 과거를 자꾸 반추하는 것은 법적 안정의 사회를 흔든다는 생각이 없었던 것 같다. 과거는 역사의 심판에 미룰 것이고, 과거의 지나친 반추는 시간적 제약이 있는 인생사에 지나친 소모이며, 미래의 새시대를 여는 데 장애가 된다. 시간이 지날수록 진실과 멀어질 수 있는 것이다.

(2) 적법요건

재심의 소가 적법하기 위하여는 재심당사자적격, 재심대상적격, 재심의 이익, 재심기간이 준수되어야 한다. 재심기간은 재심사유 11개 중 대리권의 흠과 기판력의 저촉을 제외하고 나머지 9개 재심사유는 무기한이 아니고 기간의 제약을 받는다(제456조). 재심기간은 ① 재심사유를 안 날부터 30일 내, ② 재심사유의 존재를 알지 못하여도 판결확정 후 5년 내이다.

(3) 재심사유(제451조 제1항 제1호 내지 제11호)

1호는 판결법원구성의 위법(판례변경을 전원합의체 아닌 소부(4인)에서 한 경

우), 2호는 제척이유가 있는 등 법률상 재판에 관여할 수 없는 법관의 관여, 3호는 대리권의 흠(무권대리인뿐 아니라 엉뚱한 당사자가 나선 경우), 4호는 뇌물을 받고 판결하는 등 법관의 직무상의 범죄, 5호는 다른 사람의 형사상 처벌받을 행위로 인한 자백 또는 공격방어방법의 제출방해, 6호는 증거로 된 문서 등의 위조·변조, 7호는 증인 등의 허위진술, 8호는 판결의 기초된 재판·행정처분의 변경, 9호는 판단누락, 10호는 전에 판결의 효력과 저촉, 11호는 상대방의 주소를 알고 있으면서 잘 모른다고 하거나 거짓주소로 하여 소제기한 경우[事例 126]

(4) 재심소송의 심리절차

소장의 경우와 마찬가지로 재심소장의 방식(인지 등) 준수를 재판장이 심사한 뒤에는 ① 재심소송의 적법요건, ② 재심사유, ③ 본래사건에 대한 본안심리의 3단계로 심리하여 나아간다.

①, ②의 요건을 갖추었을 때에는 중간판결로 일단 정리하고, 다음 단계의 심리로 나갈 수도 있다(제454조). 재심사유는 직권탐지주의에 의하며, 청구의 포기·인낙·자백은 허용되지 않고 화해·조정도 당연무효이다(2010다97846).

(5) 준재심

여기에 확정판결과 같은 효력을 가지는 청구포기·인낙조서나 화해·조정조서에 재심사유가 있을 때는 재심의 소에 준하여 재심을 제기하는 준재심의 소가 있고, 즉시항고로 불복신청할 수 있는 결정·명령에 재심사유가 있는 때에 재심절차에 준하여 하는 준재심신청이 있다.

[事例 126] 자백간주(의제자백)에 의한 판결편취

자백간주에 의한 판결편취는 사람이 좀 어수룩하거나 부동산등기부상의 소유자가 해외체류 등 자기 부동산의 간수를 소홀히 하는 사이에 흔히 행하여지는 일이다. 소송사기꾼인 甲이 자기이름 또는 남의 이름[차명]으로 원고가 되어 등기부상의 소유자 乙을 상대로 "이 부동산을 매수하였는데 그 부동산 소유자가 소유권이전등기를 해주지 아니하여 乙을 상대로 소유권이전청구소송을 제기한다"고 하며, 피고 乙의 현주소가 아닌 거짓주소를 소장에 기재하여 법원에 소장을 제출한다. 이러한 사실을 알 리 없는 법원은 통례대로 소장의 부본을 피고 乙의 거짓주소로 송달한다. 송달하는 과정에는 乙의 거짓주소에 원고 甲이나 그의 하수인이 대기하고 있다가 자신을 乙이라고 하며 소장 부본을 갖고 오는 우편집배원을 맞아 소장 부본을 받고 송달 통지서에 송달받았다는 확인의 의미에서 도장을 찍어준다. 물론 그 뒤에 피고로부터 원고제기의 소에 대한 답변서가 제출될 리 만무하고, 변론기일이 잡혀 기일이 열린다 하여도 피고 乙이 출석할 리도 없다.

이렇게 되면 법원으로서는 소장송달을 받고 30일 내에 피고의 답변서제출의무의 불이행으로 민사소송법 제257조에 의하여 피고 자백간주의제자백의 무변론판결을 한다. 물론 원고 甲의 승소판결이 나는데 그 판결정본도 피고 乙의 가짜주소로 송달되어 송달통지서가 법원에 보고가 되고, 그로부터 2주 내에 피고 乙의 항소제기도 될 리 없으니 원고 甲의 승소판결은 확정되기에 이른다. 그리하여 원고 甲은 판결확정증명을 받게 되어 소유권등기를 피고 乙의 명의에서 자기 앞으로 옮겨오는 소기의(?) 목적을 이룬다.

이를 '자백간주에 의한 판결편취'라고 하는데, 물론 피기망자는 법원, 피해자는 피고 乙이 되는 형법상의 소송사기죄와 사문서위조·동행사죄가 성립된다. 이를 나중에 알게 된 피고 乙의 민사상의 구제책은 재심사유인 제451조 제 1 항 제11호 후단의 '거짓주소로 하여 소제기한 경우'에 해당하는 재심사유가 되어 재심으로써 원고 甲의 승소판결을 취소시키는 것으로 보여진다. 그러나 판례대법(전) 75다634 판결는 그러한 원고 승소판결은 그 정본이 피고의 허위주소로 송달되었기 때문에 그 송달은 무효이고, 따라서 아직 판결정본이 송달되지 아니한 판결로 본다.

그리하여 판결정본의 송달시로부터 2주간의 항소기간^{제396조}이 진행되지 않은 상태의 미확정판결이 되며 피고는 어느 때나 항소를 제기하여 대상판결을 취소할 수 있다고 한다. 재심과는 무관한 항소설을 취한다. 이때의 항소기간은 통상의 항소기간인 2주가 아니라, 항소기간의 정함이 없는 무기한이 된다. 이러한 판례의 해석은 구제기간의 제약이 없어 긍정적으로 볼 수 있지만 재심 제11호의 명문에 반하는 '입법행위적'인 해석으로 보여진다.[*] 무연고·미등기부동산에서 일어나는 일이 많으며 진짜 주인이 외국에 사는 경우에 흔히 생겨나서 2015. 5. 말에는 어느 신문에서도 크게 보도된 바 있다.

필자는 이와 같은 피고의 가짜주소에 소장과 판결정본의 송달에 의한 판결편취가 외국에도 있는지 외국의 학설, 판결을 살펴보았다. 그러나 독일에서는 이와 같은 사례가 없는지 학설·판례가 없고, 일본에서도 없다가 1992년 최고재판소 판례에서 비로소 나왔다. 여기에는 재심에 의한 구제, 즉 재심설을 취하였다.

이 유형의 판결편취가 외국에는 별로 없는데, 우리나라에서 성행한 결과 재심이 아닌 항소에 의한 구제라는 기발한 판례까지 나왔다고 할 것이다. 우리나라가 그만큼 도덕적 해이가 만연하여 소송 사기천국이라는 뜻도 된다. 이탈리아는 범죄의 천국으로 일찍부터 형법학이 활성화되어 유명한 형법학자^{베까리아, 롬브로소 등}가 나오는 데 반해, 우리 형법학계는 형벌론보다는 현학적^{pedantic}인 범죄론 연구에 치중하는 경향 때문인지 우리 사법부의 온정주의 일관의 형벌운영에 대하여는 별로 무관심하여 연구진전이 없다. 범죄라는 창은 창궐하는데, 이를 막는 제대로 된 방패인 형벌이 없으니, 무법천지가 된다. 온정주의의 형벌에 대한 사회적 거센 비판에도 법조계의 반응은 냉담하기만 한 것 같다.

---

[*] 이에 대한 비판은, 졸저, 신민사소송법(제15판), 678, 679면 참조.

간이소송절차

통상의 소송절차에 비하여 쉽게 빨리 끝나는 간이한 약식절차로 소액
사건심판절차와 독촉절차가 있다. 주로 금전지급청구에 한한다. 소액사
건의 범위를 3,000만 원 이하로 상향하면서 소액사건이 제 1 심사건 중
80% 정도를 차지하고, 독촉사건도 연간 100만 건에 이르는 등 중요한 비
중을 차지한다.

1. 소액사건심판절차

(1) 소액사건

소송목적의 값, 즉 소가 3,000만원 이하의 금전지급이나 대체물의 인도청
구사건이 해당된다. 국제수준의 small claims(소액사건)에 비하여는 소가가 너
무 커서 중액사건이라 할 수 있다. 주택·상가건물 임대차보호법상의 보증금
반환청구는 소가의 고하를 불문하고 소액사건심판법의 일부를 준용한다.

(2) 관할법원

지법관할구역 내에서는 지방법원 단독판사(소액부)가, 시·군법원 관할
구역 내에서는 시·군법원 판사의 전속적 사물관할이다(법원조직법 제 7 조
제4 항, 제33조, 제34조 참조). 다액채권을 3,000만원 이하의 소액사건으로 쪼
개어 억지로 소액사건심판절차에 부치는 것은 허용되지 않는다.

(3) 소액사건심판절차의 특례

1973년 법제정[事例 127] 시행 후, 1990년 공휴일, 야간법정제가 생기고,
2001년 개정법률에 의하여 결정에 의한 이행권고제가 새로이 신설되었
다. 이는 소액사건에 대한 소제기로 개시되는 소송절차의 회부에 앞서는
전치절차로서, 법원이 피고에게 원고의 청구취지대로 의무이행할 것을
권고하는 결정을 한다(소액 제 5 조의3). 이행권고결정이 피고에게 송달되
면, 피고가 2주일 내에 이의신청을 할 수 있으며, 이의하면 소송절차에
부쳐져 변론으로 들어간다. 변론에 들어가도 일반 소송절차와는 달리 특

례에 따라 심판하고 판결선고를 하며, 대법원에 상고 및 재항고는 할 수 있으되 매우 제한적이다(심판특례는 아래 사례를 참조할 것).

다만 이의신청이 없을 때이면 이행권고결정은 그대로 확정되어 확정판결과 같은 효력을 가진다. 기판력은 없지만 집행력이 있어 집행권원이 된다. 2016. 3. 29. 법원조직법 개정법률 제54조에 의하면 이행권고결정은 판사에게서 사법보좌관으로 이관된다. 소액사건에 관하여는 2007년 제정된 소액채권절차법이라는 유럽연합의 새 모델이 나와 있다.[*]

2. 독촉절차 — 지급명령제도[事例 128]

(1) 의   의

금전이나 대체물 등의 지급청구권에 대하여 채무자가 크게 다투지 않을 것으로 예상되는 경우에 비용·시간·노력이 많이 드는 소송절차를 바로 선택하는 대신에 간이한 지급명령을 먼저 신청하는 제도이다. 신청가액에 불구하고 시·군법원 판사 또는 사법보좌관의 업무에 속한다.

(2) 독촉절차에서는 신청인을 채권자, 상대방을 채무자라고 한다. 소송절차의 일종인 점에서 특별한 규정이 없으면 민사소송법 총칙의 규정을 적용한다. 그러나 판결절차와 달리 쌍방을 불러 법정심리하는 쌍방신문주의·법정공개주의에 의하지 아니하고 채권자 일방이 낸 서류로 되는 일방신문주의·비공개주의에 의한다. 채권자, 채무자의 법원 불소환, 채권자의 청구원인에 대한 소명방법의 불필요 그리고 저렴한 인지대(소장의 1/10) 등으로 이용이 매우 편리하다. 신청액의 다과를 불문하고 변호사대리 필요없다. 인터넷상 대한민국법원 전자소송 홈페이지(efs.scourt.go.kr)에 접속하면 신청할 수 있다.

(3) 채권자의 지급명령신청 → 법원의 지급명령 → 채무자 송달 → 2주일 내에 이의신청 없으면 → 지급명령의 확정 → 확정판결과 동일한 효력 → 집행권원

그러나 2주일 내에 채무자이의신청 → 정식 소송절차로 회부되고, 소

| * 졸저, 신민사소송법(제15판), 964면 참조.

장 인지만큼 더 붙여야 한다. 다만 인지보정명령을 받게 되는데, 보정명령에 응하지 않고 채권자가 보정 대신에 조정이행신청을 하면 조정절차로 넘어간다. 지급명령신청에 의한 시효중단의 효과는 이의신청시 아닌 지급명령신청서 제출시에 발생한다(대법 2014다228440).

[事例 127] 소액사건심판법의 역사와 위헌론

1970년 초에 우리나라 대법원에 사법제도개선심의위원회^{지금의 법원조직법}제25조의 사법정책자문회의와 같은 것가 법정기구로 설치되었다. 그 구성원은 대법원 판사 2명, 검찰, 법학계, 변호사회 등의 대표 각 1명씩 합계 5명으로 하고, 그 밑에 총괄간사 법원행정처 차장, 실무간사로 형사법 분야, 민사법 분야에 각 1명씩 두었다. 민사법 분야는 서울고법판사로 재직 중인 저자가 간사였다.

당시 구성위원들은 민사소송절차가 복잡하고 오래 끌며 비용이 많이 드는 절차이기 때문에 영세 서민의 소액사건에서 이용하기에 매우 불편하므로, 일본을 통하여 독일법을 계수한 기존의 민사소송절차에 그대로 안주할 것이 아니라 우리나라도 나름대로 영세 서민의, 서민에 의한, 서민을 위한 새로운 소송절차가 필요하다고 보고, 개선법안을 내기로 하였다.

소액사건에서도 원칙적으로 통상의 민사소송법을 적용하지만, 예외적으로 이 법의 특례를 따르게 하는 것으로 처음 16개의 본법조문과 대법원 규칙인 심판규칙으로 출발하였다. 그 뒤 몇 차례 법이 개정되어 오늘에 이르렀는데, 1973년 기초당시의 입법기조는 다음 세 가지였다.

첫째로 민사소송 절차의 적자생존의 원리라고도 할 수 있는 변론주의 내지 당사자주의는 수정되어야 하고 법원의 후견자적 개입 즉 직권주의를 전진시키는 것이다. 이른바 직권증거조사제의 채택, 교호신문제를 직권신문제로 수정, 당사자신문의 보충성배제 그리고 강제조정의 채택이다.

둘째로 절차의 간편화, 저렴한 비용, 신속한 재판의 지도이념을 절차의 공정을 해하지 않는 테두리에서 최대한 관철시키는 것이다. 이를 위하여 사무소에 특별재판적, 소송대리인에 관한 특칙, 구술제소와 임의출석제, 1회변론기일의 원칙 고수를 위한 지체 없는 소장부본의 송달과 답변서 제출 및 기일전의 증명촉구 등의 준비명령, 무변론청구기각제도와 변론종결즉일의 판결선고제도, 변론갱신절차·조서기재·판결이유기재 등 3가지의 생략, 증인·감정인 서면심문제에 의한 절차의 경직성의 완화 등의 특례를 규정하였다.

셋째로 소송촉진과 남상소의 방지를 위하여 상고 및 재항고를 크게 제한하는 것이다. 소액사건에 관한 한 법령 등의 헌법위반여부 및 명령·처분 등의 법률위반여부에 대한 판단부당과 대법원판례의 위반경우만을 상고이유로 제한하여 사실상 2심제의 특례에 의하도록 하였다.

이러한 내용을 바탕으로 소액사건심판법안이 법무부를 거쳐서 정부안으로 굳으면서 국회에 제출되었지만, 무엇보다 상고제한방안이 국회심의과정에서 틀림없이 난관에 봉착될 것으로 예상하였다.

그런데 국회에 제출 당시인 1973년에 마침 박정희 유신체제가 들어서면서 국회가 해산되고 새 헌법에 의한 국회가 구성되기까지는 과도적으로 행정부의 비상국무회의가 국회의 권한을 대신 행사하는 이변이 생겼던 것이다. 그리하여 정치적 쟁점이 될 수도 없는 이 법은 별 논란 없이 가볍게 비상국무회의를 통과하여 원안 그대로 법으로 확정되어 공포·시행되었다.

그러나 1988년 9월에 헌법재판소가 신설되면서 예상대로 상고제한을 내용으로 하는 이 법률의 특칙에 대한 헌법소원이 제기되기에 이르렀다.

이에 헌법재판소는 다음과 같은 요지의 결정을 하였다. 즉 소액에 대해서도 다른 사건과 마찬가지로 원칙적으로 대법원까지 3심제에 의하는 것은 해결할 소송물의 가치와 이에 소요되는 비용·시간·노력과의 균형상 합리적이라고 할 수 없다. 비교법상 소액사건에까지 3심제에 의하는 입법례는 드물다. 헌법 제27조의 재판을 받을 권리 속에 모든 사건에 대하여 상고심 법원의 법관에 의한 상고심 절차에 의한 재판을 받을 권리까지 포함된다고 할 수 없으며, '같은 것은 같게, 다른 것은 다르게' 처우하는 것이 실질적 평등이라면 상고제한이 헌법 제11조 위반의 위헌적인 차별이라 할 수 없다는 내용의 판시이다. 재판관 9명으로 구성된 헌법재판소의 8 : 1로 합헌 결정이 났다. 우연인지 본인도 관여재판관 중의 1인이며 주심이기도 하였다^{헌재 90헌바25 결정}.

이 법이 공포·시행되어 널리 알려지면서 일본 법학계나 실무계에서 한국의 법학계에 대한 시각이 달라졌다. 그 이전까지는 한국의 법제나 학계의 수준은 결코 일본법의 번역적 계수 이상으로 평가하지 아니하였으며, 그것은 사실 무리한 평가절하도 아니었다. 그러나 그 뒤부터는 대화를 통하여서나 논문들을 통하여 진취적이고 창의적인 입법도 하는 나라로 평가가 달라졌다. 한국법의 영향인지, 뒤에 일본법과 중국법에 소액소송절차를 각기 마련하면서 우리 법의 규정이 적지 않게 수용되었다.

더 나아가 이제는 소액사건 정도는 공통의 심판절차법을 한·중·일이 같이 마련하고 그 법에 기하여 한 나라에서 받은 판결은 다른 나라에서 판결승인절차나 집행판결 없이 바로 집행할 수 있도록 함도 좋을 것이다^{EU 소액채권절차법 20조}. 그것이 곧 'One Asia'로 가는 큰 길에 작은 포석이 아니겠는가.* 그럼에도 문재인 정권이 들어서면서, 한일 간에는 적

---

* 이 내용은 필자가 2013년 남경에서 개최한 한중민사소송법공동연구회에서 발표한 것으로, 민사소송 15권 2호, 533면 이하에 실린 것이다.

대국가라고 할 정도로 관계가 험로를 밟고 있다.

[事例 128] 구지급명령제도 그리고 이용이 적절했던 사건

(1) 1990년 개정법률 전에는 지급명령은 2단계로 나갔다. 1단계는 지급명령신청 → 지급명령 → 채무자송달 → 채무자 2주일 내에 이의신청, 2단계는 채무자이의신청 없으면 → 가집행선고 있는 지급명령신청 → 가집행선고 있는 지급명령 → 채무자송달 → 채무자 2주일 내에 이의신청 없으면 가집행선고 있는 지급명령 확정 → 집행력＋기판력 발생의 수순이었다.

이러한 기존의 외래의 제도를 절차의 복잡·신속 저해로 보아 1990년 개정시에 2단계 절차는 과감하게 생략한 채, 1단계의 지급명령이 확정되면 그것으로 끝나게 하고 그 대신에 지급명령에서 기판력을 배제하고 집행력만 인정하는 것으로 변경개정하였다. 이러한 지급명령의 간소화는 일본 소송법 권위자인 미까스키·아끼라 교수로부터 높은 점수를 받았고, 2015년 4월 개최된 중칭 한·중민소법 학술토론회에서도 평가를 받은 바 있다.

(2) 하루는 지인인 甲이라는 사람이 저자를 찾아와 하소연을 하였다. 사연인즉 자신이 유명한 연예인이고 정계에도 투신하고 있는 준재벌가 乙과 공동투자계약을 맺어 증권회사를 신설키로 하되 우선 회사성립을 위해 발기준비금 각 5억원씩을 출연하기로 하였는데, 甲은 먼저 자기출자분 5억원을 내어 준비사무실을 임대하고 직원을 채용하여 열심히 준비활동을 하였으나, 乙은 이를 차일피일 미루면서 출자금을 내지 않는다는 것이었다. 그리고는 최근에 와서는 인터넷온라인으로 주식 등 증권거래가 이루어지게 되어 오프라인 증권회사는 이제 사양산업이 되었다고 하면서, 출자 약정금을 한 푼도 이행하지 않는다는 것이었다. 결국

은 증권회사의 공동설립은 수포로 돌아가고 자기만이 출자금 5억원을 깡그리 날리는 손해를 보게 되었다. 정식 서면약정은 한 것이 없었다는 것이고, 乙 상대로 소송을 하자니 시간도 오래 걸리고 비용 등 번잡하므로 그렇게도 할 수 없어 乙을 백방으로 쫓아다니는 한편, 신문에 폭로하고자 하였으나 메이저신문 등 일간신문은 이를 기사로 내주지 않고 주간신문 등 잡지에 몇 차례 乙에 대한 실명의 비리폭로성의 기사를 내었다는 것이다. 그러나 乙은 이 기사를 보았을 것인데도 미동도 하지 않고 만나주지도 아니하니 "이 자를 어떻게 하였으면 좋겠는가" 하며 흥분하며 야단이었다.

저자는 이제 제도권 외에서의 해결시도는 그만 끝내라고 하였다. 그리고는 사인 간의 약속불이행이므로 형사로는 문제삼기 부적절하고 민사소송으로 갈 수밖에 없는데, 정식 소제기에 앞서 독촉절차에 의한 지급명령제도를 이용하는 것이 좋겠다고 조언하여 주었다.

그가 이를 받아들여 필자를 신청대리인으로 하지 않고, 甲 본인의 이름으로 乙을 상대로 약정금 5억원을 지급하고, 지급명령송달의 다음 날부터 20%의 지연손해금을 갚으라는 취지의 지급명령신청을 작성하여 제출하였다. 증거재판주의가 아니므로 甲·乙 간의 약정서 같은 것을 증거자료로 첨부할 필요도 없는 일방적인 지급명령신청이었다. 그랬더니 바로 乙에게로 법원의 지급명령이 떨어져서 송달되었던 것 같았다. 이때서야 비로소 乙은 甲에게 전화로, 서신으로 "김형 우리 사이에 왜 그러느냐, 이제 그만하고 우리끼리 적당히 합의하자"고 타협안을 내더라는 것이다. 5억원과 지연이자를 처음부터 모두 받을 생각이 없었던 甲은 乙을 만나 재판 외의 화해로 乙로부터 3억원을 받고서 마무리 했다고 한다. 그러면서 甲은 지급명령제도가 이렇게 간편, 신속하며 속풀이의 분쟁해결제도인 줄 몰랐다고 하면서 저자에게 고마움을 표한 일이 있었다. 체면을 차리려는 채무자에게는 효험있는 제도이기도 하다.

(3) 필자가 1960년대에 독일에서 공부할 때의 일이다. 독일의 TIME지에 해당하는 Der Spiegel 주간지를 1년간 정기구독을 할인계약하였다. 6개월치 잡지대를 우선 내고 구독하는 중에 급작스럽게 우리 정부가 해외에 나가 있는 우수 두뇌를 회수한다 하여 해당자의 대한민국 여권의 효력을 정지시켜 귀국토록 조치를 취하였다. 필자는 자연과학자도 아니었고, 우수 두뇌라고 할 수도 없는데, 이러한 획일주의의 시행에 따라 귀국해야 했다. 그래서 Spiegel사에 편지를 보내 부득이한 사정으로 앞으로의 6개월의 잡지는 보낼 필요가 없게 되었으니 보내지 말 것이며, 나머지 6개월분 잡지대는 지급할 형편이 안 된다고 하였다. 그랬더니 Spiegel사의 답장이, 약속은 지켜야 하는 것이며, 나머지 잡지대를 안 내면 독촉절차에 따른 지급명령신청을 한다는 것이다. 독일의 경우 금전채무의 불이행시 먼저 독촉절차mahnen, 이에 불복하면 소송klagen, 확정되어도 안 갚으면 강제집행vollstrecken을 하는 수순이 상식화되어 있다. 따라서 독일에서는 그 이용률이 엄청나다. 우리도 따라가기 위하여 홍보가 필요하다.

[부록 1] 한국의 법조삼성(法曹三聖)사

1945년 일제에서 해방된 이후 우리 법조계에 세 분의 성인saint이 나타났다. 김병로, 최대교, 김홍섭 세 어른인데 이는 공인되다시피 되어있으며, 당분간 비견한 인물은 후무하리라고 본다.

가인街人 김병로金炳魯 선생은 1887~1964년까지, 화강華岡 최대교崔大敎 선생은 1901~1992년까지, 바오로 김홍섭金洪燮 선생은 1915~1965년까지 각 사시다가 그 생애를 마치셨다. 김병로 선생은 필자가 대학시절에 대법원장을 지내셨으므로 직접 대면한 바 없었으나 신문기사 등을 통해 근황을 파악할 수 있었다. 최대교 선생은 검사 생활로 일관하시다가 변호사 일을 하신 분으로 교직과 법관생활을 한 필자로서는 면대할 직접적인 기회는 없었으나 어깨너머로 그분의 유명한 행적을 익히 들어왔다. 김홍섭 선생의 경우는 필자가 1962년 서울지방법원 판사로 재직시에 대법관 직무대리 겸 서울고등법원장으로 계셨으므로 법원은 다르지만 지방법원, 고등법원, 대법원이 당시 정동의 한 청사를 쓰고 있었던 까닭에 가까운 거리에서 많은 일화를 접할 수 있었다. 시간적으로 이세 어른과 필자만큼 가까이 있었던 법조인도 이제는 드물 것으로 생각하면서 생애와 업적을 살핀다.*

돌이켜보면 이 세 어른의 생애와 행적은 가히 타에 수범垂範이요 귀감龜鑑이 되는 위대한 것이다. 법조성인의 반열에 올려 조금도 손색이 없을 것으로 보이며 대한민국 건국 초기의 법조계에 금자탑을 세운 거성이다. 흔히 우리나라 사람은 역사상 위인으로 세종대왕과 이순신 장군을 꼽지만, 이 세 어른도 법조가 현대 법치사회의 한 축을 이루는 것에 비

* 보다 상세는, '한국사법을 지킨 양심', 법조3성편전간행위원회간(2015. 4. 30).

추어 우리나라 역사의 큰 틀에서 기릴 인물임을 잊어서는 안 될 것이다.

법조성인 세 분 즉 '법조삼성'의 공통적인 특징은 아래 다섯 가지이다.

첫째로 세 어른은 공통적으로 대학생활을 통해 선진문물을 익힌 선각자였다는 점이다. 가인선생은 日本니혼大學·明治메이지大學·中央주오大學에서, 화강선생은 일본 法政호세이대학에서, 바오로선생은 일본 早稻田와세다 대학 등에서 각각 공부하신 동경유학생이었다. 1945년 해방 전에 선진국유학이라면 요사이의 미국유학과 마찬가지로 일본유학을 꼽았다. 이분들이 우리나라에서 기념비적인 법조인상을 정립한 것에는 유학생활을 통해 일본 법조의 매우 좋은 사례들을 터득한 것과 관련이 있을 것으로 생각된다. 당시 대표적인 예를 들어본다.

1904년 러일전쟁이 벌어지기 바로 전에 러시아의 황태자 니콜라이가 일본의 비파호琵琶湖 일대를 여행하던 중에 그에 대한 암살미수사건이 벌어졌다오쯔(大津)사건. 얼마전에 종북주의자 같이 보이던 김모 씨가 레퍼드 주한 미국대사를 살해미수에 그친 사건과는 비교가 안 되는 큰 사건이었다. 일본 정부는 당시 일본보다는 강대국인 러시아의 눈치를 보면서 이 사건 범인에게 일본 황실에 대한 범죄에 적용되는 특례형법인 황실전범을 적용하여 사형판결을 할 것을 일본 사법부에 강력히 요구하였다. 그러나 사법부는 일본황실가에 관한 범죄에 적용되는 이러한 특례형법을 외국황실가에까지 유추적용할 수 없다고 과감히 판단하여 일반형법의 살인미수죄로 다스려 무기형을 선고한 데 그친 것이다. 이는 죄형법정주의 원칙의 파생원칙인 유추해석 금지를 명백히 한 판례이기도 하다. 이 일은 일본 정부를 격노케 한 것은 물론 외교적으로도 매우 당황케 한 사건이었는데, 한편 법을 왜곡한 국론통일은 아니 됨을 명백히 하며 일본 사법부의 건재를 대외적으로 과시한 쾌사快事였던 것이다. 러시아도 이를 이해하고 오히려 나중에는 일본의 사법이 살아있어 선진

가능성이 있는 국가로 평가하였다고 한다.

　다른 유명한 사례로 꼽히는 것은 일본군벌이 앞장서서 중국대륙으로, 미국 진주만으로 한참 침략 도발을 하던 태평양전쟁 당시에 이러한 일본제국주의에 반기를 들고 비판을 하던 한 자유주의 사상가에 대하여 중형으로 형사처벌하도록 일본군벌내각이 사법탄압을 시도하던 때의 일이다. 일본 헌병들에 의하여 포위된 상황에서 법정재판이 열렸던 일은 흔한 일인데도 뜻있는 일본의 일부 법관은 이에 굴함이 없이 무죄 또는 가벼운 처벌로 의연히 맞서 사법권을 수호해왔다는 것이다. 그 중 한 분이 당시 동경지방재판소의 재판장이었고 전 후에 최고재판소 장관이 된 이시다 가즈도石田和外 판사였다. 이러한 사태에 더 이상 못 참고 화를 폭발시킨 군벌내각의 총리대신 도조 히데끼東條英機는 성스러운 전쟁을 수행하는 마당에 장애가 되는 재판관에게 협박성 경고를 하였는데, 이에 일본의 어느 재판장은 되받아 도조에게 「천황의 이름으로」 재판하는 것인데 어찌 총리대신이 나서느냐고 하면서 헌법위반의 월권행위라고 정면 반박하였다고 한다.

　제 2 차대전 중에 독일에서도 비슷한 사례가 있어서 히틀러가 법관들에게 전쟁수행에 비협조적임을 경고하였지만, 독일에서는 어느 법관도 일본에서처럼 직접 대응하지 못하였다는 것과는 대조적이다.

　특히 젊어서는 이러한 선진문물을 배워 글로벌 센스를 갖춰야 한다는 것이 세 어른으로부터 얻을 수 있는 교훈이다.

　둘째의 공통점은 가난을 이겨낸 청교도적인 선비이셨다는 것이다.

　김병로 선생은 양복보다는 한복 두루마기를, 최대교 선생은 구두가 아니라 재래의 고무신을 신고 다닌 것으로 유명하다. 1950년대 당시만 하여도 양복이 꽤나 비쌌으며, 양구두도 그러하여 가난한 선비에게는 사치스럽게만 여겨지던 시절이었다. 누군가 존경하는 김홍섭 선생댁을

겨울에 찾아갔더니 낡은 유엔군 점퍼 차림으로 방에 불도 못 지피고 추위를 견디고 있었다고 한다. 1945년 광복 후는 고高인플레이션시대였다. 그럼에도 법원장·검사장급 고급 판·검사의 월급이라야 쌀 1가마를 겨우 살 수 있는 정도였기 때문에 엄청난 생활고에 시달렸다. 대부분의 판검사가 때문에 이직을 하여 변호사를 개업하거나, 아니면 다른 직업도 갖는 완전 겸직, 나아가 불의와 쉽게 타협하도록 내몰리는 시대였다고 한다. 그러나 세 분 법조성인은 이러한 한계상황 속에서 어느 길로도 가지 않고 불평불만 없이 공직을 꼿꼿이 지키면서, 옛날 세종시대의 황희 정승처럼 인고의 미덕으로 가난을 견디어 냈다. 안빈낙도安貧樂道하는 겸허한 생애였다. 최대교 선생은 사모님의 봉투 만들기 부업으로, 김홍섭 선생은 틈틈이 쓴 글의 인세로 고난을 극복하는 데 도움을 받았다. 사법부의 수장인 대법원장 김병로 선생의 경우 행정부에서 겨울연료비 예산지원을 하겠다고 제의하였더니, 가난한 나라살림에 그렇게까지 배려할 필요 없고 외투를 입고 추위를 이기며 집무할 수 있다고 하면서 거절한 에피소드는 너무나도 유명하다. 예산 증액에 지대한 관심을 갖는 작금의 사법부의 상황과는 격세지감을 느끼게 하는 일화이다.

세 번째 공통점은 공과 사를 냉혹할 정도로 구별하였던 점이다. 김병로 선생은 1950년 6·25 전쟁으로 서울이 공산군에 의하여 점령되어 피난할 당시에 대법원장인 자신은 정부의 천도방침대로 공인으로서 부

산으로 옮겨가지만 사모님은 공인이 아니므로 당신을 따를 것 없다고 하였다는 것이다. 그리하여 사모님이 고향인 호남으로 피난가셨다가 그곳 지리산 공비에 의하여 잔학하게 살해를 당하는 비극을 겪어야 했으며, 대법원장 재직 중에는 그렇게 참혹하게 생을 마친 사모님 묘소를 찾는 것도 사

가인 김병로 선생

사로운 일이라 하여 삼갔다고 한다. 최대교 선생은 사법고시위원으로 위촉되자 그 자제가 사법고시에 응시하기 때문에 이를 이유로 정중하게 사양하기도 하였다. 최대교 선생은 물론 김홍섭 선생의 경우도 국가가 제공하는 관용차에 가족이 타지 못하게 함은 기본이고 당신들께서도 공적으로 이외는 일체 쓰지 아니하고 거의 걸어 다니셨다고 한다. 모두 하나같이 멸사봉공의 화신이었다.

세 어른 모두 최고위직대법원장, 서울고등검사장, 서울고등법원장의 법관, 검사이었으므로 막강한 권한으로 개인적인 정의에 끌려 남을 좀 보아줄 수 있는 지위였다. 우리 사회는 높은 자리의 사람에게 혈연·학연·지연 등 연고의 정을 내세워 '친분예우'를 기대하고 또 예우해 주는 일도 흔히 있는 일이다. 그러나 주변에서 몰인정하고 괴벽乖僻하다는 지탄과 비난을 들을지언정 이를 단호히 차단하고 청빈한 공인으로서 정도를 지킨 것은 삼성 모두에 공통적인 처신이었다. 보아 주지 않는다고 인간적인 정의를 외면한다고 친구·친척 모두 떨어져 나가는 고독 속에서 그 외로움을 고결한 선비답게 독서와 글을 집필하는 데 활용하신 것으로 알고 있다. 친구나 주변에 사람이 많고 인심 좋은 사람치고 훌륭한 사법관이 없다는 말은 이 세 분 때문에 나온 것인지도 모른다.

넷째로 투철한 직업적 소명의식과 법과 원칙에 충실한 것도 공통적이다. 대한민국 법치주의 발전과 법운영의 선진화에 큰 기여가 있었음은 두 말이 필요 없다. '그 자리에 없어서는 안 될 사람'에 그치지 않고 한 차원 넘어 '그 자리를 훌륭하게 만든' 창조적인 인간상이셨다. 김병로 선생은 대한민국 건국 초기에 법전편찬의 공로도 크지만 사법권 수호의 신화적 존재로 크게 평가받는다. 이승만 초대대통령은 오랫동안 독립운동을 한 대표적인 지사이자, 대한민국 건국의 아버지로서 막강한 카리스마를 가지고 있었다. 그러나 자리에 연연하지 않고 백절불굴百折

折不屈의 강직한 의지로 사법권독립을 지키는 김병로 대법원장에게만은 함부로 범접하지 못했다고 한다. 가인선생은 단순히 사법부의 수장이기 이전에 민족투사였다는 경력이 작용하였다는 평도 있다. 가인이 자리에서 물러선 뒤에 그 후임 대법원장에 유약하고 순종형이라는 평판을 받았던 인사를 선정한 것은 이 박사가 그 동안 사법부 때문에 겪었던 고심을 보여주는 단면이라 하겠다. 이 대통령은 김병로 court에 대해 국회 등을 통해 여러 차례 불편한 심기를 나타내며 비난과 경고를 한 바 있다. 그러나 인도의 성웅 간디를 연상케 하는 깡마른 체구의 가인선생은 추호의 동요도 없이 외압을 막아주는 사법부의 수호신으로서, 삼권분립국가의 기초를 굳건히 닦았다.

최대교 선생 또한 이상적인 검사상을 남긴 신화적인 인물이셨다. 최대교 선생이 서울지검 검사장으로 재직하시던 1948년 여름에 백범 김구선생이 자택인 경교장에서 암살되는 사건이 있었다. 민간인 살해사건임에도 헌병대가 나와 살해현장을 포위, 삼엄하게 경비하며 접근하는 현지경찰에 폭행을 가하면서 손을 놓게 하였던 상황이었다. 최대교 선생은 이는 정치성이 다분한 사건임을 어느 정도 눈치채면서도 검사로서 현장에 나가 총칼을 든 헌병대위에게 법집행을 강력하게 내세워 결국 그를 굴복시키고 사건현장의 검증을 마치셨다.

이승만 대통령이 애지중지하던 여성 상공부장관 임영신 씨 수뢰 등 사건이 있을 때의 일이다. 이를 입건한 당시의 서울지검장인 최대교 선생에 대해 당시 법무부장관으로부터 보아주라는 의미에서 기소유예하라는 통첩이 공식적으로 시달되었다. 그러나 검사장인 선생께서는 법무부장관은 검사에 대해 일반적인 지휘감독권을 가질 뿐 구체적인 사건의 기소·불기소에 관여할 수 없도록

화강 최대교 선생

규정한 검찰청법을 근거로 소신대로 교과서 그대로 기소처분을 한 것이다. 그리하여 검찰이 정권의 시녀가 되어서는 아니 된다는 검찰의 정치적 엄정중립성 수호의 대표적 사례를 남기셨다. 최근 문재인 정권의 검찰개혁 기치를 들고 나선 추미애 법무부장관과 윤석열 검찰총장 사이의 수사지휘권 관계 갈등과 반목을 보면서 다시 화강 선생을 회상하였다.

필자가 초임법관 때에 김홍섭 선생이 형무소를 자주 찾아가 중형수 특히 사형수를 면대교화시킨다는 말을 들었다. 형무소^{지금의} 교도소란 을씨년스럽고 냄새도 고약하여 접근하기조차 싫은 것이 범부^{凡夫}의 솔직한 심정일 것이다. 더구나 선생과 같은 고위직 법관인 지위에서는 무시무시하다고 느낄 사형수들을 대면하여 끈기있게 감화를 시키고 신 앞에의 속죄로 마음의 평안을 찾게 하는 일은 아마도 세계 사법사상에 드문 예일 것이다. 유명한 특무부대장 김창룡 중장의 살해범 허태영을 가톨릭 신자로 개종하게 하고 대부^{代父}로까지 되어 주기도 하였다. 교화의 전도사로서 교육형주의를 겸허하게

바오로 김홍섭 선생

실천하셨다. 법관인 자신도 인간이면서 인간을 재판하는 데 대한 번민도 있었던 것으로 알고 있으며, 인간이 하는 재판에 신의 가호를 항상 빌면서 재판정에 들어가실 때에는 반드시 가슴에 성호를 그었다고 한다. 성의^{聖衣}속의 법복^{法服}이었다. 사형폐지론 등 확고한 법철학을 갖고 계시면서 의미있는 수상집을 내는 등 수도사적 생활로 일관하셨다. 종교사에 사도바울이 자리잡고 있다면 우리 사법사에는 사도법관인 김홍섭 선생이 계시었다 하여, 서울대 최종고 교수가 그를 사도법관이라 불러 이후엔 그 호칭이 일반화되었다.

다섯 번째의 공통점은 세 어른이 법관, 검사 중에서도 높은 자리였지만 찬란한 학벌의 소지자가 아니라는 것이다. 법조삼성이 대학입학 당시에 일본에는 동경제대, 경도제대 등 이른바 초일류대학이 있었으나, 세 어른이 여기의 출신은 아니다. 학벌로 큰 덕을 본 생애가 아니요 오로지 사법관으로서의 신념과 항상 책상머리에서 떠나지 아니하는 학구적 노력, 그리고 직업적 성실성과 겸허함으로 입신양명한 분들이다.

　당시에 좋은 학벌에 발군의 수재라는 법조인이 적지 아니하였으나 세 어른이 이룬 업적에 비유할 큰 인물이 있었다고 들은 바 없다. C모씨 같은 분은 동경제대 재학 중에 고등문관시험 사법, 행정 양과를 합격하였고 발군의 성적 때문에 민법대가인 가와시마 다케요시川島武宜 교수가 동 대학조수로 임용하고자 하였지만 일본인이 아닌 '조선사람'이기 때문에 교수회의 과반수의 찬성을 받아내기 어려워 매우 애통하게 놓쳤다는 말을 했다고 한다. 그는 조선사람으로 하기 어려운 엘리트 코스인 경성복심법원 판사를 지냈고 해방 후에는 민법기초에 참여하였다. 그러나 그는 4 · 19혁명의 기폭제가 되었다. 3 · 15부정선거 때 내무부장관으로서 책임이 있다고 보아 구속기소되었으나 병보석으로 일시 풀려나온 뒤에 일본으로 도주하여 정치적 망명을 한 것이다. 일본으로 간 뒤에 그의 동경제국대 동창들이 관계 · 경제계에 진출하여 크게 활약하였지만, 그들에게 손을 벌리지 않고 교포 변호사 사무실에서 사무원으로 소일하며 때때로 우리나라 법률신문에 일본의 최신판례를 소개하는 글을 익명으로 보내다가 쓸쓸히 세상을 떠났다.
　그분 말고도 선발성공형의 인물들이 적지 않았지만 시간의 흐름 속에서 이제는 망각의 심연에 묻혔다. H모씨도 동경제대에 양과 합격으로 친일 거두의 손녀사위가 되어 조선인 판사에게는 일제가 개방하지 않았던 항일투사 재판도 관할하는 형사단독판사로 유일하게 보직되는

전주 덕진공원 내에 있는 법조3성 동상.
왼쪽부터 바오로 김홍섭 선생, 가인 김병로 선생, 화강 최대교 선생

등 젊은 날 쾌조를 보인 예인데, 해방과 더불어 출세의 무대에서 강판되어 변호사 중의 한 사람이 되었다고 한다. 그의 사무실은 자부심 많은 동대 출신들의 사랑방과 비슷하게 개방되었다고는 한다.

세 어른 모두 최고의 명문대학 출신이 아니었던 것이 오히려 오만이 아닌 겸허한 자세로 성취에 이른 동인이 되었는지 모른다. 젊은 날의 머리와 학벌이 후발 성공의 요체가 아님을 말하여 준다. 대조적으로 위 두 사람에게는 영원은 없지만 위 세 어른에게는 영원이 있다.

필자가 헌법재판소에 있을 때에 스페인을 방문한 일이 있었다. 그때에 마드리드의 국립미술관을 견학하여 역대 유명화가의 그림을 관람하게 되었는데, 이곳은 제2차대전 당시에 미군폭격기가 의도적으로 폭격을 피하였다는 피카소의 유명한 '게로니카' 등이 소장된 곳이다. 그런데 미술작품을 돌아보는 과정에서 유명화가의 그림 앞에서 캔버스를 놓고 그 그림을 그대로 열심히 그리는 화가들이 적지 아니함을 보았다. 처음 이 사람들이 모조품을 만들어 진짜인 것처럼 위작 판매하려는 시

도가 아닌가 생각을 했지만, 물어보니 미술대가에 이르기 위한 배움의 노력인 습작이라는 것이다. 대가의 그림 그대로 그리다보면 대가의 혼과 기법 등을 완전에 가깝게 터득하게 되어 자기의 것으로 할 수 있기 때문이라는 답변이었다. 위인이 되기 위해서는 위인을 우선 숙달하는 것에서 출발하여야 함을 깨달았다.*

·

* 법조인이 되려는 사람은 이와 같은 법조삼성의 사상을 배우고 기리라는 취지로 전북대학교 개교60주년 기념초청강연에서 위와 같이 밝힌 바 있다.

[부록 2] 용기와 소신의 두 法曹人 이야기

1. 용기와 소신의 부자 법조인

이는 판사 금병훈과 국회의원 금태섭의 이야기이다.

아버지 금병훈은 일찍이 경기고등학교를 졸업하고 서울법대에 진학한 뒤 사법시험에 합격하여, 사법연수원의 전신인 서울대학교 사법대학원 제5기로 들어왔다. 그것이 1965년의 일인 것 같은데, 필자는 당시 서울법대 조교수로 재직하며 사법대학원 교무과장을 맡고 있었고, 금병훈 원생은 사법대학원 제5기 원생대표였기 때문에 깊은 연고가 생기게 되었다.

당시 사법대학원의 창립자이기도 한 유기천 박사^{그 뒤 서울대 총장}는 원장으로 재직하면서 사법대학원을 미국식의 law school과 같이 만들고자 하는 구상을 가지고 있었다. 그러기 위해서는 사법대학원의 재학기간을 3년으로 해야 했기에 종전의 1년 반의 재학기간을 갑자기 3년으로 연장할 수는 없어 우선 2년안^案을 내놓고 이를 관철시키고자 하였다. 그러나 원생들에게 있어 예전의 사법시험 합격자는 1년 반의 연수기간을 마치면 판·검사 자격이 부여되었는데, 1년 반의 사법대학원 교육기간도 모자라 6개월 더 연장하여 2년으로 늘리겠다는 방침은 반발을 일으키기에 필연적인 것이었다. 강골인 유 원장에게 재고를 요청하였으나, 이를 단칼로 거부하니 5기 전원 60여 명은 무기한 동맹휴학에 들어갔다. 이를 수습하고자 하는 유 원장은 필자에게 원생들 중 주모자를 색출하라는 지시를 하였는데, 지시에 따라 주모자인 임미준 원생^{외교관 출신}을 색출하여 유 원장에게 대령하니, 즉석에서 '무기정학' 처분의 선언을 하는 것이었다. 그러면서 교무과장이던 필자에게 당장 처분을 공고하라는 지시를 하였다. 당시 재야·재조 법조계가 서울대학교의 사법대학원 운영에 대해 냉소적인 상황에서 이를 공고까지 하여 처분을 굳혀 임미준의 사법시험 합격을 실효시킬 때의 파장은, 나아가 태풍의 눈으로 사법대학원의 존폐까지의 문제로 확대될 수 있다는 예감이 들어 원생 대표였던 금병훈이 보는 자리에서 필자가 이를 거부하고 금병훈과 같이 원장실에서 퇴실하였다.

자칫 원장에 대한 항명인 것 같은 모양새였으나, 사후에 원장께서 묵시적인 양해를 해주어 일단 처분확정을 유예해놓고서, 필자가 금병훈 대표의 리더십으로 원생 측의 양보를 요구하여 2, 3일 정도 끌다가 타협에 이르게 되었다. 결국 교육기간은 1년 9개월로 하고 무기정학처분은 백지화하기로 서로 원원하는 타협을 보고나서야 사태는 원만하게 수습될 수 있었다. 그리하여 크게 한숨을 돌릴 수 있었는데 당시 주모자와는 달리 금 군은 부드러운 성격의 인물이라는 인상을 받았다.

그 뒤 금 군은 사법대학원을 수료하고 서울지방법원 판사로 임관을 하였는데, 판사로서 매우 강골이 되어 사법권 독립에 한 획을 그었다고 할 것으로, 자기 출세의 앞날을 접으면서까지 우리나라 삼권분립과 민주주의의 발전에도 크게 기여하였다고 해도 지나친 과장은 아닐 것이다.

이 일련의 사건의 전말을 필자가 잘 알게 된 계기가 있었다. 당시 박정희 대통령의 권위주의시대에 헌법상 삼권분립은 형식적인 것이었고, 그의 절대권력 아래에 중앙정보부, 보안사령부, 수도경비사령부 등 세 가지 실세 권력이 분립되어 있었다. 어떨 때는 중앙정보부가, 다음은 보안사령부가, 그 다음은 수도경비사령부에 번갈아가며 힘을 실어주면서 서로간에 견제와 균형의 통치체제를 구축하는 모습이었다.

당시는 그 권력이 수도경비사령부_{이하 '수경사'} 윤필용 중장에게 가 있었을 때로서 한일협정에 반대하는 데모가 대학가에 절정에 이르렀던 때였다. 수경사의 윤필용 장군이 큰 공(?)을 세우려고 반대데모의 중심이었던 서울시내 주요 대학에 군인들을 새벽에 진입시켜 데모학생 여부를 가리지 않고 학교 안의 학생은 무차별적으로 군용트럭에 싣고 중구 필동 수경사로 연행하였다.

이때 필자는 대학 교수에서 판사로 전직하여 서울고등법원 판사로 재직 중이었는데, 나의 소속 부장판사가 아들이 지금 고대생으로 수경사에 끌려갔으니 검찰청에 가서 이를 풀어달라는 부탁을 하러 가려고 하는데 같이 가자는 것이었다. 그때 서울지검 공안부의 핵심이었던 문상익 부장검사에게 찾아갔더니, 우리 부장더러 귀댁의 아드님은 데모대가 아니니 염려 말라고 안심시키며, 다만 일이 크게 벌어지는 것 같다고 걱정하는 것이었다. 문제가 된 주모자급 데모학생 20여 명을 엄선하여 법원에 구속영장 발부 신청을 낸 것이 아침 10시경이었는데, 오후 4시가 가까이 되었는데도 감감무소식이었기 때문이었다. 당시 청와대에서는 수도경비사령관, 중앙정보부장, 보안사령관, 대통령 비서실장, 검찰총장 등의 실세 회합이 있었는데, 법원이 영장 발부에 대해 감감무소식이고 비협조적이라면 법원의 존재의미는 없는 것으로, 법원은 불필요한 존재이니 차제에 이를 해체하고 검찰청만 남기면 된다는 의견이 지배적으로 나와 검찰총장이 혼자 이를 간신히 만류하며 진정시켰다는 얘기도 있었다. 판사가 꾸물대는 것을 보니 결국에는 영장발부가 안 되는 것 같아 안타깝다고 탄식을 했다는 것이었다.

결국 우리 부장판사는 아들 문제에 안심하고 돌아왔지만, 나는 그날의 귀추를 주목하지 않을 수 없었다. 이튿날 아침 조간신문을 보니 언론에 대한 통제시대여서인지 대서특필감이 겨우 일단 기사로 조그맣게 실렸는데, 수경사에 잡혀온 데모주모자 전원에 대해 살벌한 분위기 속에서 위험을 무릅쓰고 구속영장 기각을 하였으며, 담당이었던 금병훈 판사는 그 즉시 어디론가 도망을 갔다는 내용이었다. 이때 수경사에서 금 판사의 집의 가족들에게 집을 폭파시키겠다는 협박 공갈에 울분을 터뜨렸다는 얘기도 있었다.

그 뒤 군사정권이 반체제 판사를 중심으로 판사 숙청 시에 불굴의 소신파인 금병훈 판사는 예상대로 숙청 제1호가 되었다.

이와 같은 금병훈 판사의 엄청난 일이 그의 아들인 금태섭의 유년기에 일어난 것이다. 금태섭도 아버지와 마찬가지로 서울법대와 사법연수원을 거쳐 검사로 진출함으로써 법조계의 일원이 되었다. 그 뒤에 국회의원에 당선되어 국회활동을 하면서 소속 정당의 당리당략을 초월한 바른 말과 소신을 펴면서 당에서 미움을 사 배제되었다. 금 의원의 이러한 처신은 그의 가정사에 비추어 결코 우연이라고 할 수는 없을 것이다.

그 아버지에 그 아들, 피는 못속인다는 말이 실감난다. 서울대 사법대학원 이후에는 필자와 금 판사 사이에 특별한 왕래는 없었다. 불행히도 아까운 연령에 금 판사의 사망소식을 듣고 일반의 범부凡夫 판사가 못하는 일을 해낸 의기를 높이 기려 필자가 조의를 표한 일이 있었다.

2. 판결서에 도장을 거꾸로 찍은 김인중 판사

금병훈 판사 이야기가 나왔으니, 김인중 판사 생각이 난다.

내가 김 판사와 고등법원 판사로 근무할 때의 이야기이다. 그는 서울고등법원 형사부 판사로 마침 조영래의 김대중 내란 예비음모 사건의 담당 주심판사였다. 당시는 1970년대 초반으로 박정희정권이 야당의 거물 정적인 김대중 씨와는 대립각을 세우고 정치탄압을 불사하던 때였으므로, 이 사건은 정치적으로 매우 큰 의미 있는 사건으로 보아, '유죄판결'을 이끌어내기 위하여 검찰은 김 판사와는 막역한 동창 검사를 공소유지 검사로 배속시켰다고 한다. 그런데 김 판사는 그것도 모르고 그 검사에게 사석에서 이 조영래 사건이 무슨 문제가 될 만한 사건인지 솔직하게 심정을 토로하였다는 것이다.

이 정보는 바로 그 담당 검사가 상부에 보고하여 그때부터 검찰은 김 판사를 경계·감시하고, 정보부원을 시켜 계속 미행하며 압력을 가했다고 한다. 그럼에도 이에 굴하지 않고 김 판사는 소신대로 결심 후 관여 법관의 합의 시에 무죄의견을 내놓았으나, 재판장과 다른 배석판사의 유죄의견으로 다수결에 밀려 자신의 뜻을 관철시키지는 못하였다.

고등법원에서는 대법원·헌법재판소와 달리 소수의견을 판결문에 표시할 수 없고 다수의견을 따라야 한다. 그러나 소수의견을 내지 못한 김 판사는 너무나 화가 치밀어, 유죄판결문 관여법관으로서 서명날인을 하면서 도장을 거꾸로 찍었다는 일화가 있다.

물론 김 판사는 1970년대 초 박정희정권이 반체제 판사의 숙청 시 살아남을 수 없었으며, 눈물 속에서 법원을 떠나야만 했다. 이 과정을 직접 목격한 필자는 참담한 심정이었으며, 앞선 금병훈 판사와 더불어 사법권 수호를 위해 자기 희생을 불사한 법관으로 기억하고 싶다.

[부록 3] 연속 행운의 윤관 대법원장

윤관 전 대법원장은 필자와는 출신전남도, 고등학교광주고등학교도, 대학연세대 모두 다르지만, 고등고시 사법과 제10회 동기이고 서울민사지방법원 제17부 재판장의 지위를 필자가 후발승계한 일도 있으며, YS정부 때 친교가 있었던 인연이 있다. 이런 인연과 듣고 본 바를 바탕으로 그가 대법원장이라는 사법부 수장이 되기까지 행운의 여신이 그를 위해 항상 미소를 지어 주었다는 것을 소개하며 업적도 밝히고 싶었다. 이것은 격동기의 우리나라 사법부 야사의 한 자락도 될 수 있을 것이다.

그는 고향인 호남에서 법관생활을 처음 시작한, 이른바 향판이었다. 듣기에 광주지방법원 장흥지원장으로 근무할 당시 대법원 판사 이영섭 선생이 그 지방에 재판감사 출장을 나왔던 일이 있었다고 한다. 1970년 후반기에 전남 장흥 고을은 간디스토마가 유난히 창궐하였던 곳으로 유명하여 누구나 그곳의 근무를 꺼렸다. 윤관 당시 지원장은 재판감사를 나온 이영섭 대법원 판사와는 연세대에서 민사소송법강의를 수강한 사제지간의 관계였기 때문에, 기탄 없이 그 고장의 고충을 말씀드리면서 서울 상경을 탄원하였다고 한다. 이영섭 대법원 판사는 무리한 간청

이 아니라고 판단하여 출장에서 돌아와 즉시 민복기 대법원장에게 그의 서울법원 전출을 건의하였다고 하며, 민 대법원장은 들어줄 만한 간청이라 보고 서울민사지방법원 부장판사로 전직 발령을 내었다고 한다. 그때부터 법관 윤관에게 행운의 문호가 활짝 열렸다.

그러나 향판에서 갑자기 경판으로 바뀐 상황에

윤관 대법원장

서 고충 역시 없지 않았다고 한다. 처음부터 경판으로 출발할 KS^{경기고, 서}_{울대} 출신 소장 수재판사들을 배석판사로 거느려야 할 처지였기 때문에 재판장으로서 애로가 적지 않았다고 한다. 그럼에도 오만한 경판 배석판사들을 놓고 서민적 겸손과 인내로 나름대로 잘 버티어 나갔다고 한다. 이는 이제는 고인이 된 당시 재판부 담당사건의 변호사였던 K모 씨에게서 들은 바 있는 일단의 이야기이다.

그러면서 서울법원의 재판장으로 재직하며 새 환경에 적응하여 가는 과정에서 결정적인 법관으로서 도약의 기회가 뜻밖에 찾아온 것이다. 그것은 이영섭 대법원 판사가 대법원장으로 사법부의 수장이 된 때에 일어난 일이다. 그때 마침 광주고등법원 부장판사 자리가 공석이 되어 이를 메꾸어야 할 상황이 되었다. 아무래도 광주 출신의 엘리트 법관이었던 윤일영 지법부장판사가 적임자라고 보아 대법원장의 특별배려로 그곳으로 영전시키려고 본인의 뜻을 불러 뜻을 타진하였다고 한다. 윤 부장은 제 7 회 동기 법관보다 승진에서 뒤져 사기가 저조하기도 한 자신을 광주로 전보시키겠다고 하니, 본인은 서울에서 더 재직하다가 변호사 개업으로 법원을 떠나겠다고 하며 거부의 의사표시를 하였다. 이 일은 인사권자인 대법원장에게는 매우 섭섭한 일로서 모처럼 베푼 호의를 무시한다고 생각할 일이었다.

그리하여 호남출신 지법 부장판사를 골라 보내려고 하다가 마침 윤관 부장이 생각나 대법원장은 윤 부장을 호출하여 광주고법부장으로 승진발령하겠다는 뜻을 비추었다고 한다. 윤 부장은 갑자기 지법부장에서 차관급인 고법부장으로 금의환향하는 것에 감격하여 그 즉시 수락하였는데, 대법원장 역시 매우 흡족해 하였다고 한다.

이 인사는 인사권자에게는 무난한 처리였지만, 고시 9회 전원을 뛰어 10회에서 발탁한 승진인사였기 때문에, 호남출신 9회 지법부장이 없지도 아니한 상태에서 그들의 의중은 묻지도 않은 채 진행한 비약인사였기에 매우 충격적인 일로 받아들여졌다고 한다. 이러한 비약발탁인사는 추후 조정할 기회가 있을 것이라는 언질을 주어 9회의 불만은 잠재우기는 하였다고 한다.

그런데 문제는 처음에 대법원장의 제의를 거절하고 돌아온 윤일영 부장^{훗날 대법관 2회}이 장고하여 고민하다가 뜻을 바꿔 광주로 간다고 거절의 의사를 철회한다고 하여, 이영섭 대법원장과는 그 제자로 통하는 데가 있는 필자에게 철회의 의사표시를 대법원장에게 전달하여 달라고 부탁하여 대법원장을 찾아뵈었다.

윤일영 부장의 철회의 뜻을 전하니 이영섭 대법원장은 얼굴을 붉히면서 배는 떠나갔으니 모두 끝난 일이라고 단호히 거부하며 불쾌한 표정을 짓는 모습이 지금도 선하다. 이때부터 윤관의 입신양명 도약의 발판이 굳어졌다고 보여진다.

세월이 흐르면서 윤관은 서울고법 부장판사로 전보되고 이어서 고시 9회를 모두 제치고 서울지방법원 북부지원장으로 순풍에 돛단 듯 진출하였다. 여기에 그쳤었더라면 상황은 달라질 수도 있었겠지만 법원 내부에도 이변이 생겼다. 이영섭 대법원장이 퇴임하고 유태홍 대법원장 시대의 일로 그것은 청주지방법원에서 생긴 문제였다.

청주지방법원의 발단은 그곳 지방법원장과 지방검찰청 검사장 사이의 갈등과 반목 때문이었다. 두 분은 모두 대학 동기 동창이었는데 법원장이 고시 합격은 조금 앞섰던 것 같다. 이 때문이었는지 양자간의 갈등과 반목의 골이 갈수록 깊어졌다.

군사정권 때는 각 지방마다 도 단위 기관장들의 모임이 어느 정도 정례화되어 있었는데, 청주의 정례모임에서까지 오월동주^{吳越同舟}임에도 갈등과 반목이 계속되었다고 한다. 세가 불리해 그 입지가 약화된 법원장은 결국 기관장 모임에는 불참하고 법원 사무국장을 대리 참석시키는 등으로 타 기관장들로부터도 소원·고립되었다고 한다.

당시는 기관장들의 동태를 중앙정보부, 보안사령부, 경찰국, 검찰청, 도청 등 적어도 다섯 군데 이상에서 청와대는 물론 3부 요인들에게 정례적으로 보고를 하던 시절이었다. 더구나 권력은 법원보다는 검찰에 편중되어 있던 시대이니만큼, 상부 보고자들이 모두 검찰의 편이었기에 고립무원의 법원장에 대한 상부보고는 0점에 가까웠다고 한다.

이와 같이 법원장이 근무지에서 궁지에 몰리며 법원장 자리를 스스로 내려놓고 모교의 민사소송법 교수로 전직하는 결단을 내리기도 하였다. 이와 같은 사정을 필자에게 솔직히 토로하여 대학교수직의 알선을 법원장이 직접 부탁한 바 있었기 때문에 왜곡된 사실은 아닐 것이다.

이 일이 있고 나서 청주지방법원장의 자리가 공석이 되어 저간의 사정을 잘 알고 있던 당시 유태홍 대법원장 역시 이를 애석하게 생각하고 있었는데, 따지고 보면 누군가의 잘못이라기보다 당시 군사정권이 지역의 균형발전을 명분으로 기관장의 주말상경을 금지시키는 등 감시체제와 상부보고 제도가 아까운 인재를 출세가도에서 강판 희생시킨 것이라고 할 것이다.

누구를 이제 그 자리에 투입하여 법원의 체면을 되살리면서 사태를 정상화시킬 것인가를 유 대법원장이 고민하다가 결국「막걸리」서민풍의 누구에게나 친화력을 지닌 겸손의 대명사 윤관 지원장이 낙점되어 드디어 고시 9회를 앞지른 비약출세는 이때부터 확고해졌다. 물론 그가 청주지방법원장으로 부임한 뒤에는 겸허한 서민적인 평가를 받은 윤관은 반사적으로 인기가 상승하여 각 기관의 상부보고서는 만점에 가까웠다고 한다.

윤관은 이렇게 고시 제7회의 자리에 제10회로서 어부지리를 얻고 안착하였다. 뒤에도 승승장구, 파죽지세로 청주지방법원장에서 고향인 호남의 3개의 법원장 중 하나인 전주지방법원장으로 전보되어 금의환향을 하는 영광을 맞았다. 얼마 가지 않아 대법원이 개편되어 호남지방에서 대법관 1명을 선발하는 기회가 왔는데, 법원장으로서 이미 고득점을 한 윤관은 고시 제 8 회였던 광주고등법원 배석 원장과 고시 제 9 회였던 광주지방법원 배만운 원장이 분 역시 고시 제 9 회로 필기와 구술의 좁은 문을 통과한 3명 중 1명임을 제치고 대법관으로 발탁되었다. 호남 장흥 출신의 설움이 호남프리미엄으로 작용하는 순간이었다.

대법관이 된 후에도 행운이 따랐다. 노태우 대통령 시절의 일로, 대법관 중에서 수석 다음 차석의 대법관이 중앙선거관리위원장으로 나가는 것이 관례였는데, 그 차석이 박우동 대법관이었음에도 불구하고 그가 부산고등학교 출신이었던 것으로, 당시 부산고 출신이 크게 득세5공화국 실세였던 허화평, 허삼수 등하던 때라 선거관리위원장까지 부산고 출신이 차지하게 됨은 부적절하다는 이유로 제 8 회 출신의 박우동 대법관을 제치고 차차석 대법관이었던 제10회 출신 윤관이 진출하는 도약의 행운이 있었다. 중앙선거관리위원장은 5부 요인중의 하나로 그 무게가 컸기에 윤관은 대법관으로서 플러스 알파가 더 붙게 된 것이다.

바람 잘 날 거의 없는 우리 사회에 또 이변이 있었다. 그것은 사회 고위층의 부동산 투기가 크게 문제되어 규탄을 받으면서 여기에 연루된 당시 대법원장이 임기를 못 채우고 물러나는 비극이 있었다. 그리하여 대법원장이 공석이 되는 사태가 생긴 것인데, 이때는 김영삼 대통령이 집권하던 때이다. 당시 김 대통령이 새 정부의 조각을 하면서 이회창 수석 대법관을 감사원장으로 발탁하면서 다음 대법원장은 감사원장이라는 약속을 했다는데, 이와 같은 상황에서 다음 대법원장을 김 대통령이 인선해야 하는 문제가 생긴 것이다. 물론 김 대통령이 약속대로 이를 실천하였다면 문제가 없었을 터인데, 사방에서 이회창 감사원장이 대법원장 자리에 앉게 되면 대통령이 매우 껄끄럽게 된다는 진언이 빗발쳤다고 한다. 그리하여 인선문제가 보름 가까이 대통령의 고민거리가 되었는데, 김 대통령은 다른 후보자로 일찍이 중앙선거관리위원장

출신의 윤관 대법관, 법원행정처장 출신의 박우동 대법관을 고려하게 되면서 시간을 끌어나갔다.

이러한 상황에서 당시 모 일간지가 특별한 관심을 가지고 관련기사를 상세히 작성하였는데, 후보자 3명 중 이회창 감사원장은 유력자이나 대통령에게 좀 껄끄러운 형편이고, 박우동 대법관은 별로 알려지지 않아 역량이 부족하다고 하면서 윤관 대법관은 공백으로 남겨두었다. 이 기사에 대하여 동지同紙의 사주가 자기네 대학 출신의 대법관을 대법원장으로 미는 간접화법이라고 하는 말도 없지 않았다.

결국 YS는 윤관을 새 대법원장으로 낙점하였고, 이제 그는 드디어 사법부의 수장으로 등극하는 영광을 차지하게 되었다. 여기에서도 윤관은 고시 제10회이면서 고시 제8회의 대표적 엘리트이고 대법관 2회 경력의 강적이었던 이회창과 박우동 대법관 둘을 앞지르는 도약의 바람을 일으켰다.

그는 아주 일찍이 소년 등과를 한 것도 아니고, 성적이 발군이었다는 말도 없었으며, 소위 '빽'을 동원하거나 요로를 찾아다니며 소위 '운동'을 하였다는 말은 전혀 없다. 고법부장에서 지방법원장, 대법관, 중앙선거관리위원장에서 나아가 대법원장이 될 때 고시 앞 기수의 엘리트들을 뛰어 넘어 비상의 나래를 펼 수 있었던 것은 어디까지나 적은 재산과 서민풍의 겸손함, 막걸리풍의 접근성과 소박함, 직무에 있어서의 인간적인 성실함에 기인한다고 본다.

그렇다고 윤관 대법원장이 최고사법행정가로서 평범했다는 평도 없다. 그의 밑에서 법원행정처 송무국장을 지내면서 실무 추진을 했던 故 이주흥 판사_{필자의 헌재 재판관 재직시 헌법재판소 전속연구관으로 훗날 서울중앙지방법원장}에 의하면, 법관의 구속영장실질심사제를 여러 난관을 헤치고 뚝심으로 관철하여 확립시켰다고 한다. 기본적 인권 신장과 사법권 독립의 획기적인 금자탑을 세운 큰 업적이다. 그리하여 조진만 대법원장 시절에 민사재판에 치중하여 형사재판의 운영을 등한시한 문제점을 해결하는 데 큰 공을 세운 것으로 평가된다. 그는 외유내강外柔內剛의 전형이며, 평범은 비범과 통한다는 말이 실감나게 하는 대목이다. 연세대 법전원에서는 그 자랑스러운 동문을 기리기 위하여 윤관 기념홀을 마련하여 후학의 귀감이 되게 한 바 있다.

그가 재세중이라 소개가 이른 감이 있으나, 필자의 기억이 남아있는 동안 이를 남겨두는 것 역시 할 일이라 보고 썼다.

[부록] 서 식

[서식 1] 대여금청구의 소장

소 장

소 가	100,000,000원
첨부인지액	455,000원
송 달 료	3,700원×3회 ×당사자수

원 고 김 갑 돌
서울특별시 동대문구 ○○로 ○○
(전화: / 팩스: / E-mail:)
피 고 이 을 순
서울특별시 종로구 ○○로 ○○

대여금청구의 소

청 구 취 지

1. 피고는 원고에게 돈 100,000,000원 및 이에 대한 이 건 소장부본 송달받은 다음날부터 완제에 이르기까지 연 12%의 비율에 의한 금원을 지급하라.
2. 소송비용을 피고의 부담으로 한다.
3. 제1항은 가집행할 수 있다.

라는 판결을 구합니다.

청 구 원 인

1. 피고는 2019. 12. 1. 원고로부터 돈 100,000,000원을 곧 갚기로 하고 차용한 사실이 있습니다.
2. 그런데 피고는 변제기일이 훨씬 경과한 현재에 이르기까지 돈이 없다는 이유로 원금은 물론 이자를 차일피일 미루며 지급치 아니하고 있습니다.
3. 원고는 피고로부터 돈 100,000,000원의 대여금과 이에 대한 이 건 소장부본 송달받은 다음날부터 완제에 이르기까지 연 12%의 비율에 의한 지연손해금을 지급받고자 이 청구에 이른 것입니다.

첨 부 서 류

1. 소장부본 1통
2. 보관서(갑제1호증) 1통
3. 납부서 1통

2022. 4. 1.
원고 김 갑 돌(서명 또는 날인)

서울중앙지방법원 귀중

[서식 2] 답변서(소장 송달을 받고 30일 내로 제출해야 하는 서면)

답 변 서

사   건   2016가단12578

원   고   김 갑 돌

주   소

피   고   이 을 순

주   소

(전화: / 팩스: / E-mail:)

위 사건에 관하여 피고는 다음과 같이 답변합니다.

청구취지에 대한 답변

1. 원고의 청구를 기각한다.

2. 소송비용은 원고의 부담으로 한다.

라는 판결을 구합니다.

청구원인에 대한 답변

1. 피고는 원고로부터 돈받은 사실은 인정하나, 그 외의 부분에 대해서는 부인합니다.

2. 원·피고는 모두 시장상인이며, 이 건 금전소비대차는 상행위이므로 원고주장의 이 건 변제기일로부터 상사채권의 소멸시효기간인 5년이 경과하였으므로 시효완성되었습니다. 그러므로 피고는 아무런 지급의무가 없어 원고의 청구는 기각되어야 마땅할 것입니다.

2022. 5. 20.

위 피고   이 을 순(서명 또는 날인)

서울중앙지방법원 귀중

사항색인

저자 소개

이시윤(李時潤)

서울대학교 법과대학 법학과 졸업

고등고시 사법과 합격

서울대학교 대학원 법학과 수료(법학석사)

법학박사(서울대학교)

독일 Erlangen-Nürnberg 대학교(1968~1970) 및 미국 Nevada 법관연수학교(1971) 및 University of the Pacific(1986) 수학

서울대학교 법과대학 조교수, 사법대학원 교무·학생과장, 사법연수원 교수, 경희 대학교 법과대학 학장

서울민·형사지법 및 고법부장판사, 법무부 민소법개정분과위원, 한국민사소송법· 민사법·민사집행법학회 및 민사실무연구회 각 회장, 법무부 민법개정분과위 원장

춘천·수원지법원장 및 헌법재판관, 감사원장 등 역임

현 고려대학교 강사 겸 법무법인 대륙아주 변호사

저 서

법제대의

신민사소송법

신민사집행법

소송물에 관한 연구

주석 신민사소송법(공편저)

판례소법전

판례 민사소송법(공저)

판례해설 민사소송법(공저)

민사소송법입문

제 3 개정판
민사소송법입문

초판발행	2016년 1월 1일
제2개정판발행	2016년 9월 30일
제3개정판발행	2022년 3월 1일

지은이	이시윤
펴낸이	안종만·안상준
편 집	이승현
기획/마케팅	조성호
표지디자인	이수빈
제 작	고철민·조영환

펴낸곳 **(주) 박영사**
서울특별시 금천구 가산디지털2로 53, 21(
(가산동, 한라시그마밸리)
등록 1959. 3. 11. 제300-1959-1호(倫)

전 화	02)733-6771
f a x	02)736-4818
e-mail	pys@pybook.co.kr
homepage	www.pybook.co.kr
ISBN	979-11-303-3716-6 93360

정 가   22,000원